本书系2020年河南省社会科学基金"校外培训机构在线教育治理机制与监测体系研究"（编号2020BYJ030）项目

中国非学科类K12在线教育的治理路径

方旭 钱小龙 著

kindergarten through twelfth grade

中国社会科学出版社

图书在版编目（CIP）数据

中国非学科类 K12 在线教育的治理路径 / 方旭，钱小龙著 . —北京：中国社会科学出版社，2022.6
　ISBN 978 – 7 – 5227 – 0277 – 3

　Ⅰ.①中…　Ⅱ.①方…②钱…　Ⅲ.①网络教育—研究—中国　Ⅳ.①G434

中国版本图书馆 CIP 数据核字（2022）第 091588 号

出 版 人	赵剑英
责任编辑	周晓慧
责任校对	刘　念
责任印制	戴　宽

出　　版	中国社会科学出版社
社　　址	北京鼓楼西大街甲 158 号
邮　　编	100720
网　　址	http://www.csspw.cn
发 行 部	010 – 84083685
门 市 部	010 – 84029450
经　　销	新华书店及其他书店
印　　刷	北京明恒达印务有限公司
装　　订	廊坊市广阳区广增装订厂
版　　次	2022 年 6 月第 1 版
印　　次	2022 年 6 月第 1 次印刷
开　　本	710 × 1000　1/16
印　　张	25
插　　页	2
字　　数	411 千字
定　　价	138.00 元

凡购买中国社会科学出版社图书，如有质量问题请与本社营销中心联系调换
电话：010 – 84083683
版权所有　侵权必究

目 录

第一章 绪论 …………………………………………………………（1）
 第一节 国内外研究现状与研究意义 ……………………………（1）
 第二节 研究内容 …………………………………………………（8）
 第三节 研究方法与创新之处 ……………………………………（13）

第二章 非学科类 K12 在线教育发展现状 ………………………（15）
 第一节 中国非学科类 K12 在线教育现状调查 ………………（15）
 第二节 非学科类 K12 在线教育满意度现状 …………………（26）

第三章 非学科类 K12 在线教育治理现状 ………………………（40）
 第一节 非学科类 K12 在线教育监测体系构建 ………………（40）
 第二节 非学科类 K12 在线教育政策的制定 …………………（41）
 第三节 非学科类 K12 在线教育政策执行现状 ………………（48）
 第四节 非学科类校外培训机构在线教育的治理政策实施
    效果 …………………………………………………………（55）
 第五节 非学科类 K12 在线教育问题的扎根分析 ……………（64）

第四章 K12 在线教育影响因素 …………………………………（74）
 第一节 非学科类 K12 在线教育采纳的影响因素 ……………（74）
 第二节 中国非学科类 K12 在线教育持续性行为意愿影响
    因素 …………………………………………………………（89）
 第三节 非学科类 K12 在线教育学习者满意度影响因素 ……（104）

第四节　非学科类 K12 在线教学教师接受与影响因素 ……………（119）
  第五节　中小学教师直播教学采纳的影响因素 ……………………（132）
  第六节　中小学教师在线教学持续采纳的影响因素 ………………（153）
  第七节　中小学生在线学习采纳的影响因素 ………………………（171）
  第八节　中小学教师微课教学行为意向的影响因素 ………………（184）

第五章　国外 K12 在线教育成功经验借鉴 ……………………（201）
  第一节　美国 K12 在线教育治理经验及启示 ………………………（201）
  第二节　美国佛罗里达州立虚拟学校运行机制与启示 ……………（215）
  第三节　美国密歇根州立虚拟学校的运行机制与启示 ……………（226）
  第四节　美国在线教育标准的特色与启示 …………………………（231）
  第五节　加拿大 K12 在线教育的经验与启示 ………………………（250）
  第六节　加拿大 K12 在线教育案例 …………………………………（264）
  第七节　英国虚拟学校运行机制与启示 ……………………………（272）

第六章　K12 在线教育的治理路径 ……………………………（282）
  第一节　非学科类 K12 在线教育质量保障体系构建 ………………（282）
  第二节　K12 在线教学质量评价体系构建 …………………………（295）
  第三节　K12 在线教育数据治理
  　　　　——美国《数据治理指南》的特色与启示 …………………（300）
  第四节　非学科类 K12 在线教育治理对策扎根分析 ………………（311）

第七章　非学科类 K12 在线教育治理路径深入分析 …………（317）
  第一节　保证 K12 在线教育的教师质量 ……………………………（317）
  第二节　进一步完善校外在线教育信息化管理平台 ………………（320）
  第三节　构建利益相关者的参与机制 ………………………………（321）
  第四节　完善 K12 在线教育立法 ……………………………………（322）
  第五节　完善 K12 在线教育财务治理体系 …………………………（324）

目　录

第八章　多学科视角下的 K12 在线教育发展策略 …………………（326）
　第一节　传播学视角下的 K12 在线教育发展策略 ………………（326）
　第二节　管理学视角下的 K12 在线教育发展策略 ………………（334）
　第三节　生态学视角下的 K12 在线教育发展策略 ………………（341）

参考文献 ……………………………………………………………（369）

第一章 绪 论

第一节 国内外研究现状与研究意义

2021年2月，中国互联网信息中心发布了第47次《中国互联网络发展状况统计报告》。该报告指出：

截至2020年12月，中国在线教育用户达3.42亿。用户通过线上教育获得公平、个性化的教学与服务。一是中小学教育下沉加速，促进四五线城市用户获得公平教育机会。2020年上半年，在线教育平台通过推出免费课程、开放直播平台等形式打开下沉市场，并通过教研设计本地化、与地方学校合作等方式实现线上线下融合，使四五线城市及城镇用户得以接触优质教师及课程资源，真正受益于教育公平。二是技术赋能在线教育，助力用户获得个性化教学。随着技术的发展，许多在线教育品牌采用人工智能技术辅助教师进行个性化教学，确保学生可以获得良好的学习体验以及高质量的学习内容。如"斑马英语"采用"智能+互动"的方式完成教学测评的全部流程，每次互动的反馈都将累积成学习数据，让用户在下一阶段的学习过程中获得更有针对性的学习内容。

2019年7月，教育部等六部门印发了《关于规范校外线上培训的实施意见》；2020年11月，中国共产党第十九届五中全会通过的《中共中央关于制定国民经济和社会发展第十四个五年规划和二〇三五年远景目标的建议》指出："规范校外培训机构，发挥在线教育优势"。2021年7月，中共中央办公厅、国务院办公厅印发《关于进一步减轻义务教育阶段学生作业负担和校外培训负担的意见》（以下简称"意见"），指出"坚持从严治理，全面规范校外培训行为"。同时，意见也指出要"做强做优免费线上学习服务。教育部门要征集、开发丰富优质的线上教育教学资源，利用国家和各地教育教学资源平台以及优质学校网络平台，免费向学生提供高质量专题教育资源和覆盖各年级各学科的学习资源，推动教育资源均衡发展，促进教育公平。各地要积极创造条件，组织优秀教师开展免费在线互动交流答疑。各地各校要加大宣传推广使用力度，引导学生用好免费线上优质教育资源"，例如国家中小学网络云平台建设、北京市组织的线上学习辅导答疑等。本书中 K12 在线教育指的是非学科类 K12 在线教育（即非学科类校外培训机构在线教育）以及国家教育管理部门组织的在线教育（例如上述提到的国家中小学网络云平台建设、北京市组织的线上学习辅导答疑以及疫情期间中小学校组织的大规模在线教学等）。校外培训机构在线教育（下文简称"校外在线教育"）即是面向小学、初中、高中阶段所提供的相应的校外教育，是充分运用网络、多媒体和多种交互手段，以中小学生为中心的师生教育活动。但大量研究与报告表明，校外在线教育问题频出，例如教师实际素质参差不齐、运营模式存在风险、实际教学效果堪忧等（瞭望智库，2021），随着"双减"意见的推出，对非学科类（编程教育、艺术、体育等）K12 校外在线教育展开实证研究，并在此基础上制定相应的对策，已成当务之急。

一 国内外研究现状

（一）政策监测与评估研究

19 世纪 40 年代，美国政治学家哈罗德·D. 拉斯韦尔（Harold D. Lasswell）最早提出政策科学的概念，他主张政策科学是以特定政策规划和可供选择的政策方案为核心，运用新的方法论对未来发展趋势进行分析的学术研究领域。经过近 70 年的时间，政策科学已经发展成为一门较为成熟的学科，被广泛应用于各个领域。政策评估研究隶属于政策科学。第一，关于教育政策评估的内涵，专家学者们主要是从两个不同但又互有关联的维度理解的。其一，从教育政策所涉及的全部因素出发，把教育政策评估看作整个教育政策过程的内容（张乐天，2002；孙绵涛，2009；范国睿，2011 等）；其二，着重从教育政策过程的某个阶段予以阐述（褚宏启，2011）。从总体上看，无论从哪个方面进行论述，大部分研究都把教育政策评估看作一种价值评判行为。第二，教育政策评估指标体系的构建与教育政策评估的标准研究。评估标准是政策评估的核心，是为了确定政策执行是否实现预期的政策目标而人为建立的一套评判标准，是"对所评价对象的功效的数量和质量进行价值判断的准则和尺度（顾明远，1988）。教育政策评估标准是指对教育政策及其属性的质的规定，是教育政策评估者进行评估时应坚持和遵循的客观的价值尺度和界限，是在评估过程中用来判定教育政策行为优劣程度的一系列准则（范国睿，2011），包括教育政策评估的事实标准（张继平，2011）与教育政策评估的价值标准（邓恩，2002；Laura B. Perry，2009）。中国学者胡伶把教育政策评估的标准概括为"3E＋3F＋3C"。其中，"3E"是指效率、效果和公平性，"3F"是指可行性、可预测性和程序公正性，"3C"是指兼容性、简明性和满意度。政策是政府部门基于公共利益制定的用于调节社会关系、经济关系、人与自然关系等，并指导公共部门行为的准则，包括政策目标、路径、规划、规制、利益机制等构成要素。政策评估是政策过程的组成部分，贯穿于整个政策过程中，可以涵盖政策内容评估、政策执行评估、政策效果评估和政策影响评估等。在这个过程中，不能忽略的一个核心就是政策利益相关者，包括政策制定者、合作者、实施者、政策对象以及广大公众（严文蕃、韩玉梅，2020）。第三，教育政策评估方法研究。刘红熠认为，当前教育政策评估中有三种常见的评估范式，分别是实证本位的"测量"范式、规范本位的"判断"范式以及后实证主义的事实与价值相统一的综合评估范式（刘红熠，2013）。总体而言，在美国，评估理论大体经历了四代发展历程。第一代是 1910 年至第二次世界大战前，以 Taylor 为代表的目标和效率导向的实验室评估；第二代是"二战"后至 1963 年走向现实生活领域、重视参与人态度与感受、以参与观察和深度访谈为主要方法的田野实验评估；第三代是 1963 年至 1974 年以破解社会不平等问题为导向，以实验和准实验设计为主要方法的实证主义社会实验评估；第四代是 1974 年以来以 E. G. Guba 和 Y. S. Lincoln 为代表提出的价值多元的、以政策受益主体关切和感受为中心的、建构主义的回应性评估。西方政策评估研究的范式演变也经历了实证主义到诠释主义，再到批判主义取向的历程。第四，政策监测与评估的关系。监测是根据一定的指标、特定的目的、对事物的发展过程进行观察测量、跟踪与记录,根据监测结果或确定的问题改进政策执行。评估在监测的基础上进行,监测强调持续性、动态性以及过程性,而评估则强调结果、影响(王战军,2018)。

(二) 校外培训机构治理研究

国内外也将校外培训机构教育称为"影子教育"。关于"影子教育"的研究主要包括以下几个方面:第一,关于"影子教育"的总体状况研究。"影子教育"的概念是1992年美国学者Stevenson和Baker在研究日本高中生补习教育时首次提出来的。Mark和Percy进一步阐释了这一概念,认为"影子教育"依赖于主流教育,它的规模和形态随主流教育的变化而发生改变(Mark & Percy,2003)。中国学者通过厘清"影子教育"的概念,结合欧洲和中国的实际,指出课外补习的四个特征(汪小红,2010)。相关学者对韩国、印度、欧洲等的"影子教育"系统进行了分析(Lee,2011;Banerji & Wadhwa,2012;Mwania,2016;R. Steve,2017;Young & Jung,2019;Mark,2020,等等)。第二,关于"影子教育"规范与治理的建议研究。Jason(2011)建议政策制定者应提高收集数据的能力,从而更好地理解国家的"影子教育"。何馨(2016)从影子教育制度设计缺失、政府监管失范、内部管理失范、价值追求失范这四个维度对影子教育的失范(不足)进行阐述,进而对规范影子教育提出具体建议。针对阻碍义务教育均衡发展的影子教育机构,宋海生和薛海平(2018)提出政府应尽快确立相应的法律法规,明确监管主体,倡导成立行业协会来促进"影子教育"机构的健康可持续发展。廖梦雅(2020)提出完善评估评价体系、成立专项治理小组以及建立长效监管机构等对策建议。第三,关于校外培训机构治理政策的评估研究。相关学者对校外培训机构政策文本进行分析,并提出相关建议对策(祁占勇等,2019;焦玉婷,2019;祁占勇、于茜兰,2019;薛海平、刁龙,2020,等等);张桂芳构建了包括办学资质变化、教育教学变化、组织管理变化以及机构治理变化四方面的中小学校外培训机构综合治理效果评估指标体系(张桂芳,2020);马维娜对K市校外培训机构专项治理政策执行问题进行了研究,发现部分政策与现实脱节、执行主体效率不高、目标群体钻政策空子以及政策环境存在一定的障碍(马维娜,2019)。第四,关于校外培训机构治理的影响因素与长效机制研究。校外培训机构专项治理实施两年来,"规范与控制"效果显著,但仍存在监管标准模糊、可操作性差、执法力量薄弱、制约力不足、执法重心易变、监管难度大等治理困境。贾建国对中小学校外培训机构治理的利益阻滞及其协调进行了研究（贾建国，2018）；郑淑超提出了长效治理对策（郑淑超等，2020）。

（三）校外培训机构在线教育治理相关研究

校外线上培训属于在线教育的一部分。从相关研究中可以看出，中国校外线上培训的研究包括以下几个方面：第一，基于对中国校外在线教育现状的调查，提出相关对策。马志丽通过调查发现目前中小学校外在线教育有三种模式，分别是个性化分层教学模式、翻转课堂教学模式和双师教学模式，但存在着教学质量不一、教学机构资源开发有限以及教学机构营利模式不清晰等问题，在此基础上提出了完善师资力量、打造中小学校外在线教育资源共享平台等对策建议（马志丽，2019）。相关学者在现状研究的基础上，从产品设计、在线教育模型、营利模式、政策等方面对未来中小学线上培训发展对策进行了探讨（赖珍珠，2014；朱春芹，2016；卢长红，2017等）。校外培训更多地从线下转向线上（唐荣蓉，2020）。第二，在国外校外在线教育比较研究的基础上，提出相关对策建议。周蕾和赵中建（2020）对美国K12阶段在线教育全国标准进行了解析，认为该标准以学习者为中心对教师能力提出了新要求等，为中国中小学在线教育的发展提供了一定的借鉴；梁林梅和赵柯杉（2017）对美国K12在线教育的现状、系统结构与政策进行了分析，为中国K12在线教育的发展提供了启示等。第三，关于中小学在线教育的对策和效果研究。de la Varre C et al.（2010）构建了一种以学习者为中心的混合在线教育模型，Morris et al.（2019）通过对美国农村地区高年级学生为期两年的远距离学习的研究，发现学生通过混合学习取得了良好的学习效果。基于光纤的翻转课堂对于不同成就的学生的效果有所不同。第四，关于中小学校外在线教育的数据挖掘等问题的研究。Hung et al.（2012）通过对学生在线学习记录、地理数据、课程结束等在线教育项目进行评价，构建了学习结果预测模型，通过决策树等方式对学生的学习表现进行预测；Kong（2018）对课程和教师的满意度水平进行预测，发现家长的满意度水平与其对在线学习的理解和支持有很大的关系，并发现了家长的四种支持类型和六个主要的关注领域。

(四) 已有研究的不足

经过多年的发展,关于中国校外培训机构在线教育的研究取得了一些成果。澄清了相关概念,充分论证了校外培训机构在线教育发展的必要性和重要性,并且从不同角度对中国校外培训机构在线教育的不同内容和方面进行了研究,为之后在该领域的探索打下了坚实的基础。但是,尽管国内外对于校外培训机构在线教育有了一定的研究,但仍然存在着很多不足。

第一,现有关于校外培训机构治理的研究较多地集中在学科类校外培训机构的治理方面,对非学科类校外培训机构治理还有待进一步深入研究,特别是随着"双减"意见的实施,学科类校外培训被压减,非学科类校外培训机构的治理问题逐渐凸显出来。另外,目前还缺乏"双减"背景下中小学在线教育影响因素与发展机制等问题的研究。

第二,关于校外在线教育治理的理论研究不足,尚缺乏有效的校外在线教育监测评价体系。如何处理校外在线教育治理过程中所产生的关于经济学、社会学等问题,如何构建一个有效的监测体系去评价校外在线教育治理的效果,如何证明校外在线教育治理的系统整合能起到治理的作用等问题亟待深入研究。

第三,对于校外在线教育治理研究过于宏观,缺乏对治理客体的微观观照。中国目前的校外在线教育治理研究主要侧重于从治理主体或是治理主体作用于治理客体的角度进行,关注政府治理的政策制定、实施过程、治理效果等方面,而很少从学习者自身的角度去探讨,如对于学习者的学习需要、学习环境、人文关怀和提升的渠道等方面,缺乏微观层面的深度观照。

第四,注重校外在线教育治理宏观政策研究,缺乏校外在线教育治理的微观实证研究。大多数研究者倾向于从宏观层面思考治理问题,而从校外在线教育治理实践探索治理中所存在的一些规律性问题,用实证的微观视角探索校外在线教育治理过程中的理想机制,已成为一种新的研究趋势。但这方面的研究成果还太少,也没有一个系统的、值得借鉴的、评价效果良好的在线教育治理模式。

第五,缺乏从多学科、多角度进行校外在线教育治理的综合分析和监测评价研究。从学术界和整个系统的角度来看,校外在线教育治理研究还存在学科衔接不紧、研究不全面等问题。要做好校外在线教育治理研究，就必须理清校外在线教育问题出现的内在根源，从实证层面探究校外在线教育治理的机理，多学科、多角度地比较校外在线教育治理的不同方式，总结出具有共性的规律，把校外在线教育治理理论转化为切实可行的公共政策，以切实保障大多数学习者的利益。

二 独到的学术价值和应用价值

2021年1月，教育部长陈宝生在全国教育工作会议上的讲话中指出："大力度治理整顿校外培训机构，这是当前面临的紧迫难题。这件事非办不可，必须主动作为，要全面评估前期治理工作，把因果链搞清楚，把责任链理清楚，把新的路径划清楚。"教育部基础教育司负责人也表示，目前校外在线教育的治理面临着培训问题核查难、培训预收费监管难、对治理工作艰巨性认识还有待提高等诸多难题（中纪委网站，2021）。2021年3月6日下午，习近平总书记看望参加全国政协会议的医药卫生界、教育界委员，在听完一位政协委员的发言后说："培训乱象，可以说是很难治理的顽瘴痼疾。家长们一方面都希望孩子身心健康，有个幸福的童年；另一方面唯恐孩子输在分数竞争的起跑线上。别的孩子都学那么多，咱们不学一下还行啊？于是争先恐后。这个问题还要继续解决。"习总书记指出"要继续解决培训乱象问题"，这一指示要求可谓重若千钧。

（一）学术价值

1. 弥补了校外在线教育治理机制与监测体系等相关研究的不足与缺失，尤其是弥补了非学科类校外培训在线教育相关研究的不足，完善了校外在线教育相关理论体系，对校外在线教育治理的发展具有重要的学术价值。

2. 弥补了校外在线教育与"双减"背景下中小学在线教育实证研究的不足，深化了对相关问题的认识和了解。

3. 为国内外相关学者的进一步研究奠定了基础，提供了有益的研究参考视角。

（二）应用价值

1. 有针对性地探索校外在线教育的治理路径与监测体系，为国家提供一定的建议对策，可以为中国规范、完善校外培训机构发展的相关政策提供一定的理论依据，为中国校外在线教育治理的深入发展与诸多问题的解决提供一定的实践参考与帮助。

2. 对校外在线教育治理效果的动态监测与发展具有重要的实践参考价值。

3. 为"双减"背景下中国 K12 在线教育的发展提供一定的实践与参考依据。

第二节　研究内容

一　总体框架

本书立足于经验研究的理论探讨和政策定位，以实践性问题导向搭建研究的总体框架。本书认为，中国非学科类校外在线教育的发展既与其自身的特点和发展逻辑有关，也与中国社会政治结构和文化心理有关。因此，对中国非学科类校外在线教育问题的研究，一方面要追寻教育发达国家特别是西方国家校外在线教育体系构建的理论基础和实践做法，在此基础上梳理和比较不同的在线教育模式，以便为中国校外在线教育的发展提供有益参考；另一方面，对非学科类校外在线教育发展问题的思考不能脱离中国社会政治结构和文化背景，如教育和技术的发展。因此，本书总体研究框架如下（见图 1-1）。

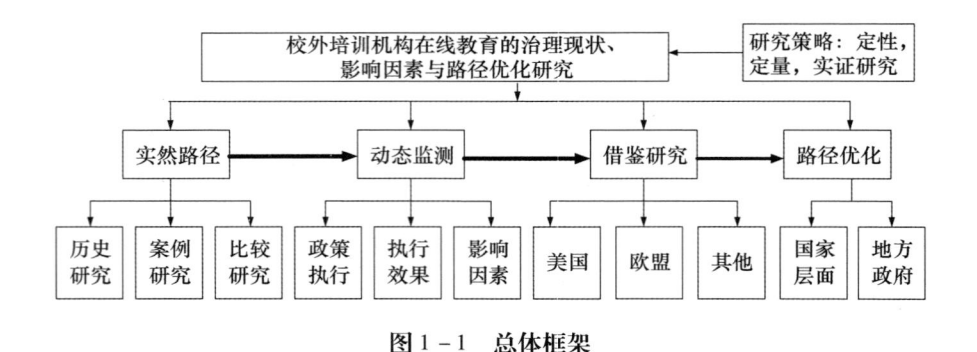

图 1-1　总体框架

基于总体框架，本书将开展以下方面的研究。

（一）非学科类校外培训机构在线教育治理路径的实然研究

梳理非学科类校外在线教育的历史发展，对比不同区域非学科类校外在线教育治理的异同，同时对非学科类校外在线教育治理的典型案例进行深入分析。通过文献查阅、实地走访以及个案研究等对非学科类校外在线教育政策制定与实践现状进行全面调查。

（二）非学科类校外培训机构在线教育的治理监测体系研究

采用访谈法、层次分析法、探索性因子分析等构建非学科类校外培训机构在线教育动态监测体系，对非学科类校外培训机构在线教育治理政策的执行进行动态监测与跟踪评估，并对治理效果进行深入分析。根据公共政策评估理论，初步构建校外在线教育政策执行效果评估框架（见图1-2）。本书将对目前校外在线教育治理面临的困境进行深入分析，包括构建校外在线教育成效的影响因子模型，展开实证研究等。

既考察非学科类校外在线教育建立和发展的客观状况，又考察相关主体（例如学习者、家长、教育工作者、社会人员）对非学科类校外在线教育的主观认知和心理预期。从宏观、中观以及微观等多层面展开调查分析。基本设想是运用文献资料和二手统计数据考察校外在线教育的客观整体状况，运用个案研究和深度访谈考察校外在线教育的典型状况和运作机制，运用问卷调查考察校外在线教育的具体状况和差异性特征。在相关理论，例如加涅的学习结果分类的基础上展开研究，将学习结果分为言语信息、智慧技能、认知策略、动作技能和态度五类。

对中国校外在线教育治理成效的影响因素展开理论和实证分析。首先，通过访谈和理论分析，构建校外在线教育效果影响因素理论模型，然后进行实证研究，包括采用回归分析、结构方程模型等。

（三）非学科类校外在线教育治理国际成功经验的借鉴研究

首先展开非学科类校外在线教育比较研究。其次，开展教育发达国家校外在线教育治理的基本经验和模式的比较研究，重在借鉴国外（如美国、欧盟、日本等）校外在线教育治理既有模式的经验，对西方文化传统与校外在线教育的相互衔接性作出分析。在研究对象方面，对一些在发达国家工作、学习或有生活经历的高校教师、华侨和其他海归人员进行深度访谈，了解他们所感受到的各个国家校外在线教育的基本特色。此外，展开国际交流，包括前往特定国家考察其校外在线教育的实践状况与研究前沿，了解其校外在线教育的成功经验与制度设计。

(四) 非学科类校外培训机构在线教育的路径优化研究

校外在线教育涉及企业管理、教育投资、政府治理、教育传播等多种问题，在前述研究的基础上，将使用生态学、经济学、社会学、传播学等多学科理论对未来中国非学科类校外在线教育的发展对策作出更好的判断，形成校外在线教育治理优化路径。

(五) 非学科类校外在线教育发展的追踪研究

对校外在线教育发展进行持续的实证研究和效果评估，分析其成效及其优劣的来源及影响因素，为优化理论提供反馈。

(六) 中国中小学教师在线教育的影响因素与对策研究

在疫情期间，中小学组织了大规模的在线教学，实现了停课不停学。另外，"双减"意见也明确提出"做优做强线上学习资源"，包括深入实施国家中小学网络云平台的建设与应用以及开展在线互动答疑等。本书拟对中小学在线教育的影响因素展开理论与实证分析，并展开国际比较研究，在此基础上提出相关对策建议。

二 重点难点

(一) 重点

一是校外在线教育治理的监测体系研究。任何社会政策都是针对特定社会问题，并以问题的解决为最终目标的。校外在线教育治理政策实施的效果成为评判政策的一个重要依据。目前，中国还没有建立起校外在线教育治理的跟踪评估机制，人们关注更多的是政策实施的过程而不是政策实施的结果。

二是非学科类校外在线教育治理的路径优化研究。在大量调查实证研究的基础上，分析现有校外在线教育治理政策效果和校外在线教育治理成效的影响因子等问题，进而有针对性地探索校外在线教育治理的路径和对策。

(二) 难点

一是本书涉及学习者、家长、在线教育机构等多方面的数据收集和分析，并且数据量较大，需要进行持续的追踪和分析。本书拟争取与教师、家长等各利益方展开合作，为数据的获得提供一定的帮助。本书拟选取一定数量的样本，进行校外在线教育发展的持续实证研究，展开效果评估和反馈，不断完善相关理论体系。

二是非学科类校外在线教育治理路径优化研究。目前中国校外在线教育面临着诸多困境，需要在大量实证研究的基础上，从多学科的视角提出校外在线教育的优化路径。

三　主要目标

本书拟从理论层面阐明非学科类校外在线教育治理的内在机制，从典型案例层面透视非学科类校外在线教育治理的真实现状，从区域比较的层面概括非学科类校外在线教育治理的理想模式，总体上采用定性研究结合定量研究，宏观把握结合微观案例分析的方法，建构有效的校外培训机构在线教育治理的监测体系，实证探究非学科类校外培训机构在线教育治理成效影响因子，形成适应非学科类校外在线教育治理的建议和对策。

四　基本思路

本书以非学科类校外在线教育治理为主线，以创新校外在线教育治理机制和构建校外在线教育监测体系为旨归，首先对非学科类校外培训机构在线教育治理的实然路径进行研究，并构建校外培训机构在线教育监测体系。其次实证探究现有非学科类校外在线教育治理政策效果以及校外在线教育成效的影响因子等问题，结合对国际上成功经验的借鉴研究，有针对性地探索中国非学科类校外在线教育治理的优化路径。

在借鉴已有研究成果的基础上，本书依据利益相关者对校外在线教育的影响力及与之关系的紧要性两个维度，构建利益相关者分析框架，将利益相关者分为核心利益相关者（第Ⅰ类，影响力强、紧要性高）、重要利益相关者（第Ⅱ类，影响力强、紧要性低）、次要利益相关者（第Ⅲ类，影响力弱、紧要性高）、一般利益相关者（第Ⅳ类，影响力弱、紧要性低）。由于各利益相关者所属类型和所处位置是动态变化的，需要及时给予诊断和分类管理。管理的原则是对不同类型利益相关者的管理策略应进行分类，尽可能地调动所有利益相关者与个人参与校外在线教育的积极性，激励他们为提高绩效而努力。核心利益相关者的影响力强，紧要性高，应给予其最高关注，对其利益诉求应优先给出明确和及时的回应，否则可能会对校外在线教育目标的实现产生重大和不利的影响。重要利益相关者的影响力强，紧要性高，应争取他们的支持，使其满意。次要利益相关者的影响力弱，但紧要性高，应争取他们对校外在线教育的关注。而一般利益相关者的影响力弱，紧要性低，可以付出最小的努力（见图1-2和图1-3）。据此初步构建利益相关者评价指标体系（见图1-4）。

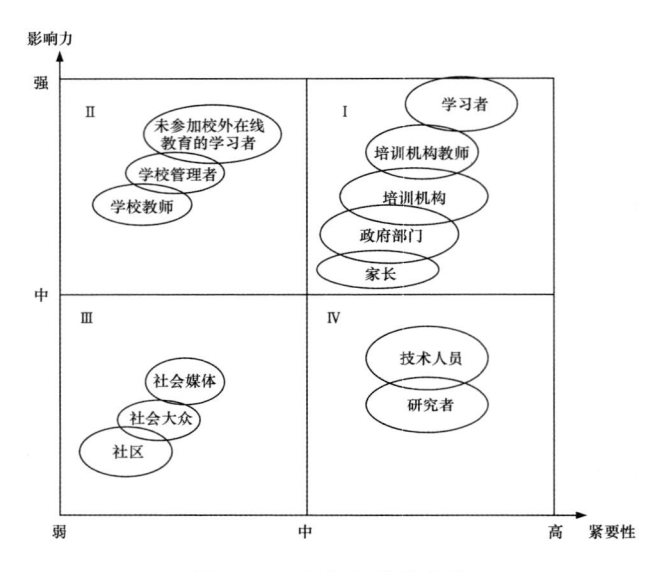

图1-2 利益相关者分类

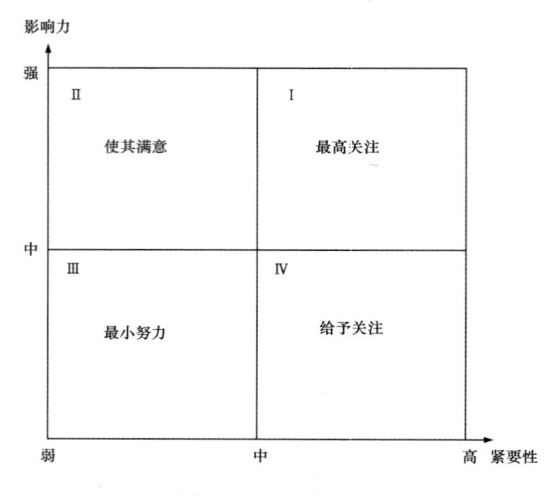

图1-3 分类治理

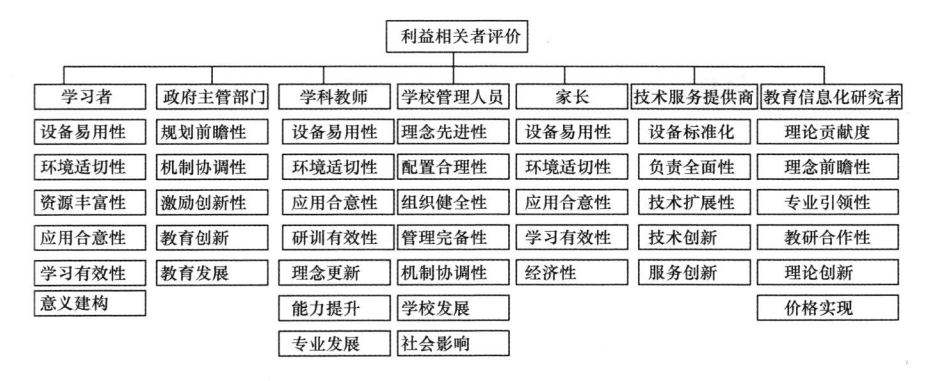

图 1-4 利益相关者评价指标体系

第三节　研究方法与创新之处

一　研究方法

本书采用定性和定量相结合、理论和实证相结合的方法展开研究。

（一）问卷调查法

本书将选取典型样本对非学科类校外在线教育进行实证调查，选取有代表性的不同类型的人员（如学生、教师以及管理人员等）进行调查，以获得当前校外在线教育的基本样态和差异性特征。将采用 SPSS 22.0、SmartPLS 7.0、AMOS 21.0 等统计分析软件对问卷调查结果进行深入全面的统计分析。

（二）深入访谈法

无论是对校外在线教育的现状和问题，还是对其影响因素和模式构建，深度访谈都是有效的研究方法。本书将选取有代表性的样本进行访谈，包括参与的家长和学生、线上培训机构负责人和教师、学校和政府部门相关管理人员和教师等进行深入访谈，对校外线上培训相关问题进行深入分析。

（三）数据挖掘法

将对学习者与教师在线学习与教学数据进行分析，采用相关数据挖掘理论与算法（例如聚类、关联规则以及决策树算法等）对校外在线教育的现状、影响因素等问题进行研究。

(四) 个案研究

选取一些典型的校外在线教育案例进行深入研究，了解非学科类校外线上培训的现状、问题、影响因素和发展对策等。

(五) 行动研究

与教育管理部门和校外培训机构合作，运用基于设计的研究方法，持续性开展非学科类校外培训机构在线教育发展的实验，适时进行评估、反思与反馈。同时，运用个案研究法，跟踪校外培训机构在线教育发展优秀案例，在实践中完善理论模型和策略体系。

二　创新之处

(一) 研究内容新

本书多视角、多层次、系统地对非学科类校外在线教育治理进行深入的分析与研究，包括非学科类校外在线教育的公共政策、监测体系以及执行效果等，同时对校外在线教育治理政策实施的影响因素展开研究，提出一些实证基础上的、有针对性的、促进非学科类校外在线教育发展的对策建议，形成一整套能适合中国非学科类校外在线教育的理论体系与实践框架，内容独到，思路新颖。

(二) 研究视角新

校外在线教育涉及包括学习者、家长、教育工作者、企业、政府等在内的诸多利益相关者，本书基于利益相关者的公共政策评估理论构建校外在线教育治理政策监测体系，具有一定的创新性。此外，本书从教育学、心理学、社会学、传播学等多学科视角对非学科类校外在线教育治理的影响因素和发展机制等问题展开深入研究。

(三) 方法特色

本书综合应用定性和定量、理论和实证相结合的研究方法对相关问题展开深入研究，问卷调查法对从较大范围内考察中国非学科类校外在线教育的现状和具体特点具有较大的优势，相关文献分析和内容分析有助于对当前校外在线教育的总体状况进行考察，个案研究和深度访谈等定性研究方法的运用在了解中国非学科类校外在线教育的问题、机制的构建等方面有其独特优势，从而弥补定量研究特别是问卷调查在校外在线教育研究中的不足。因此，不同研究方法的综合应用并相互补充、取长补短是本书的一大特色。

第二章　非学科类 K12 在线教育发展现状

第一节　中国非学科类 K12 在线教育现状调查

2019 年 7 月，中国教育部等六部门印发了《关于规范校外线上培训的实施意见》（教育部，2017）。之后广东省等部分省份也下发了相关意见。2019 年 9 月 30 日，教育部等 11 部门联合下发《关于促进在线教育健康发展的指导意见》，指出鼓励社会力量举办在线教育机构，支持互联网企业与在线教育机构充分挖掘新兴教育形式，满足多样化教育需求。2019 年，艾媒咨询报告指出，2018 年 K12 在线教育用户规模达到 2021.5 万户，预计 2020 年其教育费用将达到 3025.4 万元。而教育部《关于规范校外线上培训的实施意见》指出，校外培训机构在线教育（下文简称"校外在线教育"）面临着诸多问题，例如，教学质量不高、乱收费等，对校外在线教育展开实证研究，并在此基础上制定相应的对策，已成当务之急。中小学校外在线教育是面向小学、初中、高中阶段提供相应的校外教育（一般主要由校外培训机构，例如学而思网校、猿辅导在线教育等提供），充分运用网络、多媒体和多种交互手段，以中小学生为中心展开的师生教育活动。目前中国中小学校外在线教育迅速发展，而中小学生是参加校外在线教育的主体，可以分为补习性教育和兴趣类教育。补习性教育指的是学生为了提高学习成绩而参加的教师辅导活动，一般针对学生升学等有重要影响的语文、数学以及英语等主要科目。兴趣类教育指的是为了满足学生的兴趣爱好而参加的教育类活动，一般针对运动、琴棋书画等的学习。本书拟以面向中小学生的非补习性在线教育为主要研究对象。本书的校外在线教育主要指学习者和辅导教师空间分离的异步同步在线教学，具体包括一对多大班同步在线教学和交互、一对一同步在线教学和交互、异步在线教学以及线上线下混合教学等。校外在线培训有着很多优点，例如实现了优质资源共享、在一定程度上实现了个性化学习以及学习方式灵活等。

校外培训更多地从线下转向线上（唐荣蓉，2020）。校外线上培训属于在线教育的一部分，可以看出，中国校外线上培训的研究包括以下几个方面：一基于对中国校外线上培训现状调查，提出相关对策。通过调查发现，目前中小学校外线上培训分为三种模式，分别是个性化分层教学模式、翻转课堂教学模式和双师教学模式，但存在着教学质量不一、教学机构资源开发有限以及教学机构营利模式不清晰等问题，在此基础上提出了完善师资力量、打造中小学校外在线教育资源共享平台等对策建议（马志丽，2019）。对中小学在线教育的支出、对在线教育的关注点、使用的设备、在线学习的时长等进行了调查（陆丰，2015），对中小学在线教育答疑类 app 进行了比较分析（冯姗姗，2017），在相关现状分析的基础上，从产品设计、在线教育模型、营利模式、政策等方面对未来中小学线上培训的发展对策进行了探讨（赖珍珠，2014；朱春芹，2016；卢长红，2017）。二是在国外校外线上培训比较研究的基础上，提出相关对策建议。对美国 K12 阶段在线教育全国标准进行了解析，认为该标准以学习者为中心、对教师能力提出了新要求，为中国中小学在线教育的发展提供了一定的借鉴（梁林梅、赵柯杉，2017）；对美国 K12 在线教育的现状、系统结构与政策进行了分析，为中国 K12 在线教育的发展提供了启示（周蕾、赵中建，2020）；以爱达荷州可汗学院项目为例，对基于在线教育平台的美国中小学个性化学习做了探究（卞延竹，2018）；美国的 K12 在线教育可以分为多种模式，这些不同的模式为 K12 年级的学生提供了新的学习形式，让随时随地的学习成为现实，它真正做到了因材施教等（张梦冉，2018）。可以发现，国外对于校外线上培训的研究有着不同的侧重，主要包括：一是国外侧重于对中小学线上培训的对策和效果研究。构建了一种以学习者为中心的混合在线教育模型，通过对美国农村地区高年级学生为期两年的远距离学习的研究，发现学生通过混合学习取得了良好的学习效果（de la Varre C. et al.，2010）。基于光纤的翻转课堂对于不同成就的学生的学习效果所产生的作用有所不同（S. J. Morris et al.，2019）。二是国外注重对中小学校外线上培训进行数据挖掘研究。通过对学生在线学习记录、地理数据、课程结束等在线教育项目进行评价，构建了学习结果预测模型，通过决策树等方式对学生的学习表现、对课程和教师的满意度水平进行预测（J. L. Hung et al.，2012），家长对在线教育的态度，家长对学校在线学习的态度，与其对在线学习的理解和支持有很大的关系，并发现了家长的四种支持类型和六个主要的关注领域。

国内外关于校外在线教育的研究取得了一些成果，澄清了相关的基本概念，论证了校外在线教育的必要性和重要性，对校外在线教育的不同内容和方面进行研究，为之后对该领域的探索打下了一定的基础，校外在线教育研究还存在着许多不尽如人意的地方。现有研究多从校外在线教育提供方的角度对校外在线教育进行审视，缺乏从学习者视角对校外在线教育的研究。本书通过文献研究法、问卷调查、访谈法等从学习者角度对中国校外培训机构在线教育现状进行调研，为中国校外在线教育的发展提供一定的建议和对策，为政府对校外在线教育的有效治理提供一定的参考依据。

一 问卷的设计与发放

首先，在参考相关文献的基础上进行了问卷设计（马志丽，2019；S. C. Kong，2018）。邀请了五名国内教育技术学专家对问卷进行审阅，并在相关专家意见的基础上进行了完善。对问卷进行了预测，针对中小学生共发放400份问卷，在预测的基础上对问卷进行了改进。最终形成的问卷包括学习者参与行为、学习者对在线培训的态度、在线培训的效果以及在线培训环境等几个部分，再加上人口学变量，共28道题目（见表2-1）。而学习者如果没参加过校外在线培训，则在是否参加过校外在线培训的问题中，选择未参加过之后自动跳到问卷末尾，结束作答。问卷针对学习者进行发放。问卷的发放主要采用当面发放的方式。在问卷发放之前，有相关人员对问卷所涉及的问题进行解释，例如问卷中的相关概念，如国家政策、学校支持等，在解释了学生的疑问后，进行问卷的发放。共回收问卷3810份，去除填写不全、填答高度一致等疑似问卷外，得到有效问卷3215份，其中参加过校外在线教育的有1560人，占总作答人数的48.5%。除了问卷调查法外，本书还采用访谈法等进行研究，例如对学习者在线培训需求进行调研，作为问卷调查的补充。

表 2-1　　　　　　　　　　　　调查框架

变量	二级指标
学习者参与行为	参与的时间
	参与的类型
	参与的人数
	参与的数量
学习者对在线培训的态度	行为意向
	满意度
	情感
在线培训环境	国家政策
	学校支持
	师资水平
	教学环境
在线培训的效果	对学习成绩的影响
	对学习方法的影响
	对学习兴趣的影响

二　结果分析

本次填答人口学分布见表 2-2 所示。可以看出，在本次调研中，有 59.1% 的人员未参加过校外在线培训。

表 2-2　　　　　　　　　　　　人口学变量分布

变量	性别		学段			是否参加过	
类别	男	女	小学	初中	高中	是	否
人数（人）	663	897	535	694	331	1560	2250
比例（%）	42.5	57.5	34.3	44.5	21.2	40.9	59.1

(一) 学习者参与行为

针对何时开始参加在线教育，绝大多数参与者表示从中小学阶段就开始参加校外在线培训，有一小部分参与者表示从幼儿园就开始了（6.7%），还有一小部分参与者表示从高中开始的（6.7%），而绝大多数学生是从小学和初中开始接受校外在线教育的，分别是小学（40.9%）和初中（41.3%）。说明目前学习者开始参与校外在线培训的时间段分布广泛，各个年级段都有，但主要集中在初中和小学。可能的原因是初中和小学是打基础的阶段，并且面临着升学择校等实际需要，家长较为重视孩子的基础能力培养以及期望孩子升入更好的中学就读，同时，初中和小学生可能具有参加校外在线教育较为充裕的时间。而幼儿园孩子过小，因而参加校外在线培训的比例很低，对学生与家长的访谈也印证了这一点。

在参加校外在线培训的学生原来的学习成绩如何方面，此次调查显示，学习成绩原来在中等以上的学生报名的反而多，这可能与传统的认知正好相反。传统的认知是校外在线教育学习差的学生参与可能会多一些，而调查结果与之有所不同，报名参加校外在线教育成绩中等以上的学生占绝大部分（占总人数的93.8%）。经过访谈也可以发现，具有一定学习基础的学生有着更强的学习积极性，并且想要进一步提升。而学习成绩较差的学生可能学习积极性不够，同时觉得报校外在线培训是浪费钱。

目前校外培训机构在线教育模式主要集中在大班直播课、小班直播课以及一对一辅导上。调查显示，参加大班直播课的学生占到了一半，可见现在校外在线教育的主要模式仍是大班直播课。一般在大班直播课的课堂上，学生可与老师进行一对一交互，因此选择这种形式的学生最多。其次是一对一辅导（32.6%）、在线答疑（22.8%）和其他（见图2-1）。

在参加线上培训时间方面，大多数学生选择在周末（72.9%），接下来依次是寒暑假（50.7%）、节假日（29.3%）和周一到周五的晚上（26.7%）（见图2-2）。学生在周一到周五，除了上课之外，还需要完成教师布置的作业，所以很多学生在周一到周五并没有过多的时间参加校外在线培训。因此，大多数学生选择了周末，而寒暑假也是很多学生选择的时间段，选择周一到周五时间段参加校外在线培训的学生占比最低。

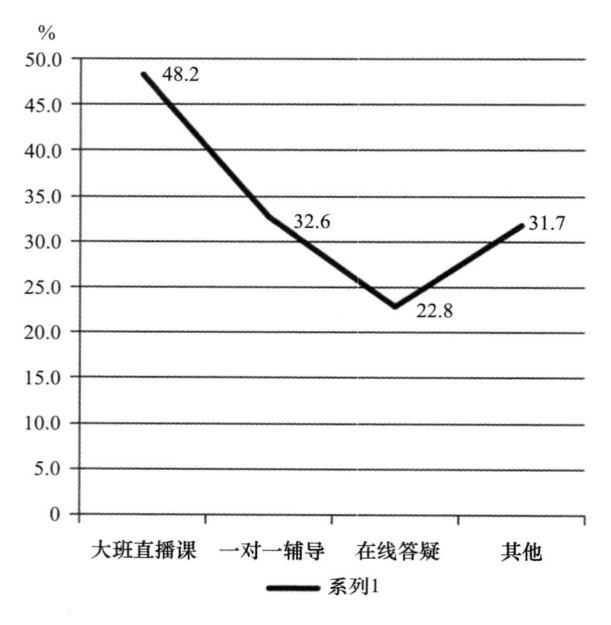

中国非学科类 K12 在线教育的治理路径

图 2-1　学习者参加校外在线教育的模式

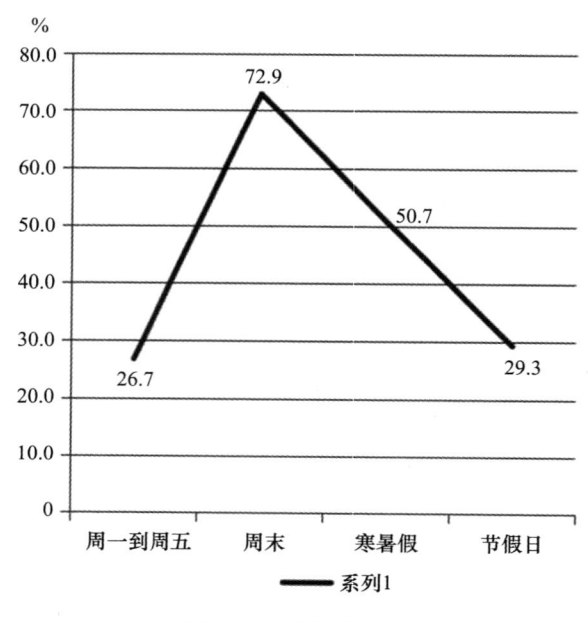

图 2-2　参与的时间

在是否积极参加师生互动的问题上，表示积极和非常积极参加校外在线培训的有 58.7%，这说明校外在线培训中，学生不仅仅是听课，还与教师展开了积极的互动。在校外在线教育花费时间方面，每周花费 2 小时以内、2—4 小时以及 4—6 小时的占大多数（共占 84.9%），这说明虽然中小学生参加了校外在线培训，但花费的时间并不是很多，还是比较少的。这里面的原因可能有多方面，例如时间所限、经济考量以及个人学习需要等。而在参加的学科方面，选择参加了 1—3 个学科的占 76%，4—6 个学科的只占 17.8%，7 个学科以上的仅占 5.3%，这说明总体来说，学生并没有参加过多的在线辅导班，大多数参加了 3 个学科以下。

（二）行为态度

大约一半的回答是自愿（48.0%），说明学生可能不像很多人想的那样，还是有主动提高成绩的想法的。其余，家长要求占 18.3%，朋友影响占 15.1%，多种因素占 18.6%（见表 2-3）。超过一半的受访者表示赞同校外在线培训，表示不赞同与非常不赞同的仅占 13.3%。有 60.5% 的受访者表示赞同或非常赞同校外在线培训，有 68.5% 的受访者表示愿意或者非常愿意参加校外在线培训，有 67.9% 的受访者表示对校外在线培训满意或者非常满意。从调查来看，总的来看，校外在线教育受到了大多数受访者的肯定。有超过一半的受访者表示今后将继续参与校外在线培训（53.7%），有一部分受访者表示不确定今后是否会参与（28.7%），还有部分受访者表示不打算继续参与（16.5%）。

表 2-3　　　　　　　　　你是自愿参加校外在线培训的吗

		频率	百分比（%）	有效百分比（%）	累计百分比（%）
有效	自愿	749	48.0	48.0	48.0
	家长要求	285	18.3	18.3	66.3
	朋友影响	236	15.1	15.1	81.4
	多种因素	290	18.6	18.6	
	合计	1560	100	100	

（三）参与效果

大多数受访者对校外在线培训的效果还是认可的，有 67.4% 的受访者选择了在线教育培训对其帮助很大且效果明显；同时也有29.5%的受访者选择了帮助不大，效果不明显；有2.1%的受访者选择了没帮助，老样子。这说明目前校外在线培训取得了一定的效果，同时也存在着一些问题。在对在线教育满意度的调查中，选择满意以及非常满意的总共占到了67.9%，其余选择了不确定、不满意以及非常不满意，这说明大多数受访者对校外在线培训还是持满意态度的，但也有一部分（32.1%）的学习者表达了不同的意见，说明校外在线培训还有待改善。在校外在线培训的收获方面，选择比重最高的为获得了学习方法的指导（60.5%）、获得了新知（58.9%）和答疑解惑（54.7%），选择提高了学习兴趣的比例略低一些（38.4%）（见表2-4与图2-3）。

表2-4　　　　你觉得校外在线培训对你的提升有帮助吗

		频率	百分比（%）	有效百分比（%）	累计百分比（%）
有效	帮助很大，效果明显	1051	67.4	67.4	67.4
	帮助不大，效果不明显	460	29.5	29.5	96.9
	没帮助，老样子	49	3.1	3.1	100
	合计	1560	100	100	

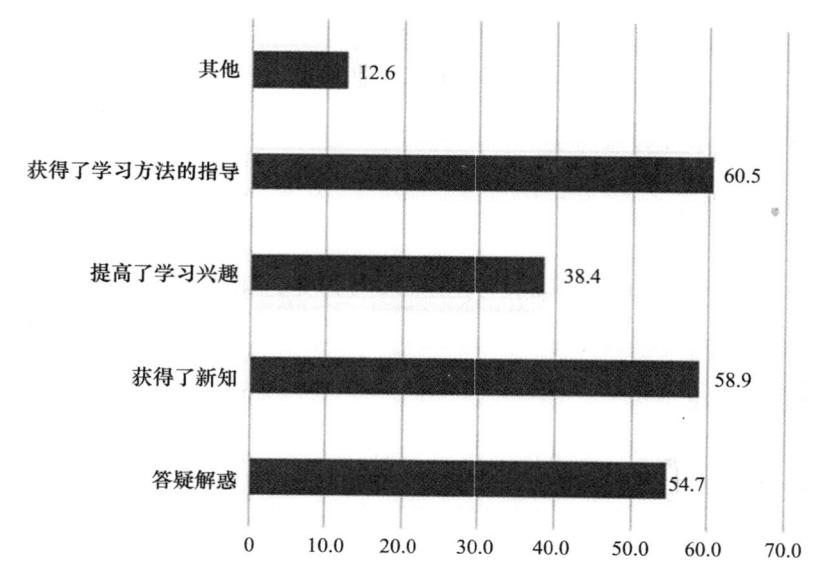

图2-3　校外在线培训的效果（%）

(四) 在线培训环境

认为国家对校外在线教育缺乏和非常缺乏监管的比例为37%。目前国家出台了《关于规范校外线上培训的实施意见》《关于促进在线教育健康发展的指导意见》等文件，很多省份也出台了类似的意见，例如河南省教育厅印发了规范校外线上培训的实施方案。这些方案正在规划和实施阶段，实施效果还有待评估和改善。而表示学校老师支持和非常支持学生参加校外在线培训的比例为50.5%。对学校教师访谈也印证了这一点，多数教师表示只要对学生的发展好，都支持。一些教师表示学校资源有限，例如教学时间、师资数等，难以充分实现一对一等个性化教育，而校外在线培训则很好地弥补了这一点，学生可以接受个性化教育，是学校教育的一种有益补充。校外培训机构师资水平见表2-5所示。

表2-5　　　　　对校外培训机构师资水平满意度调查

		频率	百分比（%）	有效百分比（%）	累计百分比（%）
有效	很不满意	50	3.2	3.2	3.2
	不满意	41	2.6	2.6	5.8
	一般	332	21.3	21.3	27.1
	满意	647	41.5	41.5	68.6
	很满意	490	31.4	31.4	100.0
	合计	1560	100.0	100.0	

三 结论

(一) 有一定的应用前景，具有一定的优势，获得了较大的认可

本次调研显示，校外培训机构在线教育作为一种由校外在线教育机构主办、学生参与的在线教育形式，取得了一定的效果，具有一定的应用前景。2019年9月30日，教育部等11部门联合下发《关于促进在线教育健康发展的指导意见》，指出鼓励社会力量举办在线教育机构，支持互联网企业与在线教育机构充分挖掘新兴教育需求，满足多样化教育需求。目前，已经有相当一部分学生有过校外在线培训的参与经历。超过一半的受访者表示校外在线教育效果明显，受访者从校外培训机构的学习参与中获

得了学习方法的指导、获得了新知以及提升了学习兴趣等。超过一半的受访者以及学校教师赞同参与校外在线培训，同时也表示今后将继续参与校外在线教育。通过对教师的访谈发现，大多数教师对学生参加校外在线培训持支持态度，认为学校教师可能没有足够的时间、精力满足所有学生的个性化需求，而校外在线教育正好是校内教育的补充，只要有利于学生的学习，都会支持。

（二）在线培训环境需要进一步优化与改善

在线培训环境指的是学习者参与校外在线培训的空间及其中可以直接或间接影响学习者学习的各种自然因素和人文因素，具体包括国家政策、学校支持、师资水平、教学环境等。首先，有相当一部分受访者认为目前校外在线教育缺乏一定的监管。各方面政策还需要不断完善和细化，同时各地也应该加大监管力度。校外在线教育相比面授教育来说，具有很多新特点，例如涉及地域范围广、人数众多以及授课时间地点都更为灵活等，这加大了监管的难度。其次，校外培训的师资力量需要加强。虽然很多受访者对教师水平表示满意，但仍然有一部分培训机构存在着师资水平不高，教师质量有待提升的问题。保证校外在线培训的师资水平是保证校外在线教育质量的重要途径。在线教育与面授教育在师资上有很大区别。面授教育较多地聘请本地教师进行，而校外在线教育可以聘请非本地教师，非本地教师可以通过远程登录校外培训机构网络教学平台进行授课（包括视频直播以及在线答疑等），可聘请的教师范围增大了很多。这一方面带来了更大的师资选择范围，另一方面也存在着审核不严、随意上岗等风险。因此，在线教育教师的管理问题是一个需要解决的问题。另外，校外在线培训存在收费过高的问题。《关于规范校外线上培训的意见》指出，一些培训机构存在乱收费的现象，也有一部分家长或学生反映校外在线教育收费过高。有38.9%的受访者表示校外在线教学模式有待改善。目前校外在线培训还存在教学模式单一等问题。

（三）参与效果有待进一步提升

有32.1%的受访学生表示学习效果有待改善。经进一步访谈得知，学生在参加校外在线培训的过程中，可能存在着诸多问题，这些问题影响了学生的参与效果。首先，在线教学过程中，教师对学生的学习行为不好把控。很多教师反映在线教学过程中，教师通过网络进行教学，并不能看见学生，显示学生是在线的，但教师无法把控学生实际的听课状态。教师在讲，学生不一定在听。而在传统的面授教学过程中，教师与学生处在同一时空里，教师可以随时掌握学生的学习状态，可以有针对性地进行干预，在一定程度上有利于学习效果的提升。其次，网络交互存在着诸多不足，例如无法实现深入交互等。最后，一些学生是被迫参加在线补习的，这也大大降低了学生的学习兴趣，影响了学习效果。

四　对策建议

（一）出台更为具体的措施，鼓励非学科类在线教育的发展

通过本次调研发现，非学科类校外线上培训具有很多优点，且取得了一定的效果，受到了一定的欢迎。国家也出台了相应的政策文件，鼓励在线教育的健康发展。国家可以进一步出台更为具体的措施，支持在线教育的发展。第一，可以对从事校外在线培训的互联网企业给予政策的倾斜与优惠，包括税收、场地的租赁等。目前省市层面还缺乏具体的在线教育发展政策，各地市应结合国家的政策，制定符合本地发展的具体政策，并出台相应的措施。支持互联网企业与在线教育机构进行深度合作，综合运用大数据分析、云计算等手段，充分挖掘新兴教育需求，大力发展智能化、交互式在线教育模式，增强在线教育体验感。第二，鼓励教师参与校外在线培训，为校外在线培训优秀师资的供给提供一定的保证。从省市层面对校外在线教师展开统一培训。第三，加强优质资源建设。针对参与校外在线培训不同群体的教育需求，研发课程包、课件包和资源包，建设一批通识课程、五分钟课程、全媒体数字教材课程、特色课程等专项共建共享课程，提高教育供给精准度。

（二）加强对非学科类校外在线教育的监管

目前，对非学科类校外在线教育的监管还不够完善，需要不断完善校外在线教育监管体系和运行机制的建设，制定教师准入标准。对于在线教育来说，对教师管控可能更难。建立对教师教学思想、教学行为以及教学效果的动态评估机制，可以通过向学生发放问卷调查表、分析教学录像等方式进行。在线教育的一个很大的优点在于有在线数据记录。教师可以充分利用这些数据进行自我提升，而机构则可以充分利用这些数据对在线培训进行继续评估与预测。第一，注重效果的提升，校外培训机构应注重后续效果的调查研究。校外培训机构应充分听取学习者的意见，在学习者学习结束后通过问卷调查等多种方式了解学习者的感受与意见，在此基础上不断改进教学方法与环境。第二，制定校外培训机构在线教育监测体系。有必要制定校外在线教育治理机制与监测体系，对各地校外培训机构在线教育政策、实施的效果进行评估与监测，不断优化与调整相关治理对策，对涌现出来的新问题进行及时的关注与指导。第三，制定校外在线教育平台运行标准。校外在线教育基于一定的在线网络平台，需要对网络平台建设进行监测与管理。网络平台环境建设对于保证校外在线教育效果非常重要，要基于学习者的需求，营造良好的网络教育平台环境，其中包括网络平台的信息管理、平台界面、平台的运行与管理等方面。

（三）其他

需要完善教学模式。目前总体上还存在着模式较为单一等问题。进一步丰富在线教育模式，为学习者提供更多的个性化教育。可以根据学习者的需求，尝试实施面授教育 + 在线教育的混合教育模式、MOOC + SPOC + 翻转课堂等模式（方旭，2018；2019）。由于在线教育的灵活性，可以实现线上教育与线下教育的结合，既做到远程优质资源共享、又做到线下面授辅导，充分发挥在线教育的优势，将校外在线教育效果最大化。

第二节　非学科类 K12 在线教育满意度现状

目前，国内外还缺乏从学习者视角对非学科类校外培训机构在线教育满意度的大规模调查，本书从学习者视角构建了校外培训机构在线教育满意度评价体系模型，在此基础上对校外培训机构在线教育满意度展开大规模调查研究。

一　模型构建

1965 年，美国学者 Cardozo 首次将心理学领域的"满意"概念引入市场销售领域，开启了研究者们对顾客满意的探索热潮。从 20 世纪 60 年代中期开始，学者们展开了对顾客满意理论的深入考察，并将之运用于政府部门和教育领域。美国学者 Cardozo 第一次将顾客满意理论应用在营销领域，此后，满意理论在各行各业都得到了广泛的应用。而在教育行业的应用中，国外学者对在线教育满意度的关注点主要集中在满意度模型的优化设计以及在线教育学习效果测评两方面。Emtinan Alqurashi（2019）构建了在线学习环境中学习者满意度预测模型，包括自我效能感、学习内容交互、师生交互和生生交互，证实了这四个因素对在线学习满意度均有显著影响。Hueyzher Ng & Sakina Sofia Baharom（2018）构建了成人在线教育项目中满意度的预测模型，并进行了实证研究。Asarbakhsh（2013）认为在线系统存在视频连接失败、不易用的问题，影响满意度。Brandon Alcorn（2014）等人以用户行为为基础，从课程参与人数、课后作业参与率、完成率以及学习成绩提高情况方面分析了用户对在线教育的满意程度以及在线教育行业的发展趋势。Alicia David（2010）从用户的角度，从设计出发，提出平台设计中视觉内容以及美学在网站界面是非常重要的，甚至在某种程度上可以提升在线教育用户的参与率及互动性。Lin & Wang（2012）认为，学生满意度会受到技术的不同、教师的特点、学生的特征和课程的特性四个方面的影响，并构建了满意度模型。Roca, Chiu & Martinez（2013）以技术接受度模型（TAM）为基础，以172个在线学习用户为研究对象，进行了在线学习满意度分析，根据对样本数据的实证分析，发现用户在线学习满意度主要由用户对课程是否有用的感知、课程质量、平台质量、网站服务质量以及期望达成度等因素所决定。随着中国在线教育市场规模的快速扩大，国内学者对在线学习满意度的研究分析也有了初步的成果，主要集中于在线教育满意度影响因素模型构建及实证研究上。赵清华等（2019）构建了基于IPA和KANO模型的大学生付费在线教育的满意度影响因素模型，并进行了实证研究。颜慧贤（2018）构建了商业性在线教育平台用户体验满意度模型，并进行了实证分析。戴心来等（2017）基于现有顾客满意度理论，构建了MOOC用户满意度指数模型，最终发现，用户的感知质量对满意度影响最大。此外，感知有用性对用户满意度也存在着直接作用，同时用户期望对满意度有较大的间接解释力。杨根福（2016）站在MOOC用户使用行为的角度，基于理论基础，将学习动机、感知自主性、感知能力和MOOC设计环境（课程质量、独立学习、交流沟通）引入满意度模型。赵国栋（2010）等人设计了由学生、教师、课程和系统功能四个方面构成的满意度模型，并从这四个方面设计调查量表,最后通过调查研究发现,学生对在线教育的接受程度、对在线学习效果的认知、网师与学生的互动及时性、平台易操作、课程内容的有用性是影响用户满意度的显著因素。李雅筝(2016)站在用户的角度分析影响在线教育用户付费意愿的因素,认为课程内容和课程质量对付费意愿有正向影响,个人的付费意识对最终是否愿意支付费用并没有显著影响。

基于上述理论,结合校外培训机构的特点,初步构建了非学科类校外培训机构在线教育满意度评测模型(见表2-6)。

表2-6　　　　校外培训机构在线教育满意度评测模型

一级指标	二级指标
教学质量	教学内容适合度
	教学方法精准度
	课堂互动有效性
网络教育平台	易用性
	功能丰富性
	界面设计
	响应性
线上培训机构服务	信息服务
	咨询服务
	管理服务
	费用合适度

二　研究过程

(一)问卷的设计与发放

在所构建的校外培训机构在线教育满意度评测模型的基础上,本书初步编制了校外培训机构在线教育学习者满意度评测问卷。然后由教育技术领域的专家对初步设计的问卷进行审阅,在此基础上对部分题项进行改写(包括增删部分题项、语言不清改写等)。然后将问卷发放给学习者进行试测,共发放200份问卷,全部回收。根据受访者的反馈,对问卷进行了进一步修订(修改了受访者不易理解的语言表述、增删部分题项等)。最终形成了问卷(见表2-7)。

表 2-7　问卷设计

教学质量	教学内容可以满足学习者的学习需求
	教学方法灵活，可以达到目的
	课堂互动有效，从而达到教学目的
	总体来说，校外在线培训质量良好
网络教育平台	网络授课平台简单易用
	网络授课平台功能丰富，可以满足需求
	网络授课平台界面美观，设计合理
	网络教育平台系统稳定，响应快速
在线培训机构服务	师资、授课、费用等相关信息提供完整、准确
	学习者遇到有关问题时，机构可以很好地解决
	机构对在线培训进行良好的管理
	校外在线培训收费合理，可以接受
在线培训教师	教师备课充分，教学态度良好
	教师学科知识丰富，能很好地满足教学的需要
	教师对教学方法有着良好的掌握和运用
	有着良好的了解学习者学习需求的能力
	教师有着良好的与学习者互动的能力
	教师可以对学习者线上培训的学习效果进行有效评估
	教师认真负责，师德良好
	教师能够熟练应用网络教育平台，达到教育目的
总体满意度	总的来说，对参与校外在线培训感到满意
	参与校外在线培训是有用的
	参与校外在线培训达到了预期

（二）问卷的信度与效度检验

通过 SPSS 17.0 的计算可以看出，所有变量的 Cronbach'α 一致性系数均大于 0.9，这说明问卷具有良好的信度。采用 AMOS 24.0 进行计算，变量的组合信度（CR）均大于 0.7，平均萃取方差（AVE）均大于 0.5，说明各变量具有良好的聚合效度（见图 2-4 与表 2-8）。

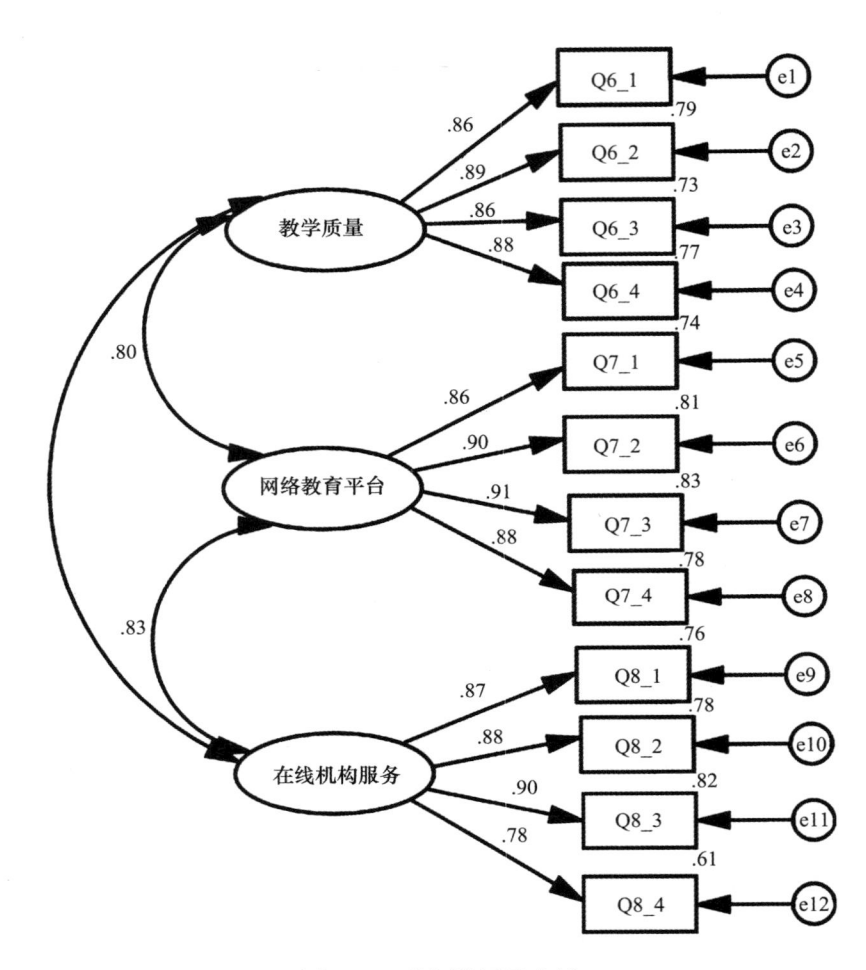

图 2-4　验证性因子分析

表 2-8　　　　　　　　　　　信度与效度检验

潜变量	观察变量	均值	标准差	因子载荷	Cronbach'α	CR	AVE
教学质量	CBI1	3.53	.871	0.86	0.927	0.9273	0.7614
	CBI2	3.48	.909	0.89			
	CBI3	3.45	.939	0.86			
	CBI4	3.36	.942	0.88			

续表

潜变量	观察变量	均值	标准差	因子载荷	Cronbach'α	CR	AVE
网络教育平台	PU1	3.60	.855	0.86	0.937	0.937	0.788
	PU2	3.49	.905	0.90			
	PU3	3.53	.877	0.91			
	PU4	3.46	.883	0.88			
在线培训机构服务	PU1	3.49	.894	0.87	0.917	0.918	0.7374
	PU2	3.49	.879	0.88			
	PU3	3.48	.864	0.90			
	PU4	3.35	.962	0.78			
总体满意度	EC1	3.49	.886	0.92	0.932	0.9328	0.82222
	EC2	3.53	.830	0.89			
	EC3	3.33	.897	0.91			
自我效能感	TQ1	3.57	1.224	0.915	0.891	0.932	0.822
	TQ2	3.56	1.207	0.929			
	TQ3	3.57	1.199	0.911			
	TQ4	3.55	1.210	0.948			
	TQ5	3.59	1.214	0.910			
	TQ6	3.62	1.220	0.827			
外部支持	SQ1	3.37	1.218	0.937	0.882	0.918	0.737
	SQ2	3.34	1.238	0.946			
	SQ3	3.36	1.216	0.928			
娱乐性感知	SEQ1	3.59	1.234	0.962	0.932	0.957	0.880
	SEQ2	3.63	1.208	0.963			

采用 AMOS 24.0 进行模型拟合度计算，可以看出，模型各指标都达到了要求，拟合度良好（见表2-9）。

表2-9 拟合度检验

		评价标准	实际值
绝对拟合度指标	X^2/df	小于3.0	1.546
	GFI	大于0.9，越接近1越好	0.926
	RMR	小于0.5，越接近0越好	0.032
	RMSEA	小于0.1，越接近0越好	0.049
增值拟合度指标	AGFI	大于0.9，越接近1越好	0.867
	NFI	越接近1越好	0.980
	CFI	越接近1越好	0.993
	IFI	越接近1越好	0.993
精简拟合度指标	AIC	越小越好	65.008
	ECVI	越小越好	0.290

（三）研究结果

共收到1377份问卷，其中有50.98%的受访者参与过校外在线培训，有49.02%的受访者未参与过校外在线培训。在参加过校外在线培训的学生中，男生占50.43%，女生占49.57%。可以看出，男女比例较为均衡。在线培训在参与形式方面，一对一、小班直播课、大班直播课以及录播课都占有一定的比例。在本次调研中，幼儿园、小学与初中学生参加在线培训的较多，而高中学生较少（见表2-10与表2-11）。

表2-10 您孩子参加过哪些形式的校外线上培训

选项	小计	比例（%）
一对一直播课	219	31.20
小班直播课	233	33.19
大班直播课	304	43.30
录播课	169	24.07
本题有效填写人次	702	

表 2-11　　　　　您孩子参加的是哪个学段的线上培训

选项	小计	比例（%）
幼儿园	125	17.81
小学	253	36.04
初中	371	52.85
高中	47	6.70
本题有效填写人次	702	

（四）调查结果

对在线培训质量表示满意的比例在各个维度均低于 50%；在网络教育平台方面，除了对"网络教育平台简单易用"这个维度表示同意和非常同意的比例占 53% 外，对其他各个维度表示同意和非常同意的比例均未超过 50%；在机构服务方面，对各维度表示满意与非常满意的比例均不超过 50%；在总体满意度上，表示满意与不满意的比例也都在 50% 左右。这说明受访者对校外在线培训的满意度还不高，还有待提升（见图 2-5 至图 2-9）。

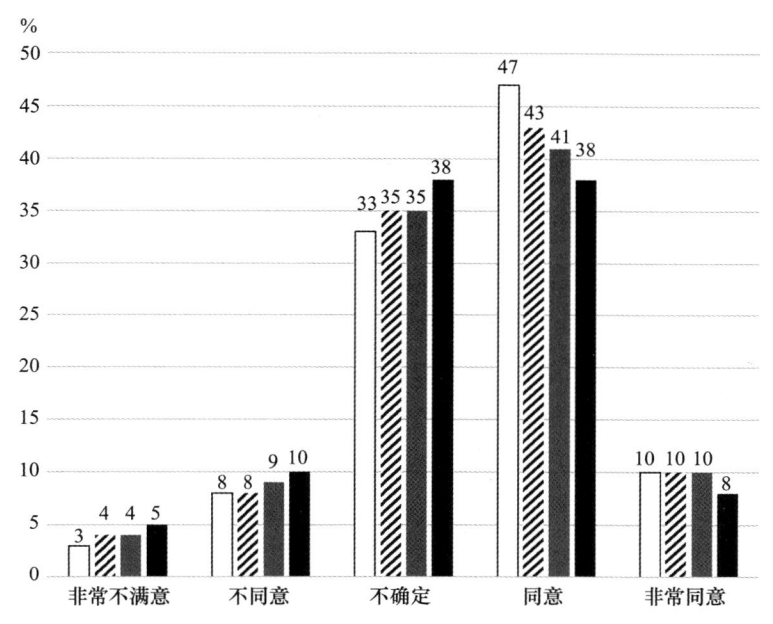

图 2-5　在线培训教学质量

中国非学科类 K12 在线教育的治理路径

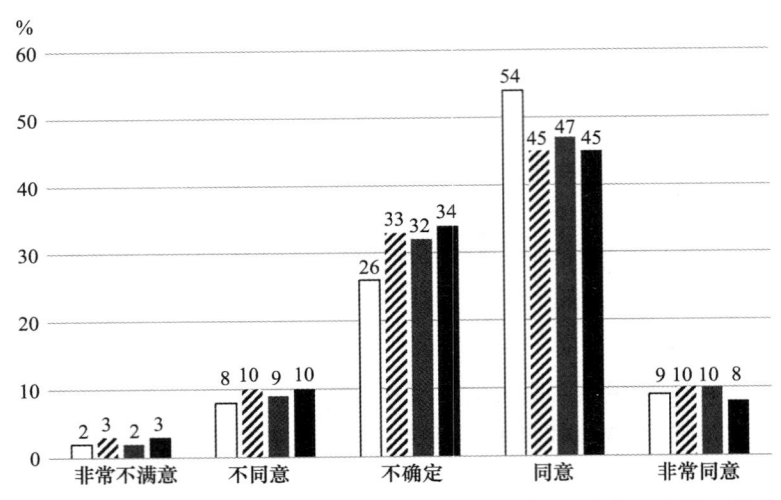

图 2-6　网络教育平台

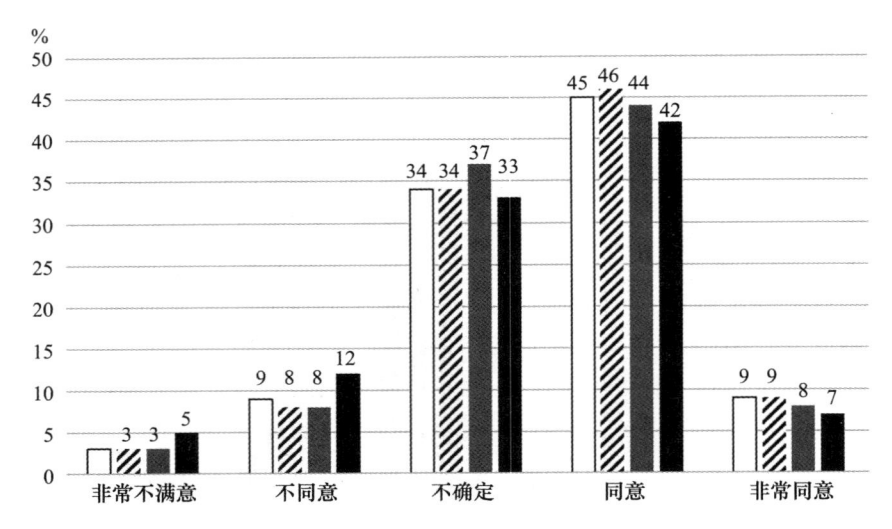

图 2-7　培训机构服务

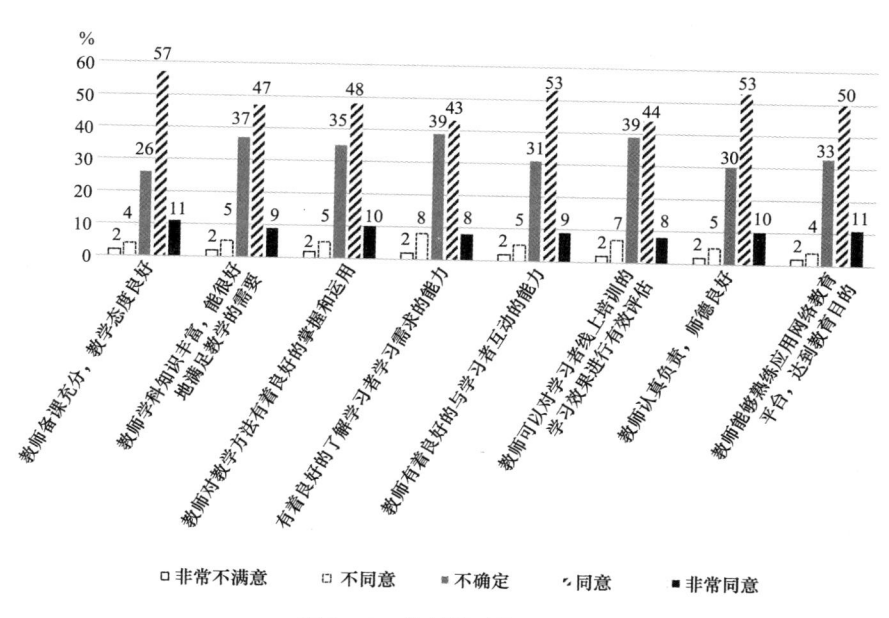

图 2-8　校外培训机构教师

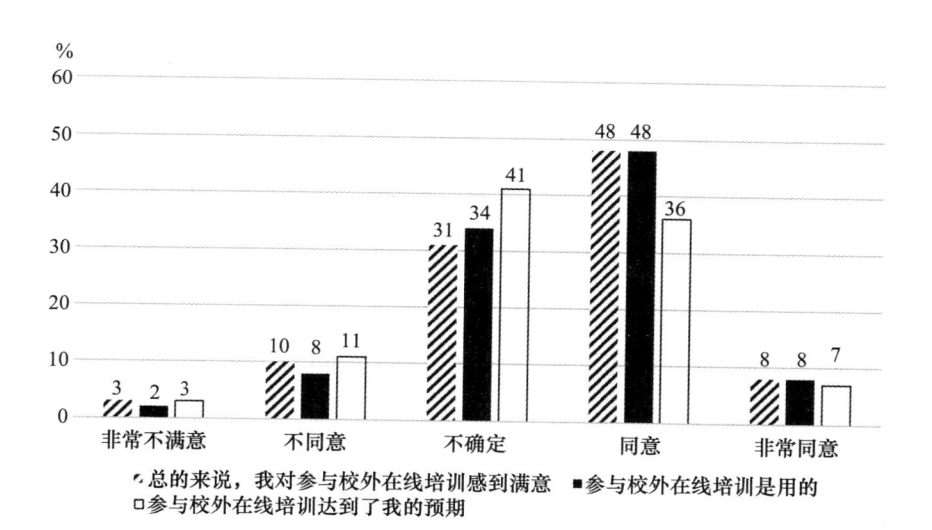

图 2-9　总体满意度

三 对策研究

总体满意度有待提升。此次调查显示,受访者对非学科类校外在线教育总体满意度均值仅为 3.45,该数据尚偏低,说明非学科类校外在线教育还有很多需要改进的地方(见表 2-12)。

表 2-12　　　　　　　　　　　变量平均值

描述统计					
	个案数	最小值	最大值	平均值	标准差
在线教育机构服务	701	1.00	5.00	3.4508	.80605
校外在线教育质量	701	1.00	5.00	3.4515	.82903
网络教育平台	701	1.00	5.00	3.5203	.80768
总体满意度	701	1.00	5.00	3.4503	.81802
有效个案数(列表状态)	701				

总的来说,非学科类校外在线教育还有很多需要改进的地方,结合本书调查得出的数据,提出如下建议。

表 2-13　　　　　　　　　　　总体满意度

	N	极小值	极大值	均值	标准差
总的来说,我对参与校外在线培训感到满意	701	1	5	3.49	.886
参与校外在线培训是有用的	701	1	5	3.53	.830
参与校外在线培训达到了我的预期	701	1	5	3.33	.897
有效的 N(列表状态)	701				

(一)提升教学质量

本次调研显示,非学科类校外在线教育教学质量有待提升(见表 2-14)。在教学内容方面,需要全面了解学生的不足,有针对性地进行教学。在教学方法方面,需要根据教学内容灵活采用教学方法,例如案例法、教授法等。在互动方面，需要与学生在判断其学习需求、学习状态以及学习成效等方面展开充分互动。总之，需要从多方面不断提升校外在线教育质量。

表 2-14　　教学治理

	N	极小值	极大值	均值	标准差
教学内容可以满足学生的学习需求	701	1	5	3.53	.871
教学方法灵活，可以达到目的	701	1	5	3.48	.909
与学生的课堂互动有效，从而达到教学目的	701	1	5	3.45	.939
总体来说，校外在线培训质量良好	701	1	5	3.36	.942
有效的 N（列表状态）	701				

（二）提升机构服务水平

本次调研显示，非学科类校外培训机构管理服务有待提升。首先，在师资、授课、费用等信息方面，需要公开透明、完整准确。目前很多培训机构在这方面执行不到位，上述信息不能全面公示，并且实际执行时与公示信息不符。其次，当校外在线教育学习者遇到问题时，校外培训机构可以很好地解决，例如可以按约定按时退还学习者缴纳的费用。最后，不断提升管理水平，包括提供更高水平的师资、提升网络平台质量、对教师教学效果进行评估与改进等（见表 2-15）。

表 2-15　　机构服务水平

	N	极小值	极大值	均值	标准差
师资、授课、费用等相关信息提供完整、准确	701	1	5	3.49	.894
学习者遇到有关问题时，机构可以很好地解决	701	1	5	3.49	.879
机构对在线培训进行良好的管理	701	1	5	3.48	.864
校外在线培训收费合理，可以接受	701	1	5	3.35	.962
有效的 N（列表状态）	701				

（三）提升师资水平

师资水平对非学科类校外在线教育的教学质量有着非常大的影响，提升校外在线教育师资水平是当务之急。目前校外在线教育存在着教师准入门槛低、校外在线教育教师缺乏培训与考核、没有校外在线教育教师准入标准等诸多问题（见表2-16）。因此，应从上述几个方面提升校外在线教育教师质量。首先，国家应出台校外培训机构教师准入标准，让校外培训机构教师的招聘有一定的依据与参考；其次，应建立校外在线教师培训体系，对校外在线教育教师展开全面培训，包括师德师风、教学能力以及信息素养等。再次，校外培训机构在线教育应建立对教师的全程管理机制，包括制定严格的教师招聘程序、教学过程中对教师进行实时监督、教学后进行考核等。最后，应鼓励校外在线教育教师自身不断努力提升个人的水平，并建立相应的激励机制。

表2-16　　　　　　　　　　　　**教师满意度**

	N	极小值	极大值	均值	标准差
教师备课充分，教学态度良好	701	1	5	3.69	.799
教师学科知识丰富，能很好地满足教学的需要	701	1	5	3.57	.797
教师对教学方法有着良好的掌握和运用	701	1.0	5.0	3.562	.8076
有着良好的了解学生学习需求的能力	701	1	5	3.48	.831
教师有着良好的与学习者互动的能力	701	1	5	3.59	.816
教师可以对学生在线培训的学习效果进行有效评估	701	1	5	3.49	.826
教师认真负责，师德良好	701	1	5	3.63	.804
教师能够熟练应用网络教育平台，达到教育目的	701	1	5	3.60	.810
有效的N（列表状态）	701				

四 结束语

本书构建了非学科类校外在线教育学习者满意度评测模型，并展开了调查研究。可以看出，非学科类校外在线教育学习满意度还较低，仍有待提升。今后可以在教学质量、校外在线教育机构服务、教师质量等方面不断提升非学科类校外在线教育学习者的满意度。

第三章 非学科类 K12 在线教育治理现状

第一节 非学科类 K12 在线教育监测体系构建

根据教育政策评估相关理论（严文蕃、韩玉梅，2020；胡伶，2008；黄明东、陈越、姚宇华，2016），初步构建校外培训机构在线教育的治理政策实施效果评估模型，评估模型主要包括校外培训机构治理政策现状与效果评估两部分（见图 3-1）。校外培训机构治理政策现状包括校外在线教育治理路径的历史研究、案例研究以及比较研究。校外在线教育治理政策实施效果评估包括校外在线教育政策的执行、执行效果以及影响因素分析。

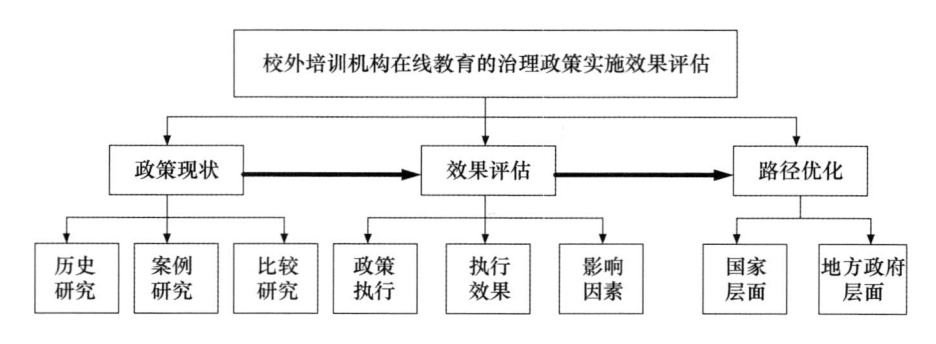

图 3-1 校外在线教育监测体系

具体根据政策评估相关理论，进一步构建了非学科类校外在线教育政策执行效果评估分析框架，包括校外在线教育治理政策的评估指标、观测点以及标准三个方面（见图 3-2）。校外在线教育政策执行效果主要从校外在线教育政策执行的客观效果、学习者对校外在线教育治理政策执行的主观福祉感知、校外在线教育治理政策的伦理价值以及校外在线教育政策的行动逻辑四个方面进行测评。

下面根据本节所构建的校外在线教育治理路径监测体系对校外在线教育展开研究。

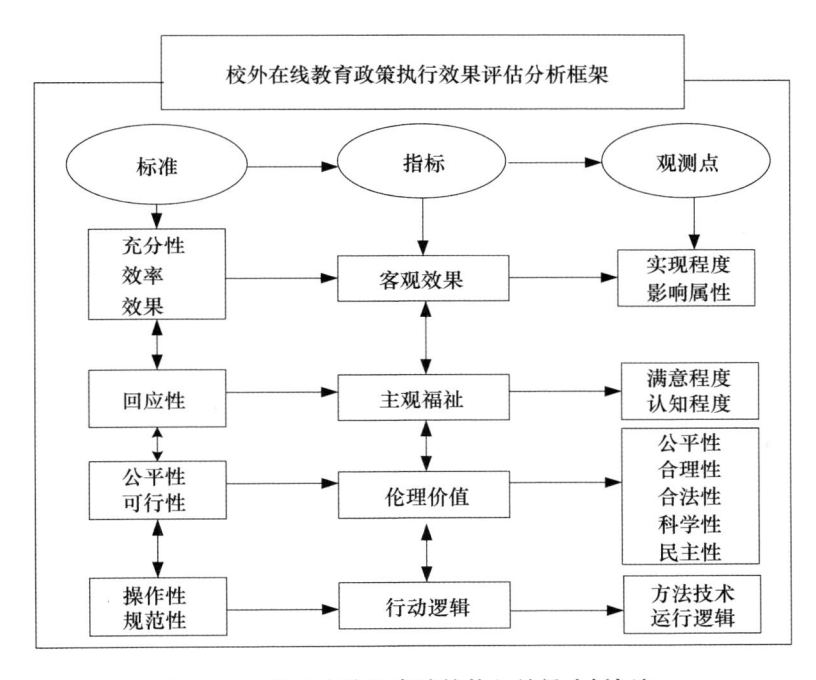

图 3-2　校外在线教育政策执行效果分析框架

第二节　非学科类 K12 在线教育政策的制定

一　校外培训机构治理政策

(一) 政策制定

面向中小学生的校外培训机构（以下简称"校外培训机构"）开展非学历教育培训作为学校教育的补充，对于满足中小学生选择性学习需求、培育发展兴趣特长、拓展综合素质具有积极作用。但近年来，一些校外培训机构违背教育规律和青少年成长发展规律,开展以"应试"为导向的培训,造成中小学生课外负担过重,增加了家庭经济负担,破坏了良好的教育生态。为切实减轻中小学生的课外负担,促进校外培训机构规范有序发展,2018 年 8 月,国务院办公厅专门印发了《关于规范校外培训机构发展的意见》,全国 31 个省份及新疆建设兵团已全部公布了专项治理方案。

教育部一直高度重视校外在线培训管理工作,按照党中央的部署要求,与有关部门协商,采取了一系列措施,建立健全了制度体系。按照《国务院办公厅关于规范校外培训机构发展的意见》的整体要求,教育部联合相关部门出台了《关于规范校外线上培训的实施意见》等文件,对学科类校外在线培训的排查整改、备案审查、监管机制等提出了明确要求,构建了校外在线培训的基本管理制度体系,推动校外在线培训在制度的轨道上有序发展。各省(自治区、直辖市)也都相应地制定了规范校外在线培训发展的意见。

除了国家层面制定的政策外,各地方政府也在国家政策的基础上结合各地的具体实际出台相应的治理政策,迄今为止至少有 20 多个省份出台了省级层面规范校外培训的文件政策。表 3-1 列举了部分省级政府出台的政策。

表 3-1　　　　　　　　省级层面出台的政策

省(市、区)	文件	时间	部门
湖北省	湖北省规范校外在线培训实施方案	2019.10	六部门
海南省	海南省规范校外在线培训工作方案	2019.12	六部门
重庆市	重庆市教育委员会等六部门关于开展校外在线培训备案的通告	2019.12	六部门
浙江省	浙江省关于规范校外在线培训发展的实施细则	2019.12	六部门
山东省	山东省关于校外在线培训规范管理实施方案	2019.12	六部门
辽宁省	辽宁省关于规范校外在线培训工作实施方案	2019.12	六部门
黑龙江省	黑龙江省关于规范校外在线培训工作方案	2019.12	六部门
青海省	关于印发《青海省规范校外线上培训实施方案》的通知	2019.11	六部门
江苏省	江苏省关于校外在线培训备案细则(试行)	2019.11	六部门

续表

省（市、区）	文件	时间	部门
新疆维吾尔自治区	新疆维吾尔自治区关于校外在线培训备案细则	2019.11	六部门
甘肃省	甘肃省关于规范校外在线培训管理的工作方案的通知	2019.11	六部门
广东省	广东省关于校外在线培训专项治理工作方案	2019.11	六部门

国家实施备案审查制度，指导省级教育行政部门结合本地实际，明确在线培训的备案内容和要求，重点对培训机构、培训内容和培训人员等进行备案。经过近一年的努力，各省、市、区紧盯在线内容健康、时长适宜、师资合格、信息安全、经营规范等重点，对已有的校外在线培训进行了全面的排查整改。截至2020年6月30日，完成了2019年首批被排查机构的整改工作，整改合格的予以备案，初步实现了线上线下同步管理。

首先严控超标超前培训。为有效解决超标超前培训的难题，教育部印发了《义务教育六科超标超前培训负面清单（试行）》，共涉及义务教育阶段语文、数学、英语、物理、化学、生物学六门学科，从课程标准规定、教科书难度、教学进度等方面提出基本要求，还按照各学科的培训主题列举了超标内容，为各地查找培训机构超标超前培训提供了具体依据。

其次提出要规范收费退费行为。考虑到收退费纠纷解决的依据是双方签订的合同，为从根本上保障群众的合法利益，教育部和市场监管总局联合出台了《中小学生校外培训服务合同（示范文本）》，明确了当事人双方责、权、利关系，涵盖了培训项目、培训要求、争议处理等内容，尤其对培训收退费及违约责任作出了详细规定，推动化解校外培训收退费纠纷，同时引导培训机构合规经营。该合同示范文本为行业内首个全国性示范文本，充分考虑了中小学生在参加校外培训过程中，各环节必须明确的当事人双方责、权、利关系，有效规范培训合同当事人签约、履约行为，保障当事人的合法权益。

再次提升管理服务水平。教育部建成了"全国中小学生校外培训机构管理服务平台"，提供政策解读、培训机构信息查询、公示黑白名单和投诉举报等服务，提高了监管水平和效率，对机构实行动态监管，机构信息更加公开透明，黑白名单一目了然，将校外培训机构置于社会监督之下。部分省市也建成了省市级校外培训机构管理服务平台。例如杭州市校外培训机构管理服务平台于 2018 年 10 月上线试运行（关注微信公众号"e 求学"，资讯信息"民办机构查询"，点击进入该平台）。在这个平台上，可以查询校外培训机构的基本信息、开设的课程和时间、招生对象、师资情况、奖惩情况、学员家长点评、有关统计、年检等数据信息。江苏省中小学生校外培训机构管理服务平台于 2019 年 10 月 16 日正式上线。该平台面向全省教育行政部门、中小学生、家长、培训机构、社会大众。其功能主要包括：满足各地教育行政部门对校外培训机构的备案审批、日常管理、动态监督和统计分析等需求；为培训机构提供从设立、年检、变更及备案等全过程在线信息化管理；面向社会公布校外培训机构黑白名单及全省各地培训机构的资质、教师、班次等信息；在平台主页面开设群众信访渠道，广泛接受社会各界的意见和建议；为学生、家长提供培训机构查询服务，可查询指定范围、指定上课时间、指定课程类别、指定教师的合规校外培训机构。

最后全面开展网络环境治理。同新闻出版、网信、工信、公安、市场监管等部门，开展涉未成年人网络环境专项治理行动，整治影响未成年人健康成长的不良网络社交行为、低俗有害信息和沉迷网络游戏等问题。截至目前，累计暂停更新相关版块功能网站 99 家，取消违法网站许可，关闭违法网站 13942 家，关闭各类违法违规账号 578 万个，并公开曝光了三批次问题网站平台，影响未成年人成长的违法违规行为和不良信息内容得到有效遏制。

（二）政策不断深化

随着校外在线培训的发展，校外在线培训政策也不断完善，出台了专门针对校外在线培训不同方面专项治理的文件政策。例如杭州市政府下发了专门针对资金监管的政策文件，发布了关于加强校外培训机构资金监管的通知，自 2020 年 11 月 15 日起实施。为依法规范杭州校外培训机构办学行为，切实维护校外培训机构和学员的合法权益，减轻学员过重的课外负担和家庭经济负担，有效防范校外培训机构卷款跑路等违法事件的发生。根据《中华人民共和国民办教育促进法》《国务院办公厅关于规范校外培训机构发展的意见》、《浙江省教育厅等 12 部门关于规范校外培训机构设置和管理的指导意见》等相关要求，制定了加强校外培训机构资金监管工作措施，该措施对校外培训机构资金收费进行了具体规定，要求校外培训机构应在本市范围内选择1家银行,开立唯一的培训费资金专户(以下简称"专户"),校外培训机构通过该账户进行收费支出,可以对资金流向进行有效监管。

加强对在线教育收费监管,约束资本"任性"。在各地出台培训机构预付费管理新政的同时,相关学者也指出,在线教育培训同样面临"预付费"后消费者资金风险。2020年,在线教育凭借其独特优势,在疫情防控期间为"停课不停学"提供了强大支撑,因此,"在线教育"也吸引了资本的青睐,成为互联网行业的"新宠"。但2020年底出现了用户量众多的某个在线教育机构突然停办的情况。有教育学者指出,对于在线教育预收的资金,同样应该引起足够的重视,用制度手段预防金融风险。

四川、浙江、安徽等多地开展"互联网+监管"行动,加强校外培训机构综合治理,严管教培机构"预付费"。

四川省上线了校外培训机构信息管理平台,对资金进行严格监管。2020年9月,四川省教育厅出台《关于进一步防范化解校外培训机构办学风险的通知》,建立了四川省校外培训机构信息管理平台,将利用"互联网+教育"和大数据分析等信息化手段,通过管理端、机构端和家长端,提供机构情况、培训内容、课程设置、收费标准、教师和学生信息等多项功能,实现对校外培训机构管理工作的信息化、公开化、透明化。另外,校外培训机构要自主选择银行开设专用账户,用于存放专用账户最低余额和学杂费收取等。专用账户相关信息必须上报当地教育行政部门备案,并与管理平台进行对接,确保管理平台能及时掌握机构办学信息、专用账户最低余额、大额资金异常流动等情况,及时发布风险预警,逐步实现对校外培训机构学杂费的全额监管。

安徽合肥市上线校外培训机构学员预缴费服务系统。2020年8月,合肥市教育局同地方金融监督管理局联合制定《全市校外培训机构学员预缴费管理办法》,共同开发了合肥市校外培训机构学员预缴费服务系统,并遴选四家银行为首批服务合作承接银行。预缴费服务系统将向学员提供缴费、师资和课程查询等服务,规定培训机构账户最低余额,运用信息技术手段对校外培训机构学员预缴费资金进行监管,滚动拨付校外培训机构培训费,将预缴费账户内的大额资金异动情况及时报告属地教育主管部门。

浙江省建立校外培训资金风险预警协同机制。2020年12月1日,浙江省教育厅发布了《浙江省教育厅中国人民银行杭州中心支行关于加强校外培训机构资金监管的通知（征求意见稿）》，面向社会征求意见。征求意见稿提到，探索建立"省级统筹、分级管理、部门联动"的校外培训机构资金风险预警协同机制，开户银行将向省教育厅推送培训资金监管账户余额、交易流水（不含交易对手信息）等内容。校外培训机构资金监管将实行风险分级预警，按照风险严重程度分为黄色和红色风险预警。培训资金监管账户余额低于预设值或异动金额高于预设值时，将触发预警规则。

福建省福州市严控培训机构大额资金流动。为切实解决校外培训机构的监管难题，严防办学风险，消除隐患，福州市教育局发布了《关于强化校外培训机构监管严防办学风险的通知》，对规范收费管理、加强资金风险防范和加强办学情况公开等作了强调和要求。该通知强调要严格执行教育收费公示制度，培训机构收费项目及标准应当向社会公示。收费时段与教学安排应协调一致，不得一次性收取时间跨度超过3个月的费用。各县（市）区要结合本地实际，制定资金监控管理办法，建立资金监管系统，2021年开始对校外培训机构资金实行监管，已批准的其他校外培训机构资金监管系统也应于2021年5月前全面完成。资金监控管理办法是，要求各校外培训机构选择一家银行，开设唯一的培训费资金专户，并报主管部门备案。主管部门将严控最低余额和大额资金流动，新设立或设立不足一年的校外培训机构，监管账户内留存资金最低余额不少于10万元；设立一年以上的校外培训机构，最低余额不少于30万元。如低于上述金额，教育主管部门将对培训机构进行风险评估，如认定存在风险，就会将其列入风险警示名单，将对外发布警示信息。加强办学情况公开，校外培训机构必须在办学场所公示机构名称、办学许可证、师资情况公示栏、辅导科目、收费标准公示栏、服务合同样本和一次性缴纳学费不超过3个月提示语等内容。开展黑白名单制度和诚信评价活动，各地将在当地官网定期公布校外培训机构黑白名单，并抄送市教育局，对黑白名单和诚信评价实行动态管理，对已经审批登记但有负面清单所列行为的校外培训机构（含违规设立分支机构），及时将其从白名单上清除并列入黑名单；对未经批准登记、违法违规举办的校外培训机构予以严肃查处并列入黑名单，对列入黑名单的机构及时进行整治。黑名单信息将归集至全国信用信息共享平台，按有关规定实施联合惩戒。

北京市51家校外培训机构的学费率先被纳入实时监管中。北京市石景山区教委发布预付式消费信用监管和服务平台校外培训机构注册名单，首批51家校外培训机构被纳入预付费监管平台，接受实时监管。为进一步规范预付式消费市场，石景山区率先推出预付式消费信用监管和服务平台，有序开展全区各类经营商户预付式消费业务的线上工作。石景山教委相关负责人介绍说，校外培训市场作为预付式消费的重要领域，对该领域的监管尤为重要。在区委政法委、区教委、区市场监管局、属地街道等相关部门的引导下，石景山区首批51家校外培训机构被纳入石景山区预付式消费信用监管和服务平台，接受监管。相关负责人表示："学生家长缴的每一笔课时费用都能在平台上查到，培训机构如果出现资金异动，也有相应的预警机制，平台对收费源头到退费处理进行全过程监管，以进一步防范风险。学生、家长在选择校外培训机构时，可优先考虑被纳入监管平台的培训机构。"据介绍，石景山区教委将进一步加大预付式消费信用监管的推进力度，凡是新审批的机构必须在第一时间里完成平台上线注册，今后还将继续公开发布第二批、第三批校外培训机构注册名单，让更多的机构加入平台，做到应纳尽纳、全部纳入。

山东省青岛市试点校外培训机构培训资金监管。2021年1月8日，山东省青岛市北区试点校外培训机构培训资金监管，共有16家示范单位签约纳入监管平台。青岛市北区教体局将依托市、区两级民办教育管理平台与中信银行合作，建立专用账户，加强对培训机构的资金监管。

（三）政策的比较研究

各地的政策总体上均是在教育部等六部门发布的文件基础上，从校外在线教育机构的备案等方面作出规定。

第一，从校外在线教育治理政策的发展来看，针对中国不同地区政策的对比可以看出，不同的地区发展不一。总的来说，东部发达省市快一些，例如北京、浙江等地在政策的拓展深化、政策执行等方面先行先试，取得了一定的成果；而中西部地区要落后一些，这与地方经济社会发展水平密切相关。因此，东部发达省市更要积极探索，不断尝试校外在线教育新的管理模式，总结经验，推广至全国。第二，在具体内容方面有一定的差异，有的地区更为丰富、具体。例如广东省下发的《广东省校外线上培训专项治理工作方案》相比较而言更加丰富、具体，这与广东省教育改革走在全国前列有关。该方案从任务背景、主要目标、治理范围（备案范围）、备案要求、申报材料、备案步骤、监管机制、投诉处理、保障措施等十个方面进行了具体、详细的规定。该方案明确了学科类主要是指语文、数学、英语、物理、化学、政治、历史、地理、生物科目；纳入备案范围的校外线上培训平台（含网站、移动 APP）包括校外在线培训机构自建或采购后自行运营的服务平台（以下简称"机构自营平台"）、综合型在线教育第三方服务平台（以下简称"第三方平台"）。该方案规定备案的在线培训机构需要满足内容健康向上、符合教育规律、师资队伍合格、信息数据安全、依法依规经营、规范财务管理等要求。总体来看，该方案明确、具体，既体现了鼓励校外在线教育发展的理念，又明确了校外在线教育发展的路径。

第三节 非学科类 K12 在线教育政策执行现状

一 执行现状：基于相关报告的分析

（一）相关研究报告

21 世纪经济研究院正式发布《K12 在线教育头部公司测评报告》（以下简称"报告"）。①"报告"以相关部门发布的多项政策为依据设立了 8 项指标并对 15 家在线教育企业进行测评，其中，VIPKID 等 4 家教育企业以全部测评指标完成较好的成绩位列第一等级。"报告"中的 8 项测评指标为：是否在教育 APP 备案管理平台上备案；是否在培训平台和课程界面的显著位置公示师资（含外教）资质信息；是否聘用中小学在职教师；面向境内义务教育阶段学生的直播类培训活动结束时间是否晚于 21：00；是否包含与学习无关的网络游戏内容；每科一次性收费是否超过 60 课时；是否在培训平台的显著位置公示收费项目、标准及退费途径；学科类课程培训内容是否与招生对象所处年级相匹配。根据指标达标情况，"报告"将 15 家在线教育机构的测评结果分为三个等级。第一等级为全部指标完成较好，第二等级为一至两项指标完成不好，第三等级为三项指标完成不好或一项关键指标完成不好。最终结果显示，市场占有率越高的在线教育

---

① https://baijiahao.baidu.com/s?id=16938458363834702078&wfr=spider&for=pc。

机构，指标完成情况越好。

"报告"经过测评发现：第一，市场占有率越高的在线教育公司，经营合规化程度越高。学而思网校和 VIPKID 分别在直播大班课机构和在线一对一机构中占据较大的市场份额，这两家机构的测评结果也较好。第二，直播大班课机构的测评结果普遍较好，但清北网校所有在售课程的教师均没有公布资质信息，表现不佳。第三，校外培训类在线一对一机构测评结果普遍较差。学霸君 1 对 1 表现最差，存在聘用中小学教师、公布教师资质信息不完整、直播结束时间超过 21：00、一次性收费超 60 课时等问题。溢米辅导是唯一测评表现较好的校外培训类在线一对一机构。第四，师资是在线教育机构的核心竞争力，也是用户选择哪家机构的核心。直播大班课机构的师资能力比在线一对一机构更透明，对教师的学习、教学经历和成果介绍更详尽。未来，更合规、具有更高水平教师队伍，将成为在线教育机构在竞争中胜出的重要因素。"报告"测评显示，第一等级有学而思网校、高途课堂、一起学网校、VIPKID；第二等级有新东方在线、猿辅导、作业帮直播课、有道精品课、溢米辅导、三好网；第三等级有掌门一对一、轻轻海风课堂、清北网校、学霸君一对一、DaDa 英语。

以占据在线青少儿英语 80% 市场份额的 VIPKID 为例，全部指标完成较好，位列第一等级。自 2013 年创立以来，VIPKID 始终高度重视用户学习体验及学习效果。在 2020 年 VIPKID 创立 7 周年之际，创始人米雯娟发内部信鼓励全体员工：解决用户痛点，创造用户价值，是 VIPKID 创业的初心，也是 VIPKID 成功的基石。

作为业内较早提出"北美外教一对一"的英语教育平台，VIPKID 在过往几年里就凭借发音地道的北美外教与一对一在线课程获得诸多家长的认可。多份权威机构发布的调查报告均表明 VIPKID 已成家长优选。中科院大数据实验室于 2020 年 6 月发布的《中国 K12 在线教育市场调研及用户消费行为报告》显示，在众多在线教育平台中，VIPKID 用户满意度高，而其广受用户好评的原因之一就是外教质量佳，评价是"标准北美口音、教学经验丰富"。

此外，VIPKID 已通过大数据反馈及 AI 智能匹配，打造了贯穿教、学、练、评、测的数字闭环。自研超级 AI 互动课超过 100 万节，可通过技术实现固定师生比例达 88%，远超行业水平。同时，VIPKID 已经构建了全球庞大而稳定的跨洋教学网络，课程超过3.5万节，完课率达99.99%。在2020年疫情期间，VIPKID还推出"春苗计划"，不仅为全国延迟开学的学生们免费提供春季在线课程，还为全国各地学校以及机构免费开放在线直播教学平台和技术，让教师轻松创建在线教室，足不出户即可教学。

凭借多年来的师资及技术实力积累，目前，VIPKID已拥有超80万名在读学员，并占据在线青少儿英语80%的市场份额。公开数据显示，自2020年以来，VIPKID单位运营利润（UE）已连续为正，90%的渠道首单实现盈利，业绩保持长期稳健增长。

（二）对"报告"的分析

此次"报告"在一定程度上反映了自从中国教育部等六部门联合发布《关于规范校外线上培训的意见》以来校外在线培训企业对国家政策的执行情况。首先，可以看出不同的机构对国家政策执行的状况是有差异的，有的总体来说较好，有的要差一些。其次，"报告"表明中国校外在线培训发展过程中还存在着诸多问题，包括师资公示信息不齐全、收费不合规、教学超时等，今后要对这些问题展开重点治理。另外，"报告"的分析也为今后校外在线教育的发展提供了一些启示，例如，"报告"发现大班直播课总体来说测评度较好，而一对一教学则不够理想。其原因可能是多方面的，包括一对一教学可能成本更高、教师个性化教学能力有待提升等。校外在线教育发展的重点可能是在一对一教学以及小班直播课方面。另外，此次测评发现一些公司的表现相对好一些，表现出市场份额越高，经营也越合规，测评度也越高的特点。应认真总结这些公司的经验，进行推广，从而从总体上促进校外在线教育的发展。

二　执行案例

目前，各地在加强校外在线培训的监管方面，涌现出一些典型案例，尤其是在一些发达城市显现得较为突出。

（一）案例1：北京严肃整顿校外培训机构侵害群众利益的违规行为，绝不手软

对网传"北京继续暂停学科类校外培训机构线下培训和集体活动"一事，北京市教委明确表示此消息不实。2021年1月下旬，根据疫情形势，北京市暂停了全市培训机构线下培训和集体活动。3月1日，伴随着中小

学开学，北京市教委启动了对学科类校外培训机构有序恢复的工作，支持符合办学标准、有益于学生学识和综合素质提升的校外培训机构依法依规开展在线培训。

校外培训丰富了教育资源供给，特别是在疫情期间的在线教学发挥了特殊作用。对于那些满足中小学生选择性学习需求、培育发展兴趣特长、拓展综合素质等具有积极作用的课外班，应予以肯定和支持。而对于一些行业内的害群之马，特别是侵害群众利益的违规行为，则应当依据"负面清单"，严肃整顿，绝不手软。近年来，规范校外培训、推动行业健康发展，既是社会共识，也是相关部门的鲜明工作导向。2018年8月，国务院办公厅印发《关于规范校外培训机构发展的意见》，明确规定"校外培训机构培训时间不得和当地中小学校教学时间相冲突"。2021年，教育部的工作要点也特别提出要大力治理培训机构。

应当看到，在严格监管的态势下，绝大多数校外培训机构能够做到依法依规经营，但仍有少数机构心存侥幸、唯利是图，不讲诚信、违规办学。有些培训机构疫情防控工作不到位，对相关部门三令五申的防疫要求置若罔闻；有些培训机构存在趸交学费的问题。根据规定，培训机构一次性只能收取三个月的学费，但是为了能够让更多的学生和家长持续接受培训，培训机构一次给出多项优惠，让家长趸交大笔学费，而一旦出现问题，家长又面临着退费难的窘境；有些培训机构在学科教学中严重超越国家课程标准。学校教育实施的是国家课程方案，教材是依据学生的成长规律由专家编写的，是一个系统的教学活动载体。培训机构的超纲课程让学生提前学习，超过学生的承受力，容易造成学生身心健康问题；有些培训机构则通过各种危言耸听的广告语制造焦虑，比如"你今天来，我培养你的孩子；你不来，我培养你孩子的竞争对手"。这样的话语极具蛊惑性，对家长造成严重误导。

一段时间以来，正因为一些培训机构存在上述种种问题，引发了社会的广泛关注，家长和学生对此意见较大。针对这些群众反映强烈的突出问题，北京市相关部门采取了在有序恢复中进一步规范管理的措施，这是合理的，也是及时而有效的。

需要明确的是，对校外培训机构的规范和治理，其目的并不是打压培训机构，更不是对其"一关了之"，而是通过相应举措，构建良好的教育生态，形成校内校外、线上线下共享共治共荣的教育发展新局面。

在北京这样的大都市，校外培训机构发展迅猛是和优质教育资源分配不均衡、长期以来的教育评价方式分不开的。培训机构所带来的种种问题要得到解决，就需要校内、校外两手一起抓。从政府教育行政部门来说，关键在于促进教育资源均衡布局和发展，切实提高育人质量，特别是要推动教育评价体系的改革。

从更深的层面来看，治理校外培训机构使其规范运行，是教育供给侧改革的重要组成部分。培训机构虽然不是学校，但是为社会大众提供了必要的教育服务，使得教育供给更具丰富性、更加多样化，同时，规范校外培训机构，也是教育高质量发展的重要一环。"十四五"规划明确提出要"建设高质量教育体系"，既是党中央对"十四五"乃至在更长时期里完善中国特色社会主义教育体系的最新要求，也是针对中国教育发展基础、所处阶段和使命担当所作出的科学判断，是教育发展的时代新主题和新目标。

党的十八大以来，北京市通过集团化办学、名校办分校等一系列措施大力深化基础教育改革，使得优质教育资源供给更加充足，教育公平和教育质量明显提升。但是，我们也必须看到，这些成绩和人民群众对高质量教育的期待还存在一定的距离。建设高质量教育体系，决不是单靠某一方面作出努力就可以的，而是需要全社会的共同努力。习近平总书记在全国教育大会上指出，办好教育事业，家庭、学校、政府、社会都有责任。只有全社会都关心教育、重视教育，家庭、学校、政府、社会密切配合，营造有利于青少年成长成才的健康大环境，才能更好地实现教育事业高质量发展。

可以说，规范校外培训机构只是通往教育高质量发展道路上的一小步。但是，不积跬步无以至千里，只有走好每一小步，才能最终迎来教育的美好明天。

（二）案例2：全年检查超2000次，青岛继续规范校外培训机构发展

青岛市教育局高度重视民办教育培训行业的发展，积极回应社会关切，规范与支持并举，提高监管服务效能，推动民办教育培训行业健康规范发展。为强化教育培训机构治理工作的系统性、整体性和协同性，青岛市出台《关于规范校外培训机构发展的实施意见》和《关于加强教育行政

执法工作的意见》《部门双随机一公开抽查方案》。围绕审批登记、培训行为、部门监管等作出规定，进一步规范培训机构办学行为，以制度建设推动培训机构规范发展和内涵提升。同时，加大执法力度，建立权责清晰、分工明确、上下联动、保障有力的教育执法体制。加大部门随机、公开检查力度，联合市场监管、人社、民政、消防等部门开展联合执法检查，维护教育市场秩序。2020年检查培训机构2000余次，约谈负责人175人次，对23家培训机构下达行政处罚决定。

压紧培训机构举办者经营主体责任。大力推行教育部与市场监管总局制定的《中小学生校外培训服务合同（示范文本）》，要求培训机构如实制定招生简章和发布招生广告，与培训对象签订书面培训合同。培训合同应当载明培训内容和质量标准、培训时限和时间安排，收费项目和金额以及退费办法等，明确双方的权利、义务和违约责任，压实区市监管主体责任。落实国务院、省政府相关文件要求，将校外培训治理工作列入区市政府履行教育职责工作的评价体系，扛牢市级职能部门督导主体责任，将规范培训机构发展纳入重要议事日程。在市级层面建立培训机构治理台账，定期召开培训机构协调会议，研究解决培训机构监管的难点、痛点。利用寒暑假等重要时间节点，在全市范围启动"利剑出鞘"等培训机构治理专项行动，维护教育培训行业健康规范发展秩序。

注重发挥行业协会作用，引导培训机构增强社会责任担当，加强自我管理约束。依托市民办教育协会，青岛建设了山东省首个民办教育智能管理服务平台。同时，在管理服务平台上公布机构年检合格名单和违法办学名单，为市民选取合法、合适的培训机构提供保障。2019年共检验学校2413所，其中，年检合格学校2211所，责令整改和停止办学等202所，相关名单已经教育政务网站、民办教育智能管理服务平台向社会公布。下一步，青岛市教育局将积极作为，从行业准入、资金监管、联合执法等方面加大工作力度，努力营造良好的民办教育培训生态。

（三）案例3：重庆从严从重治理校外培训乱象

违规超前培训、超期收取费用、虚假广告宣传……重庆市教委、市场监管局联合发出文件，对近期发现学而思、新东方等学科类校外培训机构存在的课程设置、教师资质、招生收费、广告宣传等问题进行了通报。通报共涉及18家机构，分别是：

重庆学而思有关校区：部分课程超标超前培训；对新学员提前超期违规收费；利用学员入读名校进行宣传，涉嫌虚假宣传、虚假广告等违法行为。

思玛德教育：部分区县教学点涉嫌无证无照非法办学；涉嫌虚假宣传、虚假广告等违法行为；超期违规收费；超标超前培训。

重庆市渝中区学翰课外培训中心有限公司：涉嫌虚假宣传等违法行为；实际经营地址与登记地址不一致。

重庆市渝中区码峰窝课外培训学校有限公司：微信公众号宣传内容涉嫌虚假广告等违法行为；学科备案未公示。

重庆爱博瑞外语教育培训中心有限公司渝中区上清寺校区：无证无照开展文化教育培训，违规聘请外籍教师。

沙坪坝区子成教育：无证无照开展中小学文化培训，开展与"小升初""初升高"相关的活动；收费未进行公示；利用受益者名义或者形象做推荐、证明，涉嫌虚假广告等违法行为。

沙坪坝区学翰教育：无证无照开展中小学文化培训，涉及"小升初"相关信息；部分收费标准未公布；培训现场有"学翰教育2020届高考纯文化生排行榜""培训生奖状墙""单科提分榜"等广告，涉嫌虚假广告等违法行为。

重庆市九龙坡区智康教育培训有限公司：存在超标超前培训行为。

重庆新东方培训学校北碚校区：未公示学科备案信息；未按要求公示班牌；公示栏培训教师信息与教师花名册不一致。

重庆市北碚区思而锐课外教育培训学校有限公司：未公示学科备案信息；未按要求公示班牌；部分培训教师无教师资格证；宣传资料公布学生培训后成绩。

北碚区初成课外教育培训学校有限公司：未公示学科备案表，未张贴班牌；个别培训教师无学历证书、无教师资格证。

重庆市合川区益启优教育培训学校有限公司：涉嫌虚假宣传、虚假广告等违法行为。

南川区春雨课外培训学校有限公司：未签订培训合同示范文本；存在超期违规收费行为。

南川区学吖教育培训学校：未签订培训合同示范文本；存在超期违规

收费行为。

重庆亿思辰课外教育培训中心有限公司（璧山区）：存在超期违规收费行为。

重庆市荣昌区爱贝斯英语培训学校有限公司：超期违规收费，一次性收取费用，期限为两年；培训合同上使用公章与区教委审批机构名称不符。

梁平区好师帮教育：收费标准、培训教师信息未对外公示。

武隆区美思顿英语书院：两名培训教师无教师资格证。

针对上述问题，当地已要求加大查处力度，从严从重查处，持续规范校外培训秩序。此外，2020年5月1日，重庆11家涉嫌非法办学校外培训机构被列入第一批"黑名单"，在"五一"假期期间，重庆市教育、市场监管和公安等部门继续排查辖区培训机构，对涉嫌非法办学的培训机构采取联动执法、从严查处，5家涉嫌非法办学培训机构被列入第二批"黑名单"。

第四节 非学科类校外培训机构在线教育的治理政策实施效果

一 取得了一定的成效

目前，中国国家层面以及各省（直辖市、自治区）密集出台校外在线教育治理政策，取得了一定的成效，包括很多校外在线教育机构进行了备案等。通过在全国校外在线培训管理服务平台上查询，发现一大批校外在线培训机构已经在业务系统、培训课程以及培训人员等方面完成了备案，并通过了审查，进入了白名单行列。课程方面的备案包括主讲讲师的姓名、照片、是否具有教师资格证、课程的时长、持续时间、开课时间等。备案的中国籍教师共9438人，外国籍教师共18412人，外国籍教师数量比中国籍教师数量多。也有部分校外在线教育机构未通过审查，进入了灰名单与黑名单行列。相关执法部门依法依规对校外培训机构在线教育进行督查，发现了很多问题，并采取措施进行整改。校外在线教育治理虽然取得了一定的成效，但问题仍然较多，而且较为突出，治理任务依然非常艰巨。

二 存在的问题

(一) 政策制定方面的问题

1. 省级政策密集出台，但市以下各级的专门政策还很少

目前中国校外在线培训政策总体来说还较少，主要为各省（市、区）在省级层面发布了相关治理文件，各市县相关文件还较少见。各省（市、区）的发展有一定的差异，各市县也有着特殊性，各市县可根据省一级的政策制定本市县相应的具体政策。

2. 主要针对备案，内容还较为单一，对备案之后的实际执行情况等缺乏追踪

目前，中国各省（市、区）制定的校外培训治理政策偏重于校外在线培训机构的备案，备案的平台主要国家校外在线培训机构管理服务平台。第一，在全国范围内校外培训机构非常多，所涉及的备案课程、师资数量等非常多，这对于唯一的一个校外在线培训平台来说，如此庞大的内容可能会带来信息管理困难等诸多问题。第二，省级备案名单较少公布，信息透明度有待加强。

北京市公布了校外在线培训机构名单，但很多省（市、区）并未公布备案名单，作为校外在线培训直接相关方的家长及孩子对备案名单知之甚少。

3. 政策注重规范校外在线培训的发展，还缺乏对教学质量的关注

现有政策注重对校外在线培训的乱象进行治理，例如针对退费难、教师参差不齐等突出问题展开治理，保证了校外在线教育的规范发展，但还缺乏对教学质量等问题的关注。

(二) 执行过程中的问题

1. 公示信息不全，很多机构并未备案

从对已有备案情况的查询来看，目前，开展校外在线培训业务的机构非常多，而在国家校外在线培训服务管理平台上备案的只占其中一部分，很多校外在线培训机构还未备案。

2. 实际信息与备案信息不符

公示信息与备案不符，四家校外在线培训机构被北京市教委点名。2021年2月26日，北京市教委官网发布了关于校外培训机构违规问题的通报，点名校外培训机构未按要求暂停线下培训和集体活动、擅自恢复线

下培训、未按要求公示相关信息、违规宣传竞赛课程、未按要求落实疫情防控措施五类违规问题，通报涉及精锐教育、学而思教育、京誉教育等多家知名教育机构。

其中，北京阳光巨人教育科技有限公司（巨人云课堂）、北京天赋通教育科技有限公司（你拍一）、北京英才百利教育科技有限公司（英才百利）、柔持（北京）科技有限公司（鲸鱼外教培优）四家校外在线培训机构因未按要求公示相关信息而被点名。经查询发现，上述机构在教师资质公示方面亦存在不透明现象。只有教师资格证编号没有照片、公示教师数量与备案不符。

2021年2月5日，北京市教委对备案在线教育机构下发通知，要求其根据教育部等六部门《关于规范校外线上培训的实施意见》的规定，对从事学科知识培训的人员资格进行排查，要求备案机构查找问题，限期10日内完成整改；逾期未完成整改的，北京市教委将会同网信、市场监管部门依法依规暂停或下架不符合规范要求的在线培训。

按照北京市教委的要求，在线教育机构应当在培训平台和课程界面的显著位置，公示培训人员姓名、照片和教师资格证信息。通过"你拍一"官网发现，只有两位教师公示了照片、姓名、任教学科、带班年级、教师资格种类及编号等信息，其余教师只公示了姓名和教师资格证编号，同时，在其公布的教师资格证编号中，部分教师的资格证编号位数只有13位，而正规的教师资格证编号应是17位。

鲸鱼外教培优官网备案信息显示，备案教师有785名，其中外籍教师有754名；授课教师有785名，其中持有教师资格证的教师有31名。但记者在其公示的教师信息中，未查看到任何持有教师资格证的中方教师的相关信息；同时，公示的外教教师数量也明显少于备案数量。一位在鲸鱼外教培优报班的家长表示，在官网上未查到给自己孩子上课的外教的相关信息。

英才百利的备案信息显示，备案教师共有8名，但官网只公示了7位教师的相关信息。对于此次被点名的巨人云课堂，则未搜索到其官方网站。

此外，部分在线培训机构公示的有教师资格证的教师只有十几位，甚至几位，与机构实际授课教师数量存在一定的差距。对此现象，某在线教育培训机构相关负责人表示，有些在线培训机构的部分老师的确还没有取得教师资格证，这些教师被"隐藏"起来，在培训机构官网上查不到相关信息，但可能还在给学生上课。

外教资质也一直是家长关注的重点之一。此前，也有媒体多次报道部分培训机构外教"无证上岗"、外教资质证书系培训机构自行颁发等问题。

按照 2019 年 7 月教育部等六部门发布的《关于规范校外线上培训的实施意见》，聘用外籍人员须符合国家有关规定，同时要在培训平台和课程界面的显著位置公示培训人员姓名、照片和教师资格证等信息，公示外籍培训人员的学习、工作和教学经历。

经查询发现，部分校外线上培训机构在其官网详细公示了外籍教师的照片、姓名、毕业学校、外教资质证书等相关信息。不过，也有部分机构只公示了教师的照片和外教资质证书编号，并未公示其学习、工作和教学经历，也未展示其外教资质证书照片。鲸鱼外教培优官网英美师资公示页面，只有外教的姓名、照片、相关资质编号，没有外教的工作经历等信息。Proud kids 官网公示的外教信息，只有相关资质证书编号，并未明确是哪种类型的证书。有人士向记者反映说，虽然培训机构公示了外教的相关证书，但是因为证书种类繁杂，即使是同一种证书，其编号有的是纯数字，有的是数字和字母的组合，对于家长来说，要想分辨证书的真伪并非易事。在盒子鱼官网上可以看到，在教师资质公示中，既有 TESOL 认证，也有 TESOL 证书。Proud Kids 在其官网上公示了外教的相关资质证书编号，但统一表述为"国际语言教学资质认证号码"，并未明确是哪种类型的证书编号。鲸鱼外教培优官网也仅公示了外教的姓名、照片和相关资质证书编号。有家长告诉记者，只有报班之后，鲸鱼外教培优的工作人员才会提供外教的工作经历等信息。

三 原因分析

教育培训方面的监管很难落实，教育培训消费产生问题的原因主要有以下几个方面。

第一，部分教育培训机构缺乏诚信守法意识。部分教育培训机构为了谋取更多的经济利润，不惜采取各种与教育不相称的营销手段，有的培训机构片面夸大师资力量和培训效果，吸引学生和家长报名参加；有的培训机构在低价销售教育培训服务后，又通过降低服务标准、更换教师等手段降低经营成本；有的培训机构甚至在收取大量学费后突然关门跑路，导致众多消费者退费无门。这些培训机构缺乏诚信守法意识和社会责任感，不仅侵害了消费者的合法权益，而且对教育培训行业的信誉和健康发展造成负面影响。

第二，相关的法律法规不健全和监管不到位。目前除了《民办教育促进法》外，很少有关于教育培训方面的法律法规。虽然《民办教育促进法》规定，营利性民办学校必须依法申办"营业执照"和"办学许可证"，才能从事教育培训活动。但在现实中，由于没有相应的配套法规，有关监管职责也划分不清，所以有关教育培训方面的监管很难落实。依据《国务院办公厅关于规范校外培训机构发展的意见》，教育部门应负责查处未取得办学许可证的违法经营机构，并重点做好培训内容、培训班次、招生对象、教师资格及培训行为的监管工作，牵头组织校外培训市场综合执法。但在现实中，大量未取得办学许可的机构仍然违法开展教育培训活动，其师资水平和教学质量根本无法保证，而这些培训机构并没有得到有效监管。

第三，部分消费者缺乏自我防范意识。消费者在选择教育培训机构时，大多是通过网络广告获取相关信息，然后通过网络或电话沟通，很容易轻信销售人员的宣传和口头承诺。有的消费者甚至连合同都没有签订，就向培训机构支付了高额学费，有关课时计划、收费标准和退费机制没有任何约定。如果遇到问题，消费者没有有利的证据，主要是依据培训机构的单方政策，维权往往很难成功。

《2020年中国在线教育投融资数据报告》显示，2020年中国在线教育领域共发生融资111起，总金额超539.3亿元。数量较2019年下降了27.93%，总额却增长了267.37%。目前大型在线教育企业主要分为三类：一是此前从事教育板块业务的互联网人创立的公司，如作业帮、猿辅导、网易有道；二是线下培训机构的线上业务，如新东方、好未来；三是互联网巨头跟风投入，如腾讯推出腾讯课堂、企鹅辅导。当前不少在线教育机构把主要精力放在营销上，没有练好内功，课程品质低、教学效果差，偏离教育本分。过度营销反映出一些在线教育机构性质发生了变化，教育性越来越弱，资本性越来越强。而那些依靠做实课程产品质量逐步赢取用户的中小机构，大概率无法与手握大量融资的机构在同一个市场上竞争。但教育产品不同于普通商品，核心竞争力在质量，而非流量。教育工作者更是需要门槛的职业，参与者素质水平在很大程度上影响着产品质量。从长远发展来看，在线教育的健康发展需要更多的教育人而非投资人。

第四，在线教育监管面临培训内容核查难、培训预收费监管难、对治理工作艰巨性的认识亟待提高等问题。校外在线培训范围广、类型多、情况复杂，从运行层面来看，涉及信息技术、资本运作；从内容层面来看，涉及意识形态、立德树人；从参与主体层面来看，涉及家长、学生、企业等群体利益；从管理层面来看，涉及多个监管部门。深化治理是系统工程，需要持之以恒，长远推进。目前面临着以下难题：首先，培训预收费监管困难。在低价营销、超期缴费换优惠等激励举措频出的同时，一些机构爆雷跑路，如"49元33节课，再包邮送教辅材料""19元20节课，另享受价值499元大礼包"……为抢夺流量和迅速扩大用户规模，不少在线教育机构频频推出超低价课程。在吸引用户购课后，课程尚未结束就要求续课或预付课程费。虽然国家明确要求面向中小学生的培训机构一次性收费时间跨度不得超过3个月（按课时收费的，每科不得一次性收取超过60课时的费用），但受经济利益的驱使，一些机构仍通过打折、返现等方式，诱骗家长超期交费。但只靠教育部门难以对预收费的收取进行有效监管，如果群众不举报，很难及时发现培训机构的违规收费问题。同时，培训机构作为市场主体，教育行政部门无权对其资金使用进行监管，无法对其经营状况作出有效判断，待机构"跑路"或停业后，相关部门再介入为时已晚。同类问题不仅在教育培训行业存在，在预收费形式占比较大的体育健身、交通运输、文化旅游等行业也时有发生，亟待相关部门加强对预收费的监管，从源头上解决问题。在中国教育科学研究院研究员储朝晖看来，低价营销、超期缴费等营销策略表明在线教育机构对资金的依赖度较高，对资金依赖大，也意味着机构运营可能存在较大风险。2021年元旦，因过去3年"没有融过一笔大钱"，在线教育领域的明星企业"学霸君"宣布倒闭。2020年11月，优胜教育承认公司资金链断裂，已在多地开展补偿。其次，培训内容核查困难。培训机构主要采用的是自编材料，许多英语培训机构使用境外教材，虽然各地教育部门加强对培训内容的备案审核，但容易出现讲的内容与备案内容两张皮的现象，如果学生家长不举报，监管部门也很难发现。此外，一对一课程的监管难度更大，特别是部分英语类在线机构，外籍教师身处国外，还没有对在线国际用工监管的政策，教育部门缺乏有效监管的手段。亟待相关部门进一步完善相关政策，并加强对在线培训互联网企业的监管，为中小学生在线安全健康学习保驾护航。

四　发展对策

亟待提高对治理工作艰巨性的认识。校外线上培训市场规模大，从业人员众多，参加培训的学生群体庞大，任何相关的改革和政策调整都可能影响到方方面面的利益诉求，关系到社会的和谐稳定。当前，一些地方对线上培训治理工作的复杂性和艰巨性认识不足、重视不够，需要各地党委、政府高度重视，加强顶层设计和统筹协调，部署各有关部门齐抓共管，才能稳步推进治理和改革。对于在线教育行业而言，因其涉及的学员和家长人数众多、体量巨大、涉及面广，关系到千家万户，动辄引发群体性事件，必须在顶层设计、过程监管、执法力量、行业自律等方面加大工作力度，引导督促行业企业更好地贯彻落实党的教育方针。针对当前比较突出的虚假宣传、定价高、退费难、卷钱跑路、盲目扩张等问题，还需相关部门按照市场规律加大管理力度。

第一，进一步丰富政策体系。目前中国的校外在线培训治理政策还处在初步发展阶段，有必要从多方面进一步完善政策体系。首先，对教学质量监管体系的完善，除了收费退费、教师资格等问题外，校外线上培训的教学质量可能是家长与学习者最为关心的方面。今后在制定相应政策上可以把重心放在校外在线培训教学质量的提升方面。其次，进一步完善资金监管体系。杭州市的做法为我们提供了可资借鉴的经验，对校外培训机构资金的监控非常必要，这是解决校外在线培训领域诸多资金问题的重要途径。一方面，通过资金监管，可以进一步保障广大消费者的权益，对于校外在线培训的规范运行以及教学质量提升具有重要的意义。另一方面，通过资金监管，可以防止培训机构跑路等行为的发生，资金监管也可以对教学质量的提升具有一定的促进意义。可以试行预收费制度，将一部分资金在培训结束后，培训机构履行了合同约定再行发放。最后，注重对培训效果的追踪评估，政府应建立对校外培训机构的考核评价体系与机制。可以从财务运行、教学质量、管理规范等多方面对校外在线培训展开评估，并向社会公示，以便作为学习者选择时的参考依据，而具体执行则由各县级人民政府负责。

第二，持续强化日常监管。继续抓好线上机构备案审查工作，对申请备案的线上机构实施严格审查，把好入口关。应用好管理服务平台，动态更新黑白名单，建立监督举报平台，广泛接受各方监督。严查严处培训机构违法违规行为，并通过多种渠道曝光，形成警示震慑，引导培训机构规范经营。受访专家认为，监管部门需要对资本、在线教育平台和渠道代理商、广告商等产业链上下游主体企业实行即时监督，对违规违法行为做到及早发现、及时处理，并通过完善相关法律法规，做到防微杜渐，避免机构用户被转嫁风险。教育部门应强化日常监管，切实抓好线上教育机构备案审查工作，严格把好入口关。

第三，建立各省（市、区）校外线上管理平台。除了国家统一的校外线上管理服务平台外，各省（市、区）也可建立独立的校外线上培训管理服务平台，将所在区域的所有校外在线培训机构信息录入并加以公开，方便家长与学习者查询，将校外在线培训管理服务平台信息备案作为机构展开校外在线培训的必要条件。

第四，让技术更好地赋能教育，还需进一步完善对大数据、人工智能等新技术使用的监管。多位受访专家建议，建立完善教育技术产品和服务的相关标准，规范在线教育应用场景，同时完善配套法规，确保在线教育机构用户隐私不受侵犯。在线只是手段，核心还是育人，无论科技怎样进步、时代如何发展，在线教育都不能偏离"教育"二字，在把好监管关的同时，更应把好教育质量。对在线教育机构而言，守住教学课程的品质底线，不断优化提升教育产品质量，才是赢得长远发展的核心关键。对家长和学生而言，如何使用在线教育、是否选择在线教育，取决于孩子自身的成长发展需要，不应过多地受外界氛围的影响。

第五，进一步完善部门协作机制。针对当前比较突出的虚假宣传、定价高、退费难、卷钱跑路、盲目扩张等问题，还需相关部门按照市场规律加大管理力度。教育部将进一步联合相关部门，不断完善监管体系，采取更为有力的措施，解决各方关切的问题，推动线上培训规范发展。

第六，不断加大免费优质线上资源供给。2020年2月，教育部开通国家中小学网络云平台和中国教育电视台空中课堂，选择优秀教师，录制了覆盖各年级各学科的免费优质课程。自开通以来,云平台浏览超过 30 亿人次,让中小学生足不出户就可以享受优质教育资源。下一步将继续优化完善国家中小学网络云平台,丰富优质线上教育教学资源,拓展平台服务功能,争取到 2025 年基本形成定位清晰、互联互通、共建共享的线上教育平台体系,覆盖各类专题教育和各教材版本的学科课程资源体系,有效满足中小学生的在线学习需求。

第七,健全法律法规,明确监管部门的职责划分。建议尽快完善有关教育培训方面的法律法规,进一步明确监管部门的监管职责,明确教育培训机构的准入门槛,对其开展广告宣传、师资认证、教学质量以及纠纷解决等方面作出具体要求,确保教育培训行业的发展和规范有法可依、有章可循。尤其是针对正在快速发展中的在线教育培训问题,更是需要细化监管标准,加大执法力度,有关教育、市场监管、人事劳动以及互联网管理等部门应加强合作,形成监管合力,真正做到让教育培训行业在规范中发展、在发展中规范。

第八,加强行业自律,提升培训机构的诚信守法意识。目前,中国教育培训尤其是在线教育培训还处于不断探索尝试阶段。为减少发展中的不规范现象,推动行业健康发展,建议有关行业组织积极制定相关标准,进行自我约束,从源头上遏制损害消费者合法权益现象的发生。教育培训机构尤其要在教师招聘、课程设计、授课质量、售后服务等方面,对自身严格要求,确保为消费者提供优质教育培训服务。

第九,提高自我防范意识,谨慎选择教育培训机构。消费者在选择培训机构或购买教育培训服务时,应事先查看培训机构的有关资质,多家比较并试听相关课程,然后结合自身实际情况作出选择,不要看了广告宣传或听了销售人员的口头承诺,就匆忙付款。签订合同时要注意查看相关条款,尤其注意退费和免责等条款内容,尽量不要选择贷款方式。签署合同后要保留好书面资料等相关证据。在培训过程中,如果遇到权益受损问题,要及时收集好相关证据,依法维护自己的合法权益。

第十,构建协同治理体系。校外在线培训治理要构建家长、政府、社会协同体系,尤其是让家长及学习者充分参与进来。家长与学习者是校外在线培训的直接参与者与体验者,是校外在线培训发展的重要参与者,及时收集他们的建议和对策是校外在线培训治理的重要举措。有必要加大宣传力度，让学生与家长了解国家政策及在线培训机构状况，让他们可以查询相关机构的经营状况等。

第五节 非学科类 K12 在线教育问题的扎根分析

目前，校外在线教育在发展过程中涌现出诸多问题，本书从学习者的视角对校外在线教育中所存在的问题进行扎根分析。以问卷星的形式进行调研，向家长发放调查问卷。初始数据有 1337 条，删去空白与无意义词条，共得到 898 条有意义答案，选取其中代表性强的答案作为示例，并展示部分编码结果。经过三级编码，最终形成四方面的内容，分别是教师、政府治理、教学与在线培训机构四个方面。

一 在线培训教师

教师对校外在线教育中学生的学习质量有着重要的影响，教师的质量是学习者非常关心的方面，此次调查也印证了这一点（见表 3-2）。此次调查反映了校外在线教育中教师方面存在的突出问题，主要包括教师是否有资质不透明或无从得知、准入门槛低且缺乏监管两方面的问题。首先，虽然教育部已明确要求校外培训机构需要对师资进行公示，但很多机构并未很好地执行这一规定，另外，资质的真实性也难以核实，实际上课的教师是不是有资质也是有疑问的。校外在线培训由于师生异地教学，而学习者与培训机构也往往处在不同的地点，这些都给教师资质的核实增加了难度。其次，准入门槛低。目前，对校外在线培训教师的招聘标准、过程等不甚了解，而国家也缺乏校外在线培训教师的准入标准，对校外在线培训教师的表现也缺乏后续的跟踪评估。对校外在线培训的教师准入与评估体系的构建是校外在线培训领域面临的紧要问题。

二 政府治理

此次调研显示，政府治理中存在着缺少治理监督、机构多而杂以及缺乏奖惩措施三大问题（见表 3-3）。首先，校外在线培训机构缺乏治理监

第三章 非学科类 K12 在线教育治理现状

表 3-2　　　　　　　　　　　在线培训教师

案例	开放编码		关联编码	轴心编码
老师的教学质量，资格水平，无法考证	教师资格无法考证	17	教师是否具备资格证书无从得知，教师资质不透明（132）	教师培训（216）
培训教师是否出身师范	教师是否师范出身	6		
应该有一些限制，比如上岗资格等，防止无序发展	教师上岗资格不明	19		
师资力量的保障	师资无法保证	30		
对老师的资质不了解，教学内容是否符合现阶段教育需要	教师资质不明	4		
机构规模大小不一，未持证上岗	教师不能持证上岗	12		
特别是网络教育，教师的资格水平无法衡量	教师资格无法考证	18		
教师的师资师德、教学能力、对教学质量的管控	教师资格不透明	26		
老师不专业，乱开价格	教师专业素质低	7	教师准入门槛低且缺乏监管（84）	
有些老师水平有限，夸大宣传	教师水平有限	6		
部分教育机构的老师没有教师资格证	教师无证上岗	17		
对教师资格审核不够严谨	教师资格审核简单	8		
没有监督机构，对师资不是很放心	缺少对师资的监督	14		
老师要接受专业知识培训	教师缺乏培训	3		
学科类培训者素质参差不齐，有的缺乏基本的教育教学能力；有的培训预付费过高、合理退费难，用户消费风险大	教师缺乏教学能力	7		
上课老师的专业素质不强	教师专业素质低	22		

表 3-3　　　　　　　　　　　　政府治理

案例	开放编码		关联编码	轴心编码
没有明确的惩戒措施	缺少惩罚举措	15	缺乏奖惩措施（15）	政府管理（177）
仍需深入打击无资质的黑培训，提高培训机构门槛，规范收费，打击乱收费、高收费，打击课上不讲课后补的乱象	校外机构不受监管、收费乱象	52	缺少治理监督（103）	
在线培训没有统一的管理标准	缺少治理标准	7		
管理制度不够完善，在线培训效果不受控制	缺乏政府监管	44		
缺乏针对性，各类在线培训机构太多太乱	机构泛滥	51	机构多且杂（59）	
机构比较多，难以实施管理				
校外在线培训不正规，太多				
品牌多，无法确定哪家有优势				
缺乏针对性，各类在线培训机构太多太乱	机构泛滥且疲于比较	8		
	机构泛滥、家长不知如何挑选			

督。国家虽然出台了一定的校外在线培训治理措施，但总的来说还存在不成体系、政策执行力不足以及缺乏政策执行效果评估机制等明显问题。其次，此次调研显现出的一个明显问题是校外在线教育机构多而杂，学习者无法辨认选择。最后，对校外在线培训机构缺乏奖惩措施。虽然一些地方对出现严重问题的校外培训机构进行了一定的惩处，例如责令其停业整顿等，但总体来看还缺乏对校外在线培训机构的奖惩机制。今后应逐渐完善校外在线教育机构的奖惩机制，对运营规范、教学效果好的机构应给予政策上的倾斜，对出现问题的校外在线培训机构应坚决进行惩处，包括罚款、责令其停业整顿、退赔款等。

三 在线教学

从本次调研来看，在线教育在教学方面存在着诸多问题（见表 3-4）。第一，师生互动差，反馈滞后，这是学习者反馈最多的问题。由于是远距离教学，还有可能是网络平台的功能所限，校外在线教育中师生不能充分互动，很多情况都是以教师讲，学生听为主，而学生是否已经掌握了教师所讲的内容，学生的学习状态如何，教师对此则缺乏了解，教师不能及时给予反馈意见。第二，无法或很难达到个性化教学，这也是此次调研家长反映的突出问题之一。校外在线教育主要的初衷就是实现个性化教学，即可以针对每个学生特有的问题提供个性化的学习指导，进而解决学生个性化的学习问题，但实际情况远远没有达到这个目标。对于大班直播课以及小班直播课来说显得尤为明显，这里面的原因有多种，例如教师没有很好地贯彻个性化学习的理念，仍然较多地用以往学校大班授课的思想进行教学；学生也缺乏主动学习的积极性；在线教育平台交互功能不完善，师生交互存在困难等。第三，教师课堂掌控感较差，无法及时进行课堂管理。这可能是校外在线教育一个较为明显的不足之处。由于是远程教育，教师往往很难控制学生的学习过程，课堂管理面临着诸多问题，例如学生学习投入不够、教师干预无效等。第四，学生作业无法及时处理，这个问题需要引起培训机构的重视。及时处理学生的作业是一名教师的基本职责，对学生的学习也非常重要。而校外在线培训则出现了不能及时处理学生作业的情况，需要进行改善。第五，与学校内容衔接较差，这也是非常重要的一个问题。校外在线教育的定位是学校教育的有效补充，这个定位需要坚持不动摇，否则就失去了校外在线培训的意义。这就要求校外在线培训在学校教育的基础上展开，也就是说，与学校教育进行有效衔接，弥补学校教育的不足。一个重要的体现就是针对不同学生在学校教育中所出现的问题，校外培训机构的教师能够有针对性地解决每个学生在学习中碰到的问题，这是校外在线培训的主要意义所在。第六，教学内容单一或不符合学生特点。校外在线教育作为一种个性化教育，在教学内容方面需要多样化的呈现方式，不断增强学生的学习兴趣，同时也要根据每个学生的认知特点进行教学，这是校外在线教育的内在要求。

表3-4　　　　　　　　　　　　在线教学

案例	开放编码		关联编码	轴心编码
不能得到学生掌握情况的及时反馈	学情反馈滞后	33	师生互动差，反馈滞后（131）	教师教学（249）
不能有针对性地处理学生的学习问题	师生互动滞后	22		
总体很好，线外教育也是未来趋势，可以增加互动	课堂互动性有待加强	19		
互动不强，跟进不够	互动性缺乏	17		
师生互动环节太少	课堂互动少	20		
老师无法直接看到学生的状态，根据状态调整教学模式	教师无法观察学生状态	8		
老师与学生无法互动，老师对学生的学习情况也不会深入了解	师生缺乏互动与了解	12		
内容不够丰富	教学内容不够丰富	2	教学内容单一或不符合学生特点（6）	
教学内容满足不了学生的学习需求	教学内容简单	4		
不能很好地了解学生的薄弱环节，无法加以合适的指导，有针对性地解决学生的问题，从而让学生真正得到帮助	无法达到个性化教学要求	45	无法或很难实施个性化教学（52）	
线上的没线下的能落实到一对一，如果上一对一课太贵了	无法达到个性化教学	2		
线上教育水平参差不齐，不能因材施教	不能实施个性化教学	2		
收费昂贵，对每个学生都是老师制定的那一套，根本不起作用	教学模式单一	3		
顾不上每个学生	教师课堂管理不足	20	教师课堂掌控感较差，无法及时进行课堂管理（22）	
不能很好地约束学生	教师课堂管理不足	2		
对学生作业完成情况的监督力度不够	缺少对学生作业的监督	8	学生作业无法及时处理（12）	
无法实现同步考核，不能有效监管学生的学习情况	缺乏对学生的同步监督	4		
跟学校教学的难度不太吻合	无法做到与学校课程衔接	4	与学校内容衔接较差（4）	
毕竟是远程的，主要还是看学生的自觉性	对学生自觉性要求高	2	学生的自觉性（2）	
培训机构为了赚钱不好好教	教学效果达不到预期	20	教师态度(20)	

要根据学生的认知特点展开教学，由于小学生的注意力容易分散和不稳定，在线教学时教师需要采取一定的措施，例如通过展现小学生比较感兴趣的事物以吸引他们的注意力等。首先，由于小学生知觉精确性低等特点，教师需要具有一定的耐心，可以将多种教学方法共同使用、采用具有更多场景的案例教学等以达到最好的教学效果。其次，小学生是以形象思维为主的，教师应多利用小学生在生活中经常接触的场景进行联系或者展示实物等。对于初中生来讲，应将形象思维与抽象思维相结合，加强抽象思维的锻炼。对于中学生而言，就既要进行理论指导，也要通过教学设计，包括教学材料的展示、灵活的教学方法等吸引学生的注意力，提升学生的学习兴趣。对于高中生来讲，要着重锻炼其抽象思维能力。对于每一个学生来说，都要根据其学习风格等特性进行个性化教学。教师要注意通过沟通交流、查看学生的学习状况等了解学生的学习风格等特征，进而有针对性地进行教学。

四 在线培训机构

此次调研显示，在线培训机构存在着诸多问题（见表3-5）。第一，此次调研显示最多的问题为收费不合理、价格偏高、不透明、退费难。收费问题一直是校外在线培训涌现出的突出问题，此次调研印证了这一点。校外在线培训费用问题是需要首先面对的问题，解决这个问题刻不容缓。第二，此次调研家长反映较多的为虚假广告、过度宣传、骚扰信息过多、政府未能给予认证或推荐、家长缺少验证渠道。广告满天飞，包括很多低价推销广告，让很多家长无法辨认，最后落入培训机构的销售套路中。政府应对在线培训公司的宣传广告进行严格监管与审核，对不真实的欺骗消费者的信息予以坚决清除。可以考虑建立统一的信息发布平台，对在线培训机构发布的广告信息进行严格审核，同时对发布的不实信息给予追究、罚款等处罚。第三，家长无法及时追踪教学过程，家校互动缺乏。家校缺乏必要的沟通，家长无法及时、全面地获知孩子的学习状况，所以构建家校沟通机制非常必要。在线培训机构应将学生的学习状况及时通报家长，与家长共同做好学生的学习管理工作。由于线上教育师生分离等特点，学生的课堂管理及课后管理在很大程度上需要家长的深度参与。目前还没有很好的家校沟通机制。第四，影响学生视力健康。由于在线培训学生需要

表 3-5　　　　　　　　　　　在线培训机构

案例	开放编码		关联编码	轴心编码
无法判断线上培训的效果,应该提供第三方评价	家长无法查看第三方评价	5	虚假广告、过度宣传、骚扰信息过多、政府未能给予认证或推荐、家长缺少验证渠道（74）	机构（260）
审核力度不够,应多推出优质精品课	优质课短缺	3		
家长不够了解	家长缺乏相关知情权	19		
限制无尽的广告推销,任课老师不停地做推荐	过度宣传	14		
广告太多,内容不真实	广告过多、虚假广告	13		
线上培训班鱼龙混杂,骚扰电话太多	骚扰信息多	8		
缺少经营资质,教育内容缺乏	机构资质不透明	12		
有些线上平台存在低俗有害的信息或者与学习无关的游戏信息等需要治理	平台存在有害信息且无人监管	10	平台存在有害信息且无人监管（10）	
补课费用太昂贵,不能达到预期的效果	费用过高	20	收费不合理、价格偏高、不透明,退费难（87）	
希望价格透明,师资予以公示	师资价格不透明	11		
价格管理,做到更亲民	价格不透明	18		
收费尽量人情化一些,能让普通农民工的孩子上得起培训班	收费不合理	4		
收费不合理,内容差异太大,课程衔接不好	收费不合理			
退款不便捷	退款程序复杂	23		
有的培训预付费过高,合理退费难	收费过高且退费复杂	11		
长时间线上培训对于学生的眼睛是否有伤害	影响学生视力	5	影响学生视力健康（16）	
线上培训减少家长送的时间,但是对学生的视力影响太大,且沟通起来没有面对面有效	教学效果达不到预期、对学生视力有影响	10		
怕学生一直盯着电子产品	影响学生视力	1		
在具体实施时存在无法追踪观察教育评价的结果	教学评价滞后、缺少家校互动	25	家长无法及时追踪教学过程,家校互动缺乏（73）	
线上培训有局限,不知道学生有没有认真听讲,学生有没有跟在后面操作	家长无法监督教学过程及效果	20		
无法监管学生的自觉性,以线上培训为借口占用电子产品	家长无法监督教学过程及效果	15		
不好管控,父母不可能时刻陪同	家长无法监督教学过程及效果	13		

长时间地观看电脑，校外在线培训在很大程度上影响了学生的视力健康，这是容易被各方忽视的问题。用一方面需要规定单次校外在线培训的时间长短，另一方面要告知学生注意用眼休息，一次不要对着手机或电脑屏幕太长时间。第五，平台存在有害信息且无人监管。这也是家长反映的一个不可忽视的问题。这些负面信息对学生的成长无益，也干扰了学生的学习，需要网络监管部门实时进行监管，并制定相应的罚款等措施。

五　总结

从本次调研可以看出校外在线教育面临的家长十分关注、迫切需要解决的问题有：第一，教师是否具备资格证书无从得知，教师资质不透明。教师的资质，包括其是否具有教师资格证、是按照什么标准招聘教师的、教师学历经历以及教学水平等都无从得知。教师的情况是很多家长十分关心的，因为教师的水平对学习者学习效果、学习积极性等有着直接的影响，并且影响可能最大，教师的水平往往直接决定着校外在线教育的成败。这个问题已经凸显出来，必须下决心解决。第二，师生互动差，反馈滞后。由于是远程教学，加之网络平台的功能有限等原因，校外在线教育中师生互动不足是本次调研反映出的另一大问题。目前很多网络平台对平台的交互功能不断进行完善，取得了一定的效果，但还需在很多方面进一步改善，例如教师能够引导学生提出问题并积极参与讨论等。第三，缺少治理监督。虽然国家积极出台相关政策，但干预程度不够，应出台更多具体的措施，对校外在线教育展开全面治理，不仅包括价格、退费等问题，还应包括教学质量的保证、对校外培训机构的综合评估等，应建立校外在线教育治理政策体系。另外，虽然国家出台了相关政策，但在执行中被大打折扣。第四，收费不合理、价格偏高、不透明、退费难。随着一些在线培训机构的倒闭，收费方面的问题已经引起了更多的关注。第五，教师准入门槛低且缺乏监管。由于校外在线教育的特点，教师的招聘程序很不透明，招聘程序过于简单，缺乏对教师能力的全面考察，招聘的教师质量参差不齐，校外在线教育的质量无法得到有效保证。第六，虚假广告、过度宣传、骚扰信息过多、政府未能给予认证或推荐、家长缺少验证渠道。第七，家长无法及时追踪教学过程，家校互动缺乏。这个问题可能没有引起足够的重视。在校外在线教育过程中，家长是重要的参与者，非常有必要建立有效的家校沟通机制。第八，机构多且杂。这是校外培训机构发展中的一个明显问题，校外培训机构大量出现，但对教学质量、规范运行等缺乏关注。第九，无法或很难达到个性化教学。校外在线教育的初衷是针对每个学生的个性化问题展开个性化教学，从本次调研的结果看还远没有达到这一目标。这里面的原因是多方面的，包括教师的教学水平、教学模式、学生的积极性等，这是今后校外在线教育需要注意的问题。

六　建议

结合本次调研的具体情况，提出如下建议对策。

（一）提升教师质量

建议设置进入门槛，严格清理"真假老师分不清，什么人都是老师"的现象。建议严格准入制度，这是非常必要的。教师的质量对校外在线教育的质量有着直接影响。教师的质量不仅是家长最为关注的，也是提高校外在线教育教学质量的关键。因此，提升教师质量是校外在线教育治理的重要内容，这包括教师学科知识水平、教学设计水平、教师师德等多个方面。校外在线教育需要教师有着较高的学科素养与知识水平，这样才能给学生充分的个性化指导。教师需要充分了解学生的个性需求进行个性化的教学设计。在校外在线教育中教师师德也很重要，只有师德水平高的教师才能更好地适应个性化的教育情境，将个性化教学很好地实现。

（二）加强互动

师生互动的缺乏也是学习者反映的重要问题之一。校外在线教育的初衷是个性化教学，这需要师生的有效互动，缺乏互动恰恰表明没有很好地实现这一目标。因此，应增加互动环节，让老师可以与学生充分互动，对学生的学习情况进行深入了解。

（三）加强治理监督

对校外在线教育监管不足也是学习者十分关注的方面。目前校外在线教育面临的一个重要问题就是学习者面对众多培训机构，无法辨认哪些是有保障的与值得信任的，这需要政府给予一定的引导。校外培训机构数量众多，质量参差不齐，需要政府对其进行统一管理，评定等级，以便群众参考。

需要对校外在线教育的教学质量给予足够的关注。全程注重教学质量的建设，包括课前、课中及课后。课前指的是在教师的招聘、培训课程计划、教学设计等方面进行努力，课中指的是在线教学期间注重对学生的管理、教师积极努力上课、与学生充分交互等。课后指的是注重对教师教学过程与效果的评估改进、对校外培训机构进行审计等。建议教育行政部门进行实时抽查，给予客观评定。

（四）收费

收费高、不合理收费等收费问题是学习者反映的重要问题之一。校外在线教育高收费对于很多收入不高的家庭来说有些不堪重负，国家应制定相应的收费政策，对校外在线教育收费进行规范。首先，应要求校外培训机构收费向社会公示，并且建立良好的退费机制。其次，应组织专家委员会对校外在线教育成本进行合理估算，在此基础上制定合理的收费机制。最后，要严厉打击校外在线教育中财务欺诈行为，对欺诈消费者的行为绝不姑息，严肃查处。

（五）家校互动机制

目前，校外在线教育还没有建立起良好的家校互动机制。这是本次调研反映的一个重要问题。建立良好的家校互动机制对于校外在线教育的成功非常重要。校外在线培训机构要及时完整地将学习者表现通报给家长，家长也要及时把孩子的学习状况告知教师。可以建立家校互动网络平台。家长可以随时通过网络平台查看孩子的学习过程。美国 K12 在线教育中非常重视家校互动机制的构建，这给我们提供了很好的启示。

（六）个性化教学

个性化教学是校外在线教育的初衷，但事实远非如此。此次调研显示，很多学习者表示校外在线教育缺乏个性化指导。很多家长表示，不能很好地了解孩子的薄弱环节，无法加以合适的指导，有针对性地解决孩子的问题，从而让孩子真正得到帮助。对于线上教育小班或大班课来说，有时往往不能很好地像线下那样落实到一对一。第一，要加强互动的数量与深度，这一方面需要孩子更加主动，另一方面，培训教师也要加强教学设计与教学效果评价，不断改善教学质量。

第四章　K12在线教育影响因素

第一节　非学科类K12在线教育采纳的影响因素

目前，校外培训机构在线教育已经有了很大的发展，还缺乏对校外在线教育学习者接受现状、影响因素等问题的实证研究，本书在相关理论的基础上构建校外在线教育学习者采纳影响因素模型，并进行实证研究，提出推动校外在线教育发展与深入应用的对策建议。

一　模型构建

（一）扩展的UTAUT模型（UTAUT2）简介

技术接受与使用模型（UTAUT）（Venkatesh，Morris & Davis，2003）提炼出了与预测技术使用行为意向相关的关键因素和措施。在员工技术接受度研究中，UTAUT解释了使用技术的行为意向大约70%的差异，以及技术使用约50%的差异。自最初发表以来，UTAUT一直是一个基础模型，并被应用于各种技术的研究。为了适用消费者技术使用语境，Venkatesh等（2012）在UTAUT模型的基础上，加入了娱乐性感知、价格价值以及习惯等变量，构建了UTAUT2模型，后续的实证研究显示，UTAUT2模型对行为意向与使用行为的解释度均有所提升（Venkatesh，James，Thong & Xin，2012）（见图4-1）。

（二）使用行为

使用行为可以从多方面度量，例如学习者参与校外在线教育的频率、学习投入等。行为意向指的是学习者愿意参与校外在线教育的程度。之前

图 4-1 UTAUT2 模型

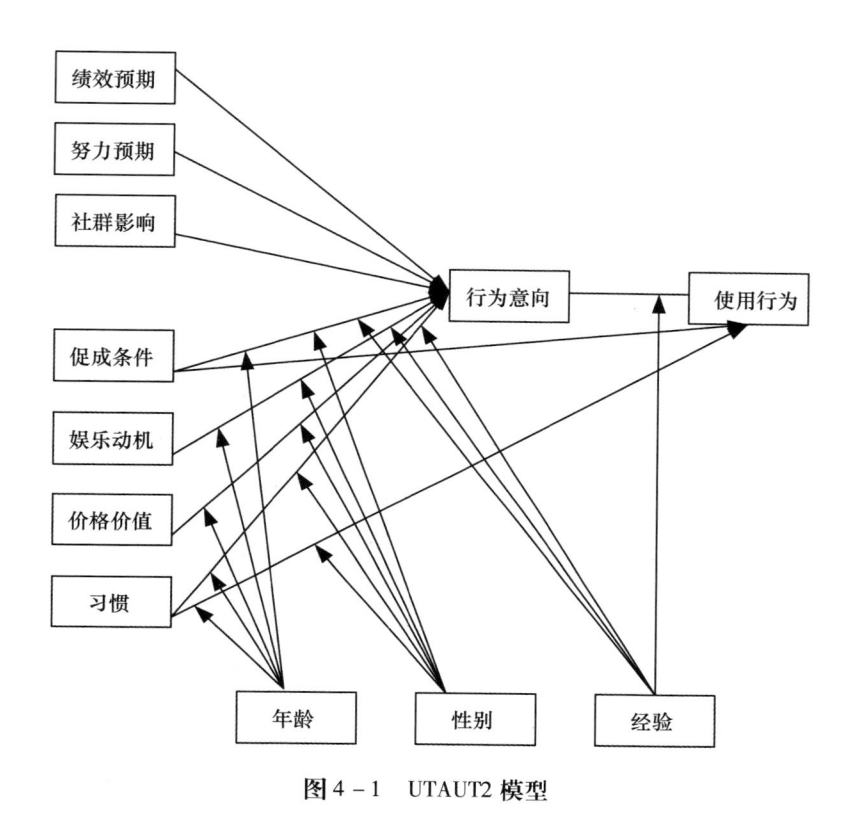

的相关研究均证实信息技术行为意向与信息技术行为之间存在正相关关系。学习者越愿意参与校外在线教育，其校外在线教育参与行为就越会得到改善。

促成条件指的是学习者参与校外在线教育所需的技术、操作等支持，可以从多个方面进行度量，包括在线教育培训机构为学习者提供技术工具支持、参与过程中的学习支持服务等。当学习者在校外在线教育中感受到的支持越充分时，其参与校外在线教育的行为就会越深入。相反，如果学习者在校外在线教育参与过程中遇到困难和问题无法解决时，则会大大阻碍校外在线教育学习者的参与。

虽然对于习惯如何影响行为存在着不同的观点，但在抽象层面上，人们一致认为，信息和线索处理在其中扮演着重要的角色。从根本上说，消费者需要感知和处理来自环境的语境线索，一旦观察到熟悉的线索，线索和反应（直接的行动或储存的意图）之间的联系就会自动建立起来。行为是自动联想的结果。因此，只要环境保持相对不变，程序化的行为就会在极小的意识控制下以很大程度的自动方式加以执行。

综上所述，本书提出 H1、H2 与 H3。

H1：行为意向与学习者校外在线教育参与行为呈正相关。

H2：促成条件与学习者校外在线教育学习行为呈正相关。

H3：习惯与学习者校外在线教育学习行为呈正相关。

（三）行为意向

绩效预期指的是学习者认为参与校外在线教育可以提升其学习的程度，体现在参与校外在线教育可以实现个性化教学，解决其面临的学习问题等方面。当学习者认为参与校外在线教育对其学习改善的程度越大，例如参与校外在线教育契合学习的需求，而且学习时间灵活，学习者就越愿意参与校外在线教育。之前几乎所有的研究都证明了类似的结论（张哲、陈晓慧、王以宁，2018）。

努力预期指的是学习者认为参与校外在线教育需要花费的时间与精力程度。当学习者认为参与校外在线教育不需要花费太多的时间与精力，而且参与校外在线教育很容易实现，例如教师可以根据学习者的需要灵活安排授课时间，学习者参与校外在线教育的行为意向就会上升。反之，如果学习者认为参与校外在线教育不容易实现，学习者参与校外在线教育的行为意向就会下降。

社群影响指的是对学习者有影响的人认为其应该参与校外在线教育的程度，可以来自同学，也可以来自学校教师等。例如，当周围很多同学都在参与校外在线教育时，学习者参与校外在线教育的行为意向就会上升，因为如果不这样做，学习者害怕会脱离群体或被惩戒（方旭，2019）。

在 UTAUT 中，基于在组织环境中，促进条件直接影响技术使用，这是由于有许多便利条件，例如培训和支持将在组织内免费提供，并且在用户之间保持不变。相比之下，对每个消费者而言，可用的环境便利程度可能因应用供应商、技术版本、移动设备等的不同而显著不同。在此背景下，促进条件的作用更像是计划行为理论（TPB）中的感知行为控制，同时影响意图和行为（Ajze，1991）。具体地说，拥有有利条件集的消费者更有可能有更高的意愿使用一种技术。例如，如果我们考虑移动互联网，那么消费者在访问信息和其他资源时就会有不同的接入水平。一般来说，在所有条件相同的情况下，便利条件较低的消费者使用移动互联网的意愿较低。此外，不同手机的消费者可能会体验到不同的数据传输率，因此也会有不同程度地使用移动互联网的意愿。因此，在消费者情境下，我们遵循 TPB 模型，将促进条件与行为意愿和行为联系起来。

重复执行某一行为可以导致良好的态度和意图的建立，这些态度和意图可以被环境中的态度对象或线索所触发（Ajzen & Fishbein，2000）。一旦被激活，态度和意图将自动引导行为，而不需要有意识的心理活动，如信念形成或检索（Fazio，1990）。这样，这个意图就被储存在消费者的意识中。按照这种推理方式，更强的习惯会导致储存的意图，反过来又会影响行为。

综上所述，本书提出 H4、H5、H6、H7、H8、H9。

H4：绩效预期与学习者参与校外在线教育行为意向呈正相关。

H5：努力预期与学习者参与校外在线教育行为意向呈正相关。

H6：社群影响与学习者参与校外在线教育行为意向呈正相关。

H7：促成条件与学习者参与校外在线教育行为意向呈正相关。

H8：娱乐动机与学习者参与校外在线教育行为意向呈正相关。

H9：习惯与行为和学习者参与校外在线教育行为意向呈正相关。

（四）绩效预期

当取得相同的绩效预期时所花费的时间精力越少，教师就会觉得参与校外在线教育获得的绩效预期越大。之前的大量研究证明了类似的结论（Marcos，Martínez，Dimitriadis & Anguita，2006）。基于上述研究，提出 H10。

H10：努力预期与学习者参与校外在线教育绩效预期呈正相关。

（五）调节效应

习惯的最终影响和使用都依赖于信息和线索处理。对于个体而言，期望的两种途径在不同程度上都能发挥作用。下面三个个体差异变量能影响消费者的线索加工和联想过程，从而影响习惯对行为意图和使用的作用。第一，经验主要影响上下文线索与意图或行为之间关联的强度。

经验和习惯之间的关系是由于重复的行为而形成和加强的（Limayem, Hirt & Cheung, 2007）。习惯是后天习得的，只有经过相当长时间的广泛实践，它才能储存在记忆中，并凌驾于其他行为模式之上（Lustig, Konkel & Jacoby, 2004）。虽然一种习惯有可能在短时间内通过重复而形成，但时间越长，消费者在线索和行为之间创造一种联系的机会（即线索出现的次数）就越多。拥有更多使用特定技术经验的消费者将会发展出一种认知锁定，从而对行为改变形成障碍（Murray & Haubl, 2007）。随着技术经验的增加（即时间的推移），对线索的反应会变得更强。因此，习惯会对有经验的消费者产生更强的意愿和使用影响。第二，年龄和性别反映了人们在信息处理（即线索感知和处理过程）方面的差异，进而影响他们对习惯引导行为的依赖程度。研究发现，老年人在很大程度上倾向于依赖自动信息处理（Hasher & Zacks, 1979）；他们的习惯阻碍或抑制了新的学习（Lustig, Konkel & Jacoby, 2004）。老年消费者一旦养成了反复使用某一技术的习惯，就很难改变习惯去适应变化了的环境。此外，性别差异将进一步调节习惯的影响。研究表明，与男性相比，女性更倾向于关注细节，并在信息中详细阐述细节（Gilligan, 1982）。在消费者决策的背景下，女性被发现在作出判断或决定时对细节表现出比男性更大的敏感性（Meyers-Levy & Maheswaran, 1991）。这主要是由于男性倾向于以图式的方式处理刺激和信息，并倾向于忽略一些相关的细节，而女性倾向于以逐步的方式处理信息，且处理方式更加详细（Meyers-Levy & Maheswaran, 1989）。由此可见，女性对环境中的新线索或线索变化更加敏感，并且会注意到这些变化，而这些变化又会削弱习惯对意愿或行为的影响。

经验将与年龄和性别一起产生作用，以缓和习惯对行为的影响。经验对习惯的强化作用在不同年龄和性别的人群中是不同的。随着年龄的增长，从经验中学习技术方面的性别差异变得更加明显。老化导致信息处理能力下降。由于女性倾向于用比男性更详细和微妙的方式处理信息（Darley & Smith, 1995），老年男性倾向于更多地依赖启发式和从使用经验中获得的图式来决定他们的行为意图，很少注意环境线索。因此，有更多使用经验的老年男性将主要依靠他们的习惯。相比之下，女性，尤其是年轻女性，没有使用手机电子邮件的经验，更有可能立即注意到环境的变化，并会注意暗示。这将削弱地铁车厢环境与使用移动设备查看电子邮件之间的自动关联，从而降低习惯对缺乏经验的年轻女性的意愿及其行为的影响。我们认为习惯的影响在年长的男性中最为强烈，尤其是当他们对某项技术有丰富的经验时。综上所述，性别和经验会调节习惯对行为意向的影响，对于技术经验丰富的老年男性而言，习惯对行为意向的影响会更强，年龄、性别和经验将会调节习惯对技术使用的影响，对于老年男性来讲，这种影响会更强，因而提出H11、H12、H13、H14与H15。

H11：习惯对学习者参与校外在线教育行为意向的影响受到年龄的调节。

H12：习惯对学习者参与校外在线教育行为意向的影响受到性别的调节。

H13：习惯对学习者参与校外在线教育行为意向的影响受到经验的调节。

H14：习惯对学习者参与校外在线教育行为的影响受到年龄的调节。

H15：习惯对学习者参与校外在线教育行为的影响受到性别的调节。

随着经验的增加，消费者有更多的机会加强他们的习惯，因为他们有更多的时间遇到线索和执行相关的行为（Kim & Malhotra，2005）。随着经验的增加，行为变得自动，更多地受到相关线索的引导（Jasperson, Carter & Zmud，2005）。因此，行为意向对技术使用的影响会随着经验的增加而减弱。心理学研究发现，经验可以调节行为意向对行为的影响。例如，Verplanken等（1998）在一项实地研究中表明，汽车使用的频率降低了行为意向对未来汽车使用的影响。按照HAP理论，更多的使用体验意味着有更多的机会加强线索和行为之间的联系，从而促进习惯化（Ouellette & Wood，1998），并削弱行为意图和使用之间的联系（Kim & Malhotra，2005）。综上所述，提出H16。

H16：行为意向对学习者参与校外在线教育行为的影响受到经验的调节，且经验少的行为意向的影响更强。

最终构建学习者非学科类校外在线教育采纳影响因素模型（见图4-2）。

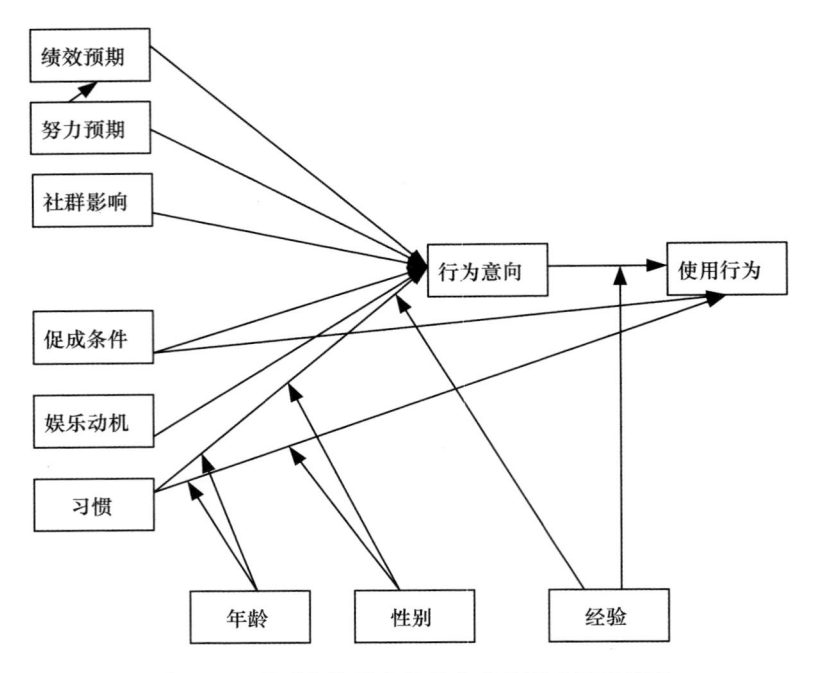

图 4-2 学习者校外在线教育采纳影响因素模型

二 实证研究过程与结果

（一）问卷的设计与发放

首先在参考已有成熟问卷的基础上编制本书所用问卷（见表 4-1）。通过问卷星发放与收集问卷。因此此次调研填写对象为高校与中小学教师。采用随机抽样与分层抽样相结合的方式进行样本的选取。注重问卷发放对象地区、学科等的均匀分布。采用问卷星与当面相结合的方式进行问卷的发放。研究小组共进行了为期两个半月的问卷发放与收集工作。问卷星共回收 1159 份问卷，当面发放的问卷回收了 432 份，剔除填答不完整、填答高度一致等可疑问卷后，最终得到有效问卷 1379 份，有效率为 86.7%。问卷的人口学分布见表 4-2 所示。本特勒和周（Bentler & Chou，1987）指出，在结构模型分析中，研究人员可能至少应当做到每个待估参数有 5 个样本，而对于每个潜变量来说，最好有 15 个以上的样本，本书达到了该标准。

第四章　K12在线教育影响因素

表4-1　　　　　　　　　　　　问卷设计

潜变量	观测变量	问题	参考文献
使用行为 （USE）	USE1	在我的学习中，我尝试参与校外在线教育	
	USE2	我尝试尽可能多地参与校外在线教育	
	USE3	我不断学习，以更好地发挥校外在线教育的作用	
	USE4	我在学习中经常参与校外在线教育	
行为意向 （Behavior Intention，BI）	BI1	我愿意向周围的教师推荐参与校外在线教育	
	BI2	如果我具备了相应条件，我将在学习中参与校外在线教育	
	BI3	我计划在学习中参与校外在线教育	
社群影响 （Social Influence，SI）	SI1	周围很多同学都参与了校外在线教育，对我具有一定的影响	
	SI2	学校希望我参与校外在线教育	
绩效预期 （Performance Expectancy，PE）	PE1	参与校外在线教育可以改善我的学习	Viswanath Venkatesh，James Y. L. Thong & Xin Xu（2012）；Viswanath Venkatesh & Hillol Bala（2008）
	PE2	参与校外在线教育容易实现，提高了学习效率	
	PE3	参与校外在线教育可以满足我一定的学习需要	
	PE4	总之，参与校外在线教育是有用的	
努力预期 （Efforts Expectancy，EE）	EE1	我认为参与校外在线教育不需要花太多的时间和精力	
	EE2	校外在线教育学习时间、地点灵活	
	EE3	参与校外在线教育做我想要做的事是容易的	
	EE4	学会使用网络教育平台是轻松的	
	EE5	总之，我认为参与校外在线教育是容易的	
促成条件 （Facilitating Condition，FC）	FC1	我具备参与校外在线教育的软硬件条件	
	FC2	校外在线教育网络教育平台功能丰富，可以满足我的需求	
	FC3	当参与校外在线教育遇到困难时，可以找到相关的人员帮我或通过其他途径获得帮助	
娱乐性感知 （Enjoyment，ENJ）	ENJ1	我觉得参与校外在线教育是有趣的	
	ENJ2	我在参与校外在线教育的过程中会有一定的愉悦感	
习惯 （Habit）	Habit1	参与校外在线教育对我来说已变成了习惯	
	Habit2	我沉迷于参与校外在线教育	
	Habit3	我必须参与校外在线教育	
	Habit4	参与校外在线教育对我来说是自然的	

表 4-2　　　　　　　　　　人口学变量分布

变量	性别		年级分布			地域分布		
维度	男	女	小学	初中	高中	东部	中部	西部
比例（%）	47.4	52.6	55.3	23.2	21.5	42.4	31.2	26.4

（二）数据处理

首先对问卷进行信度与效度检验。通过 SMART PLS 3.0，计算出的 Cronbach's Alpha 一致性系数均大于 0.9，这说明问卷具有良好的信度。通过 SMART PLS 3.0，发现各观测变量的因子载荷均大于 0.8，各潜变量的组合信度均大于 0.8，平均萃取方差均大于 0.5，这说明问卷具有良好的聚合效度（见表 4-3 与表 4-4）。经过计算，各潜变量平均萃取方差的均方根都大于与其他变量的相关系数，说明问卷具有良好的交互效度（见表 4-5）。

经过拟合度计算，各指标也符合要求（荣泰生，2009），可以说本次问卷具有良好的拟合度（见表 4-6）。

有六条路径通过了检验（见表 4-7）。对模型路径进行中介效应分析。通过 SMART PLS 3.0 的计算，发现绩效预期在努力预期对行为意向的影响中中介效应显著。而行为意向在娱乐性感知与绩效预期对使用行为的影响中中介效应也显著（见表 4-8）。变量间总效应见表 4-9 所示。经过检验，本次模型对学习者参与校外在线教育行为有着良好的解释度，解释度为 66.2%，对行为意向的解释度为 70.3%。根据相关理论，一般变量解释度大于 40%，即可认为模型解释度良好。

表 4-3　　　　　　　　　　信度与效度

	Cronbach's Alpha	rho_A	组合信度	平均抽取变异量（AVE）
BI	0.964	0.964	0.976	0.932
EE	0.974	0.975	0.980	0.907
ENJ	0.961	0.961	0.981	0.963
FC	0.948	0.948	0.966	0.905
PE	0.978	0.978	0.984	0.938
SI	0.936	0.936	0.969	0.940
USE	0.959	0.960	0.971	0.892

表 4-4　　　　　　　　　　　因子载荷

	BI	EE	ENJ	FC	PE	SI	USE
BI1	0.969						
BI2	0.960						
BI3	0.967						
EE1		0.923					
EE2		0.951					
EE3		0.962					
EE4		0.964					
EE5		0.961					
ENJ1			0.981				
ENJ2			0.981				
FC1				0.952			
FC2				0.956			
FC3				0.947			
PE1					0.966		
PE2					0.971		
PE3					0.965		
PE4					0.972		
SI1						0.970	
SI2						0.969	
USE1							0.951
USE2							0.958
USE3							0.937
USE4							0.932

表 4-5　　　　　　　　　　　交互效度

	BI	EE	ENJ	FC	PE	SI	USE
BI	0.966						
EE	0.869	0.952					

续表

	BI	EE	ENJ	FC	PE	SI	USE
ENJ	0.884	0.891	0.981				
FC	0.815	0.885	0.891	0.951			
PE	0.911	0.912	0.915	0.851	0.969		
SI	0.835	0.839	0.818	0.820	0.835	0.969	
USE	0.850	0.842	0.833	0.831	0.844	0.854	0.944

表4-6 拟合度检验

	饱和的模型	估计模型
SRMR	0.020	0.040
d_ULS	0.115	0.437
d_G	0.491	0.588
卡方值	1601.271	1710.186
NFI	0.921	0.916

表4-7 路径系数显著性

	初始样本（O）	样本均值（M）	标准差（STDEV）	T统计量（|O/STDEV|）	P值
BI→USE	0.496	0.492	0.061	8.100	0.000
EE→BI	0.096	0.086	0.073	1.311	0.190
EE→PE	0.912	0.912	0.013	68.584	0.000
ENJ→BI	0.265	0.268	0.083	3.177	0.002
FC→BI	-0.080	-0.078	0.060	1.330	0.184
FC→USE	0.341	0.346	0.076	4.470	0.000
Habit→BI	-0.005	0.001	0.051	0.089	0.929
Habit→USE	0.099	0.099	0.057	1.730	0.084
PE→BI	0.483	0.485	0.089	5.437	0.000
SI→BI	0.204	0.201	0.066	3.093	0.002

表 4-8　　　　　　　　　　　　　中介效应

	初始样本（O）	样本均值（M）	标准差（STDEV）	T统计量（|O/STDEV|）	P值
EE→PE→BI	0.475	0.475	0.087	5.457	0.000
ENJ→BI→USE	0.124	0.126	0.050	2.510	0.012
PE→BI→USE	0.268	0.264	0.056	4.758	0.000
EE→PE→BI→USE	0.245	0.241	0.052	4.703	0.000
SI→BI→USE	0.104	0.100	0.031	3.387	0.001

表 4-9　　　　　　　　　　　　　变量间总效应

	BI	EE	ENJ	FC	PE	SI	USE
BI							0.515
EE	0.475				0.912		0.245
ENJ	0.242						0.124
FC							0.412
PE	0.521						0.268
SI	0.202						0.104
USE							

荣泰生（2009）将显著性水平设为 0.05，当临界比率值的绝对值大于 1.96 时，则可解释为"在 0.05 的显著性水平下群组的系数值具有显著差异"。通过计算，H14、H15 与 H16 通过检验（见表 4-10），即习惯对行为的影响受到年龄的调节，且年龄长的大于年龄小的；习惯对行为的影响受到性别的调节，且男性大于女性；行为意向对使用行为的影响受到经验的调节，且对经验少的学习者行为意向的影响更强。

表 4-10　　　　　　　　　　　　　调节效应

	EXP USE←Habit	EXP USE←Habit	EXP USE←BI
临界比率值（CR）	2.215	-2.263	-1.980

（三）讨论

1. 行为意向、促成条件以及习惯均与使用行为正相关

学习者是否愿意将技术应用于学习是学习者发生实际应用行为的显著预测变量，这一点在以往的实证研究中都得到了印证（D. Fred，1989；方旭、张新华、李林，2018；方旭，2015），学习者参与校外在线教育的应用也是如此。而促成条件是学习者参与校外在线教育的必要条件，促成条件越充分，学习者参与校外在线教育也就越顺畅。

2. 绩效预期、社群影响与行为意向正相关

社群影响对行为意向的影响，尤其是在初期较为显著。学习者参与校外在线教育还处于初期，很多学习者还在尝试使用，并且取得了一定的效果，也具有一定的满意度。周围的学习者或教师对学习者参与校外在线教育有着一定的影响。绩效预期对行为意向具有最大的预测作用，这在之前的大多数研究中都得到证实。学习者参与校外在线教育可以带来学习的提升，这是学习者参与校外在线教育最大的动力。如果一项技术不能给学习者的学习带来改善，或者改善不明显，学习者就会逐渐失去使用这种技术的动力。

努力预期、娱乐性感知、促成条件与习惯对行为意向的影响未通过检验。可能的原因是他们较为注重学习者参与校外在线教育的改善，如果真正能够对学习有所帮助，即使需要花费较多的时间或精力都没问题，可以看出，努力预期与学习者的行为意向并不直接呈现正相关。同理，学习者在技术的采纳中比较注重技术对学习带来的成效，如果有趣则更好，即使不够有趣，只要对学习有利，他们也愿意使用。因此，娱乐性感知对行为意向的影响没有通过检验。很多学习者即使在促成条件并没有充分提供的情况下，通过个人的努力，包括查找相关文献、搜索相关资源等参与校外在线教育，因此促成条件对行为意向的影响并没有通过检验，而本书研究也证明，促成条件直接影响学习者校外在线教育的参与行为。

3. 努力预期与绩效预期正相关

校外在线教育的一大优点可能就是参与方便，例如教师可以根据学习者的需求安排教学的时间，学习地点也比较灵活，这一点在本次调研中得到了印证。努力预期与绩效预期的相关系数高达 0.912，相比面授教育，

在线教育在时间地点的选择方面具有显著的优势，校外在线教育的这一特点可能正是很多学习者欣赏的地方。

将未通过检验的路径删除，重新使用 SMART PLS 3.0 进行计算，得到最终路径图 4-3。

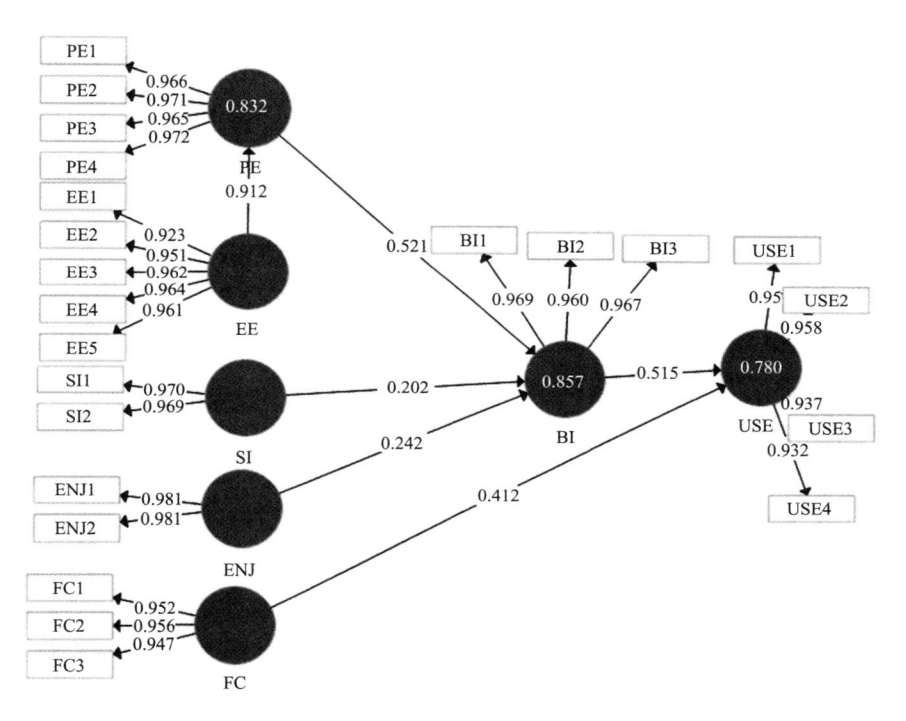

图 4-3　最终路径图

三　启示与结论

（一）现状

从本次调研中可以看出，目前学习者对校外在线教育参与度还有待提升。而本次调查也显示，教师校外在线教育促成条件感知较低，仅为 3.24（见表 4-11）。通过方差分析，发现校外在线培训在地域分布上存在着显著差异（F=32.321，sig=0.04）。通过 LSD 检验，发现东部和中部地区校外在线培训行为与认知均显著高于西部校外在线培训。

表 4-11　　　　　　　　学习者参与校外在线教育现状

描述统计

	个案数	最小值	最大值	平均值	标准差
在我的学习中,我尝试参与校外在线教育	1379	1	5	3.25	1.168
我尝试尽可能多地参与校外在线教育	1379	1	5	3.23	1.165
我不断学习,以更好地发挥校外在线教育的作用	1379	1	5	3.32	1.154
我在学习中经常参与校外在线教育	1379	1	5	3.13	1.171
我愿意向周围的教师推荐参与校外在线教育	1379	1	5	3.42	1.140
如果我具备了相应条件,我将在学习中参与校外在线教育	1379	1	5	3.46	1.142
我计划在学习中参与校外在线教育	1379	1	5	3.43	1.155
参与校外在线教育可以改善我的学习	1379	1	5	3.42	1.114
参与校外在线教育容易实现,提高了学习效率	1379	1	5	3.41	1.127
参与校外在线教育可以满足我一定的学习需要	1379	1	5	3.45	1.083
总之,参与校外在线教育是有用的	1379	1	5	3.46	1.098
我具备参与校外在线教育的软硬件条件	1379	1	5	3.26	1.093
校外在线教育网络教育平台功能丰富,可以满足我的需求	1379	1	5	3.26	1.097
当参与校外在线教育遇到困难时,可以找到相关的人员帮我或通过其他途径获得帮助	1379	1	5	3.20	1.142

(二) 对中国非学科类校外在线教育发展的对策建议

1. 提升学习者参与校外在线教育的绩效预期

通过上述的研究可以看出,绩效预期对学习者参与校外在线教育的行为意向影响最大。应提升学习者参与校外在线教育的绩效预期。只要学习者认为对自己的学习可能会带来益处，学习者就会尝试参与校外在线教育。校外在线教育的初衷在于针对每个学习者的薄弱环节，有针对性地展开教学，而目前还远远未达到这一目标。今后，教师可以通过互动、查阅学习者的材料等方式充分了解学习者的需求，在此基础上有针对性地展开教学。同时，要加强对学习者学习体验与学习效果的评估，及时改进与完善教学。

2. 加大校外在线教育技术研发力度

目前，校外在线教育已经有了初步的发展，总的来说，技术和功能还需要不断丰富与完善。很多校外在线教育网络平台功能还不够丰富，例如交互功能还不能充分满足学习者的需求。因此，有必要不断完善相关平台的开发。

3. 考虑习惯等的调节效应

习惯对行为的影响受到年龄的调节，年龄长的大于年龄小的；习惯对行为的影响会受到性别的调节，男性大于女性；行为意向对使用行为的影响会受到经验的调节，且经验少的行为意向的影响更强。因此，在校外在线教育中，要注重实行差异化推进策略，例如应鼓励经验更多的学习者积极做新技术使用的实验者。

第二节　中国非学科类 K12 在线教育持续性行为意愿影响因素

目前，校外在线教育快速发展。2018 年 K12 在线教育用户规模达到 2021.5 万户，预计 2020 年收费将达到 3025.4 万元（艾媒咨询报告，2019）。可以看出，校外在线教育学习者参与数量庞大，但学习者的持续使用意愿如何？学员是否愿意继续参与校外在线教育？其行为意愿影响因素又包括哪些？这些因素的影响大小与影响机制又是怎样的？针对这些影响因素，可以采取哪些措施来提升校外在线教育培训效果？本书将对上述问题进行深入的理论分析与实证研究，为校外在线教育治理的不断完善与发展提供一定的建议与参考。

一 模型构建

本书主要基于期望确认理论、自我决定论并结合访谈进行非学科类校外在线教育持续行为意愿影响因素模型的构建。期望确认理论侧重从外部动机探讨学习者学习的影响因素,而自我决定论则主要从内部动机探讨学习者学习的影响因素。在开始参与校外在线教育后,在是否继续采用的问题上,学习者可以有三种选择:继续参与校外在线教育、降低学习使用频率或者不再采用。本研究认为,从外部动机与内部动机两方面才能更全面准确地把握学习者校外在线教育持续行为意愿的影响因素。

(一)期望确认理论

1980年奥利弗(Oliver)在对消费者满意度进行研究时,首次提出期望不确认理论(Expectation and Disconfirmation Theory)。丘吉尔等(Churchill et al., 1982)在相关研究的基础上将感知绩效加入模型中。之后,很多学者将期望确认模型应用于市场营销领域,并得到了验证。比哈塔克里(Bhattacherjee, 2001)认为,信息系统用户使用行为与消费者购买行为存在高度一致性,并对期望确认模型进行扩展和完善,加入感知有用性这个变量,形成了现今被学者普遍接受的期望确认模型(见图4-4)。期望确认指用户在信息系统使用前的期望与使用后的感知绩效二者之间的差异程度,该模型认为,期望确认程度越高,用户感知有用性和满意度就越高,从而其持续使用意愿也会提高。很多学者对期望确认理论进行了应用,并取得了成功。

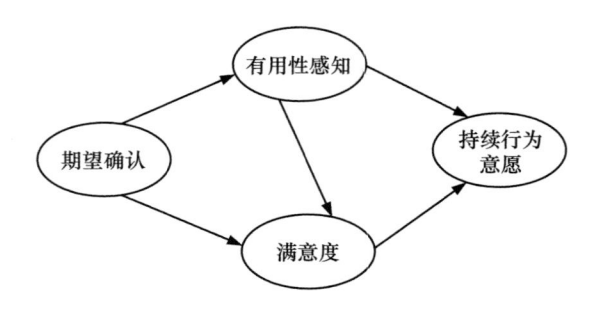

图4-4 期望确认模型

(二) 自我决定理论

自我决定理论是由美国心理学家 Edward L. Deci 和 Richard M. Ryan 等人在 20 世纪 80 年代提出的一种关于人类自我决定行为的动机过程理论。该理论提出的基本心理需要理论认为，人类有三种基本心理需要：自主性、胜任感和归属感，而这三种基本心理需要影响了学习者的内部动机。

(三) 模型构建

基于期望确认理论、自我决定论以及访谈分析构建校外在线教育持续性使用行为意愿影响因素模型。

1. 持续行为意愿

持续行为意愿指的是用户初次参加校外在线教育后，打算继续参与校外在线教育的愿意程度。有用性感知指的是学习者认为校外在线教育对其学习提升的程度。TAM 模型将感知有用性作为接受意愿的直接预测因子（除了其直接影响态度之外）（Davis，1989）。绩效的提高有助于获得奖励，比如升职或加薪（Churchill & Surprenant，1982）。这种"手段—目的"行为在很大程度上是基于认知决策规则或启发法，当面对类似的行为情境时，这些规则或启发法在没有经过有意识思考的情况下就会被激活，而不一定会激活与绩效或奖励相关的积极影响（Davis，Bagozzi & Warshaw，1989）。尽管有用性—意图的联系最初是在接受的背景下产生的，但它很可能是真实的、连续的，因为人类下意识地追求的行为或争取奖励的倾向与这种行为的时机或阶段无关。因此，当学习者认为校外在线教育可以为其带来相应的绩效，例如可以获得学习的提升或促进兴趣发展时，其参与校外在线教育的意愿就会加强，所以本书提出 H17 假设。

从概念上讲，满意是购买和使用的结果，是购买者对购买结果和购买成本相对于预期结果的比较。满意度和态度相似，可以看成是对各种产品或服务属性的满意度的总和（杨根福，2016）。例如，Inteco（1998）的一项研究列举了上网慢、占线、求助热线和其他技术问题所导致的负面体验和不满，这些是 ISP 用户终止服务的主要原因。满意度是学习者参与校外在线教育的结果，是学习者对学习结果相对于预期结果的比较，可以看成是学习者对校外在线教育所提供的各种服务的满意度的总和。满意是一种影响，代表积极（满意），漠不关心，或消极（不满）的感觉。TAM 模型提出态度与使用意愿正相关，所以本书提出 H18。

内在动机指从事某项活动完全由自身对活动的兴趣或信念激发（Gagne & Deci，2005）。对校外在线教育参与有兴趣的用户享受这一过程，并有坚持使用的愿望。先前研究证实，内在动机（如享受、专注、感知兴趣）是用户持续使用某项技术意向的重要前因（Lee，2010；Sorebo et al.，2009）。因此，本书提出 H19。

H17：有用性感知与学习者校外在线教育持续行为意愿呈正相关。

H18：满意度与持续行为意愿呈正相关。

H19：内在动机与学习者校外在线教育持续行为意愿呈正相关。

2. 满意度

Oliver（1981）将期望确认扩展到消费环境，即"当围绕着不确定的期望的情绪与消费者先前对消费体验的感受相结合时，所产生的概括的心理状态"。TAM 模型提出了感知有用性与感知易用性是影响用户信息技术接受的显著因素，但后续的实证研究表明有用性在态度上有实质性的影响，并且在使用的前期与后期各个阶段都是如此。而易用性在初期有着显著的作用，但在后期则变得不显著（Karahanna et al.，1999），用户通过该系统获得经验，易用性问题似乎得到了解决，取而代之的是更为重要的考虑，包括提高一个人工作绩效的创新效率。根据这些观察，感知有用性被认为是最显著的事后影响用户接受（满意度）的因素。因此本书提出 H20。

期望值提供基线水平，用户根据基线水平评估验证，以确定他们的评价响应或满意度。确认与使用满意度呈正相关，因为如果使用确认，就会实现预期的好处，而不确认则表示无法实现预期。相关研究为这种关系提供了依据，例如在线中介使用者将他们对服务不满意的原因归结为他们无法维护服务器的正常运行时间，执行及时的订单，并提供合理的利润率（Selwyn，1999）。类似地，网上购物者对延迟交货、不准确的账单和无法获得电子零售网站上的商品感到失望和不满（Sliwa & Collett，2000）。当学习者使用思想政治教育 app 后，很多期待的功能都没有实现，学习者的满意度就会下降，在上述研究的基础上提出 H21。

对参与校外在线教育真正有兴趣的用户，往往更可能对他们实际参与校外在线教育感到满意（王文韬、谢阳群、谢笑，2014）。因此，本书提出 H22。

H20：有用性感知与校外在线教育满意度呈正相关。

H21：期望确认与校外在线教育满意度呈正相关。

H22：内在动机与校外在线教育满意度呈正相关。

3. 有用性感知

主观规范指对于学习者比较重要的人认为他/她应该参与校外在线教育的程度。相关研究提出认同与同化机制（Venkatesh & Davis，2014），当学习者认为对他/她重要的人认为他/她应该参与校外在线教育时，通过认同与同化机制，学习者可能会感到校外在线教育的学习可能比较有用，否则不会希望他/她去学习，本书提出 H23。

当校外在线教育内容质量越高，例如其提供的信息越丰富或者越符合学习者的需求时，显然，学习者校外在线教育参与的有用性感知会随之提升，本书提出 H24。

部分学者通过实证研究发现，信息质量能够显著影响用户的期望确认以及感知有用性。例如，用户可能对一个新事物的初始有用性感知很低，因为他们不确定该期待它什么。尽管如此，他们可能仍然想接受它，目的是使他们的使用经验成为更具体感知的基础。尽管低初始有用性的感知很容易被确认，但当用户意识到他们的初始感知低的时候，这种感知可能会随着确认体验的结果而变得更高。这种联系的理论支持来自认知失调理论（Festinger，1951），这表明，如果用户在实际使用之前对有用性的认知不一致，他们可能会经历认知失调或心理紧张。理性用户可能试图通过扭曲或修改他们的有用性来纠正这种认知失调，使其与现实更加一致。换句话说，确认会提高用户的感知有用性，而不确认会减少这种感知。因此，本书提出 H25。

H23：主观规范与校外在线教育有用性感知呈正相关。

H24：内容质量与校外在线教育有用性感知呈正相关。

H25：期望确认与校外在线教育有用性感知呈正相关。

4. 期望确认

当学习者主观规范越强烈，其在校外在线教育参与中可能会越努力，其期望确认就会越强，本书提出 H26。

用户在校外在线教育服务过程中若觉得学习内容丰富、质量高，以及相关课程资源及时更新，就会感知到课程内容对他们有帮助，从而提高有用性感知以及期望确认水平（Lin & Wang，2012；Cheng，2014），本书提出 H27。

当学习者在校外在线教育参与中可以进行更好的交互时，便可以与其他学习者或者平台或资源建设者更好地进行交流讨论。例如，当学习者对于资源内容等存在疑问时，就可以及时通过平台与其他学习者或资源建设者进行交互，获得解答，则学习者期望确认感知也就越强，本书提出 H28。

感知自主性指用户在参与校外在线教育时渴望能自主学习的内在心理需求。当学习者越能自主参与校外在线教育，例如可以随时随地按自己进度和需求进行学习时，其期望确认也就越高。本书提出 H29。

感知能力指用户在参与校外在线教育时认为自己有能力胜任，如能顺利操作网络学习平台、浏览相关信息、观看相关视频、与其他学员进行交互等。索博发现，感知能力对用户的期望确认有显著的正向影响。本书提出 H30。

感知关系性指用户参与校外在线教育时，渴望能够感到与他人有关联或具有相属感。用户在参与校外在线教育时对老师、同学、朋友等重要关系有所期望，本书提出 H31。

H26：主观规范与期望确认呈正相关。

H27：内容质量与期望确认呈正相关。

H28：感知交互性与期望确认呈正相关。

H29：感知自主性与期望确认呈正相关。

H30：感知能力与期望确认呈正相关。

H31：感知关系性与期望确认呈正相关。

5. 内在动机

根据自我决定论，用户在参与校外在线教育时内部动机受到感知自主性、感知能力与感知关系性的影响，本书提出 H32、H33 和 H34。

自我决定论认为，如果活动有感知自主性则会增强内在动机。这意味着在校外在线教育参与的过程中，内在动机很可能与学习者的自主程度呈正向关联，即用户可以根据兴趣、爱好进行自主学习，此时体现的是内在动机形式（Sorebo et al.，2009）。

当学习者认为个人能力越能胜任校外在线教育的学习时，其对校外在线教育的学习兴趣就会越高，其内部动机也就越高，本书提出 H35。

用户校外在线教育的关系性需求，反映了他们渴望感到与同事、其他学员等重要他人是有关系的，并能得到他们的支持。满足这一需要被认为将会影响动机水平（Ryan & Deci，2000）。

我们可以假设，在线课程用户在使用前会产生某种预期（如内容偏好、课程质量、平台易操作性、互动性等），使用后会得到不同程度的确认（如超过、达到或未达到预期），而确认的水平将会影响他们的动机（Raaij & Schepers，2008）和满意度。

H32：感知自主性与内在动机呈正相关。

H33：感知能力与内在动机呈正相关。

H34：感知关系性与内在动机呈正相关。

H35：期望确认与内在动机呈正相关。

最终，在上述讨论的基础上，本书提出学习者非学科类校外在线教育持续行为意愿影响因素模型（如图 4-5）。

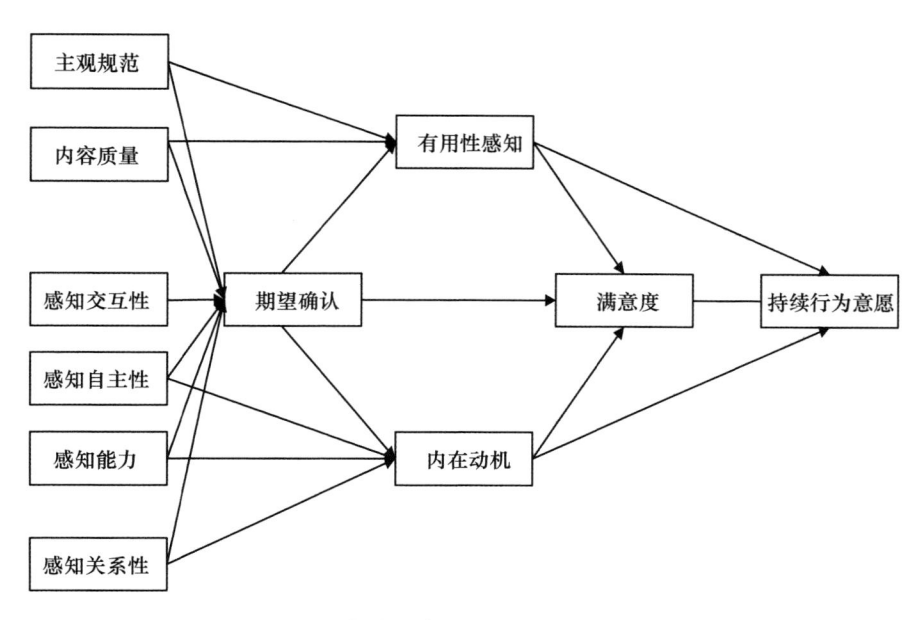

图 4-5 校外在线教育持续行为意愿影响因素模型

二 实证研究

(一) 问卷的设计与发放

问卷主要包括人口学变量与观测变量两部分,问卷除了人口学变量等题目外,其余题目均采用李克特五级量表,分为非常不同意、不同意、不确定、同意、非常同意,分别对应 1 分、2 分、3 分、4 分与 5 分。通过问卷星与当面两种方式进行问卷的发放。广泛面向中小学生进行问卷发放,通过微信群等邀请相关人员填写。在问卷中设计了是否参与过校外在线教育这一题项,如果填写人员选择从来没参与过校外在线教育则自动跳出,停止填答问卷。本书最终回收问卷1671份,去除填答不全、高度一致等问卷,最终保留1260份有效问卷,其中参与过校外在线教育的有 1052 人,占 83.5%,从来都没有参与过的有 208 人,占 16.5%。

问卷的卡方值为 $X^2 = 710.372$,sig = 0.000,适合做探索性因子分析。对问卷进行信度和效度的检验,采用 Cronbach'α 系数进行信度的检验。经过 SPSS 17.0 的计算,所有潜变量的 Cronbach'α 系数均在 0.9—1,可以说明问卷具有良好的信度。效度检验包括聚合效度与交互效度。通过 AMOS 21.0 进行验证性因子分析,发现所有观测变量的因子载荷均大于 0.5,组合信度(composite reliability,CR)大于 0.7,平均萃取方差(Average Variance Extracted,AVE)大于 0.5,这说明问卷具有良好的聚合效度(见表4-12)。采用 SPSS 17.0 进行计算,得到所有潜变量的平均萃取方差的均方根均大于其与其他潜变量的相关系数,这表明问卷具有良好的交互效度(见表4-13)。

表 4-12 信度与效度分析

潜变量	观察变量	均值	标准差	因子载荷	Cronbach'α	CR	AVE
持续使用意愿	CBI1	3.48	1.236	0.93	0.947	0.9505	0.8284
	CBI2	3.48	1.262	0.97			
	CBI3	3.46	1.241	0.94			
	CBI4	3.26	1.232	0.79			

续表

潜变量	观察变量	均值	标准差	因子载荷	Cronbach'α	CR	AVE
满意度	SAT1	3.51	1.240	0.97	0.971	0.971	0.8933
	SAT2	3.54	1.195	0.95			
	SAT3	3.50	1.219	0.93			
	SAT4	3.53	1.205	0.93			
有用性感知	PU1	3.61	1.242	0.94	0.961	0.9623	0.8362
	PU2	3.64	1.234	0.94			
	PU3	3.49	1.237	0.87			
	PU4	3.51	1.246	0.89			
	PU5	3.60	1.256	0.93			
期望确认	EC1	3.48	1.210	0.92	0.947	0.9531	0.8713
	EC2	3.49	1.227	0.95			
	EC3	3.48	1.207	0.93			
内在动机	MOV1	3.35	1.248	0.96	0.968	0.9644	0.9313
	MOV2	3.35	1.262	0.97			
主观规范	SN1	3.62	1.240	0.90	0.849	0.8764	0.7063
	SN2	3.37	1.252	0.68			
	SN3	3.66	1.258	0.92			
内容质量	CQ1	3.57	1.224	0.95	0.976	0.976	0.8712
	CQ2	3.56	1.207	0.93			
	CQ3	3.57	1.199	0.94			
	CQ4	3.55	1.210	0.92			
	CQ5	3.59	1.214	0.94			
	CQ6	3.62	1.220	0.92			
感知交互性	PI1	3.37	1.218	0.91	0.954	0.9556	0.8778
	PI2	3.34	1.238	0.94			
	PI3	3.36	1.216	0.96			
感知自主性	PA1	3.59	1.234	0.93	0.968	0.9641	0.8429
	PA2	3.63	1.208	0.94			
	PA3	3.55	1.226	0.90			
	PA4	3.60	1.232	0.91			
	PA5	3.56	1.233	0.91			

续表

潜变量	观察变量	均值	标准差	因子载荷	Cronbach'α	CR	AVE
感知能力	SA1	3.55	1.229	0.92	0.951	0.9379	0.8343
	SA2	3.56	1.223	0.92			
	SA3	3.47	1.233	0.90			
感知关系性	PR1	3.43	1.222	0.94	0.967	0.9681	0.8837
	PR2	3.48	1.206	0.93			
	PR3	3.43	1.225	0.95			
	PR4	4.08	.888	0.94			

表4-13 交互效度检验

变量	行为意愿	有用性感知	内容质量	主观规范	感知交互性	期望确认	满意度	内在动机	感知自主性	感知能力	感知关系
行为意愿	.910	.761	.712	.629	.556	.619	.673	.585	.629	.649	.675
有用性感知	.761	.914	.767	.710	.623	.690	.659	.592	.652	.656	.666
内容质量	.712	.767	.933	.747	.703	.830	.801	.693	.771	.804	.734
主观规范	.629	.710	.747	.840	.580	.725	.649	.552	.631	.668	.682
感知交互性	.556	.623	.703	.580	.937	.781	.718	.730	.615	.700	.731
期望确认	.619	.690	.830	.725	.781	.933	.828	.740	.769	.841	.768
满意度	.673	.659	.801	.649	.718	.828	.945	.817	.821	.862	.830
内在动机	.585	.592	.693	.552	.730	.740	.817	.965	.738	.795	.763
感知自主性	.629	.652	.771	.631	.615	.769	.821	.738	.918	.848	.746
感知能力	.649	.656	.804	.668	.700	.841	.862	.795	.848	.913	.818
感知关系	.675	.666	.734	.682	.731	.768	.830	.763	.746	.818	.940

采用 AMOS 21.0 对数据进行拟合度检验，除了 CFI 略低于标准值外，其余指标均满足要求，说明问卷拟合度可以接受（见表4-14）。

表 4-14　　　　　　　　　　　　　拟合度检验

		评价标准	实际值	是否接受
绝对拟合度指标	X2/df	小于 3.0	2.501	是
	GFI	大于 0.9，越接近 1 越好	0.943	是
	RMR	小于 0.5，越接近 0 越好	0.045	是
	RMSEA	小于 0.1，越接近 0 越好	0.082	是
增值拟合度指标	AGFI	大于 0.9，越接近 1 越好	0.922	是
	NFI	越接近 1 越好	0.900	是
	CFI	越接近 1 越好	0.886	是
	IFI	越接近 1 越好	0.926	是
精简拟合度指标	AIC	越小越好	247.288	是
	ECVI	越小越好	6.544	是

（二）研究结果

采用 AMOS 21.0 进行分析，在 H20—H38 共 19 条研究假设中，有 12 条通过了检验（见表 4-15）。将不显著的路径删除，采用 AMOS 21.0 重新进行计算，得到路径图 4-6。

表 4-15　　　　　　　　　　　　　回归分析

假设路径	系数值	S.E.	C.R.	P	假设	是否通过
持续行为意愿←有用性感知	.604	.056	12.802	***	H20	通过
持续行为意愿←满意度	.249	.077	3.526	***	H21	通过
持续行为意愿←内在动机	.041	.058	.632	.527	H22	不通过
满意度←有用性感知	.051	.039	1.391	.164	H23	不通过
满意度←期望确认	.512	.047	10.460	***	H24	通过
满意度←内在动机	.421	.033	10.381	***	H25	通过
有用性感知←主观规范	.340	.054	6.137	***	H26	通过
有用性感知←内容质量	.498	.073	6.511	***	H27	通过
有用性感知←期望确认	.050	.065	.691	.489	H28	不通过
期望确认←主观规范	.134	.043	3.451	***	H29	通过
期望确认←内容质量	.218	.057	4.162	***	H30	通过

续表

假设路径	系数值	S.E.	C.R.	P	假设	是否通过
期望确认←感知交互性	.297	.038	7.327	***	H31	通过
期望确认←感知自主性	.031	.062	.563	.574	H32	不通过
期望确认←感知能力	.405	.078	5.622	***	H33	通过
期望确认←感知关系性	-.035	.048	-.700	.484	H34	不通过
内在动机←感知自主性	.111	.096	1.543	.123	H35	不通过
内在动机←感知能力	.371	.137	3.443	***	H36	通过
内在动机←感知关系性	.312	.069	5.008	***	H37	通过
内在动机←期望确认	.102	.092	1.315	.188	H38	不通过

说明：*** 表示 P<0.001。

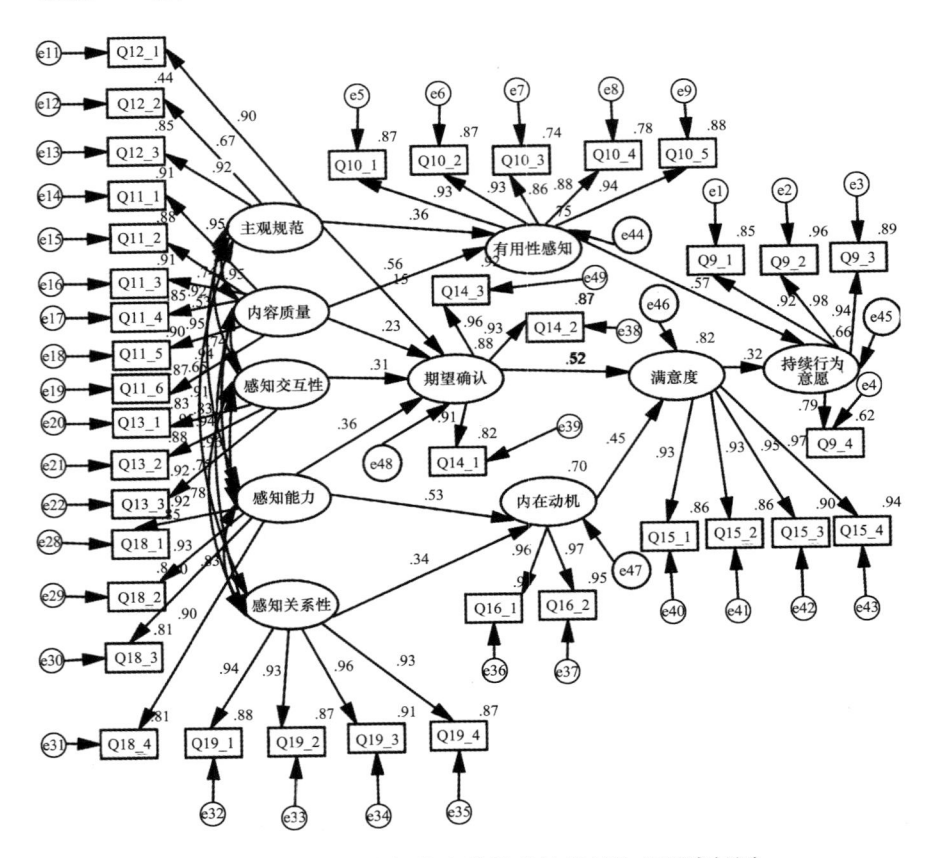

图4-6 校外培训机构在线教育持续行为意愿路径图

三 讨论

（一）有用性感知、满意度与校外在线教育持续行为意愿呈正相关

有用性感知（0.57）、满意度（0.32）与校外在线教育持续行为意愿呈正相关，其中有用性感知对持续行为意愿的影响最大。总效应见表4-16所示。当学习者认为校外在线教育越有用的时候，其持续行为意愿的提升就越大。这和传统的一些研究结论相一致，即有用性感知是行为意愿的关键影响因素（Raaij & Schepers，2008；Lee et al.，2009；Liu et al.，2010；Cheng，2013）。学习者对校外在线教育的有用性感知可以从多方面体现出来，包括与其需求的契合程度、对其学习的促进程度以及兴趣爱好满足程度等。因此，在制定相关发展对策时，要把提升学习者有用性感知作为首要考虑的因素。

（二）主观规范、内容质量与有用性感知呈正相关

主观规范（0.36）、内容质量（0.56）与有用性感知呈正相关。其中，内容质量的影响更大，这与之前的一些研究结论一致（Venkatesh & Bala，2008；方旭，2015）。学习者通过校外在线教育进行学习时，当接收到的教育信息的质量越高，例如教师教学越满足学习者的各种需求，学习者对校外在线教育的有用性感知就越高。

（三）期望确认、内部动机均与满意度呈正相关

期望确认（0.52）、内部动机（0.45）均与满意度呈正相关，其中期望确认对满意度的影响要大于内部动机对满意度的影响。以往的大多数研究也证实期望确认是满意度的最大影响因素，本次研究结果与之前的研究结果相一致（陈忆金、陈希健、古婷骅，2019；宋慧玲、帅传敏、李文静，2019；吴安，2018）。因此，应努力提升学习者的期望确认感知与内部动机水平。与期望确定理论一致，本书中的期望确认相比其他变量来说是对满意度影响最大的变量，相对于感知有用性而言，期望确认的效果更大，这表明用户认为实现他们的期望比形成情感的手段更有价值，期望确认也对有用性感知有明显的影响，意味着用户对信息系统的感知是一个调节变量。

（四）主观规范等变量与期望确认呈正相关

主观规范（0.15）、内容质量（0.23）、感知交互性（0.31）、感知能力（0.36）与期望确认呈正相关，感知能力影响最大。用户感知能力越大，对校外在线教育的参与度就越充分，进而期望确认也就越大，这与之前的部分研究结论相一致（杨根福，2016）。如果学习者参与校外在线教育感到交互性不强，无法与其他人员进行充分的讨论，同时缺乏归属感，对校外在线教育的感知与预期的差距就会越来越大。内容质量和主观规范都是影响学习者校外在线教育参与期望确认水平的重要因素。

（五）感知能力、感知关系与内部动机呈正相关

感知能力（0.53）、感知关系（0.34）与内部动机呈正相关。对内部动机的影响，感知能力要大于感知关系性。这与之前的部分研究结论一致（牟智佳，2017；于莎、刘奉越，2018）。当学习者对自己信息技术使用能力越有信心，信息技术素养越熟练时，其参与校外在线教育的动机就会越强烈。当学习者在校外在线教育参与过程中，与其他学习者的关系越融洽，其内部动机也会越强烈。有必要提升学习者感知关系，例如鼓励学习者讨论、分享各自的信息，进而增强学习者校外在线教育的内部动机。

通过 AMOS 21.0 的计算，发现此次模型解释度良好，对学习者校外在线教育持续行为意愿的解释度为 67.8%（见表 4-17）。

表 4-16　　　　　　　　　　　总效应

变量	内容质量	感知交互性	主观规范	感知关系性	感知能力	感知自主性	期望确认	内在动机	有用性感知	满意度	持续行为意愿
期望确认	.218	.297	.134	-.035	.405	.031	—	—	—	—	—
内在动机	.0220	.030	.014	.309	.413	.114	.102	—	—	—	—
有用性感知	.509	.015	.347	-.002	.020	.002	.050	—	—	—	—
满意度	.147	.166	.092	.112	.382	.064	.558	.421	.051	.000	.000
持续行为意愿	.345	.051	.233	.039	.124	.022	.173	.145	.616	.249	.000

表 4-17　　　　　　　　　　　　模型解释力

被解释变量	估计值
期望确认	0.888
内在动机	0.718
有用性感知	0.690
满意度	0.840
持续行为意愿	0.678

四　对策建议

基于此，本书对非学科类校外在线教育的发展提出如下建议对策。

（一）加强信息质量建设

本次调研结果显示，校外在线教育内容质量（3.58）与有用性感知（3.57）均需提升。因此，首先要着重提升学习内容质量。第一，进一步增加信息的丰富性和有效性。例如设置不同的专业频道，增加更多的专业方面的信息。第二，增加信息的时效性。及时将各种最新信息上传到思想政治教育移动 app 平台或者提供相关链接。第三，提供各种链接、摘录或转发其他平台或媒体上较为精彩的信息。将各个平台打通，例如与清华学堂在线、中国大学 MOOC 等，虽然目前有一些慕课链接，但总的来说数量还较少，专业覆盖面不够广。第四，匹配学习者的兴趣。思想政治教育移动 app 应进行更多符合学习者兴趣的资源建设，使各种资源相得益彰，充分调动学习者学习的积极性。

（二）提升期望确认水平

从本次调研结果来看，学习者对校外在线教育的期望确认（3.48）水平还有待提升。期望确认水平是学习者实际感知绩效与学习前预期之间的差异，因此，学习者的预期越低，而实际感知绩效越大，期望确认水平就越高。可以通过提升学习者实际的感知绩效进而提升期望确认水平。很多学习者参与完校外在线教育后，期望确认度很低，校外在线教育的教学效果并未达到他们的预期。校外在线教育有必要大力提升其期望确认水平，例如努力提升教学质量，达到像宣传那样的预期水平。在学习者学习过程中，应该设置在线答疑等环节，及时解答学习者的疑问。另外，加强学习者之间的互动交流。可以在学习前进行适当宣传、在学习中进行适当指导以及在学习后进行反馈等。

(三) 加强学习者交互建设

加强学员交流。本次调研显示,目前校外在线教育的一个薄弱环节是师生与生生交互。首先,师生之间还缺乏足够的交互。教师不能完全掌握学习者的学习需求以及学习状态,无法实现精准化教学,缺乏专门的交互环节。校外在线教育学习者交互也非常缺乏。目前校外在线教育学习者更多的是临时组织起来的班级,相互之间缺乏联系和交流。校外培训机构应该为学习者创造充分交流的机会,这有助于学习者的学习。

(四) 注重差异化发展

根据学习者的具体特点展开教学。在校外在线教育中,教师要充分了解学习者的需求,明确学习者学习方面的薄弱环节,从而在教学内容、教学方法等方面进行有针对性的教学。校外在线教育的初衷在于实现个性化教育,目前还远远没有达到这一目的。

校外在线教育具有实现个性化教学、随时随地学习等很多突出的优点,成为学校教育的一种有效补充。本书对校外在线教育学习者持续行为意愿及影响因素进行了研究,发现有用性感知、满意度与内部动机均与校外在线教育学习者持续行为意愿呈正相关,在此基础上提出了一些对策建议,今后应不断完善优化校外在线教育的运行机制,不断提升校外在线教育的成效。

第三节 非学科类 K12 在线教育学习者满意度影响因素

一 引言

据媒体报告,校外培训机构在线教育(下文简称"校外在线教育")问题频出。因此,对校外在线教育展开实证研究,并在此基础上制定相应的对策,已成当务之急。中小学校外在线教育即指面向小学、初中、高中阶段提供相应的校外教育,是充分运用网络、多媒体和多种交互手段,以中小学生为中心进行的师生教育活动。

（一）国内校外在线教育研究

校外在线教育属于在线教育的一部分，可以看出，中国对中小学校外在线教育的研究包括以下几个方面：第一，对中国中小学校外在线教育的现状研究。对中小学在线教育的支出、对在线教育的关注点、使用的设备、在线学习的时长等进行了调查（陆丰，2015），对中小学在线教育答疑类app进行了比较分析（冯姗姗，2016）。通过分析发现目前中小学校外在线教育分为三种模式，分别是个性化分层教学模式、翻转课堂教学模式和双师教学模式（马志丽，2019）。研究得出中国中小学在线教育有了一定的发展，同时也存在着诸多问题。发现校外在线教育机构营销模式存在着网络营销形式化，服务性不强，营销对象和产品用户脱节等问题（周桦，2015）。诸多报纸刊文指出，线上教育的发展，为中小学生提供了个性化、多样化的教育服务。在发挥在线教育优势的同时，校外线上培训也涌现出三大类问题，包括培训内容与学习无关或者有低俗暴力倾向，影响儿童心理健康；预付费过高、合理退费难；用户消费风险大。课外辅导机构在线教育面临着例如K12市场需求巨大，但在线模式受制于时间争夺和付费意愿，适合在线教育的内容严重缺乏，营利模式尚难明确，教学成果评价和转化率挑战等困境（唐新荣，2015）。

第二，国外中小学校外在线教育的比较研究。研究得出国外中小学在线教育有了较大的发展，可以为中国在线教育的发展提供一定的启示和参考，对美国、韩国等发达国家在线教育的现状进行了分析（陆丰，2015），以爱达荷州可汗学院项目为例，对基于在线教育平台的美国中小学个性化学习的探究（卞延竹，2018）发现，美国的K12在线教育可以分为多种模式，这些不同的模式为K12年级的学生提供了新的学习形式，让随时随地的学习成为现实，它真正做到了因材施教等（张梦冉，2018）。

第三，中小学校外在线教育的发展对策。在相关现状以及比较研究的基础上，从产品设计、在线教育模型、营利模式、政策等方面对未来中小学在线教育的发展对策进行了探讨（赖珍珠，2014；朱春芹，2016；卢长红，2017等）。目前，教育部等六部委联合发布《关于规范校外线上培训的实施意见》（以下简称"实施意见"），规范校外线上培训。同时也提出要强化对培训内容的监督管理，并鼓励校外线上培训行业建立起规范的自律机制，形成和增强自清自净功能等对策。

国外中小学在线教育的相关研究和实践起步相对较早。在线教育十分发达的国家之一美国将校外在线培训纳入公立学校系统，分为补充性在线学习与选择性在线学习。补充性在线学习主要为存在学习困难的学生提供在线学习辅导，或者针对已离开学校但没有获得毕业证书的学生开设学分补救课程。补充性在线学习是各州在线学习的主体，占所有在线学习项目课程登记的一半以上。选择性在线学习通常与大学入学有关，属于为发挥个人特长或满足个人兴趣的提高性课程，这类课程通常由大学下属的在线高中提供。美国在线教育分工明确，由开发在线课程与学习工具的供应商，组织在线学习的中间服务提供方，以及作为在线学习最终实施者的学校和作为监管方的政府等组成。在英国，课外辅导机构开始涉足在线教育，但是这种模式主要是将他们的线下教学团队放到网络上，目的是增加网络课程的运营方式，为同一个学习者提供更多的教师资源，便于提高其学习能力。需要注意的是这种机构中有一些较有特色的模式，比如伦敦的课外辅导机构 Simply Learning Tuition 就是在进行课外辅导的同时，开通了在线教育服务机构的教学，通过模仿真实的教学场景，包括背景布置等，对学生进行一对一的在线面授辅导，同时进行在线小组讨论互动。平台对于老师的要求极高。可以发现，国外对于中小学在线教育的研究包括：第一，侧重于对中小学在线教育的对策和效果研究（C. de la Varre et al.，2010；A. C. Picciano et al.，2012）。例如 C. de la Varre 等（2010）构建了一种以学习者为中心的混合在线教育模型，通过对美国农村地区高年级学生为期两年的远距离学习的研究，发现学生通过混合学习取得了良好的学习效果。Morris Siu-yung Jong 等（2019）基于光纤的翻转课堂发现对于不同成就的学生，其效果有所不同。第二，中小学在线教育的评价研究。J. L. Hung 等（2012）通过对学生在线学习记录、地理数据、课程结束等对在线教育项目进行了评价，构建了学习结果预测模型，通过决策树等方式对学生的学习表现、对课程和教师的满意度水平进行预测。第三，其他相关问题。例如家长对在线教育的态度，Siu-Cheung Kong（2018）研究了家长对学校在线教育的态度，发现家长对在线教育的理解与其支持有很大的关系，并发现了家长的四种支持类型和六种主要的关注领域。

（二）在线教育满意度研究

"办人民满意的教育"不仅是中国教育的政策方针，也是教育工作者的努力方向。2017年习近平在党的十九大报告中再次强调"必须把教育事业放在优先位置，深化教育改革，加快教育现代化，办好人民满意的教育"。1965年美国学者Cardozo首次将心理学领域的"满意"概念引入市场销售领域，开启了研究者对顾客满意的探索热潮。从20世纪60年代中期开始，学者们展开了对顾客满意理论的深入考察，并将之运用于政府部门和教育领域。国外学者对在线教育满意度的关注点主要集中在满意度模型的优化设计以及在线教育学习效果测评两方面。Emtinan Alqurashi（2018）构建了在线学习环境中学习者满意度预测模型，包括自我效能感、学习内容交互、师生交互和生生交互，证实了这四个因素对在线学习满意度均有显著影响。Hueyzher Ng和Sakina Sofia Baharom（2018）构建了成人在线教育项目中满意度的预测模型，并进行了实证研究。Asarbakhsh（2013）认为系统存在视频连接失败、不易用的问题，影响了满意度。Brandon Alcorn（2014）等人以用户行为为基础，从课程参与人数、课后作业参与率、完成率以及学习成绩提高方面分析了用户对在线教育的满意程度以及在线教育行业的发展趋势。Alicia David（2010）从用户的角度，从设计出发，提出平台设计中视觉内容以及美学在网站界面的运用是非常重要的，甚至在某种程度上可以提升在线教育用户的参与率及互动性。Lin和Wang（2012）认为学生满意度会受到技术的不同、教师的特点、学生的特征和课程的特性四个方面的影响，据此构建了满意度模型。Roca，Chiu和Martinez（2013）以技术接受度模型（TAM）为基础，以172个在线学习用户为研究对象，进行了在线学习满意度分析，根据样本数据的实证分析结果，发现用户在线学习满意度主要受到用户对课程的感知是否有用、课程质量、平台质量、网站服务质量以及期望达成度等因素的影响。

二 模型构建

信息系统成功模型是由Delone和Mclean于2003年提出的（见图4-7）。该模型主要包含三个方面：信息质量、系统质量和服务质量。每一项都应该单独测量或控制，因为测量方式的不同会影响后续的使用和用户的满意度。鉴于在解释强制性和自愿性、知情性和不知情性、有效性和无效性等多维度方面的困难，我们建议，在某些情况下，有意使用可能是一个有价值的替代措施。使用意愿是一种态度，使用是一种行为。用前者代替后者可能解决了 Seddon（1997）提出的一些过程和因果关系问题。

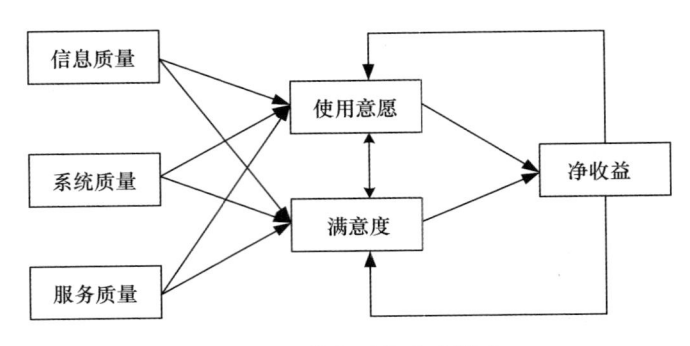

图 4-7　信息系统成功模型

然而，态度及其与行为的联系难以衡量是众所周知的；许多研究人员可能会选择继续使用，但希望对它有更全面的了解。正如在最初的 D&M 模型中一样，使用和用户满意度是密切相关的。在过程意义上，使用必须先于用户满意度，但在因果意义上，使用的积极体验将导致更大的用户满意度。同样，用户满意度的提高会导致用户使用的增加，从而导致用户使用意愿的增加。系统质量衡量技术成功；信息质量衡量语义成功；而使用、用户满意度、个人影响和组织影响则衡量了系统使用的有效性和成功。系统质量以校外在线培训为例，在 Internet 环境中，度量校外在线教育系统的期望特性。可用性、适用性、可靠性、适应性、响应时间（例如，传输时间）是校外在线教育学习者看重的系统质量的特征。信息质量抓住了校外在线培训的内容问题。如果我们希望校外在线培训潜在的学习者或教师能参加，那么 Web 内容应该是个性化的、完整的、相关的、易于理解的和安全的。服务质量，即服务提供者所提供的整体支持，适用于信息系统部门、新的组织单元或外包给 Internet 服务提供者（ISP）。它的重要性很可能比以前更大，因为用户是我们的客户，而糟糕的用户支持将转化为失去的客户和失去的销售。用户满意度仍然是衡量客户对校外在线培训系统看法的重要因素，应该涵盖从信息检索到购买、支付、接收和服务的整个客户体验周期。

本书选取 30 名学生/家长进行了访谈，并对访谈结果做了分析。访谈提纲如下：（1）您参加校外培训的目的是什么？（2）您对校外在线培训满意吗？具体有哪些不足？（3）您认为影响您满意度的因素有哪些？哪些是最重要的？（4）您对校外在线教育的发展有哪些建议？

（一）满意度

从概念上讲，满意是购买和使用的结果，是购买者对购买结果和购买成本相对于预期结果的比较。满意度和态度相似，可以看成对各种产品或服务属性的满意度的总和（Gilbert A. Churchill, Jr. and Carol Surprenant, 1982）。校外在线教育学习者满意度是学习者参与校外在线教育的结果，是学习者对学习结果相对于预期结果的比较，可以看成是学习者对校外在线教育所提供的各种服务的满意度的总和。例如，Inteco（1998）的一项研究列举了上网慢、占线、求助热线效率低和其他技术问题所导致的负面体验和不满，这些是 ISP 用户终止服务的主要原因。满意是一种影响，是一种积极（满意），漠不关心，或消极（不满）的感觉。持续行为意愿指的是用户经初次校外在线培训后，打算继续参与校外在线培训的愿意程度。TAM 提出态度与使用意愿正相关（F. D. Davis, 1989），基于此本书提出 H36。

H36：满意度与持续参与意愿呈正相关。

（二）有用性感知

有用性感知指的是学习者认为参与校外在线培训对其学习提升的程度。TAM 模型将有用性感知作为接受意愿的直接预测因子（除了其直接影响态度之外）。绩效的提高有助于获得奖励，比如升职或加薪（Vroom, 1964）。这种"手段—目的"行为在很大程度上是基于认知决策规则或启发法，当面对类似的行为情境时，这些规则或启发法在没有经过有意识思考的情况下就会被激活，而不一定会激活与绩效或奖励相关的积极影响（Davis et al., 1989）。尽管有用性—意图的联系最初是在接受的背景下产生的，但它很可能是真实的、连续的，因为人类下意识地追求的行为或争取奖励的倾向与这种行为的时机或阶段无关。校外在线教育的有用性可以从多方面体现出来，例如满足学生的个性化学习需要、可以随时随地学习以及满足个人的兴趣爱好等。当学习者校外在线教育有用性感知提升的时候，其行为意愿会被激活，本书提出 H37。

TAM 模型提出了有用性感知与易用性感知是影响用户信息技术接受的

显著因素，但后续的实证研究表明有用性在态度上有实质性的影响，并且在使用的前期与后期各个阶段都是如此，而易用性在初期有着显著的作用，但在后期则变得不显著（Karahanna et al.，1999），用户通过该系统获得经验，易用性问题似乎得到了解决，取而代之的是更为重要的考虑，包括提高一个人工作绩效的创新效率。根据这些观察，有用性感知被认为是最显著的事后影响用户接受（满意度）的因素。因此，本书提出 H38。

H37：有用性感知与校外在线教育持续行为意愿呈正相关。

H38：有用性感知与校外在线教育满意度呈正相关。

（三）期望确认

Oliver（1981）将这一定义扩展到消费环境，即"当不确定的期望情绪与消费者先前对消费体验的感受相结合时，所产生的概括的心理状态"。

期望值提供基线水平，用户根据基线水平进行评估验证，以确定他们的评价响应或满意度。确认与使用满意度呈正相关，因为如果使用确认，就会实现预期的好处，而不确认则表示无法实现预期。虽然确认与满意度之间的关系还有待于应用研究的实证检验，但行业研究为这种关系提供了依据。在线中介使用者将他们对服务不满意的原因归结于他们无法维护服务器的正常运行时间，实施及时的订单操作，并提供合理的利润率（Selwyn，1999），类似地，网上购物者对延迟交货、不准确的账单和无法获得电子零售网站上的商品感到失望和不满（Sliwaand Collett，2000）。本书提出 H40。

例如，用户可能对一个新事物的初始有用性感知很低，因为他们不确定该期待它什么。尽管如此，他们可能仍然想要接受它，目的是使他们的使用经验成为形成更具体感知的基础。尽管低初始有用性的感知很容易被确认，但当用户意识到他们的初始感知较低的时候，这种感知可能会随着确认体验的结果而变得更高。这种联系的理论支持来自认知失调理论（Festinger，1957），这表明，如果用户在实际使用之前对有用性的认知不一致，他们可能会经历认知失调或心理紧张。理性用户可能试图通过扭曲或修改他们的有用性来纠正这种认知失调，使其与现实更加一致。换句话说，确认会提高用户的感知有用性，而不确认会减少这种有用性。因此，本书提出 H39 假设。

H39：期望确认与满意度呈正相关。

H40：期望确认与有用性感知呈正相关。

（四）教学质量

相关研究表明，信息质量与有用性感知与期望确认呈正相关（王文韬，2014）。在校外在线培训中，教师承担着为学生进行精准授课、答疑辅导、交流沟通等工作，教师的教学质量无疑会对学生的学习产生巨大影响，包括教师的知识水平、授课方法、教学设计能力以及沟通能力等。如果教师教学质量不行，则学生很可能无法获得所需要的帮助，学生的有用性感知将急剧下降。教学质量越高，学习者对校外在线培训的期望就会越得到确认。本书提出 H41、H42。

H41：教学质量与有用性感知呈正相关。

H42：教学质量与期望确认呈正相关。

（五）系统质量

相关研究表明系统质量与有用性感知呈正相关（De Lone & Mc Lean，2003；齐晓云，2011；唐佳希，2013）。校外在线培训一般都要依托网络在线平台，教师通过网络教学平台给学生授课或进行答疑指导，教师与学生可以通过电脑与移动终端登录平台。网络平台的质量包括画面的清晰度、响应度、流畅度、简易度以及平台的功能是否齐全等可能会对教学质量，包括教学的顺利进行、教学的体验等产生较大的影响。如果网络平台功能不全或者画面不清晰等，则会让网络教学难以进行或者体验不佳，进而学习者有用性感知下降。系统质量越高，学习者对校外在线培训的期望就会越得到确认。本书提出 H43、H44。

H43：系统质量与有用性感知呈正相关。

H44：系统质量与期望确认呈正相关。

（六）服务质量

相关研究表明，服务质量与有用性感知呈正相关（Doherty & Loan-Clarke，2000；陈玉梅，2014；张星，2016）。服务质量指校外在线培训机构所提供的各种咨询、信息、质量保障体系建设等的总和。服务质量越高，即校外培训机构所提供的服务越及时、越完善，越符合学习者的需求，学习者对校外在线培训的有用性感知就会越高；服务质量越高，学习者对校外在线培训的期望就会越得到确认。本书提出 H45、H46。

H45：服务质量与有用性感知呈正相关。

H46：服务质量与期望确认呈正相关。

（七）调节效应

对于年级较低的学习者来说，他们对在线教育系统质量要求相对较高，较差的系统质量会让学习者兴趣下降，并影响教学效果，而高年级的学生自制力往往更强，因此，年级低的学生的要求会多于年级高的学生。本书提出 H47、H48。

H47：系统质量对有用性感知的影响受年级调节。

H48：系统质量对期望确认的影响受年级调节。

一些学生可能具有一定的在线学习经验，对在线学习的流程、方法等较为熟悉，这有利于他们在后来的在线学习中取得更好的成绩，即教学质量、系统质量以及服务质量对有用性感知的影响受到学习者在线学习经验的影响，并且对有在线学习经验学生的影响要大于没有学习经验的学生，因此，本书提出 H49、H50、H51。

H49：教学质量对有用性的感知受在线学习经验的影响。

H50：系统质量对有用性的感知受在线学习经验的影响。

H51：服务质量对有用性的感知受在线学习经验的影响。

校外在线培训面临着学生是否自愿参加的问题，有的可能是学生自愿参加的，有的可能是非自愿的、是由家长的要求或外在的形势所逼，因此，是否自愿可能对相关变量如学生的行为意愿以及满意度的影响具有一定的调节作用，自愿的影响要大于非自愿的，本书提出 H52、H53、H54。

H52：有用性感知对行为意愿的影响受自愿性的调节。

H53：有用性感知对满意度的影响受自愿性的调节。

H54：期望确认对满意度的影响受自愿性的影响。

非学科类校外培训机构在线教育满意度模型见图 4-8 所示。

三 实证研究过程及结果

（一）问卷设计与发放

问卷在参考已有成功问卷的基础上进行设计，包括人口学变量以及各观测变量两部分，所有观测变量采用李克特五级量表，选项依次为十分不同意、不同意、不确定、同意以及十分同意。通过问卷星与当面相结合的方式进行问卷的发放。共回收 4220 份，剔除高度一致、填答不完整等无效问卷，共保留 3810 份有效问卷，有效率为 90.3%。人口学变量分布如

第四章 K12在线教育影响因素

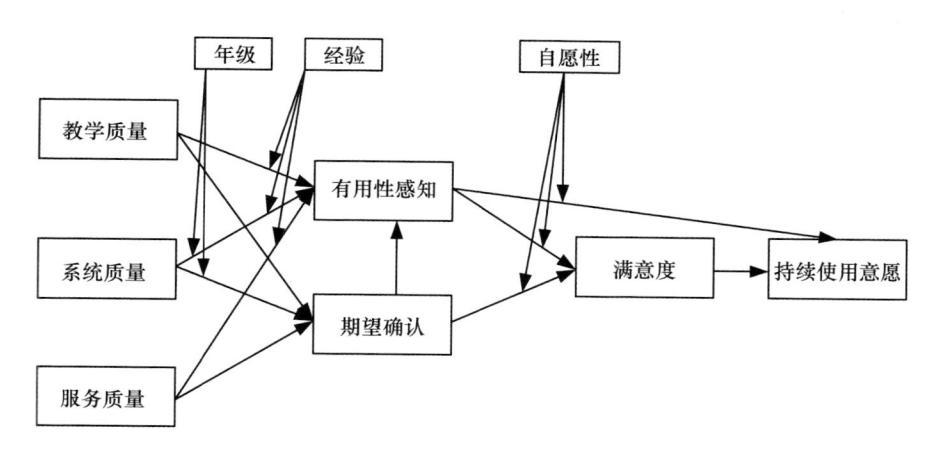

图4-8 校外培训机构在线教育学习者满意度影响因素模型

表4-18所示。

表4-18 人口学变量分布

变量	性别		学段			是否参加过	
类别	男	女	小学	初中	高中	是	否
人数	663	897	535	694	331	1560	2250
比例（%）	42.5	57.5	34.3	44.5	21.2	40.9	59.1

（二）信度与效度检验

采用一致性系数进行信度的测量。通过SPSS 24.0的计算，所有系数均大于0.7，说明问卷具有良好的信度。效度包括聚合效度与交互效度。采用Smart PLS 7.0进行计算，得到所有潜变量的组合信度均大于0.7以及平均萃取方差都大于0.7，说明问卷具有良好的聚合效度（见表4-19）。

表4-19 信度与效度检验

潜变量	观察变量	均值	标准差	因子载荷	Cronbach'α	CR	AVE
持续使用意愿	CBI1	3.71	.941	0.899	0.846	0.907	0.764
	CBI2	3.77	.951	0.903			
	CBI3	3.43	1.015	0.819			

中国非学科类 K12 在线教育的治理路径

续表

潜变量	观察变量	均值	标准差	因子载荷	Cronbach'α	CR	AVE
满意度	SAT1	3.81	.875	0.943	0.963	0.973	0.901
	SAT2	3.81	.839	0.940			
	SAT3	3.84	.888	0.949			
	SAT4	3.86	.857	0.965			
有用性感知	PU1	3.81	.891	0.890	0.960	0.968	0.834
	PU2	3.87	.859	0.930			
	PU3	3.79	.908	0.913			
	PU4	3.84	.881	0.928			
	PU5	3.82	.900	0.895			
	PU6	3.88	.871	0.923			
期望确认	EC1	3.71	.925	0.933	0.937	0.959	0.887
	EC2	3.74	.918	0.958			
	EC3	3.74	.904	0.935			
教学质量	TQ1	3.76	.832	0.915	0.957	0.965	0.824
	TQ2	3.74	.904	0.929			
	TQ3	3.78	.848	0.911			
	TQ4	3.79	.877	0.948			
	TQ5	3.76	.872	0.910			
	TQ6	3.92	.876	0.827			
系统质量	SQ1	3.84	.850	0.937	0.930	0.956	0.878
	SQ2	3.79	.889	0.946			
	SQ3	3.89	.854	0.928			
服务质量	SEQ1	3.85	.835	0.962	0.921	0.962	0.927
	SEQ2	3.87	.851	0.963			

(三) 回归分析

目前,主要有两大类估计结构方程模型的方法:一个是基于协方差的分析方法,另一个是基于偏最小二乘(PLS)的分析方法。基于协方差的分析是以验证为目的的,理论模型的构建需要有强大的基础,对数据的要求较高;而 PLS 是将主成分分析和多元回归相结合的因果建模方法,以预测和应用为目的,不要求数据正态,可以处理偏态问题,并且可以最大限度地解释内因潜变量的方差变异。本书分别采用 Gof(Goodness of fit)指标和内因潜变量的 R^2 值检验模型的整体拟合优度和解释力度 Gof 指标通过公式 Gof = communality $\times R^2$ 计算,其中 communality 代表潜变量的共同性,R^2 代表内因潜变量能被外因潜变量解释的程度。由表 4-20 所列数据计算出的 Gof 值为 0.512,大于 0.35,说明研究模型具有良好的拟合优度。采用 SMART PLS 3.0 进行计算,发现 11 条假设路径中有 10 条通过了检验(见表 4-20、图 4-9)。

表 4-20　　　　　　　　　　回归分析

	初始样本(O)	样本均值(M)	标准差(STDEV)	T 统计量(|O/STDEV|)	P 值
教学质量→有用性感知	0.667	0.648	0.094	7.131	0.000
教学质量→期望确认	0.472	0.461	0.092	5.129	0.000
有用性感知→持续使用意愿	0.648	0.645	0.083	7.763	0.000
有用性感知→满意度	0.272	0.270	0.062	4.388	0.000
服务质量→期望确认	0.471	0.463	0.120	3.929	0.000
期望确认→满意度	0.686	0.687	0.058	11.734	0.000
满意度→持续使用意愿	0.166	0.169	0.082	2.024	0.043
系统质量→有用性感知	0.224	0.245	0.093	2.409	0.016
系统质量→期望确认	0.001	0.019	0.098	0.008	0.993

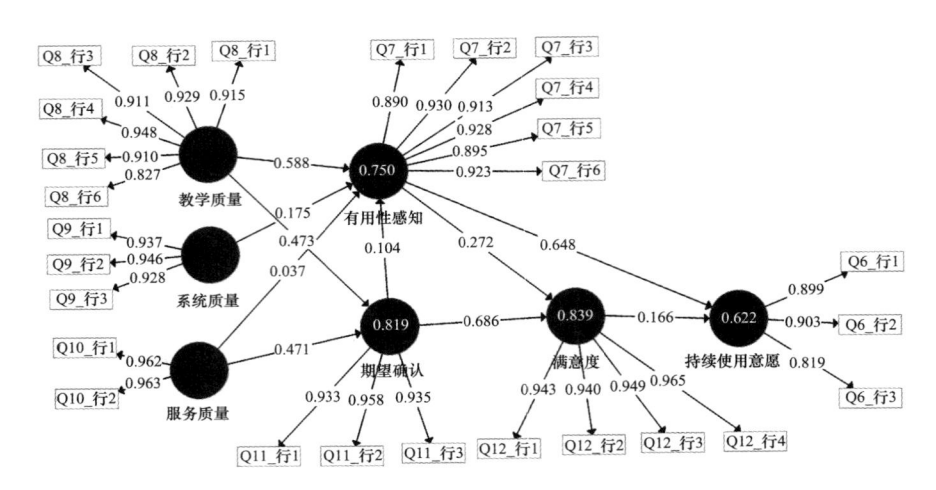

图 4-9 路径图

(四) 讨论

有用性感知（0.648）、满意度（0.166）均与持续使用意愿呈正相关，其中有用性感知对持续性使用意愿的影响要显著大于满意度对持续使用意愿的影响。因此提升学习者持续行为意愿，需要着力提升校外在线教育有用性感知。有用性感知（0.272）、期望确认（0.686）与满意度呈正相关，期望确认对满意度的影响显著大于有用性感知对满意度的影响。提升学习者对校外培训机构在线教育的满意度，需要提升期望确认水平及有用性感知水平。教学质量（0.588）、系统质量（0.175）、服务质量（0.037）均与有用性感知呈正相关，且教学质量对有用性感知的影响显著大于其余两个变量。教师的教学对学生的学习有着重要的影响，包括教师教学内容的精准度、教学方法的适切性、对学生学习状态的评估等，都在很大程度上决定着校外在线培训的质量与满意度。当校外在线教育越符合学生需求时，其有用性感知就会越高。可见，教学质量非常重要，改善教学质量是今后校外在线教学发展的重中之重。同时也有必要加强系统质量建设。另外，系统质量与服务质量也是校外在线教育有用性感知的重要影响变量。校外在线教育主要通过网络平台进行，因此，系统质量感知直接影响着学生的学习体验与效果。如果平台存在着不美观、操作烦琐、直播不流畅等问题,则会大大降低学生学习的体验感,进而导致出现兴趣下降、效果不佳等问题。同时,服务质量的提升也很重要。在今后的发展过程中,不能忽略这两个方面的建设。教学质量(0.473)、服务质量(0.471)均与期望确认呈正相关,且教学质量对期望确认的影响显著大于其余两个变量。教学质量居于最主要的地位,对于校外在线教育的满意度与期望确认都是最重要的影响变量。变量间总效应见表4-21所示。有四条调节效应通过了检验(见表4-22与表4-23)。经过计算发现,该模型具有良好的解释力,对校外在线教育满意度的解释度为83.7%(见表4-24)。因此H50、H51、H52、H53、H54得到确认。

H50：系统质量对有用性的感知受在线学习经验的影响。

H51：服务质量对有用性的感知受在线学习经验的影响。

H52：有用性感知对行为意愿的影响受自愿性的调节。

H53：有用性感知对满意度的影响受自愿性的调节。

H54：期望确认对满意度的影响受自愿性的影响。

表4-21　　　　　　　　　　　　总效应

	持续使用意愿	教学质量	有用性感知	服务质量	期望确认	满意度	系统质量
持续使用意愿	1.000						
教学质量	0.494	1.000	0.638		0.425	0.460	
有用性感知	0.702		1.000			0.255	
服务质量	0.114		0.085	1.000	0.501	0.372	
期望确认	0.203		0.132		1.000	0.733	
满意度	0.157					1.000	
系统质量	0.128	0.179		0.015	0.056		1.000

表4-22　　　　　　　　　　　　调节效应

假设	H49	H50	H51	H52	H53	H54
CR系数	2.556	-2.236	3.386	-0.096	-3.334	1.660
是否通过	通过	通过	通过	未通过	通过	未通过

表 4-23　　　　　　　　　　　　调节效应

假设	H47			H48		
分组	1/2	1/3	2/3	1/2	1/3	2/3
CR 系数	-2.256	1.186	1.950	0.087	-0.088	1.142
是否通过	通过			未通过		

表 4-24　　　　　　　　　　　　解释度

	R Square
持续使用意愿	0.631
有用性感知	0.760
期望确认	0.814
满意度	0.837

四　结论与对策

（一）提升教学质量

第一，提升师资力量水平。目前校外在线培训存在着教师准入不严、缺乏对准入教师的评价体系等。校外在线教育注重个性化教育，与校园教学在教学侧重点、教学方式以及教学内容等方面可能存在着一定的差别。此次研究结果显示，教师教学质量对学习满意度具有最大的影响。应在教师准入方面加强考核，国家也应出台校外在线教育教师能力评价指标体系。加强对教师教学的监控，利用数据对教学过程与教学质量进行评估。在线教学与传统面授教学相比，可以留下大量的在线数据包括教师教与学生学的数据，可以充分利用这些数据对线上教学进行评估。有必要建立教师教学奖励机制。

第二，加强教学方法。在线教育的互动性一般来说没有面授课堂生动（即只能通过语言、表情、少量肢体行为进行教学），在教学中，要提高课堂的生动性，教师可以通过增加教具的使用，吸引学生的注意力。

第三，增强感情交流。

（二）提升系统质量

需要为教师随时了解学生状态提供支撑。在教师对学生监控方面需要加强，对于年龄较小的学生而言，他们较容易分散注意力，在课堂上需要教师加以实时监控并提醒，然而有一些在线教学平台缺少视频功能，有一些学生拒绝打开视频，这给教师带来了盲目教学感并影响在线教学效果。有些教师在教学过程中会使用问答互动的方式来抓取学生的注意力，这种方式对于高年级学生有一定的效果，但在低龄学习者课堂上，就较占用课堂时间，以至于课堂节奏拖沓，教学效果也不能得到保证。

（三）提升服务质量

有必要建立校外在线效果测评体系，这是对学生负责的体现，是改善教师教学质量、服务质量以及提升学生学习效果的重要手段。培训机构并不是一个培训周期结束后就完事了，而是有必要对学生学习体验、效果以及建议等进行调研。可以采用问卷调查法、访谈法、在线数据分析等。在培训全程中，不仅给予学生学习方面的辅导，还要注意进行心理的辅导，做到服务周到、细心，保持教师、培训机构概况等信息的透明度和公开度，以提升培训质量为目标。校外培训机构应更加透明化，公布更多的信息，接受社会的监督。

第四节 非学科类 K12 在线教学教师接受与影响因素

一 引言

校外在线教育属于在线教育的一部分，中国对中小学校外在线教育的研究包括以下几个方面：第一，对中国中小学校外在线教育的现状研究。研究得出目前中国中小学在线教育有了一定的发展，同时也存在着诸多问题，对中小学在线教育的支出、对在线教育的关注点、使用的设备、在线学习的时长等进行了调查（陆丰，2015），对中小学在线教育答疑类 app 进行了比较分析（冯姗姗，2016）。通过分析发现目前中小学校外在线教育分为三种模式，分别是个性化分层教学模式、翻转课堂教学模式和双师教学模式（马志丽，2019）。发现校外在线教育机构营销模式存在着网络营销形式化、服务性不强、营销对象和产品用户脱节等问题（周桦，2015）。诸多报纸刊文指出，线上教育的发展，为中小学生提供了个性化、多样化的教育服务。第二，国外中小学校外在线教育的比较研究。研究得出国外中小学在线教育有了较大的发展，可以为中国在线教育的发展提供一定的启示和参考。第三，中小学校外在线教育的发展对策。在相关现状以及比较研究的基础上，从产品设计、在线教育模型、营利模式、政策等方面对未来中小学在线教育的发展对策进行了探讨（赖珍珠，2014；朱春芹，2016；卢长红，2017等）。教育部等六部委联合发布《关于规范校外线上培训的实施意见》（以下简称"实施意见"），规范校外线上培训，同时也提出了强化对培训内容的监督管理，并鼓励校外线上培训行业建立起规范的自律机制，形成和增强自清自净功能等对策。

国外中小学在线教育的相关研究和实践起步相对较早。在线教育最为发达的国家之一美国将校外在线培训纳入公立学校系统，分为补充性在线学习与选择性在线学习。补充性在线学习主要为存在学习困难的学生提供在线学习辅导，或者针对已离开学校但没有获得毕业证书的学生开设学分补救课程。补充性在线学习是各州在线学习的主体，占所有在线学习项目课程登记的一半以上。选择性在线学习通常与大学入学有关，属于为发挥个人特长或满足个人兴趣的提高性课程，这类课程通常由大学下属的在线高中提供。美国在线教育分工明确，由开发在线课程与学习工具的供应商，组织在线学习的中间服务提供方，以及作为在线学习最终实施者的学校和作为监管方的政府等组成。英国课外辅导机构开始涉足在线教育，但是这种模式主要是将他们的线下教学团队放在网络上，目的是增加网络课程的运营方式，为学习者提供更多教师资源。这种机构中有一些较有特色的模式，比如伦敦的课外辅导机构 Simply Learning Tuition 开通了在线教育服务机构的教学，通过模仿真实的教学场景，包括背景布置等，对学生进行一对一的在线辅导，同时进行在线小组讨论互动。这类平台对于老师的要求极高。可以发现，国外对于中小学在线教育的研究包括：①侧重于对中小学在线教育的对策和效果研究（C. de la Varre et al.，2010；A. C. Picciano et al.，2012）。例如 C. de la Varre 等（2010）构建了一种以学习者为中心的混合在线教育模型，通过对美国农村地区高年级学生为期两年的远距离学习的研究，发现学生通过混合学习取得了良好的学习效果。Morris Siu-yung Jong 等（2019）研究发现基于光纤的翻转课堂对于不同学习水平的学生的效果有所不同。②中小学在线教育的评价研究。J. L. Hung 等（2012）通过对学生在线学习记录、地理数据、课程结束等在线教育项目进行评价，构建了学习结果预测模型，通过决策树等方式对学生的学习表现、对课程和教师的满意度水平进行预测。③其他相关问题。Siu-Cheung Kong（2018）对家长对学校在线学习的态度进行了研究，发现家长的态度与其对在线学习的理解与支持有着很大的关系，并发现了家长的四种支持类型和六种主要的关注领域。

二 模型构建

（一）TAM 模型

F. D. Davis（1989）提出了著名的技术接受（TAM）模型。TAM 模型被用来预测个人对新技术的采纳与使用意愿。它假定个人使用信息技术的行为意愿是由两个信念决定的：感知有用性和感知易用性。感知有用性被定义为一个人认为使用信息技术提高他或她的工作表现的程度；感知易用性被定义为一个人认为使用 IT 不费力的程度。它进一步论证了外部变量（如设计特征）对行为意图的影响将以感知有用性和感知易用性为中介。在过去的几十年里，有大量的实证研究支持 TAM 模型（Agarwal & Karahanna，2000；Karahanna，Agarwal & Angst，2006；Venkatesh et al.，2007）。这解释了个人使用信息技术的意愿和实际使用情况 40% 的差异。TAM 模型被大量应用。

在 TAM 模型提出后。首先，一些研究者重点研究了 TAM 结构的心理测量方面。通过添加额外的构念扩展了 TAM 模型，形成 TAM2 模型，并进一步发展演化为 TAM3 模型（见图 4-10）。图 4-10 显示了感知有用性和感知易用性的四种不同类型的决定因素：个体差异、系统特征、社群影响

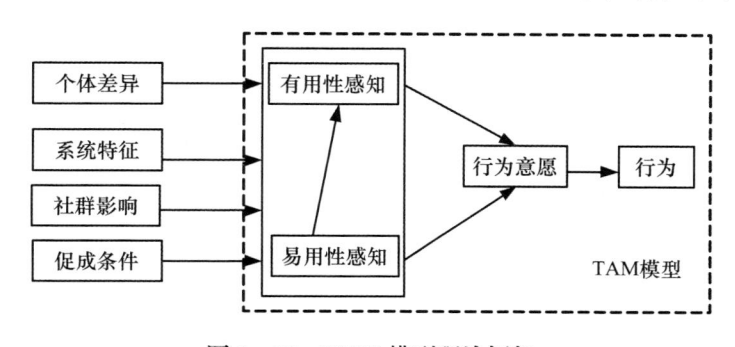

图 4-10 TAM3 模型理论框架

和促成条件。个体差异变量包括个性和人口统计学特征（例如个体的特征或状态、性别和年龄），它们可以影响个体的感知有用性和感知易用性。系统特征可以帮助个人形成对系统有用性或易用性的有利或不利的感知。社群影响指的是各类指导个人形成信息技术观念的社会过程与机制。最后，促成条件代表组织的支持，它促进了信息技术的使用。实证研究表明，TAM3模型对行为意愿的解释度达到40%—53%，对有用性感知的解释度为52%—67%，对易用性感知的解释度在43%—52%。

（二）技术接受与统一模型

Viswanath Venkatesh 等（2003）对以往八个类似模型（包括理性行为理论、技术接受模型、计划行为理论等）进行了总结，提出了技术接受与统一模型（UTAUT模型）。该模型包括六个变量以及四个调节变量（见图4-11）。实证研究表明，UTAUT模型对行为意愿的解释力高达70%。

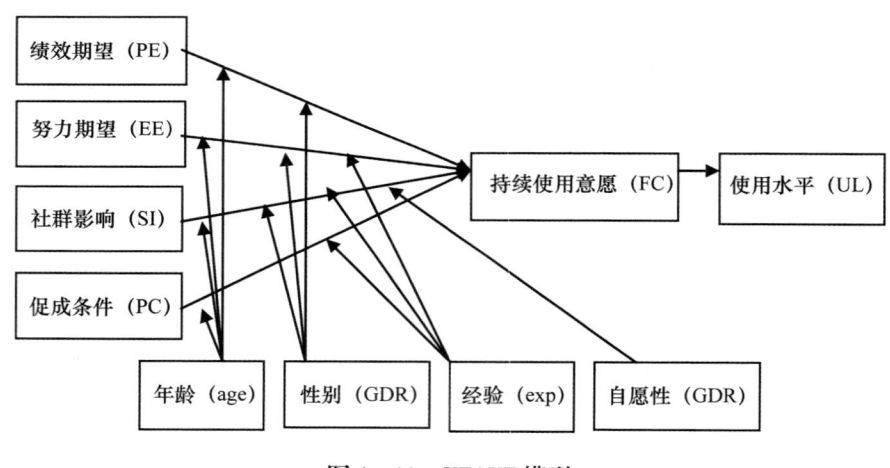

图4-11 UTAUT模型

（三）模型构建

1. 有用性感知

有用性感知指的是教师认为在线教学对其工作提升的程度。当教师对校外在线教学有用性感知越强，例如校外在线教学可以打破时空的限制、可以随时随地进行教学，校外在线教学是学校教育的一种有效补充的时候，教师就越愿意进行校外在线教学，之前的大多数研究都证明有用性感知与教师信息技术的采纳呈正相关，本书提出 H55。

H55：有用性感知与行为意愿正相关。

2. 易用性感知

易用性感知指的是教师认为校外在线教学需要努力的程度。校外在线教学包括对学生需求的了解与掌握、教学设计与授课、对学习效果的评估与改进等。同时，由于校外在线教育主要面向个性化教育，它与传统教育可能在教学内容、教学模式、教学方法上有所区别，教师在完成校外在线教学时，可能面临着诸多新问题，当教师认为校外在线教学越容易完成的时候，其行为意愿就会越强烈。反之，当教师认为校外在线教育越难以完成的时候，其行为意愿就会下降。TAM3 模型认为，尤其是在信息技术采纳前期，易用性感知是行为意愿的显著的预测变量之一。

当取得同样的效果所花费的时间与精力越少时，教师显然会觉得这些方法越有用。因此本书提出 H56、H57。

H56：易用性感知与行为意愿呈正相关。

H57：易用性感知与有用性感知呈正相关。

3. 主观规范

主观规范包括三种社会影响机制：顺从、内化和控制（TAM2）。遵从性是指一个人为了获得某种奖励或避免惩罚而做出某种行为的一种状态（Miniard & Cohen，1979）。顺从是指一个人由于重要的参照对象认为某种行为应该被执行，这样做会提升他或她在参照群体中的社会地位（Venkatesh & Davis，2000）。内化是指将一个参照的信念融入一个人自己的信念结构中（Warshaw，1980）。TAM2 主观规范通过内在化和认同过程对感知有用性产生积极影响。随着用户获得更多的系统经验，主观规范对感知有用性和行为意图的影响将随着时间的推移而减弱。本书提出 H58、H59。

H58：主观规范与行为意愿呈正相关。

H59：主观规范与有用性感知呈正相关。

控制是一种反映行为的情境因素或约束都产生了结构（Ajzen，1985）。控制已被证明对关键的因变量如意图和行为在各种领域有影响（Ajzen，1991）。

具体地说，控制与个体对实施特定行为所需的知识、资源和机会的可获得性的感知有关。有相关的证据证明自我效能感对易用性感知有正向影响（Venkatesh and Davis，1996）。在缺乏具体的实际系统的使用经验时，自我效能感被认为可以作为个人对系统使用难易的预测变量。

4. 自我效能感

Venkatesh（2000）提出了形成早期易用性感知的几个变量，其中之一就是自我效能感。自我效能感属于个人特征变量，指的是教师完成校外在线教学的信心。本书提出H60。

H60：自我效能感与易用性感知呈正相关。

5. 外部支持感知

考虑到对用户使用感受的广义定义，关于用户对系统使用难度的判断将包含内部控制和外部控制两个维度。外部控制可以在具有技术和资源便利条件的个人感知方面发挥影响力（Taylor and Todd，1995）。

Venkatesh（2000）提出的形成早期易用性感知的几个变量包括了外部支持感知。

外部支持感知指的是完成参与校外在线教学的教师对组织为其提供的资源与支持的有效性的个人信念。教师参与校外在线教学，培训机构需为他们提供必要的培训、相关的软硬件条件以及良好的支持服务等，这为校外在线教学的顺利开展提供了一定的保证。相反，如果不为教师提供完善的教学条件，就会阻碍教师顺利开展在线教学，因此，本书提出H61。

H61：外部支持感知与易用性感知呈正相关。

6. 调节效应

在用了系统之后，就能知道这个系统用起来是简单还是复杂。而感知易用性在后期系统使用行为意向的形成中可能不那么重要（Venkatesh et al.，2003），但用户在形成对有用性的认知时，仍然会看重感知的易用性。根据行动确认理论（Vallacher & Kaufman，1996），高层次的认同与个人的目标和计划有关，而低层次的认同则是指实现这些目标和计划的手段。例如，在文字处理软件的使用上，高级标识可以是编写高质量的报告，而低级标识可以是敲击键盘或使用软件的特定功能，感知有用性和感知易用性分别被认为是高层次和低层次的认知（Davis & Venkatesh，2004）。随着经验的增加，使用者可以通过低水平的行动经历形成有用性感知（高层次认知），也就是说，随着经验的增加，易用性对有用性感知的影响加大。

系统使用的难易程度对于使用系统的个人来说是一个初始障碍，然而，一旦个人习惯了该系统，并获得了系统的实际操作经验，易用性感知对行为意图的影响就会随着个人使用该系统的意愿而减弱。因此，在形成使用该系统的行为意图时，个人将不再那么重视易用性感知。

年长的工作者更注重社群影响，社群影响对行为意愿的作用随着经验的增加而减弱（Morris and Venkatesh，2000）。本书提出 H62、H63、H64。

H62：易用性感知对有用性感知的影响受经验的调节，且经验多的大于经验少的。

H63：易用性感知对行为意愿的影响受经验的调节，经验少的大于经验多的。

H64：主观规范对行为意愿的影响受经验的调节。

根据对相关工作态度的研究（Hall and Mansfield，1995；Porter，1963），年轻的工作者对外部的奖励可能看得更为重要。

相关研究显示，年龄的增长与处理复杂、刺激和在工作中分配注意力的困难有关（Plude and Hoyer，1985），在使用软件系统的时候，这两者都会涉及。年长的员工更有可能把更多的注意力放在社会影响上（Rhodes，1983）。本书提出 H65、H66、H67、H68。

H65：有用性感知对行为意愿的影响受到年龄的调节，且年龄小的大于年龄大的。

H66：易用性感知对行为意愿的影响受到年龄的调节。

H67：主观规范对行为意愿的影响受到年龄的调节。

H68：主观规范对行为意愿的影响受到自愿性的调节。

最终构建研究模型（见图 4-12）。

三　实证研究

（一）问卷设计

问卷包括人口学变量以及各观测变量两部分。观测变量采用李克特五级量表设计，题项设为非常不同意、不同意、不确定、同意以及非常同意，分值分别为 1 分、2 分、3 分、4 分与 5 分。针对已参与校外在线培训的教师进行调研。通过问卷星与当面两种方式进行问卷的发放。共回收问卷 198 份，剔除填答不完整、答案高度一致等可疑问卷，最终保留 168 份问卷，有效率为 84.8%。调研的人口学分布见表 4-25。

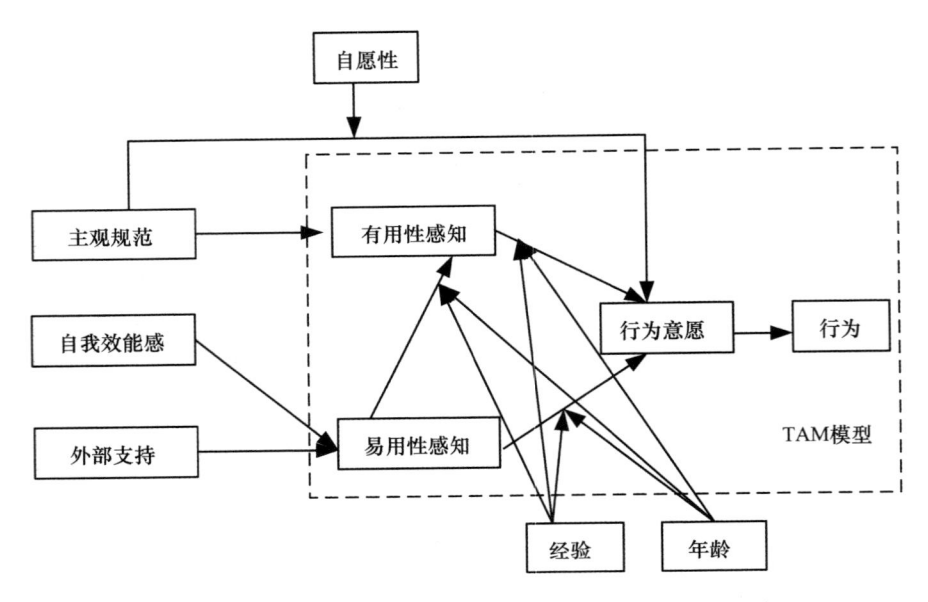

中国非学科类 K12 在线教育的治理路径

图 4-12 基于 TAM3 与 UTAUT 模型的校外培训机构在线教学接受影响因素模型

表 4-25　　　　　　　　　人口学分布　　　　　　　　（%）

性别		年龄			专业		
男	女	讲师	副教授	教授	理科	文科	工科
62.4	37.6	44.1	36.8	19.1	43.6	48.5	7.9

（二）信度与效度检验

对问卷进行信度与效度计算。采用 SPSS 24.0 进行计算，发现所有潜变量的 Cronbach'α 一致性系数均大于 0.7，说明问卷具有良好的信度。采用 SMART PLS 3.0 进行计算，发现所有潜变量的组合信度均大于 0.7，平均萃取方差也大于 0.5，说明问卷具有良好的聚合效度（见表 4-26）。通过计算，各潜变量的平均萃取方差的均方根都大于其与其他变量的相关系数，说明问卷具有良好的交互效度（见表 4-27）。

表4-26　　　　　　　　　　　　信度与效度分析

潜变量	观察变量	均值	标准差	因子载荷	Cronbach'α	CR	AVE
持续使用意愿	CBI1	3.48	1.236	0.899	0.860	0.913	0.782
	CBI2	3.48	1.262	0.903			
	CBI3	3.46	1.241	0.819			
有用性感知	PU1	3.51	1.240	0.943	0.905	0.927	0.678
	PU2	3.54	1.195	0.940			
	PU3	3.50	1.219	0.949			
	PU4	3.53	1.205	0.965			
易用性感知	PU1	3.61	1.242	0.890	0.918	0.942	0.804
	PU2	3.64	1.234	0.930			
	PU3	3.49	1.237	0.913			
	PU4	3.51	1.246	0.928			
	PU5	3.60	1.256	0.895			
	PU6			0.923			
主观规范	EC1	3.48	1.210	0.933	0.792	0.906	0.828
	EC2	3.49	1.227	0.958			
	EC3	3.48	1.207	0.935			
自我效能感	TQ1	3.57	1.224	0.915	0.891	0.932	0.822
	TQ2	3.56	1.207	0.929			
	TQ3	3.57	1.199	0.911			
	TQ4	3.55	1.210	0.948			
	TQ5	3.59	1.214	0.910			
	TQ6	3.62	1.220	0.827			
外部支持	SQ1	3.37	1.218	0.937	0.882	0.918	0.737
	SQ2	3.34	1.238	0.946			
	SQ3	3.36	1.216	0.928			
娱乐性感知	SEQ1	3.59	1.234	0.962	0.932	0.957	0.880
	SEQ2	3.63	1.208	0.963			

表 4-27　　　　　　　　　　交互效度检验

变量	行为意愿	绩效预期	努力预期	社群影响	促成条件	自我效能感	娱乐性感知
行为意愿	0.884	0.785	0.554	0.611	0.543	0.613	0.635
绩效预期	0.785	0.823	0.586	0.629	0.619	0.685	0.719
努力预期	0.554	0.586	0.900	0.612	0.631	0.584	0.629
社群影响	0.611	0.629	0.612	0.910	0.638	0.684	0.688
促成条件	0.543	0.619	0.631	0.638	0.858	0.709	0.664
自我效能感	0.613	0.685	0.584	0.684	0.709	0.910	0.721
娱乐性感知	0.635	0.719	0.629	0.688	0.664	0.721	0.938

在表 4-28 与图 4-13 所显示的八条路径中有三条没有通过检验。

表 4-28　　　　　　　　　　路径图显著性

	初始样本（O）	样本均值（M）	标准差（STDEV）	T 统计量（｜O/STDEV｜）	P 值
主观规范→有用性感知	0.428	0.430	0.064	6.653	0.000
主观规范→行为意愿	0.146	0.146	0.086	1.689	0.092
外部支持→易用性感知	0.439	0.439	0.077	5.671	0.000
娱乐性感知→行为意愿	0.049	0.050	0.084	0.578	0.564
易用性感知→有用性感知	0.327	0.325	0.061	5.371	0.000
易用性感知→行为意愿	0.061	0.061	0.071	0.859	0.391
有用性感知→行为意愿	0.624	0.622	0.067	9.321	0.000
自我效能感→易用性感知	0.280	0.280	0.085	3.297	0.001

第四章　K12在线教育影响因素

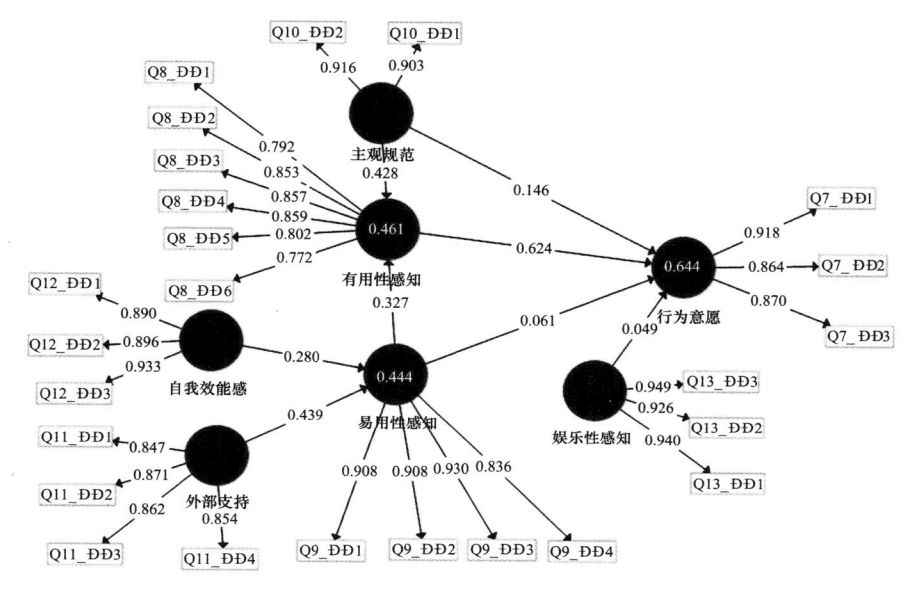

图4-13　路径图

四　讨论与建议

有用性感知与行为意愿呈正相关。主观规范、易用性感知和娱乐性感知与行为意愿不呈正相关。校外在线教育现在还处于初步发展阶段，其地位与作用也有待进一步明晰，相关政策体系还要进一步完善，主要由个人行为决定，主观规范的影响不大。通过总效应的计算，发现有用性感知对行为意愿的影响最大（0.624）（见表4-29）。主观规范与有用性感知呈正相关。其他人（尤其是对其重要的人，例如同学、家长、领导等）对校外在线教学的看法与行为意愿是教师校外在线教学接受的重要参考。主观规范与校外在线教学并不呈正相关，在线教学可能需要花费一定的时间与精力，但主要还要看有用性感知，即使教师不参与校外在线教学，也可以参与其他的工作，可能不会带来明显的损失。娱乐性感知与行为意愿的正相关性并未得到验证。校外在线教育可能不是娱乐而是思考的结果，这可能是一份耗时耗力的工作，关系着孩子的成长。易用性感知与有用性感知呈正相关。自我效能感（0.280）、外部支持（0.439）与易用性感知呈正

129

相关，外部支持对易用性感知的影响要大于自我效能感对易用性感知的影响。通过访谈可以发现，大多数教师在技术操作层面问题不大。校外在线教育主要是个性化教育，与传统教育有区别。

易用性感知对有用性感知的影响受到经验调节这一假设通过了检验。当 CR 系数的绝对值大于 1.96（$p < 0.05$）时，说明调节效应显著。具有经验的在线教师对校外在线教学的绩效有着更深的体会和认知，对于有经验的教师来说，易用性感知对有用性感知的影响要大于经验较为缺乏的教师。有用性感知对行为意愿的影响受到年龄的调节，且年龄小的大于年龄大的这一假设通过了检验。主观规范对行为意愿的影响受自愿性调节的假设也通过了检验（见表 4-30、表 4-31 与表 4-32）。

表 4-29　　　　　　　　　　变量间总效应

	主观规范	外部支持	娱乐性感知	易用性感知	有用性感知	自我效能感	行为意愿
主观规范	1.000				0.428		0.413
外部支持		1.000		0.439	0.143		0.116
娱乐性感知			1.000				0.049
易用性感知				1.000	0.327		0.265
有用性感知					1.000		0.624
自我效能感				0.280	0.091	1.000	0.074
行为意愿							1.000

表 4-30　　　　　　　　　　经验调节

假设	H62	H63	H64
CR	-2.256	-0.047	1.18
是否通过	通过	未通过	未通过

表4-31　　　　　　　　　　　　　年龄调节

组别	H65			H66			H67		
	1/2	1/3	2/3	1/2	1/3	2/3	1/2	1/3	2/3
CR系数	2.221	2.344	-3.260	-0.034	1.112	-0.228	-0.446	1.234	21.882
是否通过	通过			未通过			未通过		

表4-32　　　　　　　　　　　　自愿性调节

假设	H68
CR	-2.256
是否通过	通过

五　建议

(一) 完善政策体系

第一，鼓励教师参与线上培训。校外在线培训作为校内教育的有效补充，对于教育的发展起着一定的促进作用。国家应鼓励支持校外在线教育的发展，并建立相应的扶持体系。第二，建立校外培训机构教师准入机制。目前国家还没有明确的校外培训线上教师准入标准。线上教师与线下教师既有相同点，也存在着不同点。线上教师所处的地理位置可以非常灵活，对其教育技术能力也有着更高的要求。有必要单独建立校外线上辅导教师准入标准。第三，建立教学过程与效果评估体系。目前还缺乏对线上教师教学与学生学习效果的评估机制与体系。应通过问卷调查法、访谈法以及在线数据分析法等对线上教学的效果进行评估与分析。第四，完善校外线上教学激励机制。国家应进一步出台校外在线教育参与激励机制。校外在线教育是校内教育的有效补充。应建立校外线上培训机构运行报告制度，报告应实质性地包括线上培训机构的招生状况、教学开展状况、效果评估等内容。国家可以组织专家对校外线上机构运行进行评估。

(二) 提升对校外线上教育的支持

校外在线教育并不是简单地将线下教育搬到线上，而是具有一些新的突出特点。展开专门化培训，不光是在线平台的使用，更是教育思想的转变。在教学过程中，教师要注重与学生的沟通，对学习者的学习状况进行评估,对学习者所面临的问题进行及时指导。要树立差异化指导思想,根据学生的不同情况进行差异化教学。有必要对校外线上教师进行必要的培训。各省市教育局可以组织校外线上教师专修班。可以组织校外线上教育协会,对校外在线教育的发展进行专题研讨,制定相关标准,进行相关评估。校外线上教育协会可以设为中国教育技术协会的一个分会,统一在教育技术专业委员会领导下工作。

(三)建立校外在线教育机制与监测体系

有必要对各层面校外在线教育治理机制与监测机制进行研究,对校外在线教育治理效果进行评估,不断调整与优化治理机制。要从利益相关者角度对校外在线教育治理进行研究,对校外在线教育效果的影响因素进行研究,进行精准施策。

六 结论与展望

本书基于 TAM3 模型与 UTAUT 模型构建了非学科类校外培训机构在线教学接受影响因素模型,然后进行了实证研究。采用 SPSS 24.0、SMART PLS 3.0 对数据进行了分析。结果显示,有用性感知与行为意愿呈正相关;主观规范与有用性感知呈正相关;易用性感知与有用性感知呈正相关;自我效能感(0.280)、外部支持(0.439)与易用性感知呈正相关,外部支持对易用性感知的影响要大于自我效能感对易用性感知的影响。同时,易用性感知对有用性感知的影响受到经验的调节。在本节所提出的 14 条假设中,有 8 条通过了检验。

第五节 中小学教师直播教学采纳的影响因素

一 引言

互联网正在改变人们生活和接受教育的方式。随着基于互联网技术的网络教育的迅速兴起和高校网络教育的快速发展,各种形式的网络教育应运而生,其中直播教学就囊括其中。直播教学作为一种全新的课程教学模式,是通过互联网将每位教师的课堂图像、音频、课程资源同步传输给每位学生。随着现代计算机和网络技术的进步,直播课堂教学在中国已经得到了普遍的应用。2020 年新冠肺炎疫情使全国人民必须进行空间隔离,数百万学生无法如期返回学校。在这种特殊情况下，教育部明确要求在切实确保高等学校全体师生健康安全的基本前提下，做好"停课不停教、停课不停学"的网上地方教育方案，学校部门应该积极选择合理的网上教学方法、教学资源，教师应该积极帮助广大学生制定一套安全科学、居家的网上学习计划方案，同时学校还应该更加重视培养学生的学习独立性和自主性及学习能力，制订一套有利于学生有针对性地进行网上课堂教学的学习计划（教育部，2020）。在这一时期，作为一种应用广泛、操作方便的在线"课堂"教学模式——直播教学发挥了重要作用，并得到了较大的发展。当前直播教育技术门槛逐渐降低，直播教育行为正在成为在线教育的常态化教学行为，在大规模教育活动、远程观测与实验、名师课堂、全景实时直播以及全息互动等方面具有广泛的应用（王运武等，2021）。"直播"是网络时代信息传播的一种新方式，直播教学是指不同地理位置的学生和教师同时登录直播平台或专门的网络教学平台所进行的在线互动教学活动。在教学过程中，利用信息发布和管理功能的优势，教师进行在线教学、评价和答疑，学生观看在线视频、自主学习和协作互动。目前，很多院校都已经开设了网络直播教学这种教学方式，有效实现了教学异地同堂的局面，使远端学生共享到优质的教学资源，课堂质量大大提升，也促进了学生的良好发展。直播教学的实质是网络同步在线课堂教学。直播教学是近年来信息科学技术迅猛发展的产物，与传统课堂有着线上线下的区别。直播教学属于网络教学，但与在线教育不同。根据交互时间的不同，在线教学可以分为同步和异步两种模式。在这一点上，直播教学与传统的课堂教学是一致的，属于同步教学。在教学中，师生之间会有很多的互动，这会对教学过程产生重要的影响，教学手段的使用也会更加多样化和灵活（刘佳，2017）。"采纳"一词来源于技术采纳理论，是指受试者通过选择或鉴定接受和采纳的过程。近年来，技术采纳理论逐渐成为研究热点。在本书中，直播教学采纳是指受试者选择或认同直播教学，然后接受和采用直播教学的过程，将教师的直播教学采纳定义为在教学情景下，教师主体对直播教学分析、评价、选择、采用等一系列过程（宋雪雁，2010）。本书主要研究教师对于直播教学这种新型教学方式采纳的影响因素，从而提出相关的建议。在一个复杂的环境中，影响教师采用技术意愿的因素有很多。本书将基于技术接受模型，深入了解大学课堂，分析教师在直播教学中采用技术意愿的形成过程及影响因素,为提高教师合理运用的信息技术的教学能力提出相关建议。对于在后疫情时代被广泛运用在线教学,尤其是在疫情常态化防控背景下直播教学作为其中运用较为广泛的一种教学模式,国内外还缺乏对直播教学采纳影响因素的实证研究,本书可以丰富后疫情时代在线学习中直播教学的相关理论,为国内外相关研究提供研究视角和理论基础。

二 直播教学研究现状

国内外学界对直播教学的概念、模式以及效果等进行了研究。第一,直播教学的概念研究。"直播教学"最早来源于20世纪初美国的函授学习,后由英国开放大学正式提出"直播教学"一词,直播教学就是通过电视、卫星、广播、视频等通信手段,向远距离受教群体传播知识的过程(李静怡,2020)。Maxwell和Harding概括了远程直播在教学过程中的基本应用和特征,教师与学生在整个流程中是彼此分离的,另外多个学习群体之间也是彼此分离的,但教学中存在一定的组织,与此同时,技术媒介也在教学中占据着重要地位,发挥了双向通信的作用(Gregory & Harding,2012)。第二,直播教学模式研究。Ruth(2013)通过网络摄像头对视频直播教学经验进行了评估,他发现师生通过高频互动,既快速搭建了稳定的互信关系,也有利于营造良好的学习交流环境,还大大地活跃了课堂氛围。Margaret(2017)结合网络教育发展的背景,模拟了一个交互式直播学习平台,该平台允许学生与教师之间进行实时互动,讨论了在直播教学中所遇到的实际问题,使学习者有机会在紧急和高风险情况下练习评估和进行决策,不仅对学生的学习很有价值,还让他们能够及时获得有关其技能的反馈,从而提高自信心。Frederic(2013)对直播教育系统进行了研究,在研究过程中,对图像处理的网络直播教育系统进行了细致分析。喻知音以语文的直播教学为例,从实践出发,结合现场教学、教师心理准备、教学媒体的存在等分析了直播教学的有效性(喻知音,2013)。王静对彭州地区部分远端学校的历史课直播教学情况进行了调查,分析这种模式教学所存在的问题,并提出了解决办法(王静,2019)。陈秭妤的《全日制高中远程网络直播教学现状问题及对策研究》以语文学科为例探索成都市武侯高级中学的直播教学支持,例如通过语言科学和基于互联网的学习范围，探讨直播教学情况，研究各学科的网络直播教学效果，对这种模式下如何改进教学方式、让更多的学校师生能够利用它提出了建议（陈秭妤，2012）。靳苗苗的《远程教育中的师生交互研究》以 M 网络学校课堂教学中的师生互动为例，从互动环境和互动内容的角度，针对互动主体缺乏动机和情感交流的问题，提出了系统、具体、实用的解决方案：主体互动、模式互动与情感互动（靳苗苗，2018）。同时针对网络直播现状和问题进行研究，提出了新的教学模式下教师在课程上的教学方式和管理方法，使直播教学模式得到最大的优化（刘翔、朱翠娥，2019）。吴竞、张晨婧仔通过行动研究，最终提出了任务驱动、在线互动等六个维度的培训策略，为直播教学提供了一定的参与价值（吴竞、张晨婧仔，2019）。郑茜（2012）从近端教师和远端教师角度详细分析了教师在直播教学中的角色定位，并提出了相应的建议，并就直播课堂上网络直播课堂设计的基本原则提出了新的设计思路和课堂教学设计原则（Wick et al., 2017）。第三，直播教学的效果研究。Wick et al.（2017）通过在线学习技术指导教授一组学生，实现指导者与学生的双向互动，对传统教学和直播教学两种不同模式下学生的不同表现进行了研究，发现直播教育可以弥补农村地区的教育资源匮乏所带来的教育不公平，并且直播培训还能够给具有不同需求的学生提供便利，对于改善就业状况也有一定的帮助。刘翔、朱翠娥提出，在线学习转为交互式学习，网络直播教学的出现在很大程度上弥补了慕课的不足，可以在一定程度上产生互动，提高学习效果。从已有研究中可以看出，在直播教学理论研究方面，还缺乏对直播教学采纳的理论与实证研究，对高校教师直播教学采纳展开研究，具有一定的理论与现实意义。

三　模型构建

（一）TAM 模型

基于社会心理学中的理性行为理论，TAM 及其扩展模型描述了影响个人技术接受行为产生的各种因素。TAM 及其扩展模型是以社会心理学理性行为理论为基础，描述影响个体技术接受行为因素的理论模型。1986 年，Davis 根据理性行为理论，探索了影响个人使用计算机技术的因素，建立了用户技术接受模型，即 TAM 模型。它不仅确定了影响个人使用计算机技术的一般因素,还详细解释了理性行为理论中所提到的外部变量。根据技术接受模型,决定计算机接受行为的两个主要信念是有用性感知和易用性感知。第三代 TAM 模型是由 Venkatesh & Bala（2008）提出的,增加了感知易用性的影响因素,分为锚定与调节两大决定因素群。其中,锚定因素包括计算机自我效能感（计算机的有效使用程度）、外部控制（外部因素对个人应用新技术的支持程度）、计算机焦虑（用户使用时的恐惧或焦虑程度）,计算机娱乐（用户在使用过程中所感受到的愉悦）,调节因素包括感知愉悦（使用新技术所带来的愉悦程度）和客观可能性（使用新技术与否的成本差异程度）。

（二）UTAUT 模型

Venkatesh & Bala（2003）综合分析了以往新技术使用的模型和结果,建立了技术接受和使用的统一理论模型——UTAUT 模型,并全面考察了对个体技术采纳行为造成影响的直接变量和约束变量。UTAUT 模型对前述模型中所提及的多方面因素进行了更细致完整的归纳总结,提出了一种更加完备的关于个体技术接受和采纳行为影响因素的模型。

（三）访谈情况

根据先前对 10 名教师的访谈结果,将 10 名教师的基本情况做一个系统的描述（见表 4-33）。

表 4-33　　　　　　　　　访谈教师基本情况

	性别	年龄	职称	教授课程
教师 1	女	44	中小学二级	数学
教师 2	男	41	中小学一级	数学
教师 3	男	37	副高	语文
教师 4	女	38	中小学一级	语文
教师 5	女	46	副高	语文
教师 6	男	45	中小学一级	数学
教师 7	男	41	中小学一级	信息技术
教师 8	女	27	中小学三级	信息技术
教师 9	男	32	中小学二级	科学
教师 10	女	30	中小学二级	科学

本书根据访谈结果，将教师的相关言论作为案例划分的具体影响因素，为后续构建高校直播教学采纳的影响因素模型提供可行性建议（见表4-34）。

表4-34　　　　　　　　教师访谈案例分析

序号	案例	因素
1	我觉得直播教学对我来说是有用的	有用性感知
2	我觉得直播教学对我的工作有较大的帮助	工作相关度
3	我在直播教学时，可以得到相关支持	外部支持
4	我身边的老师会和我讨论直播教学	社群影响
5	直播教学可以提高我的工作效率	工作绩效
6	我感觉使用直播教学是便利的	易用性感知
7	我觉得在使用直播教学时，课堂氛围更加良好	工作绩效
8	在使用计算机进行直播教学时，我觉得非常愿意	娱乐性感知
9	我可以熟练地使用计算机进行直播教学	计算机自我效能感
10	以往的经验在一定程度上可以帮助我进行直播教学	使用经验
11	我觉得直播教学对我的教学过程有一定的帮助	有用性感知

（四）模型设计

根据之前的文献综述和相关教师的访谈结果，本书以TAM3模型和UTAUT模型为基础，构建了教师直播教学采纳的影响因素理论模型。

1. 行为意向

教师对直播教学的行为意向是指教师愿意采用直播教学的程度。教师对直播教学有用性的感知是指他们认为直播教学可以提高其工作绩效的程度。有研究证明，有用性感知与用户对信息技术的接受程度之间存在一定的关系（Venkatesh et al.，2003）。因此，本书提出H69，即教师越觉得直播教学有用，即工作绩效提高的程度越大时，教师直播教学的行为意向就越强。

H69：教师对直播教学的有用性感知与直播教学行为意向呈正相关。

易用性感知指教师进行直播教学需要付出的努力程度。教师如果感到直播教学难以开展，就会产生抵触心理。如果觉得直播教学既能满足需要，又能轻松开展，教师就会有更强的接受意愿。相关研究表明，易用性感知与用户对信息技术使用的接受程度呈正相关，尤其是在信息技术接受初期比较明显（Venkatesh et al.，2003）。因此，本书提出H70，教师越容易进行直播教学，其直播教学行为意向就越强。

H70：教师对直播教学的易用性感知与直播教学的行为意向呈正相关。

社群影响主要指处于同一社群中的其他成员对于相关成员的影响程度，对于教师而言，其主要的影响来源于上级领导、同事、学生等。赵可云、亓建芸等人结合信息化教学的现实需要，使用结构方程模型分析方法，从学校环境、组织团队及教师个体三个层面七个维度提出了影响教师信息化教学执行力的因素，探究发现学校文化、协作沟通、学校信息化战略、组织架构等因素均对教师信息化教学执行力具有直接的影响效应，学校政策与制度则通过影响执行意愿作用于教师（Venkatesh & Bala，2008）。基于上述分析，本书提出H71a和H71b。

H71a：社群影响与教师直播教学行为意向呈正相关。

H71b：社群影响与教师直播教学有用性感知呈正相关。

2. 有用性感知

有用性感知主要指教师在采用直播教学时，从主观上觉得它所带来的工作绩效的提高程度。Marcos et al（2006）研究发现，人们对信息技术的易用性感知不仅影响其行为意图，而且影响人们的有用感。即当教师为了达到某种教学目标时，如果采用直播教学就会减少教学所花费的时间和精力，那么，教师会感到直播教学非常有用；反之，就会极大地影响教师对直播教学的有用感，也就是说，当教师觉得直播教学更容易实施时，他们就会觉得直播教学更有用，因此，本书提出H72。

H72：教师对直播教学的易用性感知与其对直播教学的有用性感知呈正相关。

工作相关度指在某一方面是否采用直播教学与工作需求相匹配的程度。教师直播教学的工作相关度感知主要指教师对直播教学与教师工作匹配感知的相关程度。当直播教学与教师工作的相关度较小时，就会减小有用性感知，因此只有较高的相关度，即可以解决教师工作中的问题才会产生较强的有用性感知。由此，本书提出H73。

H73：教师直播教学工作相关度与直播教学有用性感知呈正相关。

工作绩效感知指教师认为使用直播教学改变他的工作绩效的程度。假设教师认为使用直播教学可以提升他的工作绩效，那么他会觉得直播教学是有用的，对于直播教学的有用性感知就会提升。因此本书提出 H74。

H74：教师直播教学的工作绩效感知与直播教学有用性感知呈正相关。

教师的直播教学经验主要来源于自我习得。研究表明，有直播教学经验的教师对自己的直播教学能力有更好的了解，对直播教学的有用性和易用性有更高的认识，对直播教学的开展更有信心（Marcos et al.，2006）。对于没有开展过直播教学的教师来说，由于缺乏网络教学经验和对技术应用能力的担忧，他们的积极性会大大降低。由此本书提出 H75、H76。

H75：高校教师在线教学经验与直播教学有用性感知呈正相关。

H76：高校教师在线教学经验与直播教学易用性感知呈正相关。

3. 易用性感知

计算机自我效能感（Computer Self-efficacy，CSE）是指人们对自己使用计算机完成任务的能力的自我判断。计算机技术将影响个人使用信息技术的态度和兴趣。如果教师认为自己有能力使用计算机完成相关任务，对计算机的积极情绪就会增加，这将有助于教师获得使用计算机的经验和知识，提高电脑技能，减少对电脑的逃避。由此，本书提出 H77。

H77：教师计算机自我效能感水平与直播教学的易用性感知呈正相关。

外部支持感知是指个人对外部组织和技术资源对其行为的支持程度感知。教师进行直播教学的条件大致有优秀的教学资源和设计方案、相关网络计算机支持工具的使用、网络的合理利用等。这些条件使用得越方便，教师开展直播教学所需要花费的时间和精力就越少。因此，本书提出 H78。

H78：教师对直播教学的外部支持感知水平与对直播教学的易用性感知呈正相关。

个人计算机娱乐是指个人使用电脑的心理准备。娱乐是计算机交互过程中一种重要的心理现象。个体在与计算机交互的过程中获得了各种满足（吴薇等，2020）。例如，教师在直播教学中，使用计算机不断满足自身的心理预期，则会增加娱乐性。相关研究也表明，计算机娱乐感在一定程度上可以促使个人使用相关技术的愿意，由此，本书提出 H79。

H79：高校教师对直播教学的娱乐性感知水平与对直播教学的易用性感知呈正相关。

4. 调节作用

根据相关模型调节理论，结合教师直播教学的特点，本书提出教师的性别、专业、自愿性可能会对模型中的路径产生调节作用。最终构建了教师直播教学采纳影响因素模型（见图 4-14）。

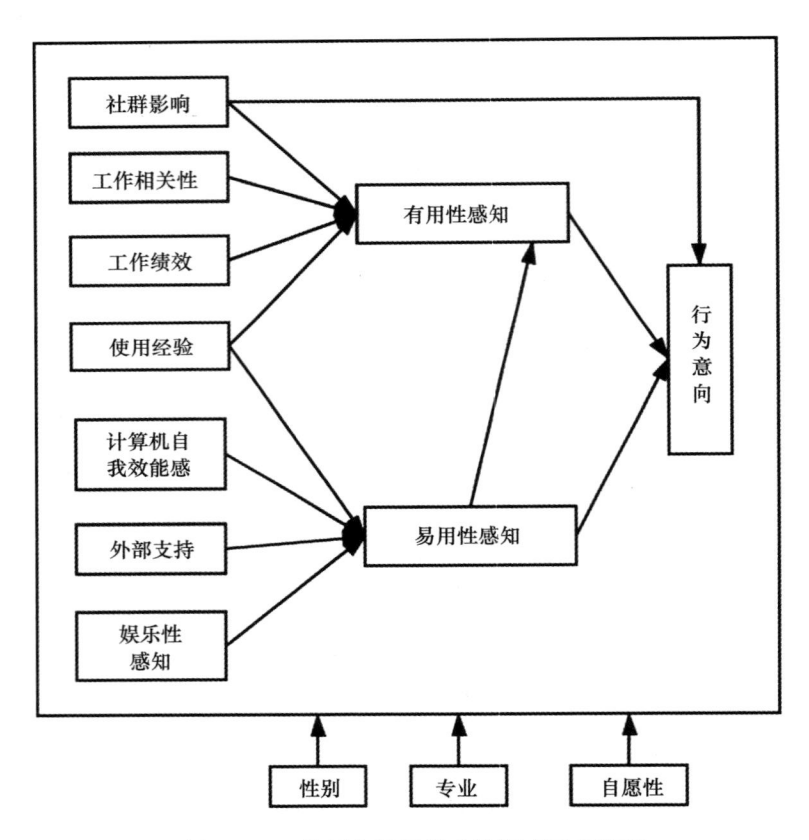

图 4-14　教师直播教学采纳影响因素模型

四　实证研究

（一）测量问卷设计与发放

本书在教师直播教学采纳模型的基础上，参考了 Venkatesh（2008）所提出的量表，设计了测量问卷。本书的问卷由三部分组成，共 38 个问题。第一部分是本书的相关介绍,旨在让受访者更好地理解问卷,更方便地填写问卷。第二部分是教师的基本情况,主要是教师的性别、专业、年龄,即 Q1、Q2、Q3。第三部分是问卷调查的主体部分,共 35 个题目。问卷主体部分采用李克特五点量表,每个题目包含五个选项:非常不同意、不同意、一般、同意和非常同意,分值分别为 1 分、2 分、3 分、4 分和 5 分。其中,将这 35 个题目分块,不同的影响因素对应不同的题目,每个模块均有两个以上的问题与之对应(详情见表 4-35)。

表 4-35　　　　　　　　　　研究量表

研究变量	测量量表
行为意向 (BI)	BI1:如果我可以进行直播教学,我打算进行直播教学
	BI2:我愿意进行直播教学
	BI3:我愿意向周围的教师推荐直播教学
有用性感知 (PU)	PU1:我认为直播教学可以提升我的工作表现
	PU2:我认为直播教学对我未来的发展是有帮助的
	PU3:我认为进行直播教学可以获得一定的收益
	PU4:我认为进行直播教学是有用的
社群影响 (SI)	SI1:我认为相关领导希望我进行直播教学
	SI2:我认为学校支持我进行直播教学
	SI3:我认为学校在我进行直播教学时会给予帮助
工作相关性 (REL)	REL1:我认为学校需要我进行直播教学
	REL2:我认为进行直播教学能让我在学校的教学工作中显得更加出色
	REL3:我认为进行直播教学与我的工作是相关的
工作绩效 (OUT)	OUT1:我认为进行直播教学可以抵一定的日常教学工作量
	OUT2:我认为进行直播教学在我的升职或评优评奖中是有利的
	OUT3:我认为进行直播教学可以获得一定的报酬
	OUT4:我认为进行直播教学对相关学生知识和能力水平的提升是有帮助的
	OUT5:我认为进行直播教学可以提升我的知名度
易用性感知 (PEOU)	PEOU1:我认为进行直播教学是容易的
	PEOU2:我认为制作直播教学素材是不困难的
	PEOU3:我认为进行直播教学并不需要花费太多的精力或时间
	PEOU4:我认为进行直播教学学习支持服务并不需要花费太多的精力或时间

续表

研究变量	测量量表
计算机自我效能感（CME）	CME1：我认为我有信心进行直播教学
	CME2：我认为如果有人事先给我展示了如何做，我就可以进行直播教学
	CME3：我有信心进行直播教学和后续教学中相应的学习支持服务
外部支持（PEC）	PEC1：我认为我有进行直播教学必要的相关资源
	PEC2：我认为有关部门可以向我提供进行直播教学相关的技术支持
	PEC3：我认为我有相关的资金进行直播教学的制作以及后续服务
娱乐性感知（ENJ）	ENJ1：我觉得进行直播教学的实际过程是愉快的
	ENJ2：进行直播教学是一种良好的体验
自愿性（VOL）	VOL1：我进行直播教学是自愿的
	VOL2：尽管进行直播教学可能是有用的，但在我的工作中进行直播教学并不是必需的
使用经验（EXP）	EXP1：我有一定的在线教学经验
	EXP2：我有一定的制作在线教学材料的经历
	EXP3：我进行过直播教学（作为主讲教师或参与者）

本书以中小学教师为例，针对中小学任职教师发放问卷，采用方便抽样与随机抽样相结合的方式发放问卷，分别选取东中西部地区部分高校进行问卷的发放。问卷通过线上和线下相结合的方式发放给教师，历时三个月共发放了400份纸质问卷，回收324份问卷，结合线上问卷216份，去除其中不完整和随意作答或相互矛盾的无效问卷，共回收有效问卷426份，问卷有效率为78.9%。人口学变量分布见表4-36所示。

表4-36　　　　　　　　　　人口学变量分布统计　　　　　　　　（%）

性别		年龄					学科		
男	女	20—30岁	31—40岁	41—50岁	51—60岁	60岁以上	理科	文科	工科
45.6	54.4	16.2	43.9	28.6	8.7	2.6	34.8	26.6	38.6

(二) 信效度检验

为了保证问卷的质量，本书对问卷进行了信度和效度检验，以保证问卷的质量。本书采用 SPSS 25.0 与 AMOS 23.0 软件对问卷进行信度和效度检验。

问卷信度由 Cronbach'α 系数测量。一般来说，如果 Cronbach'α 系数大于 0.7，则可以认为问卷具有良好的信度。本书中 Cronbach'α 系数是使用 SPSS 来测量的，从表 4-37 可以看出，除了娱乐性感知和外部支持的系数值略低于 0.7 之外，其他变量的相关系数均大于 0.7，说明问卷具有较高的信度。

在本书中对于效度的分析主要是指结构效度，结构效度表示的是测量项目和测量维度之间的关系，主要采用探索因子分析，一般来说，如果每一个观测到的、结构效度较高的变量，其因子负荷应大于 0.5，并且组合信度应大于 0.7 以及平均萃取方差大于 0.5。AMOS 分析数据见表 4-37 所示，从中可以看出，各个变量的因子载荷均高于 0.5，组合信度（CR）均高于 0.7，平均萃取方差（AVE）也都高于 0.5，说明该问卷具有良好的效度。

表 4-37　　　　　　　　　　信度和效度检验

	均值	标准差	因子载荷	Cronbach'α	CR	AVE
BI1	3.67	0.99	0.714			
BI2	3.80	1.079	0.687	0.716	0.753	0.503
BI3	3.73	1.147	0.727			
PU1	3.61	1.034	0.642			
PU2	3.57	1.049	0.671	0.756	0.772	0.550
PU3	3.71	1.136	0.692			
PU4	3.50	1.139	0.703			
SI1	3.64	1.060	0.731			
SI2	3.76	1.077	0.690	0.726	0.752	0.503
SI3	3.75	1.140	0.706			

续表

	均值	标准差	因子载荷	Cronbach'α	CR	AVE
REL1	3.70	1.064	0.737	0.745	0.765	0.521
REL2	3.64	1.074	0.697			
REL3	3.80	1.105	0.731			
OUT1	3.63	1.120	0.654	0.802	0.809	0.560
OUT2	3.63	1.166	0.654			
OUT3	3.50	1.163	0.665			
OUT4	3.71	1.219	0.754			
OUT5	3.59	1.080	0.659			
PEOU1	3.58	1.013	0.647	0.768	0.757	0.538
PEOU2	3.56	1.151	0.658			
PEOU3	3.73	1.134	0.682			
PEOU4	3.51	1.144	0.659			
CME1	3.71	0.973	0.669	0.714	0.719	0.660
CME2	3.70	1.056	0.645			
CME3	3.79	1.141	0.719			
PEC1	3.66	0.963	0.697	0.688	0.743	0.591
PEC2	3.79	1.070	0.681			
PEC3	3.73	1.154	0.723			
ENJ1	3.58	1.163	0.717	0.685	0.736	0.567
ENJ2	3.47	0.991	0.648			
VOL1	3.65	1.110	0.671	0.743	0.746	0.510
VOL2	3.53	1.097	0.710			
EXP1	3.64	1.034	0.715	0.731	0.749	0.686
EXP2	3.66	1.048	0.661			
EXP3	3.81	1.159	0.740			

（三）拟合度检测

本书使用的检验模型拟合度的方法由荣泰生（2009）提出，使用这个方法对此次构建模型的拟合度进行检验，结果如表4-38所示，各项指标均达到了要求，这表示本书的模型拟合度良好。

表4-38　　　　　　　　　　　拟合度检测

		评价标准	实际值	
绝对拟合度指标	X^2/df	小于3.0	2.048	通过
	GFI	大于0.9，越接近1越好	0.971	通过
	RMR	小于0.5，越接近0越好	0.298	通过
	RMSEA	小于0.1，越接近0越好	0.087	通过
增值拟合度指标	AGFI	大于0.9，越接近1越好	0.945	通过
	NFI	越接近1越好	0.910	通过
	CFI	越接近1越好	0.947	通过
	IFI	越接近1越好	0.981	通过
精简拟合度指标	AIC	越小越好	24.635	通过
	ECVI	越小越好	7.149	通过

（四）数据结果分析

1. 回归分析结果

在探索影响教师直播教学因素的过程中，使用回归方程对于相关路径进行分析，结果见表4-39所示。在影响高校教师直播教学行为意向的因素中，有用性感知、易用性感知和社群影响对教师直播教学行为意向有显著作用，其中有用性感知的影响系数最高。在感知有用性的影响因素中，只有社群影响和工作绩效对感知有用性有显著作用，而工作绩效对感知有用性的作用更大。在感知易用性的影响因素中，除了使用经验外其他因素对于易用性感知的影响均起到了显著效果，其中外部支持的影响最大，其次是计算机自我效能感，因此应该加大对教师这方面的支持力度来提高其直播教学的易用性感知。从数据可以看出，易用性感知、工作相关性和经验对感知有用性的影响还没有通过数据的检验，说明教师不会仅仅因为觉得直播教学有用就选择使用直播教学，而是更多地根据工作绩效和社群影响来选择直播教学，也即在一定程度上直播教学并不是教师教学的首选目标，因此一方面应适当加强教师对于直播教学的认同感。另一方面通过数据也可以发现使用经验对于易用性感知的影响并不是很显著,说明教师的使用经验对于其选择直播教学没有太大的影响,原因可能是经过疫情后教师或多或少积累了在线教学的相关经验,所以在选择直播教学时不会过多考虑使用经验问题而是会参考其他的可能性。

表4-39　　　　　　　　　　回归结果和假设检验

路径	标准化回归系数	显著性	假设	是否通过
BI←PU	0.382	***	H1	通过
BI←PEOU	0.285	***	H2	通过
BI←SI	0.236	***	H3a	通过
PU←SI	0.218	***	H3b	通过
PU←PEOU	0.139	0.004	H4	未通过
PU←REL	0.183	0.001	H5	未通过
PU←OUT	0.257	***	H6	通过
PU←EXP	0.161	0.001	H7	未通过
PEOU←EXP	0.108	0.07	H8	未通过
PEOU←CME	0.216	***	H9	通过
PEOU←PEC	0.369	***	H10	通过
PEOU←ENJ	0.199	***	H11	通过

2. 调节效应

本书共提出了三个调节变量,分别为性别、专业和自愿性。本书列出了这些变量对模型的调节效应程度(见表4-40、表4-41、表4-42)。

表4-40　　　　　　　　　　调节效应(性别)

路径	BI←PU	BI←PEOU	BI←SI	PU←SI	PU←PEOU
性别(1/2)	0.567	1.213	-2.087	0.347	-0.145
是否通过	否	否	是	否	否
路径	PU←REL	PU←OUT	PU←EXP	PEOU←EXP	PEOU←CME
性别(1/2)	-1.487	3.486	-0.271	0.976	3.813

续表

路径	PU←REL	PU←OUT	PU←EXP	PEOU←EXP	PEOU←CME
是否通过	否	是	否	否	是

路径	PEOU←PEC	PEOU←ENJ			
性别（1/2）	-0.408	-0.397			
是否通过	否	否			

在表 4-40 中，调节效应的变量为性别，1 指男性教师，2 指女性教师。根据荣泰生（2009）的观点，认为在 p=0.05 的水平下，当临界比率的绝对值大于 1.98 时，不同组群的回归系数之间就存在显著差异。从表 4-40 中可以发现，在社群影响对于行为意向的路径上，临界比率的绝对值为 -2.087，说明在这方面女性更容易受到社群的影响从而改变自身对于直播教学的行为意向，女性大多是感性的，外界对于她们的看法往往会改变她们的想法，从而影响她们的行为，所以在社群影响对于教师直播教学的行为意向这一方面，性别的调节因素是存在的并且通过数据就可以看出，女性更容易受到社群影响从而改变自身的教学行为。而在工作绩效对于有用性感知影响和计算机自我效能感对于易用性感知的影响方面，男性的受影响程度显著。男性是较为偏理性的，他们普遍认为，只要直播教学可以提高他们的工作绩效，那么直播教学就是有用的，而且男性对于新技术的掌握速度相较于女性而言比较快，所以他们具有较高的计算机自我效能感，在使用直播教学时也会显得更加容易。除此之外，本书在其他路径上均未发现性别对其有调节效应。

表 4-41　　　　　　　　　　调节效应（专业）

路径	专业 1/2	专业 1/3	专业 2/3	是否通过
BI←PU	0.287	1.248	-1.021	否
BI←PEOU	0.289	-1.760	0.283	否
BI←SI	1.381	-1.087	-1.093	否
PU←SI	2.047	2.345	1.073	是

续表

路径	专业 1/2	专业 1/3	专业 2/3	是否通过
PU←PEOU	-1.264	-1.091	0.951	否
PU←REL	1.781	1.483	-1.783	否
PU←OUT	-2.01	1.163	-0.987	是
PU←EXP	0.892	1.087	-0.752	否
PEOU←EXP	-1.219	-0.861	0.984	否
PEOU←CME	-0.870	1.601	-1.097	否
PEOU←PEC	0.924	-1.361	-2.987	是
PEOU←ENJ	-0.762	-1.795	1.090	否

在表4-41中，调节效应的变量为专业，1指文科从事教学的教师，2指从事理科教学的教师，3指从事工科教学的教师。从表4-41中可以发现，在社群影响对于有用性感知方面，文科类的教师比理科和工科更容易受到社群的影响，可能是由于文科是较感性的学科，所以相较于理性的理工科，文科教师容易受到社群影响。但对于理科来说，研究显示，理科的教师觉得直播教学有用的主要因素在于工作绩效，可能源于本学科的学科性质，教师多专注于最终的绩效结果。而在外部支持对于易用性感知方面，相较于文科和理科的教师，工科教师觉得在有外部支持条件下进行直播教学更容易，可能由于工科主要是创造与实践的内容，有外部的支持更容易进行教学。

表4-42　　　　　　　　　　调节效应（自愿性）

路径	BI←PU	BI←PEOU	BI←SI	PU←SI	PU←PEOU
自愿性（1/2）	1.673	1.028	0.762	2.098	-0.783
是否通过	否	否	否	是	否

续表

路径	PU←REL	PU←OUT	PU←EXP	PEOU←EXP	PEOU←CME
自愿性（1/2）	-1.018	0.986	-0.784	0.981	-1.401
是否通过	否	否	否	否	否

路径	PEOU←PEC	PEOU←ENJ			
自愿性（1/2）	-2.416	2.084			
是否通过	是	是			

在表 4-42 中，调节效应的变量为自愿性，1 代表自愿，2 代表不自愿。在社群影响对于有用性感知中，社群影响对于自愿进行直播教学的教师作用较大，通过社群可以提高高校教师直播教学的自愿性。在线上教学中，教师在选择直播教学时大多是不愿意的，但如果存在外部规范，教师即使不愿意还是会选择进行直播教学，这可能是由于疫情所致，在学校支持直播教学的情况下，即使是非自愿也必须执行在线教学。但在娱乐性感知方面，自愿的高校教师具有较高的娱乐性，可以满足其自身的需求，觉得直播教学更加容易，从而提高了直播教学的易用性感知。

3. 中介效应

根据荣泰生（2009）提出的研究方法，利用 AMOS bootstrap 方法对中介效应进行检测，当区间系数中包含 0 时，则表示该路径的中介效应不明显，反之则表明中介效应显著。同时，当直接效应显著时，这个中介因素则是部分中介，完全中介则不会产生直接效应。本书的中介效应结果如表 4-43 所示，从中可以发现，由于社群影响对于行为意向的直接效应显著，因此有用性感知在社群影响路径中成为部分中介，但在工作绩效中则没有直接效应，所以为完全中介。在易用性方面，由于间接因素均为直接效应，因此易用性感知均是完全中介。

表 4-43　　　　　　　　　　　　中介效应

路径	区间系数
BI←PU←PEOU	[-0.249, 1.034]
BI←PU←SI	[0.121, 3.022]
BI←PU←REL	[-0.134, 0.018]
BI←PU←OUT	[1.081, 2.084]
BI←PU←EXP	[-0.301, 1.904]
BI←PEOU←EXP	[-0.321, 1.230]
BI←PEOU←CME	[-1.231, -0.670]
BI←PEOU←PEC	[1.041, 2.984]
BI←PEOU←ENJ	[0.194, 4.984]

4. 模型解释力

一般来说，如果该模型的复相关系数大于40%，那么该模型可以解释各种不变量40%以上的差异，因此可以说该模型具有很好的解释性。在本书中，行为意向、有用性感知和易用性感知的复相关系数大于40%（见表4-44），这说明本书的模型具有很好的解释力。

表 4-44　　　　　　　复相关系数 R^2（解释方差比例）

变量	BI	PU	PEOU
R^2	0.68	0.738	0.634

五　研究结论与建议

（一）教师直播教学采纳影响因素

通过访谈和实证研究，本书发现影响教师直播教学采纳意愿的因素很多，在不同的方面导致教师直播教学采纳的程度不同。

对于教师直播教学采纳的行为意向影响，经研究发现，直播教学的有用性感知与直播教学的行为意向呈正相关，H69成立，并且有用性感知的影响远大于其他变量对于行为意向的影响。即一些教师如果认为自己直播课堂教学有用时会表现出愿意选择直播教学。教师对直播教学的易用性感知与直播教学的行为意向呈正相关，H70 成立，这说明在直播教学中如果教师感觉直播教学是容易的，那么他们会选择直播教学。而社群影响与行为意向也呈正相关，H71a 成立，但对于其他两个因素，社群影响的作用较小，但会在一定程度上影响高校教师的选择。

在教师直播教学采纳的有用性感知影响中，对于影响有用性感知的变量在本书中主要有五个但只有两个变量与之呈现正相关，分别是社群影响和工作绩效。社群影响与教师直播教学有用性感知呈正相关，H71b 成立，从中可以看出当外界有人认同直播教学是有用的，高校教师也会相应地根据社群中他人的想法选择使用直播教学授课。教师直播教学的工作绩效感知与直播教学有用性感知呈正相关，H74 成立，即当教师认为直播教学可以提高自身的工作绩效时就会感知直播教学是有用的。而其他的三个方面，即易用性感知、工作相关度和使用经验则与之没有相关性，不会影响教师对于直播教学采纳的有用性感知，H72、H73、H75 不成立。

在教师直播教学采纳的易用性感知影响中，研究发现，首先，教师计算机自我效能感水平与直播教学的易用性感知正相关，H77 成立，教师计算机素养越高，他们就越容易接受直播教学，并且会感到直播教学非常方便。其次，教师对外部支持的感知水平和对直播教学易用性的感知水平相关，H78 成立，当教师感受到外界对他们直播教学的支持时，他们会更愿意进行直播教学。最后，教师直播教学的娱乐性感知水平和易用性感知呈正相关，H79 成立，即当教师感受到直播教学可以满足自身的心理预期时，就会提高直播教学的易用性感知。在这三个变量中，外部支持的影响最大，其次是计算机自我效能感。换言之，为了提高教师对直播教学的易用性感知，应该注重加大对教师直播教学的支持力度并提升教师的计算机自我效能感。但在研究中，关于使用经验对于直播教学的易用性感知呈正相关不成立，即 H76 不成立，说明在疫情影响后的教学中，教师基本上都具有一定的在线教学经验，所以使用经验对于任何一方面都没有太大的影响。

结合相关的调节作用，本书最终提出教师直播教学采纳影响因素模型（见图 4-15）。

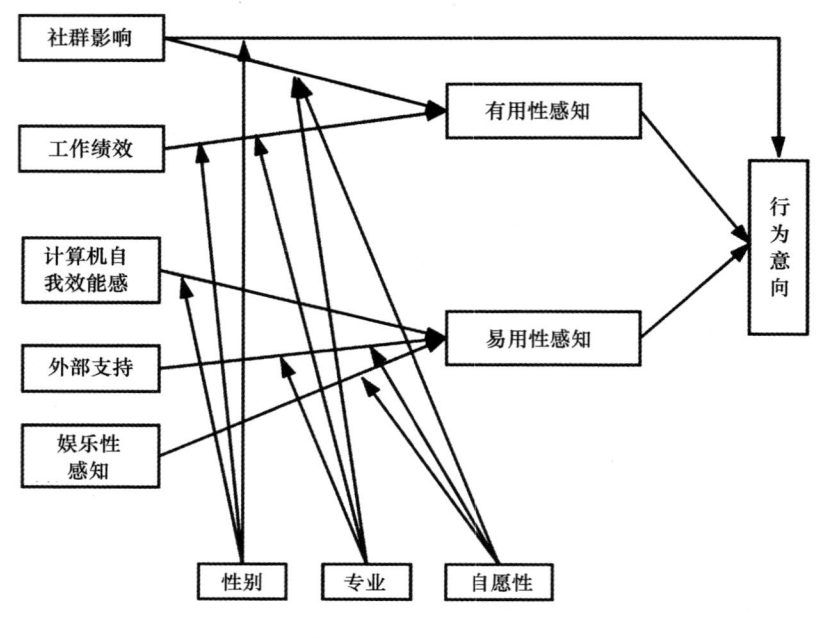

图 4-15　最终模型图

（二）策略与建议

1. 创建良好的教师工作社群

研究发现，教师直播教学采纳意向受到教师所处社交群体的影响巨大，社群影响不仅会作用于高校教师直播教学的有用性感知和易用性感知，还会改变教师的行为意向。因此研究表明社群会在一定程度上影响教师对于直播教学的看法，从而影响教师对于直播教学的采纳。创建积极的教师社群环境有利于教师观念向积极方面改变，如果在一个社交群体中，有的教师善于使用直播教学，并将直播教学的益处宣扬给其他教师，这样当其他教师听见这些益处后也会对直播教学产生兴趣并尝试参与其中，这会极大地提高教师对于直播教学的采纳程度。同时创建积极的教师社群环境需要优秀的领导者来管理，从而带领整个社群共同进步。

2. 提高教师信息化执行力

有研究表明，对教师信息化教学呈现出最大作用力的是教师的个体层面，提高教师的信息化执行力有利于加强高校对于直播教学的认知，以便他们可以增加对直播教学的接受度。积极的动机和良好的信息素养是教师有效开展和实施信息素养教育的基础和前提。较高的信息执行力有助于高校教师提升自身的计算机自我效能感,从而增强教师对使用计算机的积极情绪,增加教师使用计算机的经验和知识,减少教师逃避使用计算机的心理。在提高教师信息化执行力方面可以依靠教师自身对于计算机水平的追求,也可以通过必要的组织培训来提升教师的能力。

3. 提供便于教师教学使用的有利条件

研究显示,促使教师进行直播教学的重要影响因素有来自外部的支持。信息技术工具的复杂性和优质教学资源的缺乏,使得教师需要大量的时间和精力进行选择。智能、便捷、快捷的教学资源和设备在一定程度上减少了教师在无关条件下的时间和精力消耗,使教师更愿意使用计算机设备和资源,从而提高教学效率,而且会在一定程度上提升教师对于直播教学的易用性感知。目前,直播教学可使用的教学资源和网络等还无法完全满足实际教学的需求。因此,为了更好地推动教师采纳直播教学,应该提供贴合教师实际教学需要的便利条件。

4. 考虑调节效应的影响

此次研究显示,性别、专业以及自愿性对相关路径具有一定的调节效应,在制定直播教育发展对策时可以适当考虑这一点。例如,本次研究发现,专业在绩效预期对有用性感知的影响上具有一定的调节效应,对于理工科类来说,影响要小一些,的原因是理工科类课程交互需求较为强烈,而直播教育在这方面可能达不到理想效果,课堂面授的方式也许比直播教育更受欢迎,因此,在不同学科的发展过程中,理工科教育可能会更多地采用面授方式开展,而文科教育则可以采取更多的直播教学方式。

第六节 中小学教师在线教学持续采纳的影响因素

一 引言

在疫情期间,高校以及中小学通过大规模的在线教学,实现了停课不停学。在后疫情时期,在线教学的形态可能与疫情期间不同,业界专家普遍认为,后疫情时代在线教学与面授教学相结合的混合教育模式将成为新常态（王竹立，2020；高巍等，2021）。后疫情时代在线教学的形式可能有基于 MOOC 或微课的翻转课堂；基于微课、慕课或学习网站等的混合教学模式；基于腾讯会议、钉钉等软件的直播教学与面授结合形式；翻转课堂与直播教学相结合等。大量研究表明，人们对信息技术采纳的行为意愿与实际行为呈正相关（Venkatesh et al.，2003）。因此可以通过改善在线教学的持续性行为意愿，进而改善教师在线教学的持续性行为。目前国内外对于教师混合式教学影响因素展开了一定的研究，例如蔡建东和段春雨（2016）基于技术接受模型构建了高校教师网络教学的影响因素理论模型，并进行了实证研究，得出了感知有用性、感知易用性等教师网络教学行为意愿影响因素。张思和李勇帆（2014）基于技术—任务匹配模型以及技术接受模型构建了高校教师使用 Moodle 网络教学平台影响因素模型，并进行了实证研究；Cynthia & Kelly（2013）发现学生影响、同事影响和领导影响都对教师网络平台的使用意向具有显著作用，还有其他学者也探讨了教师混合式教学模式采纳的影响因素。而目前国内外还缺乏对混合式教学环境下教师在线教学持续性行为意愿影响因素的研究，相关研究表明，人们对信息技术的采纳在初期与后期可能具有一定的差异（Venkatesh & Bala，2008）。本书对教师在线教学持续行为意愿的影响因素展开理论与实证研究，在此基础上提出的改善教师在线教学持续性行为意愿的对策建议，具有一定的理论与现实意义。

二 模型构建

本书主要基于期望确认理论、自我决定论并结合访谈结果构建混合教学环境下教师在线教学持续采纳的影响因素模型。期望确认理论侧重从外部动机方面探讨教师在线教学持续采纳的影响因素，而自我决定论则主要从内部动机方面探讨教师在线教学持续采纳的影响因素。本书认为，从外部动机与内部动机两方面展开探讨才能更全面、准确地把握影响教师在线教学持续采纳的因素。

（一）期望确认理论

1980 年，奥利弗（Oliver）在对消费者满意度进行研究时，首次提出期望确认理论。丘吉尔等在相关研究的基础上将感知绩效加入模型中（Churchill，1982）。之后，很多学者将期望确认模型应用于市场营销领域，并得到了验证。学者比哈塔克里认为,信息系统用户使用行为与消费者购买行为存在高度一致性,并对期望确认模型进行了扩展和完善,加入有用性感知这个变量,形成了现今被学者普遍接受的期望确认模型(Bhattacherjee,2001)(如图 4-16 所示)。期望确认指用户在信息系统使用前的期望与使用后的感知绩效二者之间的差异程度,该模型认为,期望确认程度越高,用户感知有用性和满意度就越高,从而其持续使用意愿也会提高。很多学者对期望确认理论进行了应用,并取得了成功(杨根福,2016;杨文正等,2015;张哲等,2016;宋慧玲等,2019)。

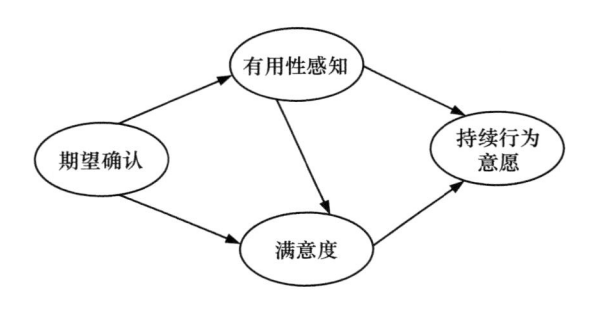

图 4-16 期望确认模型

(二) 自我决定论

自我决定理论是由美国心理学家 Edward L. Deci 和 Richard M. Ryan 等人在 20 世纪 80 年代提出的一种关于人类自我决定行为的动机过程理论(Deci & Ryan,1980)。他们提出人类有三种基本心理需要:自主性、胜任感和归属感,而这三种基本心理需要影响了学习者的内部动机。

(三) 访谈情况

本书以中小学教师为访谈对象。首先选取部分教师进行访谈。根据先前对于 10 名教师的访谈结果,将 10 名中小学教师的基本情况做一个系统的描述(见表 4-45)。

表 4-45　　　　　　　　　　访谈教师基本情况

	性别	年龄(岁)	职称	教授课程
教师 1	女	42	中小学一级	语文

续表

	性别	年龄（岁）	职称	教授课程
教师 2	男	37	中小学二级	数学
教师 3	男	38	中小学一级	数学
教师 4	女	45	副高	英语
教师 5	女	51	副高	语文
教师 6	男	47	中小学一级	语文
教师 7	男	36	中小学二级	信息技术
教师 8	女	29	中小学二级	科学
教师 9	男	35	中小学一级	音乐
教师 10	女	31	中小学一级	英语

本书根据访谈结果进行编码，为后续构建教师直播教学持续采纳的影响因素模型提供可行性的建议（见表 4-46）。

表 4-46　　　　　　　　教师访谈案例分析

序号	案例	因素
1	我觉得直播教学对我来说是有用的。	有用性感知
2	我觉得在线教学与面授结合实现了我的预期目标	期望确认
3	我会继续进行在线教学	行为意愿
4	我对在线教育与面授相结合感到满意	满意度
5	在线教育与面授相结合有更多的机会与学生交互	社会交互
6	我对在线教学是感兴趣的	内部动机
7	我觉得在线教学与面授的结合可以提升教学效果	教学质量
8	我有信心做好在线教学	感知能力
9	我可以自主决定在线教学的时间和地点	感知自主性
10	以往的经验在一定程度上可以帮助我使用直播教学	使用经验
11	我觉得直播教学对我的教学过程有一定的作用	有用性感知

(四) 模型构建

基于期望确认理论、自我决定论以及访谈分析构建教师在线教学持续行为意愿影响因素模型。

1. 持续行为意愿

持续行为意愿指的是教师在进行一段时间的在线教学后，打算继续采用在线教学的意愿程度。有用性感知指的是教师进行持续在线教学对其工作提升的程度。TAM 模型将有用性感知作为接受意愿的直接预测因子（除了其直接影响态度之外）（Davis，1989）。绩效的提高有助于获得奖励，比如升职或加薪（Vroom，1964）。这种"手段—目的"行为在很大程度上是基于认知决策规则或启发法，当面对类似的行为情境时，这些规则或启发法在没有经过有意识思考的情况下就会被激活，而不一定会激活与绩效或奖励相关的积极影响（Davis et al.，1989）。尽管有用性—意图的联系最初是在接受的背景下产生的，但它很可能是真实的、连续的，因为人类下意识地追求的行为或争取奖励的倾向与这种行为的时机或阶段无关，因此，当教师认为在线教学可以为其带来相应的绩效或奖励，例如在线教学可以改善教学绩效、增加学习灵活度时，其就越愿意采用在线教学。已有研究也证明有用性感知是持续行为意愿的关键激励因素（Bhattacherjee et al.，2008），本书提出 H80。

从概念上讲，满意是购买和使用的结果，是购买者对购买结果和购买成本相对于预期结果的比较。满意度和态度相似，可以看成是对各种产品或服务属性的满意度的总和。满意度是教师进行在线教学的结果，是教师对教学结果相对于预期结果的比较，可以看成是高校教师对在线教学各项结果的满意度的总和。满意是一种影响，代表积极（满意），与漠不关心或消极（不满）的感觉相对。TAM 模型提出态度与使用意愿呈正相关，相关研究表明，满意度是用户持续行为意愿的主要影响因素（Bhattacherjee et al.，2008）。在本书中，满意度是影响用户持续行为意愿的重要指标（Lee，2010；Islam，2013），基于上述理论，本书提出 H81。

内在动机指从事某项活动完全由自身对活动的兴趣或信念激发（Gagne & Deci，2005）。对在线教学有兴趣的教师会享受这一过程，并有坚持在线教学的愿望。先前研究证实，内在动机（如享受、专注、感知、兴趣）是用户持续使用某项技术意向的重要前因（Lee，2010；Islam，

2013）。因此，本书提出 H82。

H80：有用性感知与教师在线教学持续行为意愿呈正相关。

H81：满意度与教师在线教学持续行为意愿呈正相关。

H82：内在动机与教师在线教学持续行为意愿呈正相关。

2. 满意度

Oliver（1981）将期望确认模型扩展到消费领域，即"当不确定的期望情绪与消费者先前对消费体验的感受相结合时，所产生的综合的心理状态"。TAM 模型提出感知有用性与感知易用性是影响用户信息技术接受的显著因素，但后续的实证研究表明，有用性在态度上有实质性的影响，并且在使用的前期与后期阶段都是如此，而易用性在初期有着显著的作用，但在后期则变得不再显著，用户通过该系统获得经验，易用性问题似乎得到了解决，取而代之的是更为重要的考虑，包括提高一个人工作绩效的创新效率（Karahanna et al.，1999）。根据这些观察，有用性感知被认为是最显著的事后影响用户接受（满意度）的因素。本书提出 H83。

期望值提供基线水平，用户根据基线水平加以评估验证，以确定他们的评价响应或满意度。期望确认与使用满意度呈正相关，因为如果确认了，就会实现预期的好处，而不确认则表示无法实现预期。相关研究为这种关系提供了依据（Selwyn，1999；Sliwa & Collet，2000）。教师进行在线教学后，期望的结果会得到不同程度的确认（包括未达到、达到或超过预期），如果很多期待的功能没能实现，教师的满意度就会下降，本书在上述基础上提出 H84。

对在线教学真正有兴趣的用户，往往更可能对他们实际进行的在线教学感到满意（王文韬等，2014）。因此，本书提出 H85。

H83：有用性感知与教师在线教学满意度呈正相关。

H84：期望确认与教师在线教学满意度呈正相关。

H85：内在动机与教师在线教学满意度呈正相关。

3. 有用性感知

教师进行的持续在线教学质量越高，例如在线教学内容越丰富、越符合学习者的需求、在线教学学习者学习时间和地点较为灵活，以及在线教学可以满足学习者个性化学习的需要等，教师在线教学的有用性感知就会越提升。相关研究也证明，教学质量越高，用户的有用性感知就越强

(Lin & Wang，2012)。在上述基础上，本书提出 H86。

在线教学中，教师与学生或学生与学生通过网络社区、课堂交流等进行互动，教师解答学生的疑问，学生之间也可以进行交流互动。在混合式教学中，师生或生生不仅可以通过网络交流工具进行互动，还可以通过课堂交流的方式进行互动，使得师生之间的互动机会增多。如果教师在线上教学过程中可以与学生进行充分的互动，可以随时了解学生对知识的掌握状况以及学习状态，那么，对于教学效果的提升就具有一定的促进意义，教师在线教学有用性感知也会随之提升，基于此，本书提出 H87。

部分学者通过实证研究发现，信息质量能够显著影响用户的期望确认以及感知有用性（Lin & Wang，2012）。例如，用户可能对一个新事物的初始有用性感知很低，因为他们不确定该期待它实现什么。尽管如此，他们仍然可能想要接受它，目的是使他们的使用经验成为更具体感知的基础。尽管低初始有用性感知很容易被确认，但当用户意识到他们的初始有用性感知低的时候，这种感知可能会随着体验结果的确认而提高。这种联系的理论支持来自认知失调理论（Festinger，1957），这表明，如果用户在实际使用之前对有用性的认知不一致，他们可能会经历认知失调或心理紧张。理性用户可能试图通过修改他们的有用性来纠正这种认知失调，使其与现实更加一致。换句话说，确认会提高用户的有用性感知，而不确认会降低这种感知。因此，本书提出 H88。

H86：教学质量与教师在线教学有用性感知呈正相关。

H87：社会交互与教师在线教学有用性感知呈正相关。

H88：期望确认与教师在线教学有用性感知呈正相关。

4. 期望确认

教师在进行在线教学过程中若觉得可以进一步提高教学效果，例如学生的学习绩效可以得到提升，那么就会提高其有用性感知以及期望确认水平（Raaij & Schepers，2008），本书提出 H89。

当学习者在线上教学时可以进行更好的交互，例如学习者有更多的机会向教师提出自己的问题并且获得解答，学习者可以与其他学习者有充分的讨论机会时，教师线上教学期望确认感知也就会更强，本书提出 H90。

H89：教学质量与教师在线教学期望确认呈正相关。

H90：感知交互性与教师在线教学期望确认呈正相关。

5. 内在动机

自我决定理论认为，如果有感知自主性则会增强内在动机。这意味着在进行混合式教学的过程中，内在动机很可能与教师的自主程度成正向关联，即教师可以根据兴趣、爱好进行教学，此时体现的是内在动机形式，本书提出 H91。

若教师认为个人能力越能胜任在线教学，其进行在线教学的兴趣就会越浓，其内部动机也就越高；当教师感知能力需求得到满足后，其感受到了在线教学的有用性，就会使其有更大的信心和兴趣参与混合式教学，促使他们更好地进行在线教学，提升动机水平，本书提出 H92。

我们可以假设，教师在线上教学前会产生某种预期（如关于教学效果、学生个性化学习等），使用线上教学后会得到不同程度的确认（如超过、达到或未达到预期），而确认的水平将会影响他们的动机和满意度，本书提出 H93。

H91：感知自主性与教师在线教学内在动机呈正相关。

H92：感知能力与教师在线教学内在动机呈正相关。

H93：期望确认与教师在线教学内在动机呈正相关。

最终，在上述讨论的基础上，本书提出教师在线教学持续采纳影响因素模型（如图 4 - 17）。

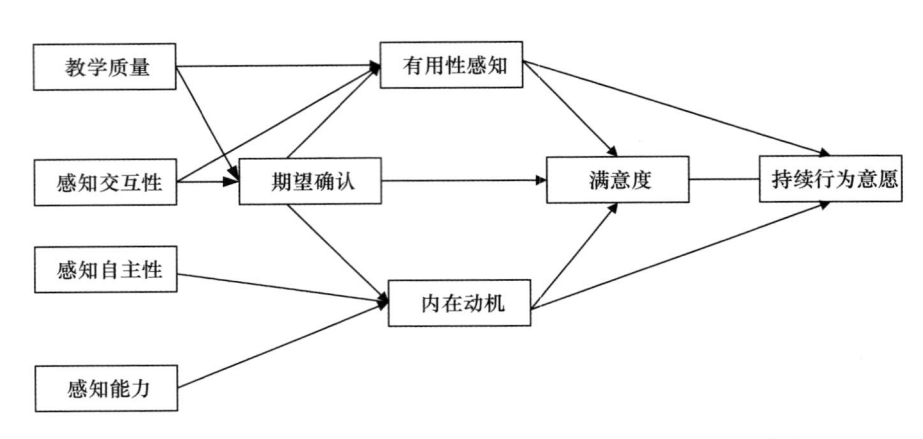

图 4 - 17 混合教学环境下教师在线教学持续行为意愿影响因素模型

三 实证研究

(一) 问卷的设计与发放

问卷主要包括人口学变量与观测变量两部分。在已有成熟问卷的基础上设计本书调查所使用的问卷（见表 4-47）。问卷除了人口学变量等题目外，其余题目均采用李克特五级量表，分别为非常不同意、不同意、不确定、同意、非常同意，对应 1 分、2 分、3 分、4 分与 5 分。通过问卷星与当面两种方式进行问卷的发放。面向中小学教师发放问卷。最终回收问卷 1271 份，去除填答不全、高度一致等问卷，最终保留 1060 份有效问卷。人口学统计分布见表 4-48。

表 4-47　　　　　　　　　　问卷的设计

持续行为意愿	我有意愿继续进行在线教学	Bhattacherjee, 2001 Lin & Wang, 2012
	我有意愿将来定期进行在线教学	
	我会将在线教学形式推荐给其他教师	
满意度	我对在线教学的决策感到满意	Bhattacherjee, 2001 Lin & Wang, 2012
	我对在线教学的效果是满意的	
	我在线教学的经历是愉快的	
	总的来说，我对在线教学感到满意	
期望确认	我进行在线教学的经历比我预期得还要好	Bhattacherjee, 2001 Lin & Wang, 2012
	在线教学方式比我预期得要好	
	总的来说，我对在线教学的预期都得到了证实	
有用性感知	我认为有时候在线教学可以提高我的教学绩效	Bhattacherjee, 2001 Lin & Wang, 2012
	我认为有时候在线教学可以提高学生的学习效果	
	在线教学可以解决我教学中的一些问题，例如学生有更充分的讨论时间	
	在线教学为我的教学提供了更大的控制权	
	单位对在线教学工作量可以进行很好的度量	
	总而言之，在线教学对我来说是有用的	

续表

教学质量	在线教学可以实现我的教学目标	Lin & Wang, 2012
	在线教学可以达到预期的教学效果	
	在线教学可以进行良好的教学评价	
	在线教学可以对学生的学习过程进行有效的监控	
	在线教学有利于个性化学习	
社会互动	在线教学时，我可以与学生进行很好的互动	戴和忠，2014 钱瑛，2015
	在线教学时，我可以很好地回答学生的问题	
	在线教学时，学习者总是能给我及时反馈	
	在线教学时，我能方便地发表观点或分享观点	
内部动机	我进行在线教学是因为兴趣	Gagné & Deci, 2005 Roca & Gagné, 2008
	我进行在线教学是因为喜欢	
感知自主性	在线教学时，我可以自主选择教学平台	Sorebo et al., 2009 Roca & Gagné, 2008
	在线教学时，我可以自主决定教学进度	
	在线教学时，我可以自主决定教学地点	
	在线教学时，我可以自主设定教学目标	
感知能力	我觉得我有能力用好在线教学系统	Sorebo et al., 2009 Roca & Gagné, 2008
	我觉得我有能力使用在线教学方式	
	在教学中使用在线教学系统会让我有成就感	
	我觉得我有能力协调好在线教学中日常的各类教学任务	

表4-48　　　　　　　　　　　人口学分布

性别		年龄					学科		
男	女	20—30岁	31—40岁	41—50岁	51—60岁	60岁以上	理科	文科	工科
46.4	53.6	18.4	44.9	29.5	7.2	2.7	35.8	26.8	36.5

问卷卡方值为 $X^2 = 710.372$,sig = 0.000,适合做探索性因子分析。对其进行信度和效度的检验。采用 Cronbach'α 系数进行信度的检验,经过 SPSS 17.0 的计算,所有潜变量的 Cronbach'α 系数均在 0.9—1,可以说明问卷具有良好的信度。效度检验包括聚合效度与交互效度。通过 AMOS 21.0 进行验证性因子分析,发现所有观测变量的因子载荷均大于 0.5,组合信度(Composite Reliability,CR)大于 0.7,平均萃取方差(Average Variance Extracted,AVE)大于 0.5,这说明问卷具有良好的聚合效度(见表 4-49)。采用 SPSS 17.0 进行计算,得到所有潜变量的平均萃取方差的均方根均大于其他潜变量的相关系统,这表明问卷具有良好的交互效度(见表 4-50)。

表 4-49　　　　　　　　　　信度与效度分析

潜变量	观察变量	均值	标准差	因子载荷	Cronbach'α	CR	AVE
持续使用意愿	CBI1	3.48	1.236	0.853	0.914	0.9140	0.7800
	CBI2	3.48	1.262	0.872			
	CBI3	3.46	1.241	0.923			
满意度	SAT1	3.51	1.240	0.862	0.930	0.9303	0.7695
	SAT2	3.54	1.195	0.877			
	SAT3	3.50	1.219	0.910			
	SAT4	3.53	1.205	0.859			
有用性感知	PU1	3.61	1.242	0.836	0.900	0.8735	0.5821
	PU2	3.64	1.234	0.833			
	PU3	3.49	1.237	0.700			
	PU4	3.51	1.246	0.767			
	PU5	3.60	1.256	0.663			
期望确认	EC1	3.48	1.210	0.868	0.919	0.9183	0.7894
	EC2	3.49	1.227	0.904			
	EC3	3.48	1.207	0.893			
内在动机	MOV1	3.35	1.248	0.874	0.968	0.9644	0.9313
	MOV2	3.35	1.262	0.949			

续表

潜变量	观察变量	均值	标准差	因子载荷	Cronbach'α	CR	AVE
内容质量	CQ1	3.57	1.224	0.861	0.927	0.9083	0.8322
	CQ2	3.56	1.207	0.801			
	CQ3	3.57	1.199	0.798			
	CQ4	3.55	1.210	0.883			
感知交互性	PI1	3.37	1.218	0.835	0.889	0.8901	0.6695
	PI2	3.34	1.238	0.803			
	PI3	3.36	1.216	0.839			
				0.795			
感知自主性	PA1	3.59	1.234	0.772	0.861	0.8625	0.6109
	PA2	3.63	1.208	0.790			
	PA3	3.55	1.226	0.824			
	PA4	3.60	1.232	0.738			
感知能力	SA1	3.55	1.229	0.840	0.882	0.8885	0.6663
	SA2	3.56	1.223	0.854			
	SA3	3.47	1.233	0.762			
	PR2	3.48	1.206	0.806			

表 4-50　　　　　　　　交互效度检验

变量	行为意愿	有用性感知	内容质量	社会交互	期望确认	满意度	内在动机	感知自主性	感知能力
行为意愿	.883	.761	.712	.556	.619	.673	.585	.629	.649
有用性感知	.761	.763	.767	.623	.690	.659	.592	.652	.656
内容质量	.712	.767	.912	.703	.830	.801	.693	.771	.804
社会交互	.556	.623	.703	.818	.781	.718	.730	.615	.700
期望确认	.619	.690	.830	.781	.888	.828	.740	.769	.841
满意度	.673	.659	.801	.718	.828	.877	.817	.821	.862
内在动机	.585	.592	.693	.730	.740	.817	.965	.738	.795
感知自主性	.629	.652	.771	.615	.769	.821	.738	.782	.848
感知能力	.649	.656	.804	.700	.841	.862	.795	.848	.816

采用 AMOS 21.0 对数据进行拟合度检验,除了 CFI 略低于标准值外,其余指标均满足要求,说明问卷拟合度可以接受(见表 4-51)。

表 4-51 拟合度检验

		评价标准	实际值	是否接受
绝对拟合度指标	X2/df	小于 3.0	2.613	是
	GFI	大于 0.9,越接近 1 越好	0.943	是
	RMR	小于 0.5,越接近 0 越好	0.045	是
	RMSEA	小于 0.1,越接近 0 越好	0.082	是
增值拟合度指标	AGFI	大于 0.9,越接近 1 越好	0.922	是
	NFI	越接近 1 越好	0.900	是
	CFI	越接近 1 越好	0.912	是
	IFI	越接近 1 越好	0.912	是
精简拟合度指标	AIC	越小越好	247.288	是
	ECVI	越小越好	6.544	是

(二)研究结果

采用 AMOS 21.0 进行分析,在 14 条研究假设中,有 10 条通过了检验(见表 4-52)。

表 4-52 回归分析

假设路径	系数值	S.E.	C.R.	P	假设	是否通过
持续行为意愿←有用性感知	.217	.111	2.237	.025	H80	通过
持续行为意愿←满意度	.624	.096	6.723	***	H81	通过
持续行为意愿←内在动机	.090	.048	1.890	.049	H82	通过
满意度←有用性感知	.607	.110	6.140	***	H83	通过
满意度←期望确认	.318	.096	3.292	***	H84	通过
满意度←内在动机	-.02	.046	-.427	.669	H85	不通过

续表

假设路径	系数值	S.E.	C.R.	P	假设	是否通过
有用性感知←教学质量	.632	.083	7.576	***	H86	通过
有用性感知←社会交互	-.013	.076	-.174	.862	H87	不通过
有用性感知←期望确认	.342	.067	4.547	***	H88	通过
期望确认←教学质量	.573	.089	7.033	***	H89	通过
期望确认←社会交互	.328	.095	4.041	***	H90	通过
内在动机←感知自主性	.155	.118	1.469	.142	H91	不通过
内在动机←感知能力	.329	.153	2.789	.005	H92	通过
内在动机←期望确认	.310	.073	4.333	***	H93	不通过

说明：*** 表示 $P<0.001$。

（三）讨论

1. 有用性感知、满意度与内在动机均与教师在线教学持续行为意愿呈正相关

有用性感知（系数值 = 0.217，$p<0.05$）、满意度（系数值 = 0.624，$p<0.001$）以及内在动机（系数值 = 0.09，$p<0.05$）与教师在线教学持续行为意愿正相关，其中满意度对持续行为意愿的影响最大。有用性感知不仅对持续行为意愿有直接正向影响，还通过影响满意度而对持续行为意愿产生间接影响，总效应为 0.596。当教师认为在线教学有用的时候，其持续行为意愿就会得到很大的提升。这和一些传统的研究结果一致，即有用性感知是行为意愿的关键影响因素之一（Lee et al., 2009；Cheng, 2013）。教师对在线教学的有用性感知可以从多方面体现出来，包括需求契合程度、学习灵活性以及在线教学的度量等。而满意度对持续行为意愿的影响要大于有用性感知，内在动机对持续教学行为意愿产生的影响较小。后续的访谈也印证了这一点，教师更多地谈到混合式教学对教学工作的改善，例如对教学效果的提升程度，而对内部动机的提及则较少。可以看出，提升教师对在线教学的有用性感知与满意度，可以有效提升教师在线教学的持续行为意愿。经过进一步分析可知，有用性感知与满意度对持续行为意愿的解释度为 67.8%，解释力良好。本次调研显示，满意度对行

为意向的影响最大，但总体来说满意度还较低，尤其是对在线教学效果满意度最低（均值为3.33）。提升教师对在线教学的满意度是提升高校教师在线教学持续采纳的最为重要的途径。

2. 有用性感知、期望确认均与教师在线教学满意度呈正相关

有用性感知（系数值＝0.607，$p<0.001$）、期望确认（系数值＝0.318，$p<0.001$）均与满意度呈正相关。本次研究结果与之前的研究结果一致。期望确认不仅直接正向影响满意度，也通过期望确认间接影响满意度，总效应为0.519。有用性感知对满意度的影响要大于期望确认对满意度的影响。因此，应努力提升学习者的期望确认水平。此次所构建的模型对于教师在线教学满意度的解释度为84%。从本次调研来看，期望确认水平还较低（3.34），教师对在线教学的期望确认水平还有待提升。通过访谈可以发现，很多课程还没有很好地发挥在线教学的优势，有必要在在线教学模式、在线教学资源的制作、社会互动等方面进行完善。内部动机与满意度的相关关系未通过检验，这与相关研究结果一致（杨根福，2018），还可能与教师在后期较为注重在线教学所带来的工作提升程度有关。

3. 教学质量、期望确认与教师在线教学有用性感知呈正相关

教学质量（系数值＝0.632，$p<0.001$）、期望确认（系数值＝0.342，$p<0.001$）与有用性感知呈正相关，其中，教学质量的影响更大，这与之前的一些研究结果一致。教学质量不仅直接正向影响有用性感知，而且通过影响期望确认对有用性感知产生间接影响，教学质量对有用性感知的影响总效应为0.841。在线教学是否可以提升教学效果，例如是否可以实现个性化教学，对高校教师在线教学有用性感知的影响最大。相关研究指出，翻转课堂有利于高阶思维的培养（方旭、高若宇，2016），基于微课的翻转课堂是目前常见的教学模式。从上述研究可以看出，提升教学质量是改善教师混合式教学环境下在线教学行为意愿的关键。社会交互与有用性感知的相关关系未通过检验，通过访谈发现，虽然在线教学给予教师与学生很多交互的机会，但并未取得很好的效果，师生交互明显不足，学生在看视频过程中遇到问题并没有向教师寻求帮助，这可能是社会交互与有用性感知相关关系未通过检验的原因。经过计算可知，本次模型对有用性感知的解释度为69%。本次调研显示，教师教学质量感知还有待提升，尤

其是在线教学可以对学生的学习过程进行有效监控的得分（均值为 3.17 分）最低。与面授方式不同，在线教学师生往往不在同一物理空间，在线学习需要学生更多的自觉性和更强的自主学习能力。相关研究也指出，对学习者的在线学习过程难于监控（方旭，2019），这需要从技术、教学模式等层面完善在线教学。

4. 教学质量、社会交互与教师在线教学期望确认呈正相关

教学质量（系数值 = 0.573，$p < 0.001$）、社会交互（系数值 = 0.328，$p < 0.001$）与期望确认呈正相关，教学质量对期望确认的影响要大于社会交互对期望确认的影响。从本次调研的结果来看，模型对期望确认的解释达到了 88.8%。因此，可以通过提升教学质量与社会交互水平提升期望确认。这要求我们不光要进行在线教学，更重要的是切实通过各种努力提升在线教学的效果，让学生感觉到混合教学比单纯的面授教学可以取得更好的教学效果。混合教学的一个很大的优点就是可以给学生提供更多的师生交互机会，解决学生的个性化问题，师生通过充分的交互，使得混合教学的效果比单纯面授教学的效果更好。

5. 感知能力与教师在线教学内部动机呈正相关

感知能力（系数值 = 0.329，$p < 0.01$）与内部动机呈正相关。这与之前的部分研究结果一致。教师对混合式教学方式使用得越有信心，信息技术素养越高，其进行在线教学的动机就会越强烈。而期望确认、感知自主性与内部动机的相关关系并未通过检验。在线教学并不像慕课那样，教师可以自主决定教学时间等。通过访谈发现，虽然有的教师在线教学期望确认水平没有达到预期，但这并不代表教师对在线教学的兴趣低，一些教师通过自我学习等途径不断完善在线教学能力。从本次调研的结果来看，模型对期望确认的解释达到 71.8%。

最终得到混合教学环境下教师在线教学持续采纳的影响因素模型图（如图 4 - 18）。

四 对策建议

从本次调研来看，后疫情时代教师在线教学模式呈现多样化，但是教师在线教学行为以及行为意向有待改善，例如教师在线教学行为均值仅为 3.71（见图 4 - 19 与表 4 - 53）。

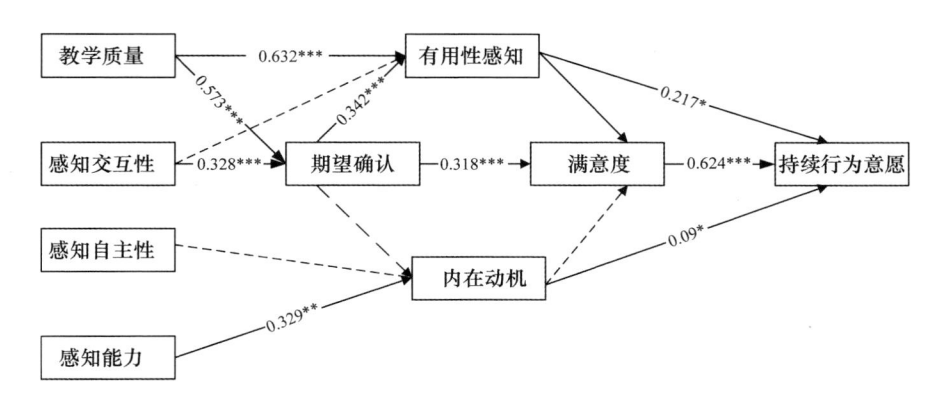

图 4-18 教师混合式采纳影响因素最终模型图

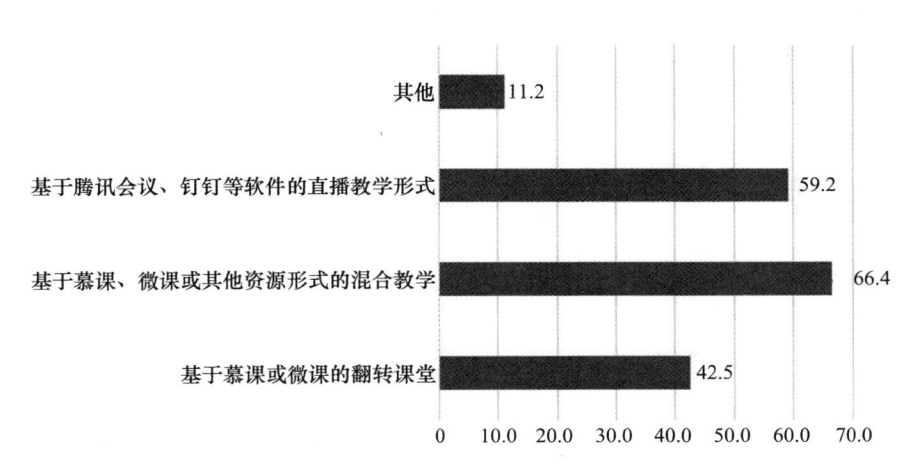

图 4-19 教师混合式教学模式（%）

表 4-53　　　　　　　　　　　　行为与行为意向统计值

	个案数	最小值	最大值	平均值	标准差
疫情后我仍然坚持进行在线教学	1060	1	5	3.40	1.139
我将在线教育与面授教学相结合	1060	1	5	3.73	1.014
我根据需求采用在线教学	1060	1	5	3.89	.952
我不断调整与优化在线教学	1060	1	5	3.85	.993
在线教学在我教学中已成为常态化形式	1060	1	5	3.37	1.116

续表

	个案数	最小值	最大值	平均值	标准差
我有意愿继续进行在线教学	1060	1	5	3.65	.989
我有意愿定期进行在线教学	1060	1	5	3.65	.997
我会将在线教学推荐给其他教师	1060	1	5	3.60	.989
有效个案数	1060				

基于以上研究，提出如下对策建议。

（一）提升教师理论水平

经访谈发现，很多教师尤其是非教育技术学专业出身的教师对混合式教学的理论、模式等缺乏了解，这影响了在线教学的效果，降低了教师对在线教学的期望确认与满意度水平，同时也是在线教学推进过程中的一大问题。提升教师在线教学的理论水平是目前较为紧迫的一项任务，包括混合式常见的教学模式内涵、优秀案例、保障措施等。教师混合式教学相关理论水平的缺失影响了混合式教学的效果，降低了教师对在线教学的期望确认与有用性感知。因此，切实提升教师混合式教学理论水平是教师参与在线教学的重要措施之一。可以对教师展开培训。培训被认为是十分重要的干预措施之一，实施培训后会有更大的用户接受度。在线教学越来越复杂系统，培训的作用也越来越重要。但这些系统也具有破坏性，有可能引起员工的负面反应。有效的培训干预可以减轻这些负面反应并帮助员工对系统形成有利的看法。

（二）建立专门的混合式研讨网站与社区

后疫情时代是线上线下融合的混合教育时代，智慧教育中混合式教学成为常态。学校有必要建立专门的混合式教学研讨社区，供正在进行或即将进行混合式教学的教师研讨交流，以便教师的问题得到及时解决，这将有助于提升教师在线教学的期望确认水平与满意度，对提升教师混合式教学持续行为意愿的作用十分重要。同行之间的研讨也非常重要，教师之间的探讨对促进教师对混合式教学的理解，改善混合式教学具有重要的意义。同时，还要聘请相关专家进行在线辅导，如果仅是教师自由交流，而缺乏专家的指导，讨论效果会大打折扣。来自相同或不同业务单位的同事在其他组织中可能是干预措施的重要来源，导致更多的用户提高对系统的接受程度。用户可以从他们的同行那里获得关于工作相关性、系统产出质量和结果的可证明的看法。

(三) 进行个性化一对一指导

目前,邀请相关专家进行信息技术应用讲座是常见的举措之一,但这样不利于教师个性化问题的解决。有必要对教师混合教学实际应用过程进行一对一诊断、指导与优化,这样可以取得更好的效果。可以指定相关专家展开校内帮扶,所涉及的专家包括教育技术专家、学科专家等。一方面要请教育技术学专家对教师混合式教学给予理论指导,因为教育技术学专家在教育技术学方面掌握的理论往往十分深厚,另一方面,也要邀请相关学科专家进行指导,因为学科专家在学科教育技术应用方面经验可能更多。要将内部或外部专家作为干预来源。组织内部和外部专家都可以帮助用户处理与新系统和业务相关的复杂过程。专家可以在确定感知有用性和感知易用性方面发挥关键作用。例如,专家可以帮助员工修改新系统的某些方面,从而增加系统的工作相关性、输出质量和结果可证明性。

(四) 改善绩效感知

目前学校存在的一个问题是一些教师对混合式教学的绩效感知较低。要进一步明确混合式教学工作量的认定。通过访谈可以发现,混合式教学往往需要花费更多的时间与精力,包括在线教学资源的制作与维护、课堂讨论的设计与运行以及测试题的设计与答疑等,对教学工作量的科学认定也是制度常态化的重要方向,目前中国很多高校在这方面还不够明晰。

第七节 中小学生在线学习采纳的影响因素

一 引言

在疫情期间,教师采用钉钉等平台进行教学直播,中小学生通过在线听课、上传作业等形式参与网络教学,实现了停课不停学。在此次全国中小学生大规模在线学习中,"数字土著"的学习参与情况差强人意。为了解中小学生在线教学参与的影响因素,不断改善在线学习行为与在线学习效果,特进行了本次调查。目前还缺乏对中小学生在线学习影响因素的理论与实证分析,本书基于相关理论对这个问题展开深入分析,在此基础上提出中小学在线学习改善的建议与对策。这对于促进中小学在线学习的深入发展、提升中小学在线学习的效果与效率以及推进双减政策的深入实施，具有一定的理论与现实意义。

二　模型构建

（一）技术接受与统一模型

文斯卡特（Venkatesh，2003）等人提出了技术接受和使用整合理论模型（UTAUT 模型），该模型对行为意向的预测力达到 70%。该模型提出了四个原始变量以及若干个调节变量。本书在 UTAUT 模型的基础上提出了中小学生在线学习行为影响因素模型。

（二）中小学生在线学习采纳影响因素理论模型构建

1. 在线学习行为

中小学生在线学习行为指的是中小学生参与在线学习各项活动的程度，这可以从多个方面进行测量，包括中小学生是否积极参与在线直播听课及互动、是否积极完成相关在线学习资源的学习、是否积极与教师或其他同学进行在线互动、是否积极完成教师布置的各项学习任务等。中小学生在线学习行为意向指的是中小学生愿意参与在线学习的程度。大量研究表明，技术使用行为意向与技术使用行为呈正相关（方旭，2015；Venkatesh，2008）。中小学生越愿意参与在线学习，其在线学习使用行为就越会得到改善。中小学生参与在线学习的意愿越低，其参与在线学习所产生的抵触情绪就会越强烈，其参与在线学习的程度就会越低，在线学习效果也就越差。基于以上研究，本书提出 H94。

促成条件指的是中小学生认为其参与在线学习的组织方面与技术方面的支持程度，包括提供相应的网络教学平台与资源、对如何使用网络教育平台与资源的培训以及当在线学习遇到困难时能否得到及时帮助或辅导等。中小学生在线上学习过程中需要一定的帮助，例如教师对网络教育平台使用操作的引导以及使用过程中的答疑解惑等。中小学生得到的帮助越充分，其在线学习行为就会越顺利，进而其在线学习的积极性、使用效果等就越会得到提升。在上述研究的基础上提出 H95。

H94：行为意向与使用行为呈正相关。

H95：促成条件与使用行为呈正相关。

2. 行为意向

行为意向是指中小学生认为对他/她重要的人（例如教师、家长以及同学）觉得他/她应该参与在线学习的程度。以教师为例。当教师认为中小学生应该参与在线学习的程度越深时，他们会因为害怕不参与而受到惩罚，进而他们参与在线学习的意愿就越会得到增强。大量研究也证明了类似的结论（Fishbein & Ajzen，1975；Venkatesh & Davis，2000）。基于以上研究，本书提出 H96。

H96：社群影响与行为意向呈正相关。

3. 绩效感知

绩效感知指的是中小学生认为参与在线学习对其学习提升的程度。网络教育资源对于实现个性化教育、提升学生学习兴趣以及学习成绩等方面具有一定的促进意义，对学习提升的作用可以从多个方面显现出来，包括对其答疑解惑、提升其知识理解与应用水平等。当中小学生认为参与在线学习对其学习提升的作用越大时，他们越愿意参与在线学习。大量研究表明，绩效预期与技术使用行为意向呈正相关（方旭，2016；Venkatesh et al.，2003）。因此，本书提出 H97。

努力预期指的是中小学生认为参与在线学习的容易程度。这可以从以下一些方面体现出来，包括在线教育平台是否容易使用、是否有操作指南进行学习指导等。当中小学生认为在线学习越容易进行，例如访问方便、有相应的学习辅导时，中小学生在线学习就会越顺利，其使用意向就会提升。反之，如果中小学生在线学习面临着重重困难以及不能够顺利进行，中小学生参与在线学习的意向就会随之下降。因此，本书提出 H98。

娱乐性感知指的是中小学生感受到参与在线学习所带来的娱乐程度，而与参与在线学习的绩效无关。相关研究表明，娱乐性感知对行为意向有一定的正向影响（Venkatesh，2008）。当中小学生线上学习的过程中感觉越愉快，他们就越愿意参与在线学习。因此，提出 H99。

H97：绩效感知与行为意向呈正相关。

H98：努力预期与行为意向呈正相关。

H99：娱乐性感知与行为意向呈正相关。

TAM2 提出了三种社会影响机制，分别是顺从、认同和内化。顺从代表一种情况，在这种情况下，一个人为了获得某种奖励或避免惩罚而实施的一种行为（Miniard & Cohen，1979）。认同指的是一个人相信实施一种行为会提升他或她在被指涉群体中的社会地位，因为重要的被指涉者认为该行为应该被实施（Venkatesh & Davis，2000）。内化被定义为将所指对象的信仰纳入自己的信仰结构（Warshaw，1980）中。经进一步推论可以得出，随着用户获得更多的系统体验，主观规范对感知有用性和行为意图的影响将随着时间的推移而减弱。因此，本书提出 H100、H101。

H100：社群影响与绩效感知呈正相关。

H101：努力预期与绩效感知呈正相关。

4. 调节作用

根据 UTAUT 模型中的调节理论，结合中小学生在线学习的特点，本书提出中小学生的性别（分为男和女）以及自愿性（包括是和不是两个选项）可能对模型中的相关路径具有一定的调节作用，这有待后续实证数据的验证。提出中小学生在线教育资源采纳的影响因素模型（见图 4-20）。

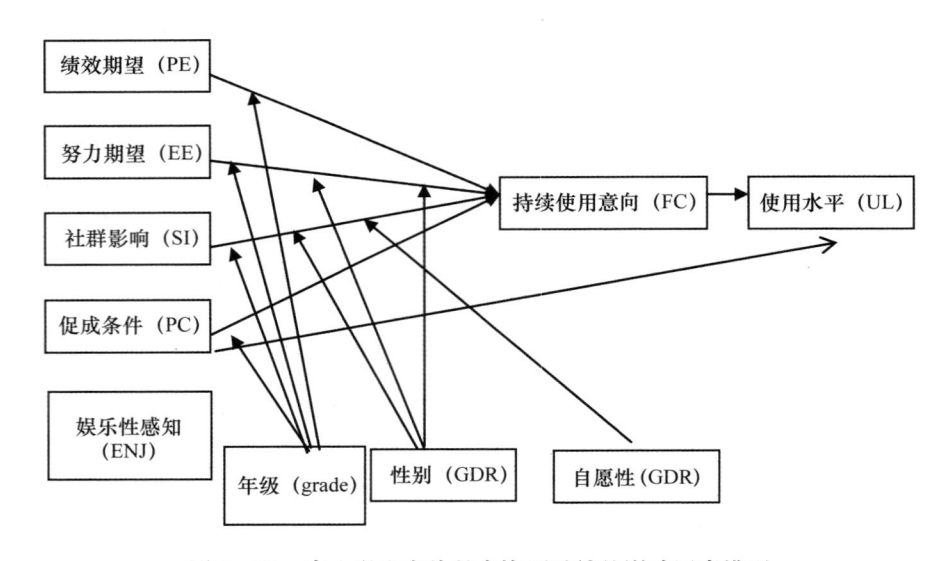

图 4-20 中小学生在线教育资源采纳的影响因素模型

三 研究过程与结果

（一）问卷设计与发放

在参考已有成熟问卷的基础上进行问卷设计（见表4-54）。各观测变量的题项采用李克特计量表进行提问，包括非常不同意、不同意、不确定、同意、非常同意。以问卷星的方式针对中小学生进行问卷的发放。共回收1322份问卷，剔除高度一致等可疑问卷，保留有效问卷1218份，有效率为92.1%。相关人口学变量的分布如图4-21和图4-22所示。

表4-54

潜变量	观测变量	参考文献
使用水平	我积极参与在线学习	
	在学习中，我坚持认真完成每节在线直播课程的听课	
	我坚持完成教师布置的每项在线学习任务	
	我不断学习，以提升在线学习的效果	
	我经常使用在线教育资源进行学习	
使用意向	我愿意通过网络进行在线学习	
	如果具备了相应的条件，我将通过网络进行在线学习	
	我计划使用在线教育资源进行学习	
社群影响	周围同学都在积极参与在线学习，对我具有一定的影响	
	老师希望我认真完成在线学习各项任务	
	父母希望我认真进行在线学习	Venkatesh，2003
绩效期望	在线学习可以获得良好的学习效果	
	在线学习可以满足我一定的学习需要	
	在线教育可以给我答疑解惑	
	总之，进行在线学习是有用的	
努力期望	与在线学习相关的网络操作是清晰的和容易理解的	
	学会使用在线教育资源是轻松的	
	总之，我认为在线学习是容易实现的	
促成条件	我具备进行在线学习的计算机网络条件	
	我可以找到进行在线学习相关的操作和理论知识	
	当在线学习遇到困难时，可以找到相关的人员帮我或通过其他途径获得帮助	
娱乐性感知	我觉得在线学习是有趣的	杨根福，2016
	在线学习的过程中我会有一定的愉悦感	

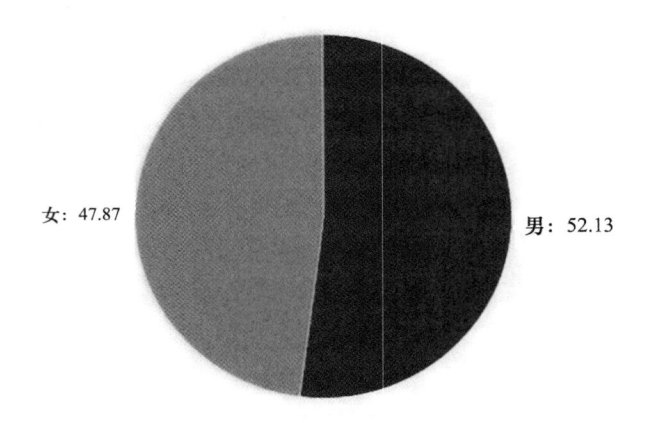

中国非学科类 K12 在线教育的治理路径

图 4-21 问卷受访者的性别分布（%）

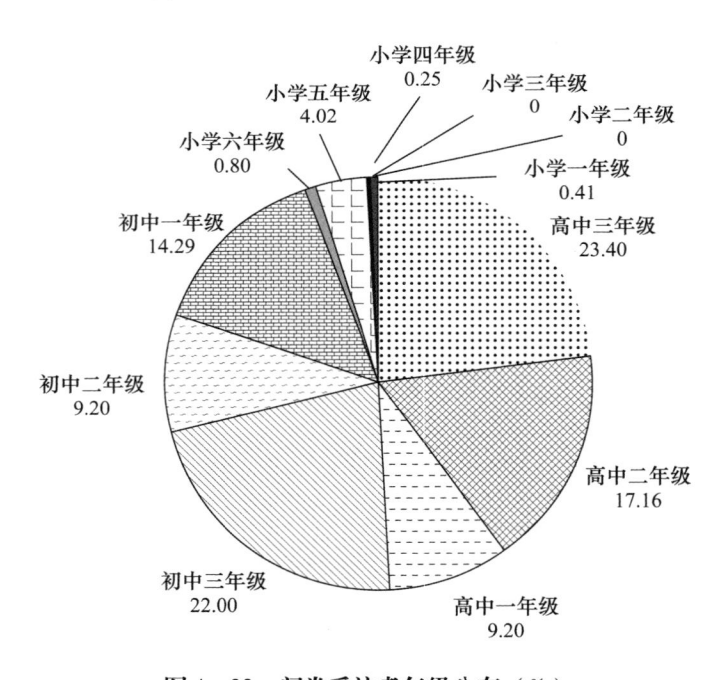

图 4-22 问卷受访者年级分布（%）

（二）信度与效度检验

对问卷进行信度与效度分析。信度采用 Cronbach'α 一致性系数进行检验。经过 SPSS 17.0 的计算，本次问卷各潜变量的 Cronbach'α 一致性系数均大于 0.7，这说明问卷具有良好的信度。效度从聚合效度与交互效度两方面进行分析。通过 AMOS 21.0 的计算，发现各观测变量的因子载荷均大于 0.7，组合信度（composite reliability，CR）大于 0.7，平均萃取方差（Average Variance Extracted，AVE）都大于 0.5，这说明问卷具有良好的聚合效度（相关数据见表 4-55）。从表 4-55 中可以看出，各潜变量平均萃取方差的均方根均大于其与其他潜变量的相关系数，说明问卷具有良好的交互效度（见表 4-56）。

表 4-55　　　　　　　　　　信度和效度检验

	因子载荷	Cronbach'α	CR	AVE
USE1	0.931	0.928	0.936	0.7850
USE2	0.836			
USE3	0.905			
USE4	0.870			
BI1	0.901	0.950	0.9507	0.8654
BI2	0.953			
BI3	0.936			
PE1	0.893	0.955	0.9559	0.8443
PE2	0.925			
PE3	0.922			
PE4	0.935			
SI1	0.904	0.829	0.8728	0.702
SI2	0.947			
SI3	0.626			
EE1	0.905	0.942	0.9425	0.8453
EE2	0.933			
EE3	0.920			
FC1	0.880	0.937	0.9393	0.8377
FC2	0.959			
FC3	0.905			
ENJ1	0.966	0.959	0.9592	0.9216
ENJ2	0.954			

表 4-56　　　　　　　　　　交互效度分析

	Q3	Q4	Q9	Q6	Q7	Q8	Q11
Q3	.886	.699	.643	.685	.720	.683	.637
Q4	.699	.930	.634	.594	.797	.746	.758
Q9	.643	.634	0.915	.737	.700	.788	.668
Q6	.685	.594	.737	.838	.663	.683	.619
Q7	.720	.797	.700	.663	.919	.836	.813
Q8	.683	.746	.788	.683	.836	.919	.788
Q11	.637	.758	.668	.619	.813	.788	.960

（三）拟合度分析

根据荣泰生（2009）的观点，所有指标都符合要求，通过了检验，说明数据拟合度良好（见表 4-57）。

表 4-57

		评价标准	实际值	是否接受
绝对拟合度指标	X^2/df	小于 3.0	2.421	是
	GFI	大于 0.9，越接近 1 越好	0.903	是
	RMR	小于 0.5，越接近 0 越好	0.046	是
	RMSEA	小于 0.1，越接近 0 越好	0.062	是
增值拟合度指标	AGFI	大于 0.9，越接近 1 越好	0.922	是
	NFI	越接近 1 越好	0.942	是
	CFI	越接近 1 越好	0.948	是
	IFI	越接近 1 越好	0.948	是
精简拟合度指标	AIC	越小越好	255.281	是
	ECVI	越小越好	5.554	是

（四）回归分析结果

采用 AMOS 21.0 进行计算，有四条假设得到验证，有两条未得到验证（见表 4-58）。

表 4-58　　　　　　　　　　　　路径图

假设路径	系数值	S. E.	C. R.	P	假设	是否通过
使用水平←使用意向	.405	.025	16.276	***	H1	是
使用水平←促成条件	.388	.032	11.975	***	H2	是
使用意向←社群影响	.026	.039	1.097	.273	H3	是
使用意向←绩效期望	.479	.047	10.331	***	H4	否
使用意向←努力期望	.118	.054	2.563	.010	H5	否
使用意向←娱乐性感知	.273	.037	7.449	***	H6	是

（五）模型解释度

根据容泰生（2009）的分析，当模型对被解释变量的解释度超过40%的时候，可以说模型的解释力良好。通过计算，本次模型的解释力良好，对使用水平、使用意向的解释度分别达到了58.3%、72.5%（见表4-59）。

表 4-59

	估计值
使用意向	.725
使用水平	.583

（六）调节效应

调节效应中调节变量为性别时，1代表男，2代表女。在调节变量为自愿性时，1代表自愿，2代表非自愿。当调节变量为年级时，1代表小学，2代表初中，3代表高中。根据荣泰生2009年出版的《AMOS与研究方法》中所讲到的研究方法，即在 $p = 0.05$ 的水平下，当临界比率的绝对值 >1.96 时，不同群组回归系数之间具有显著差异。通过计算发现，在本次调研中性别并未对相关路径起到调节作用，而自愿性则在多条路径上显现出调节性（见表4-60）。同时，年级在一些路径上也起到了一定的调节作用。社群影响对使用意向的影响受到了自愿性的调节。对于非自愿参加在线学习的学生来说,社群影响对使用意向的影响要比自愿参加在线学习的学生大。这说明可以通过增加社群影响进而提升非自愿参加在线学习的学生的学习意愿。娱乐性感知对使用意向的影响受到了自愿性的调节。对于非自愿参加在线学习的学生来说,娱乐性感知对使用意向的影响要比自愿参加在线学习的学生大。这说明可以通过增加娱乐性期望进而提升非自愿参加在线学习的学生的学习意愿。本次研究也发现,年级在多条模型路径上具有调节作用(见表4-61)。绩效感知对使用意向的影响受到了年级的调节。对于年级较高的参加在线学习的学生来说,绩效感知对使用意向的影响要比年级较低参加在线学习的学生大。这可能与高年级学生面临着高中入学考试以及大学入学考试有关,年级越高的学生对于学习成绩提升的需要就越大。这说明可以通过增加绩效感知进而提升低年级参加在线学习的学生的学习意愿。社群影响对使用意向的影响受到了年级的调节。对于高年级参加在线学习的学生来说,社群影响对使用意向的影响要比较低年级参加在线学习的学生大。这说明可以通过增加社群影响进而提升低年级参加在线学习的学生的学习意愿。

表4-60　　　　　　　　　**性别与自愿性的调节效应**

	性别(1/2)	是否通过	自愿性(1/2)	是否通过
使用意向←绩效期望	.163	否	0.652	否
使用意向←努力期望	.581	否	1.017	否
使用意向←社群影响	-1.544	否	3.385	是
使用意向←娱乐性感知	.454	否	-2.992	是
使用水平←使用意向	1.757	否	1.427	否
使用水平←促成条件	-1.397	否	-0.274	否

表4-61　　　　　　　　　　**年级的调节效应**

	年级			是否通过
	1/2	1/3	2/3	
使用意向←绩效期望	2.230	2.078	0.015	是
使用意向←努力期望	-1.495	0.846	1.036	否
使用意向←社群影响	0.040	-1.910	-1.560	否

续表

	年级			是否通过
	1/2	1/3	2/3	
使用意向←娱乐性感知	0.338	-3.299	-1.560	否
使用水平←使用意向	0.621	1.724	1.625	否
使用水平←促成条件	2.321	4.964	-0.523	是

四 讨论

（一）使用意向、促成条件均与使用水平呈正相关

本次调研结果显示，使用意向（$P<0.001$）、促成条件（$P<0.001$）均与使用行为呈正相关，H94 与 H95 得到验证。从而说明通过提高社会对在线教育的认可度以及为在线学习的学生提供良好的学习支持服务能够有效促进其参与在线学习活动的意愿。而使用意向对使用水平的影响大于促成条件对使用水平的影响。由此可以看出，在线学习过程中学生的行为越能得到教师或家长的重视，其参与程度就会越高。

（二）绩效期望、努力期望以及娱乐性感知与使用意向呈正相关

本次调研结果显示，绩效感知（$P<0.001$）、努力预期（$P<0.05$）娱乐性感知（$P<0.001$）与使用意向呈正相关。社群影响与使用意向的正相关关系未得到验证。自从 2019 年新冠肺炎疫情流行以来，中国各大高校、中小学均进行了大规模的在线教学，学生已经对在线学习有了一定的经验与经历，随着在线教学的持续进行，学生可能越来越关注在线教学对教学所带来的改变，而周围人对学习者在线学习行为意向的影响则逐渐减弱。当学生通过在线学习，学习状况发生了变化，例如学习成绩进步、学习努力程度提升时，学生的家长、老师也会在无形之中更加支持其进行在线学习。

（三）调节效应

本次研究显示，自愿性、年级在一些模型路径上具有一定的调节效应。自愿性在社群影响与娱乐性感知对使用意向的影响方面具有调节作用，而年级则在绩效期望对使用意向的影响以及促成条件对使用水平的影响方面具有调节效应。有必要在这些调节效应的基础上制定相应的对策。

五　建议与对策研究

（一）建立评测机制

有必要建立中小学生在线学习的评测机制。可以将中小学生在线学习过程纳入考核评价体系中。采用大数据技术等对中小学生在线听课状态、学习在线资源状况以及交互状况等进行评估。要建立一定的奖励机制。本次调研显示，社群影响与中小学生在线教育资源使用呈正相关。同时也应建立教师在线教学的评测机制。在线平台所保留的在线教学数据为评测提供了科学的依据。从在线教师对在线学习的学习目标设计、学习资源设计、学习过程设计、学习活动设计等方面进行评测，综合各在线学习相关方的评测进行多元评估。应不断完善在线学习的政策体系。应保证制度与措施同行，只有建立基础性制度才能有效保证政策的落地与有效施行。提高在线教育治理体系能力，对相关责任方进行监督与问责，同时设立行为规范，从多方面进行评估，施行奖惩措施。

（二）提升在线教学质量

目前在线教学还在不断探索中，在线教育工具、模式以及在线教育资源建设等都在不断尝试探索中。在线教学质量还有待提升。如何保证在线教学质量是一个需要研究的课题。相比面授教学，在线教学有优点也有缺点。很多在线学习平台将教师教学录像保存下来，学生可以反复观看教师的授课视频。在线上教学时教师可以选择可重复播放的工具，这样有需要的学生就可以反复观看相关视频。在线教学中学生也留下了大量的在线学习数据，教师要学会分析和使用这些数据，作为教学优化与调整的基础，还可以在这些个性化数据的基础上针对单个学生进行个性化教学。但在线教学交互可能不一定如面授教学那样方便。我们要充分发挥在线教学的优点，尽可能克服在线教学本身所固有的一些不足。

（三）加大在线教育资源的建设与应用

第一，加大宣传与督促。目前，一个很重要的问题是国家或省级政府等建立了相关的优质在线教育资源，但学生与教师对这些在线教育资源的了解相当缺乏，使用也非常有限。以江苏省名师开放空中课堂为例。这个网站的资源非常丰富，有在线答疑、苏 e 优客、同步课堂、名师课堂、家长课堂等。但是根据本书课题组对教师的访谈，发现相关教师仅被要求上传优课，而并未要求使用其他功能，实际使用情况也不容乐观。有的教师表示，学生对这个网站的存在十分不清楚，更谈不上充分利用网站上的资源了。这也造成了资源的浪费。要引导学生尝试使用在线网络资源。目前这些资源还处于建设初期，学生与教师都处于了解与试用阶段。只有充分使用，才能对这些资源的使用效果有一个较为深入的了解，并且可以根据自己的使用情况给这些资源的开发者提供一定的改进建议。这些资源都是由名师精心打造的，在为学生答疑解惑及其知识的理解提升等方面应该有一定的帮助。第二，建立后续的配套与服务机制。目前资源建设数量相对丰富，但还缺乏相应的宣传与配套服务机制。有必要不断深化在线教育资源的应用，同时安排专门的人员随时进行在线答疑与服务。第三，建立在线教育资源使用评估机制。要专门组织教育专家对在线教育资源的使用情况、效果等进行评估，了解学习者等利益相关者对在线资源的使用感受、发展建议等，不断完善在线教育资源的建设和服务机制。建立中小学生在线教育资源学习检查与评测机制。

（四）展开培训

本次调研显示，由于此类在线教育平台建立时间不长，中小学生对其组成、操作以及学习效果等还缺乏一定的了解和掌握，这需要教师予以必要的引导与培训。一方面，有必要从学校层面组织培训讲座，可以先面向教师展开培训与讲座，然后教师再将其教给学生。教师有必要在课堂上专门花一些时间引导学生学习。另一方面，对在线教育平台的利用进行充分实践。在培训过程中提高教师与学生在线教育平台的使用意识。通过不断的亲身实践，加强对在线教育平台的体验与感受，从而减少课堂上师生与技术的磨合期。

（五）课后服务实施

2021年7月24日，中共中央办公厅、国务院办公厅印发的《关于进一步减轻义务教育阶段学生作业负担和校外培训负担的意见》指出："提升学校课后服务水平，满足学生多样化需求。"教师可以利用课后服务时间充分进行在线学习的指导与完善。在课后服务中，针对学生在线学习中的问题进行分析与解答，包括对学生在线学习过程中所碰到的问题进行指导、对学生在线学习过程进行引导等。

（六）增加娱乐性感知

中小学生的学习特点在一定程度上影响到所需在线学习资源的特点。与大学生或者成人不同，中小学生的注意力多难以集中在纯文字的教学内容上。同时在完全的在线学习模式下，教学内容也要以学生的认知特点为依据。多媒体技术以及互联网技术等新兴技术与教育内容深度融合的创生性在线资源，能增加在线学习资源呈现的多元化，能够有效增加知识学习的趣味性，从而激发并提高学生在线学习的动机。在线资源有在线视频课程、在线网站等。在线视频课程以微课的形式呈现，其特点是制作精良、短小而精悍，有针对性、多层次性等。在线网站的功能应包括：第一，提供游戏化学习。通过游戏的形式呈现内容，基于教学单元设置知识测验，将知识技能设计为游戏通关方法或道具等。第二，获取系统、全面的优质在线学习资源。增加学生在线学习过程中的愉快体验，让学生获得更好的发展。第三，建设在线讨论分享区，制定严格的规则并要求其遵循，倡导建立愉快轻松的学习共同体，发挥社群的学习作用。

第八节　中小学教师微课教学行为意向的影响因素

一　引言

目前微课已成为国内外研究的热点之一。"微课"是指教师在课堂内外教育教学过程中围绕某个知识点（重点、难点、疑点）或技能等单一教学任务进行教学的一种教学方式，具有目标明确、针对性强和教学时间短的特点。"微课"的核心组成内容是课堂教学视频（课例片段），同时还包含与该教学主题相关的教学设计、素材课件、教学反思、练习测试及学生反馈、教师点评等辅助性教学资源，它们以一定的组织关系和呈现方式共同"营造"了一个半结构化、主题式的资源单元应用"小环境"。因此，"微课"既有别于传统单一资源类型的教学课例、教学课件、教学设计、教学反思等，又是在其基础上继承和发展而来的一种新型教学资源。目前，国内外相关学者纷纷对微课进行研究，包括对微课基本理论、开发以及应用模式等方面的理论分析和实证研究。

大量研究表明，教师的行为与学生信息化学习的效果呈正相关（谭光兴，2012；张文兰等，2013；邬锦锦，2014）。作为一种重要的信息化教学形式，我们可以推断，教师的微课教学行为与学生的学习效果呈正相关。而微课在学校中的应用还存在着教师对微课的认识不够、应用不深入以及应用效果有待提升等问题（王来印，2014；王伟，2014；涂俊英，2016；何秋兰，2015；舒昊，2015；钟君，2015）。教师微课教学行为的改善有待于对微课教学行为影响因素的研究。国内外对教师微课教学影响因素进行了一些理论分析和实证研究（钟君，2015；何秋兰，2015；Moses et al.，2013），但总体来说，关于教师微课教学影响因素的理论分析和定量研究还较少，还需要进一步进行理论分析和实证研究。本书基于相关成熟模型对教师微课教学影响因素进行分析。

二　模型构建

戴维斯（1986）提出了著名的 TAM 模型。TAM 模型提出了影响使用态度的两个变量，分别是有用性感知和易用性感知，而这两个变量又受到诸多外部变量的影响。TAM 模型得到了后续很多实证研究的支持。汤普森等（Thompson et al.，1991）在 Triandis（1980）的行为影响因素模型基础上提出了个人计算机使用影响因素模型（MPCU 模型，见图 4-23）。该模

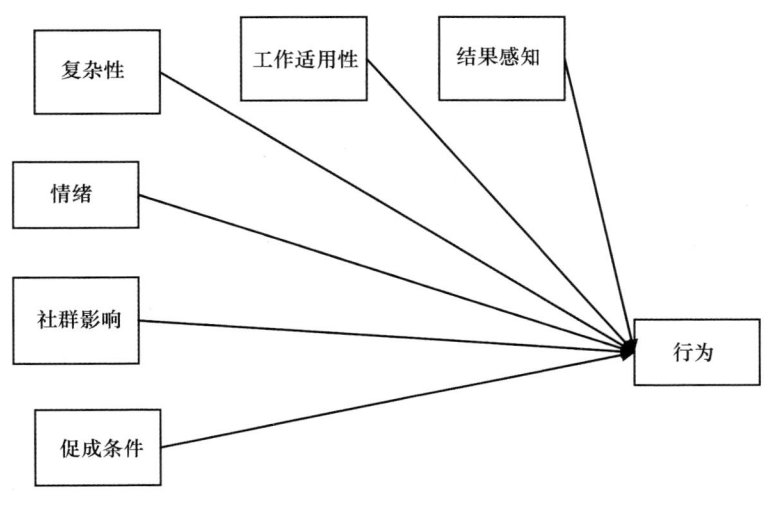

图 4-23　MPCU 模型

型提出了影响计算机使用的六个变量，分别是结果感知、工作适用性、复杂性、情绪、社群影响和促成条件，并通过实证分析证明了该模型的有效性。

本书结合 TAM 模型和 MPCU 模型，并根据微课的特点，提出如下研究假设。

（一）微课教学行为

行为意向（Behavior Intention，BI）指的是教师愿意进行微课教学的程度。TAM 模型提出行为意向与使用行为（USE）呈正相关，后续很多实证研究证明了这一点（Kung-Teck et al., 2013；蔡建东等，2016）。教师微课教学行为可以从多个方面进行衡量，包括微课的制作、微课教学的实施和评价等。当教师有着强烈的微课教学意向时，他们就会积极进行微课教学的尝试和探索，因此本书提出 H102。

H102：教师微课教学行为意向与教学行为呈正相关。

（二）微课教学行为意向

有用性感知（Perceived Usefulness，PU）指的是微课教学对教师教学工作有用的程度。对微课教学的有用性感知可以表现在多个方面，例如提升教师的教学效果和学生的学习效果，符合学校的期望或者对教师的晋升有利以及可以随时随地学习等。当教师感觉进行微课教学有用的时候，他们为了获得相应的更好的结果，其微课教学的意愿就会得到加强，即有着更强的微课教学行为意向。以往的研究也表明，当使用者觉得信息技术有用时，其使用这项信息技术的行为意向就会随之提升（Venkatech，2008；Kung-Teck et al., 2013；蔡建东等，2016），因此，本书提出 H103。

H103：教师微课教学有用性感知与教学行为意向呈正相关。

社群影响（Social Influence，SI）指的是教师觉得对其重要的人认为其应该进行微课教学的程度。从众心理即指个人受到外界人群行为的影响，而在自己的知觉、判断、认识上表现出符合公众舆论或多数人喜好的行为方式，而实验表明只有很少的人保持了独立性，所以从众心理是个体普遍所有的心理现象。从众行为产生的原因有行为参照、对偏离的恐惧以及群体的距离（宋超英，2002）。研究证明，任何群体都有维护群体一致性的倾向和保证措施。对与群体保持一致的成员，群体表示欢迎、赞赏、奖励。对于不能保持一致者，群体则会表示厌恶、拒绝和施以惩罚。因此，成员不敢轻易背离群体行为。群体具有较高的凝聚力，个人期望与群体一致，从而使成员产生维护群体利益，显示出对群体的忠诚和确立自身价值的从众行为。教师所在群体会对其微课教学行为意向产生影响，例如当领导希望其进行微课教学时，教师的微课教学行为意向就会得到提升，因为如果不进行微课教学，就违反了领导的意愿，进而可能会在工作中受到惩罚等。如果周围同事都进行微课教学，教师由于害怕离群会受到惩罚或者会因对群体的忠诚而确立自身价值，其微课教学行为意向也会显著提升，因此，本书提出 H104。

H104：社群影响与微课教学行为意向呈正相关。

微课教学易用性感知（Perceived Ease of Use，PEOU）指的是教师认为进行微课教学需要付出的努力和精力的多少。在 MPCU 模型中复杂性指的就是易用性感知（Thompson，1991）。如果达到同样的微课教学效果所付出的努力和精力越少，其进行微课教学的行为意向也就越强烈；反之，如果进行微课教学需要花费非常大的体力和精力，教师微课教学的行为意向就会下降，可能就会对其产生排斥和拒绝。以往的很多研究也表明，信息技术的使用者对信息技术使用的易用性感知与信息技术的使用行为意向呈正相关，尤其是在信息技术使用初期，这种表现则更为明显（Venkatech，2008；Kung-Teck et al.，2013；蔡建东等，2016），因此本书提出 H105。

H105：教师微课教学易用性感知与微课教学行为意向呈正相关。

情绪（Enjoyment，ENJ）是指伴随着个人行为的喜悦、愉快的感觉或者悲痛、不愉快的感觉（Thompson，1991）。很多研究表明情绪与行为意向呈正相关（Webster，2004；MOON，2001；谭光兴等，2013）。当教师能从微课教学中获得愉悦感时，他们就更愿意进行微课教学，本书提出 H106。

H106：教师微课教学情绪与教学行为意向呈正相关。

（三）有用性感知

行为参照指的是当某位教师进行微课教学时，在不了解更多信息的情况下，自然地假定多数人采取一致行为有其理由，自己行为的合理性也包括在其可能性中。当教师觉得对他重要的人认为他应该进行微课教学的时候，教师的微课教学有用性感知就会显著提升。例如，当他发现周围的教师都特别积极地进行微课教学的时候，或者当他发现领导非常希望他进行微课教学的时候，作为一种参照，就会认为微课教学可能会带给他某些好处。例如可以让学生的学习效果更好，进而提升教师的教学表现或者在未来的评优评奖中或者职称晋升中有用等，也就是教师微课教学的有用性感知会随之提升，很多研究也得出了类似的结论（Venkatesh，2008；方旭，2015），因此，本书提出H107。

H107：社群影响与教师微课教学有用性感知呈正相关。

绩效预期（Output Quality，OUT）指的是教师认为进行微课教学能对其工作带来的绩效提升程度，例如微课教学可以提升教师的教学效果，进而提升学生的学习成绩和使教师有着更好的教学成绩，或者在教师职称晋升和评优评奖中有利等。当教师对微课教学的绩效预期越大时，其对微课教学的有用性感知也就越大。绝大多数研究表明，信息技术使用的绩效预期与信息技术使用意向呈正相关，并且在很多时候有用性感知是影响因素中最重要的（Venkatesh，2008；方旭，2015；方旭，2016）。据此，本书提出H108。

H108：绩效预期与教师微课教学有用性感知呈正相关。

当完成同样的任务时，教师进行微课教学花费的精力和时间越少，其对微课教学的有用性感知也就越强。反之，若教师感到微课教学很难进行，那么即使教师认为微课教学有用，其有用性感知也会迅速下降，这与国内外很多研究结论是一致的（Nair and Das，2012；Moses et al.，2013；Kung-Teck et al.，2013；谭光兴，2013）。因此，本书提出H109。

H109：易用性感知与有用性感知呈正相关。

（四）易用性感知

计算机自我效能感（Computer Self-Efficacy，CSE）指的是教师对使用微课这种新技术完成教学的能力和信心的一种判断。班杜拉认为，如果人预测到某一特定行为将会导致特定的结果，那么这一行为就可能会被激活和被选择。很多研究都表明，计算机自我效能感是影响信息技术使用者对信息技术使用易用性感知的一个重要因素。教师计算机自我效能感越高，他们就越有信心完成微课教学，对微课教学的易用性感知也就越高，进而微课教学行为意向得到显著提升，他们便会更积极地进行微课教学。教师计算机自我效能感较低，教师可能会感到微课教学很困难，进而对微课教学的易用性感知降低,影响其微课教学意向和行为,这与国内外很多研究结论一致(Venkatesh,2008;方旭,2016),因此,本书提出 H110。

H110:计算机自我效能感与教师微课教学易用性感知呈正相关。

促成条件(Facilitating conditions,FC)指的是其他各方例如校方给予教师微课教学支持的程度,支持的具体形式可能是技术、资金以及教学设计支持等。教师在进行微课教学时可能会碰到一些问题,如果能解决这些问题,就可以使教师顺利地完成微课教学,进而提升教师对微课教学的易用性感知。例如制作微课可能需要一定的资金支持并且需要掌握一定的技术,而将微课应用于课程中又需要一定的教学设计能力,有时候这些都需要外部的支持包括进行技术和理论上的指导等,这样才能顺利完成微课教学。国内外有很多研究得出了类似的结论(Venkatesh,2008;方旭,2016)。本书提出 H111。

H111:促成条件与教师微课教学易用性感知呈正相关。

综上所述,本书提出教师微课教学行为意向影响因素模型(见图4-24)。

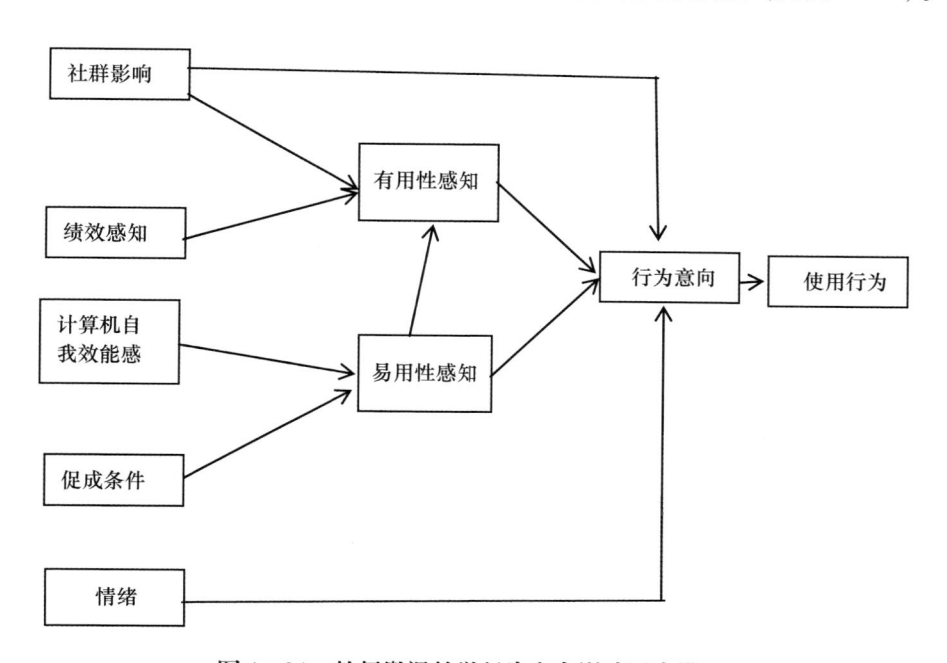

图4-24 教师微课教学行为意向影响因素模型

三 实证研究

（一）问卷设计和发放

首先进行了问卷设计。问卷的题项设置参考了已有的有较好信效度的研究成果，并根据微课教学的特点对部分题项进行了改编或者增加了一些新的题项。首先针对教师进行了问卷的预发放，共发放问卷30份。然后根据问卷的反馈情况，对问卷进行了修改，包括删除部分重复的题项以及增加未考虑到的题项等，最终形成正式调研问卷。最终问卷包括教师人口学变量和各变量测量题项两部分。题目的选项分为五级，分别是非常同意、同意、一般、不同意、非常不同意，分别赋予分值5分、4分、3分、2分和1分。采用分层抽样和随机抽样相结合的方式，选取相关对象进行问卷发放。选取中国部分中小学进行问卷发放，最终发放问卷500份，回收453份，回收率为90.6%。剔除填答较为可疑的问卷之后（例如填写不完整、答案高度一致等），最终得到有效问卷415份，有效率为91.6%。其中人口学变量分布见表4-62所示。

表4-62　　　　　　　　　　　人口学变量　　　　　　　　　　　（%）

变量	性别		职称				学科		
	男	女	初级	中小学二级	中小学一级	高级	理科	文科	工科
百分比	42.9	57.1	41.7	28.9	15.1	14.3	31.8	39.8	27.3

（二）信度和效度检验

对问卷进行信度和效度的分析。使用Cronbach'α一致性系数进行信度检验。一般认为，当Cronbach'α一致性系数大于0.7时，信度良好。通过计算发现本次调查的Cronbach'α系数均大于0.7，说明此次调查的信度良好。效度检验包括聚合效度和交互效度的检验。经过探索性因素分析，KMO = 0.864，X^2 = 596.162，sig = 0.000，适合做因子分析。通过AMOS 21.0进行验证性因素分析，发现各观测变量的因子载荷均大于0.5，而通过组合信度和平均萃取方差的计算，发现各变量的组合信度均大于0.7，平均萃取方差大于0.5，说明问卷有着良好的聚合效度（见表4-63）。通过计算，发现各变量的平均萃取方差的平方根均大于其与其他变量的相关系数，这说明问卷具有良好的交互效度（见表4-64）。

表4-63　　　　　　　　　信度和效度检验

	因子载荷	Cronbach'α	CR	AVE
USE1	0.723			
USE2	0.925	0.833	0.8374	0.6351
USE3	0.726			
BI1	0.819			
BI2	0.778	0.808	0.8455	0.6474
BI3	0.737			
PU1	0.736			
PU2	0.836	0.803	0.824	0.6101
PU3	0.768			
SI1	0.865			
SI2	0.712	0.834	0.8342	0.6266
SI3	0.775			
OUT1	0.761			
OUT2	0.861	0.771	0.8634	0.6134
OUT3	0.769			
OUT4	0.736			
PEOU1	0.830			
PEOU2	0.738	0.834	0.8539	0.5943
PEOU3	0.789			
PEOU4	0.722			
CSE1	0.762			
CSE2	0.845	0.751	0.8254	0.6126
CSE3	0.737			

续表

	因子载荷	Cronbach'α	CR	AVE
FC1	0.849	0.828	0.9035	0.7012
FC2	0.840			
FC3	0.881			
FC4	0.776			
ENJ1	0.812	0.871	0.6936	0.8716
ENJ2	0.855			
ENJ3	0.831			

表4-64　　　　　　　　　　　　交互效度检验

	USE	BI	PU	OUT	PEOU	SI	PEC	CSE	ENJ
USE	.797								
BI	.457	.806							
PU	.395	.544	.781						
OUT	.345	.222	.275	.783					
PEOU	.439	.312	.294	.472	.771				
SI	.475	.315	.268	.369	.420	.792			
PEC	.542	.336	.320	.367	.498	.585	.837		
CSE	.448	.331	.299	.348	.383	.537	.510	.783	
ENJ	.417	.406	.306	.255	.321	.453	.544	.606	.933

（三）拟合度检验

使用荣泰生（2009）提出的标准，问卷各指标达到了相应的要求，通过了拟合度的检验（见表4-65）。

表4-65　　　　　　　　　　　　拟合度检验

变量	X^2/df	GFI	RMR	RMSEA	AGFI	NFI	CFI	IFI	AIC	ECVI
标准	<3.0	>0.9	<0.5	<0.1	>0.9	>0.9	>0.9	>0.9	越小越好	越小越好

续表

变量	X²/df	GFI	RMR	RMSEA	AGFI	NFI	CFI	IFI	AIC	ECVI
实际值	2.149	0.967	0.250	0.086	0.914	0.974	0.949	0.925	576.41	7.543
是否通过	是	是	是	是	是	是	是	是	是	是

（四）回归分析

1. 路径图分析

经过 AMOS 21.0 的计算，得到各个路径的标准化回归系数和显著性，其中 H102、H103、H108、H109、H110 和 H111 通过了检验，其余路径未通过检验（见图 4-25）。

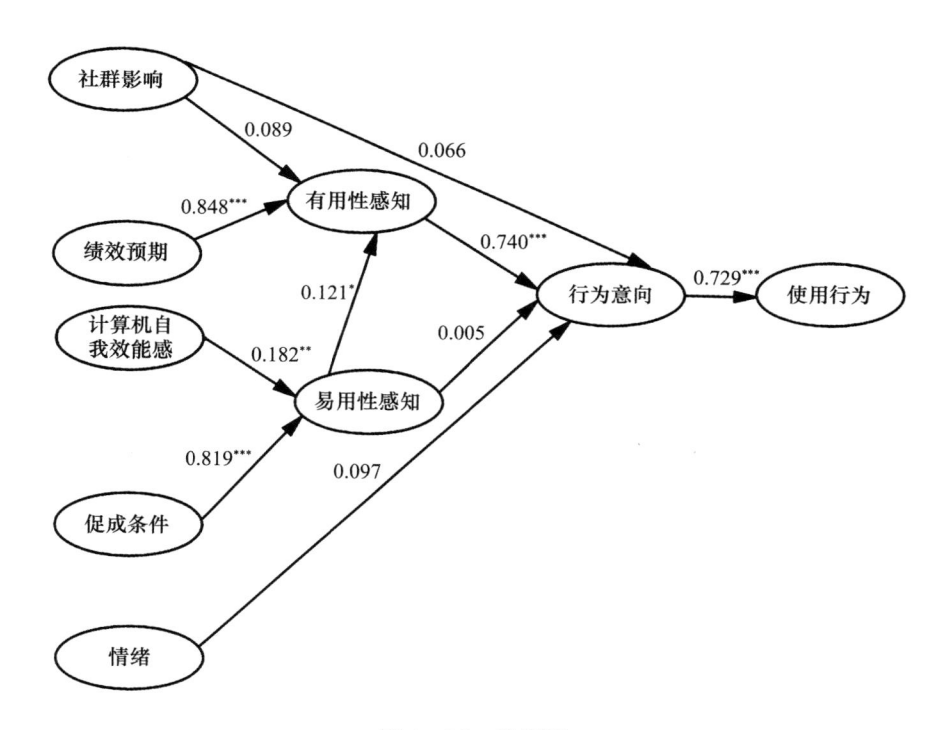

图 4-25 路径图

说明：* 表示 p<0.05，** 表示 p<0.01，*** 表示 p<0.001，未标 * 的表示不显著。

从图 4-25 中可以看出：

（1）与使用行为呈显著正相关的是行为意向（标准化回归系数为 0.729）。可以通过提升教师微课教学的行为意向水平，进而改善教师微课教学行为和效果。

（2）与教学行为意向显著正相关的是有用性感知（0.740）。根据本研究的结果，与教师微课教学行为意向呈直接正相关的仅有有用性感知。娱乐性感知与行为意向没有呈现显著正相关，这可能一方面是因为大多数高校教师都是理性的，即使娱乐性感知较强，但在绩效预期等其他方面不行的时候，也不能引起高校微课教学行为意向的显著变化。另一方面因为很多教师都有着繁重的教学或科研任务，而微课教学对于他们来说要花费很多时间和精力，他们没有过多的时间仅为了娱乐性感知而进行微课教学。而易用性感知与微课教学行为意向也没有呈现直接正相关，这说明教师不会仅仅因为容易而采取微课教学，他们更看重的可能是微课教学给他们带来的好处。

（3）与有用性感知呈显著正相关的是绩效预期（0.848）和易用性感知（0.121）。当绩效预期越大时，教师对微课教学的有用性感知就会越提升，且绩效预期对有用性感知的影响最大。因此，一个非常有效的措施就是提升教师微课教学的绩效预期，进而提升其有用性感知。提升绩效预期包括提升微课教学对学生知识水平提升的作用、对教师评优评奖中作用等的认知。

易用性感知通过影响有用性感知而间接影响行为意向。当教师觉得微课教学很难进行时，即使他们认为微课教学可能会带来一定的效用，其微课教学有用性感知也将显著降低，进而其行为意向会显著减弱。因此，有必要提升教师对微课教学的易用性感知，通过影响有用性感知而间接提升行为意向。

（4）与易用性感知呈显著正相关的是计算机自我效能感（0.182）和促成条件（0.819），复杂性与易用性感知没有呈现正相关。

其中对易用性感知影响最大的是促成条件，其次是计算机自我效能感。微课教学并不是一件很简单的事，从微课的获得、制作到微课教学模式的设计、效果的评估都有必要给予教师支持，包括理论方面和实际操作过程都应给予一定的支持，以保证微课教学的完成或者提升微课教学成效。获得或制作高质量的微课是需要花费一定的时间和精力的,并且需要相关制作技术或者软硬件设备的支持。如果没有相关技术或设备的支持,则可能会严重影响教师顺利完成微课教学。微课教学模式的设计(例如翻转课堂教学模式)以及效果的评估也需要一定的理论指导和实践支持,例如学生在学习微课的过程中,移动学习是一种非常好的学习模式,但这可能需要平板电脑等移动工具的支持。总之,在教师微课教学时如果能给予必要的支持,对教师顺利或高质量地完成微课教学具有重要的作用。

2. 回归系数差异性检验

通过前面的分析,发现显著影响有用性感知的变量有两个,分别是绩效预期和易用性感知,而显著影响易用性感知的变量也有两个,分别是计算机自我效能感和促成条件。本书分别对这些因素影响的相对大小进行了检验(未对影响不显著的路径进行检验)。当临界比率值(CR)的绝对值大于1.96时,即可认为两回归系数的大小存在显著差异(荣泰生,2009)。使用 AMOS 21.0 进行分析,得出绩效预期对有用性感知的影响显著大于易用性感知对有用性感知的影响,而促成条件对易用性感知的影响显著大于计算机自我效能感对易用性感知的影响,这为我们制定对策提供了有益的参考。

3. 模型解释力

经过对变量解释度的计算,发现此次对相关变量的解释度良好,其中对微课教学行为的解释度为 53.2%,对微课教学意向的解释度为 57.1% 以及对微课教学行为有用性感知和易用性感知的解释度分别达到了 74.2% 和 70.5%。

4. 去除不显著路径后的路径图

本书将不显著路径去除,重新进行结构方程模型计算,最终得到路径图(见图 4-26)。

四 总结和讨论

通过上面的研究可以看出,在中介变量中,有用性感知与教师微课教学行为意向呈正相关;绩效预期和易用性感知两个变量与微课教学有用性感知呈正相关;计算机自我效能感和促成条件两个变量与易用性感知呈正相关。而绩效预期对有用性感知的影响显著大于易用性感知;促成条件对

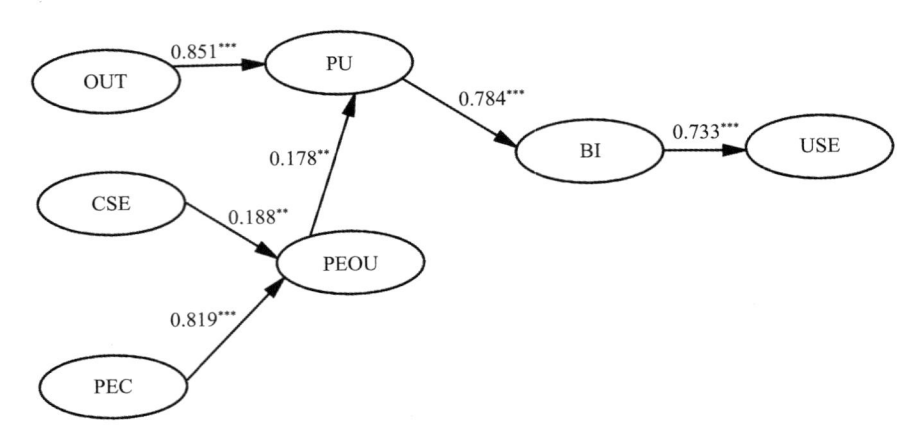

中国非学科类 K12 在线教育的治理路径

图 4-26 去除不显著路径的路径图

说明：** 表示 p＜0.01，*** 表示 p＜0.001，未标 * 的表示不显著。

易用性感知的影响显著大于计算机自我效能感。从总效应来看，绩效预期对行为意向的总效应为 0.672，远大于其他变量对行为意向的影响，因此我们可以说绩效预期是影响教师微课教学行为意向的关键影响变量。

以本次所调研的高校教师为例，通过对均值的计算（见表 4-66）可以看出中国教师在微课教学方面所存在的问题。目前高校教师微课教学行为得分仅为 68.92 分，有待改善。而教师的微课教学行为意向仍需提升。教师对微课教学有用性有一定的感知，而对微课教学易用性的感知则非常低，仅为 60.02 分，这是微课教学推进的重要障碍之一，需要在提升教师易用性感知方面下大功夫，这说明需要高校给予教师更多的支持和帮助。也可以看出，目前高校教师对微课教学的社群影响、绩效预期都比较低。而在高校教师对微课教学的促成条件方面，均值仅为 62.83 分，这是非常低的，说明高校需要给予教师更多的支持。

表 4-66　　　　　　　　　　　均值计算

变量	使用行为	行为意向	有用性感知	易用性感知	社群影响	绩效预期	计算机自我效能感	促成条件
均值	3.4461	3.7984	3.5838	3.0012	3.4508	3.4798	3.4000	3.1417
百分制分值	68.92	75.97	71.68	60.02	69.02	69.60	68.00	62.83

可以通过提升教师微课教学有用性感知进而提升其行为意向,以改善其微课教学行为。结合前面的影响因素分析,可以通过以下措施提升高校教师微课教学有用性感知:一是提升教师的绩效预期和易用性感知,其中绩效预期对有用性感知的影响显著大于易用性感知,因此要在提升绩效预期上下大功夫。目前易用性感知非常低,仅为60.02分,因此,也有必要在提升易用性感知方面下大力气。二是通过改善促成条件进而提升教师易用性感知。

下文将从微观、中观和宏观三个层面提出相关对策建议。

(一)微观层面(个体层面)

教师应积极尝试进行微课教学。每门课程都有其教学规律和模式,教师应结合自己所教授课程的特点,合理进行微课教学。通过对微课教学的不断尝试,积极探索和总结出适合自己所教课程的微课教学模式。在这一过程中教师可以与他人员(例如同行以及相关专家等)进行积极互动交流,完善自己的想法。这是一个教师对微课教学认识不断深入的过程,在其微课教学尝试中,其有用性感知和易用性感知均会不断提升,进而其微课教学行为意向也会变得越来越强。

同时应鼓励教师积极进行自主学习。信息化教学的推进在很大程度上要靠教师自己的努力。教师应积极学习信息化教学理论和方法,例如微课制作的方法、信息化教学模式的设计与评价等,并积极进行与同行的交流和实际的尝试探索。

(二)中观层面(组织层面)

1. 培训和讲座

邀请相关专家或有经验的微课教学教师进行讲座非常重要,可以提升教师对微课教学的绩效预期和促成条件感知水平。目前教师虽然对微课有了一定程度的认识和了解,但对微课的认识还很模糊和不足,对微课教学的作用理念、微课资源的制作和获取以及微课教学模式的设计等问题并没有深入的了解,这是教师顺利实施微课教学的很大障碍。提升教师对微课教学的认识水平很重要。学校可聘请优秀教师来校讲座,介绍其在微课教学方面的认识、体会和想法等,这可以起到很好的示范作用。

2. 采取一定的激励措施

将微课教学的情况纳入评优评奖中,即在年终考核评优、优秀教师评选以及职称评定时将教师的信息化教学情况作为重要参考依据之一，对那些信息化教学比较突出的教师给予一定的倾斜对待，这对提升教师微课教学绩效预期会起到很大作用。可将教师信息化教学情况作为评优评奖的依据之一，赋予一定的权重。政府相关部门或学校可以采取多种多样的激励措施，专门对在信息化教学方面表现较为突出的教师进行表彰，作为全校或者教育部门的典范，并给予一定的奖金和资金支持。

3. 构建信息化教学评价机制和体系

即使个人进行了微课教学，由于缺乏对教师信息化教学有效的评价机制和体系，教师的付出和努力无法得到有效的计量和评价，这在很大程度上影响了教师进行微课教学的积极性。《教育信息化"十三五"规划》指出："要制订针对区域、学校、课程、资源、教师、学生信息化水平的评价指标体系和评估办法，将相关评估纳入教育督导工作，有效推动教育信息化发展。要将教育信息化作为学校基本办学条件，纳入学校建设基本标准和区域、学校评价指标体系。"建立信息化教学评价机制和体系也是教师评优评奖的重要基础，是提升教师微课教学绩效预期的重要手段之一。可以采用定性和定量相结合的评价方式。首先根据访谈、查阅资料等方式对教师信息化教学情况做出定性评价。然后根据问卷调查等方式做出定量评价，可以采用模糊综合评价的方式进行。应综合学生、教师以及管理人员三个方面的意见和看法，这样得出的结论的可信度和准确度会高一些。教师微课教学情况可以从微课资源建设、教学模式设计以及教学成效等方面进行评价。

4. 鼓励团队进行微课教学

以团队的形式进行微课教学可以提升对微课教学的易用性感知水平。

第一，根据马斯洛需求层次理论，个体希望从群体中得到尊重、赞许以及某种程度的自我实现。因此，在群体环境下，个体会拿出更多的能量和资源来取得更好的绩效，以获得心理上的满足。团队教学可以激励高校教师充分发挥自己的聪明才智，在包括微课制作、微课教学模式设计等过程中贡献自己的力量。

第二，微课教学个体从群体中可以得到其他成员工作上或心理情绪上的帮助。当在微课教学中遇到问题时，大家可以讨论解决。大家互相帮助，彼此在知识和情感等方面给予对方支持，可以使得高校教师在面对微课教学这项可能并不轻松的工作时游刃有余，从容应对。

第三，个体可以从群体的反馈中了解自己的工作状况，进而不断改进，以使自己达到最佳状态。个人可以在团队教学过程中将自己的工作和别人的工作情况进行对比，发现不足，进而改进提升。

5. 建立专门网站或利用已有微课平台

要使教师更加容易地进行微课教学，其中的要素之一就是建立本校教师可以使用的专门的网络教学平台，这对提升教师微课教学促成条件感知将起到很大作用。平台的功能主要应包括：一是资源共享平台。可以充分利用此平台共享教师和学生所需资源，例如微课视频、微课制作工具以及微课制作方法和教学设计等，使平台成为共建共享的平台。二是微课教学，包括微课资源的上传、学生可以随时随地访问学习资源、提交作业以及师生间的交流等。三是教师间的交流讨论，使得此平台成为教师网络研修的平台。

6. 组织文化建设

高校应经常举行微课教学大赛，对微课教学大赛表现优秀的教师进行表彰，并作为评优评奖中的参考依据之一。政府应鼓励各级教育部门举行微课教学大赛，包括区县、市级以及省级各类微课教学竞赛，选出优秀教师，积累教学经验。要注重学校信息化教学氛围的建设。

7. 考虑调节效应

本次调研发现某些变量在某些路径上具有一定的调节效应，例如，职称在绩效预期对有用性感知方面具有一定的调节作用，即较低职称教师的绩效预期对有用性感知的影响更大一些，这说明我们可以给予较低职称教师更多的关注，例如在政策制定方面给予一定的考虑，比如将微课教学作为评优评奖的参考依据之一。

（三）宏观层面（国家和社会层面）

虽然近年来国家的相关文件明确提出应促进信息技术与教育的深度融合，例如《国家中长期改革和发展规划纲要（2010—2020）》提出："强化信息技术应用。提高教师应用信息技术水平，更新教学观念，改进教学方法，提高教学效果。"《教育信息化"十三五"规划》提出："要建立健全教师信息技术应用能力标准，将信息化教学能力培养纳入师范生培养课程体系，列入高校和中小学办学水平评估、校长考评的指标体系，将教师信息技术应用能力纳入教师培训必修学时（学分），将能力提升与学科教学培训紧密结合，有针对性地开展以深度融合信息技术为特点的课例和教学法的培训，培养教师利用信息技术开展学情分析与个性化教学的能力，增强教师在信息化环境下创新教育教学的能力，使信息化教学真正成为教师教学活动的常态。""各地要将教育信息化作为重要指标，纳入本地区教育现代化指标体系。要全面开展面向区域教育信息化的督导评估和第三方评测，将督导评估结果作为核查工作进展、推动工作落实的依据，以提升各地区、各学校发展教育信息化的效率、效果和效益。"但具体的实施举措并不明确，这也造成很多地方信息化教学工作进展缓慢，效果不佳。

  国家应出台更为具体的实际举措，保障信息化教学的发展。例如以明确的文件形式提议将教师信息化教学情况作为其评优评奖（例如职称晋升、教学骨干评选以及年终考核等）的参考依据之一，并且出台较为具体的高校教师信息化教学评估指标体系。国家出台统一的文件，然后各省以及市县可根据自己的实际制定相应的更加具体的实施办法和准则。国家应加大对信息化教学的投入，为教师深入进行信息化教学提供全方位的支持，包括理论、技术以及评价等方面全面的支持，例如可以设立微课制作专项资金、继续加强国家公共服务平台资源的建设等。可以从国家层面评选高校信息化教学有突出表现的优秀教师以及带头人等，进行表彰奖励。各级政府应经常举办各级各类信息化教学大赛（例如微课大赛）以及信息化教学评优评奖活动，创建信息化教学的良好社会氛围，鼓励教师真正将信息化教学变成教学常态，从而促进教育质量的提升。

第五章 国外 K12 在线教育成功经验借鉴

第一节 美国 K12 在线教育治理经验及启示

一 引言

K12（Kindergarten through twelfth grade）是学前教育至高中教育的缩写，现在被普遍用来代指基础教育。K12 在线教育指的是以在线教育的形式提供 K12 教育。校外培训机构在线教育是 K12 在线教育的一个重要组成部分。本书探讨的 K12 在线教育主要指的是非学科类校外培训机构在线教育与政府主办的 K12 在线教育。校外培训机构在线教育即面向小学、初中、高中阶段提供相应的校外教育，充分运用网络、多媒体和多种交互手段，以中小学生为中心的师生的教育活动。大量研究与报告表明，校外培训机构在线教育问题频出，例如教师实际素质参差不齐、运营模式存在风险、实际教学效果堪忧等（卢长红，2017；唐新荣，2015）。2019 年 7 月，教育部等六部门印发了《关于规范校外线上培训的实施意见》。2020 年 11 月中国共产党第十九届五中全会通过的《中共中央关于制定国民经济和社会发展第十四个五年规划和二〇三五年远景目标的建议》指出："规范校外培训机构，发挥在线教育优势。"2021 年 1 月，教育部长陈宝生在全国教育工作会议上的讲话中指出："大力度治理整顿校外培训机构，这是当前面临的紧迫难题。这件事非办不可，必须主动作为要全面评估前期治理工作，把因果链搞清楚，把责任链理清楚，把新的路径划清楚。"教育部基础教育司负责人也表示，目前校外在线教育的治理面临着培训问题核查难、培训预收费监管难、对治理工作艰巨性认识还有待提高等诸多难题。这些都说明，中国校外培训机构在线教育治理还存在很多问题，有待解决。另外,中国公办在线教育很多都处于初步尝试阶段,还存在着诸多问题,例如在线教育资源的应用效果有待提升,相关技术建设有待优化等。

国内外学界对美国 K12 在线教育发展进行了比较研究。周蕾和赵中建(2020)对美国 K12 阶段在线教育全国标准进行了解读,相关学者对美国 K12 在线教育的现状、运行机制以及保障机制等进行了分析,为中国 K12 在线教育的发展提供了启示等(梁林梅、赵柯杉,2017;王正青,2017;王佳佳、胡甜,2019)。目前,相关研究主要集中在对美国 K12 在线教育现状的研究方面,还缺乏对美国 K12 在线教育治理的系统深入分析。美国国家政策中心自从 2013 年以来每年都要发布一份美国虚拟学校研究报告,迄今已发布了 8 份。美国国家教育委员会也发布了《虚拟学校政策》(Ben,2019)等。中国 K12 在线教育发展还处在探索阶段,美国的 K12 在线教育历史悠久,积累了丰富的治理经验,对美国 K12 在线教育治理经验的深入分析,可以给中国 K12 在线教育的发展提供一定的启示与参考。

二 美国 K12 在线教育的发展

美国 K12 在线教育一般以虚拟学校的形式提供,虚拟学校指的是以在线教育的形式提供教育服务的学校。美国一般将"在线学校"称为"虚拟学校",虚拟教育即在线教育。美国虚拟教育发展历史悠久,自第一个美国 K12 在线学习计划制订以来,已经过去 30 年了,美国第一所补充虚拟学校成立,迄今已 25 年,营利性教育管理机构 K12 Inc. 和 Connections Academy 也已成立 20 年,美国 K12 在线教育已经融入了美国的整体教育体系,成为美国教育中的重要组成部分。在过去的几十年中,虚拟教育已迅速成为美国 K12 公共教育改革议程的重中之重,被认为彻底改变了教学方式,从而降低了成本并提高了高质量教育的可用性。

(一)美国 K12 在线教育的分类

美国虚拟教育有多种形式,并有多种用途。美国虚拟教育形式包括全日制在线 K12 学校以及混合教育学校,全日制虚拟学校指的是专门提供在线教育的学校;混合制学校指的是传统的学校,兼职从事在线教育。美国虚拟学校允许学生进行全职虚拟学习,也提供单门在线课程,允许学生进行兼职虚拟学习。通过虚拟学校的在线学习，学生可以学习实体学校中没有的科目，还可以使用虚拟教育来获得他们先前未能通过的必修课程的学分。在线教育的形式包括学生和教师同时在线（同步教育）、学生依据自己的时间访问在线课程（异步教育）以及将在线工作与传统的课堂教学（混合教学）结合在一起。美国虚拟学校包括由营利性和非营利性教育管理组织运营的虚拟和混合学校，以及由州或地区运营的虚拟学校。营利性虚拟学校指的是以营利为目的举办在线教育的学校，而非营利性虚拟学校则指带有公益属性，并非以营利为目的举办在线教育的学校。

（二）美国 K12 在线教育的现状

美国 K12 在线教育发展迅速。在 2019—2020 学年，有 477 所全日制虚拟学校招收了 332379 名学生，306 所混合学校招收了 152530 名学生，在 2017—2018 学年和 2019—2020 学年，虚拟学校的入学人数增加了约 34600 名学生，同期混合学校的入学人数增加了约 19500 人，40 个州设有虚拟学校或混合学校，大部分为营利性虚拟学校。在过去 17 年中，全日制虚拟学校的入学人数增长，主要表现为由两个较大的营利性 EMO 机构（K12 Inc. 和 Connections Academy）运营的全日制虚拟学校学生人数的增长。EMO（Education Management Organizations）是一类教育管理机构，通常管理一批传统的公立学校、私立学校或特许学校。特许学校是经由州政府立法通过，特别允许教师、家长、教育专业团体或其他非营利机构等私人经营、政府负担经费的学校，不受例行性教育行政规定的约束。这类学校虽然由政府负担教育经费，但却交给私人经营，除了必须达到双方预定的教育成效之外，不受一般教育行政法规的限制，为例外特别许可的学校，所以称之为特许学校。在最近几年中，混合学校的入学人数也急剧增加。在该领域较大的 EMO 中，K12 Inc. 是最大的营利性运营商，而 Rocketship Education 是最大的非营利性运营商。EMO 继续发挥重要作用，经营着所有虚拟学校中 26.5% 的虚拟学校，总共招收了 60.1% 的学生。K12 Inc. 仍然是该领域最大的 EMO，在 2017—2018 学年，其旗下有 73 所全日制虚拟学校，招收了 88329 名学生。非营利性 EMO 在 2017—2018 学年仅运营了 37 所虚拟学校，注册人数从 2016—2017 学年的 7319 名增加到 2017—2018 学年的 12745 名。独立虚拟学校（一般指非 EMO 经营，由政府主办的虚拟学校）也呈增长趋势，增加了 56 所学校，但招生数量减少了大约7000名学生。独立虚拟学校平均有320名学生,非营利性EMO运营的学校平均有344名学生,营利性EMO运营的学校平均有1345名学生。有300所混合学习学校招收了132960名学生。混合学校的入学人数急剧增加。尽管美国公立学校的人数在男女生之间几乎是平均分配的,但2016—2017学年入学的虚拟学校(382所学校)和混合学校(235所学校)的学生人数偏向于女性(虚拟学校中女性占53.9%),甚至在混合学校中女性也占50.1%,在地区虚拟学校中,女性比例略高,为54.3%。2017—2018年,在320所具有可用学校绩效等级的虚拟学校中,有67所(48.5%)被评为可接受。在营利性EMO运营的86所评级学校中,有14所(16.3%)被评为可接受。

(三)美国K12在线教育的问题

随着美国K12在线教育的迅速发展,美国K12在线教育治理涌现出诸多问题。

1. K12在线教育质量堪忧

虚拟学校和混合学校的绩效衡量指标表明,尽管入学人数仍在继续增长,但它们的表现较差。总体而言,许多虚拟和混合学校的表现评级仍然较低,在2019—2020学年,虚拟学校可接受评级的比例下降至42.8%,混合学校的表现稍好一些,有44.1%的学校被评为可以接受。在虚拟学校中,由学区经营的学校获得可接受的绩效评级(50.7%)远高于特许经营的学校(35.2%)。与独立学校(44.1%)和营利性EMO(37.2%)运营学校相比,更多由非营利性EMO运营的学校(64.3%)的表现可以接受。在EMO方面,与混合学校的模式相似,特许学校的接受率(50.7%)高于地区学校的接受率(37.8%)。营利性EMO学校的评分最差,只有19.4%的学校被评为可以接受。

2. 虚拟学校财务问题

(1)如何进行合理的拨款

随着虚拟学校的快速发展,美国各州所面临的持续挑战是将传统的筹资机制、治理结构和问责制要求与虚拟学校中独特的组织模型和教学方法相协调。由于缺乏与运营虚拟学校有关的实际成本的经验核算,为获得虚拟学校的适当资金而进行的立法尝试,将继续由政治动机而非可靠证据来推动。在某些州,关于如何为全日制虚拟学校提供资金的政策辩论仍然存在，这既是因为虚拟学校与传统实体学校之间的成本差异，也是因为要考虑其他政策因素。制定一个全面的公式将涉及收集虚拟学校治理、计划产品、所服务学生的类型、运营成本、师生比例和其他因素有关的成本和支出的完整数据。如何进行合理的拨款是美国虚拟教育面临的一个重要问题。

（2）财务欺诈问题

随着虚拟教育的发展，财务欺诈问题逐渐显现出来。美国一些虚拟学校为了获得更多的拨款，虚报入学人数以及教学活动。2016年9月，俄亥俄州教育局完成了对俄亥俄州13所电子学校（虚拟学校）的出勤率审计，其中9所学校报告的出勤人数多于实际出勤人数。这些学校中最大的问题是虚拟学校"明天的在线教室（ECOT）"虚报学生数超过9000人。过度上报的学习活动导致了入学报告纠纷，俄亥俄州教育部将该学习活动计为每日出勤，其中包括记录的基于计算机与互联网的持续学习时间。在ECOT案例中，入学审核发现大多数学生每天仅登录一小时，但是学校管理员在学生日志中严重夸大了学生每天学习活动的时间。

3. 教师质量方面的问题

在虚拟学校教育中，学生和老师通常不在相同的时间和地点，这带来了一些问题和挑战。对于如何在虚拟环境中确定优质教师，如何招募和保留他们，如何评估其有效性以及如何提供持续支持以推广最佳实践，均缺乏经验证据，因此还有很长的路要走。教师评估和保留对于新生的虚拟教育行业的发展和成功都是至关重要的。在有关传统实体学校的政策和研究中，教师评估和保留的问题持续受到关注。确保在线教师有效性，需要进行适当的评估；保留有效教师，为他们提供理想的教学环境。由于是异步教学，面授的时间有限（如果有的话）且学生自定进度，既没有基于标准的评估工具，也没有建立指导学生观察和评估教师课堂表现的标准。基于学生考试成绩而提高的增值措施也不能很好地转化为全日制虚拟学校的办学举措。现有的证据确实表明，如何监控和评估虚拟教师仍然是虚拟教育所面临的问题之一。大多数虚拟学校报告称，他们的老师每年至少被同龄人（58%）、硕士老师（59%）或管理人员（93%）评估一次。此外，管理员对在线特许学校中教师评估发生的频率比实体学校要少，现有研究仍未就如何更好地评估虚拟教师的表现提供指导。

三 美国 K12 在线教育的治理路径分析

美国 K12 在线教育快速发展，针对其出现的问题，美国政府也积极出台相关政策展开治理，取得了一定的成效，对于规范 K12 在线教育的发展以及提升 K12 在线教育的质量起到了一定的积极作用。美国 K12 在线教育主要以州立法的形式进行管理，所出台的法律较为密集。美国 K12 在线教育的一个明显特点是各州主要以立法的形式对所在州的 K12 在线教育进行管理，每个州颁布的具体法律不尽相同。可以看出，美国参议院是 K12 在线教育立法的主要推动者。针对 K12 在线教育出现的问题，美国各州参议院提出了各种立法，以规范 K12 在线教育的运行，不断提升 K12 在线教育的质量。以 2017—2019 学年为例，据相关统计，36 个州至少提出了 106 个法案，至少有 45 个法案在 25 个州颁布（见表 5-1）。美国 K12 立法主要包括两种形式：一种是专门针对 K12 在线教育的立法，例如科罗拉多州 SB19-129 立法，专门对网络学校的管理进行立法，内容包括多地区在线学校招生数据问责制。另一种形式则是 K12 在线教育立法成为相关教育立法中的一部分，例如加利福尼亚州 A.B.1505 立法，该立法是专门针对该州特许学校的教育立法，而 K12 在线特许学校属于特许学校的一种形式。关于 K12 在线教育的立法包含其中。在美国政府诸多措施的治理下（例如州政府要求虚拟学校偿还欺诈资金），一些学校被迫关闭。

表 5-1　2017—2019 学年美国各州制定的 K12 在线教育法律

州	年份	立法	州	年份	立法
加利福尼亚	2019	A.B.1505	密西西比州	2018	S.B.2763
科罗拉多	2019	S.B.19-129	密苏里	2018	H.B.1606
佛罗里达	2019	S.B.2502		2018	S.B.603
佛罗里达	2019	S.B.7014	内华达	2019	S.B.441
佛罗里达	2018	H.B.29	新罕布什尔	2017	H.B.517
佛罗里达	2017	H.B.7069	北卡罗来纳	2019	H.B.57
佐治亚	2018	H.B.787	北卡罗来纳	2018	S.B.99
爱达荷	2017	H.B.287	北达科他	2019	S.B.2216
伊利诺伊	2018	H.B.5588	北达科他	2017	H.B.1051

续表

州	年份	立法	州	年份	立法
印第安纳	2019	S. B. 567	俄亥俄	2018	S. B. 216
	2017	H. B. 1382		2017	H. B. 87
	2017	H. B. 1001		2017	H. B. 49
	2019	H. B. 1400	俄克拉荷马	2019	H. B. 1395
	2018	H. B. 1420		2017	S. B. 268
爱荷华	2018	S. F. 2415		2017	S. B. 244
	2018	S. F. 475	俄勒冈	2019	H. B. 2022
堪萨斯	2017	S. B. 19		2018	S. B. 1520
路易斯安那	2019	H. B. 321	得克萨斯	2019	H. B. 1
	2018	S. B. 562		2017	S. B. 587
	2019	H. R. 94	犹他	2019	S. B. 15
缅因	2019	L. D. 513	西维吉尼亚	2017	S. B. 630
	2019	L. D. 576	怀俄明	2017	S. F. 35
密歇根	2018	H. B. 5579			

通过深入的分析发现，K12 在线教育的治理是一个系统工程，涉及财务资金、教学质量与师资力量的保障等诸多问题，需要从多方面同时展开，这样才能取得良好的效果。美国 K12 在线教育的治理也是如此，其具体围绕财务治理、教学质量保障、教师质量保障三个方面展开，在一定程度上保障了 K12 在线教育的不断发展。

（一）财务治理

美国各州立法机构不断推进议案的制定，建立任务小组和监督委员会，负责虚拟学校相关的财务问题。具体包括下述几个方面：第一，将资助资金与虚拟学校的实际成本联系起来。和对传统实体学校的资助相比，关于虚拟学校的许多争论都集中在如何为虚拟学校提供适当的资金上。虚拟学校与传统实体学校之间具有成本差异，必须在考虑实际成本的基础上重新考虑对虚拟学校的资助模式并进行调整。2017 年和 2018 年，宾夕法尼亚州立法机关提出了 12 项与网络特许学校相关的法案（比其他任何州都多）；2018 年，密西西比州的一项法案要求按照学生在虚拟学校注册的学区，根据学生作业完成情况以及评价，按比例每月直接向虚拟学校供应商支付费用。第二，确定问责机制。问责机制应确保所有虚拟学校费用和实践直接使学生受益。例如，关注的问题包括员工管理、教学材料和教学计划的成本和质量（包括技术基础设施、数字学习材料、辅助专业服务和第三方课程）、监督其他领域（例如学生出勤率和学习成绩单）。2019年和2020年在四个州所观察到的新趋势中，每名学生的资助与学生的表现直接挂钩。例如，俄克拉荷马州2019年制定的一项法案要求虚拟特许学校遵守本学区的报告要求、财务审计和审计要求；在印第安纳州，虚拟学校必须提交年度报告，其中包括班级规模和每个教室的教师比例，以及线上和线下进行的师生会议次数。第三，划定招生界限和资助责任。监控哪些虚拟学校提供教育服务以及向哪些学生提供教育服务，需要解决其容量问题并划定招生区域，还需要仔细地注册审核，以确保虚拟学校将入学名额分配给居住区的每名学生。2019年和2020年的新立法趋势明显体现在调整虚拟学校招生人数以及限制其增长上。在印第安纳州，有一项法案（IN SB 183）提出了从2019—2020学年开始的1200名学生的总招生上限。第四，消除教育管理组织存在的暴利。目前部分营利性虚拟学校通过松懈的问责制和不正当动机来逃避国家监督，助长了其获取暴利的行为。例如，宾夕法尼亚州审计长正在进行的审计已导致几所学校关闭，并对之前网络学校运营商进行刑事定罪。2016年9月，俄亥俄州教育局完成了对俄亥俄州13所虚拟学校的出勤率审计，其中9所学校报告的出勤人数多于实际出勤人数。教育部的出勤率审计也显示，ECOT（Eswatini College of Technology）过度报告了其学生的出勤情况。在俄克拉荷马州，立法机构颁布了2020年虚拟特许学校改革和透明度法案。

（二）教学质量保证

虚拟学校的问责机制不仅要解决独特的组织模型，而且必须解决其教学方法方面所存在的问题。第一，评估教学质量。虚拟教学有望提供高效、高度个性化的教学，覆盖寻求优质课程的学生。在2015年和2016年，立法者集中在对在线环境中课程质量和提供者的监控要求方面，像传统学校的课程一样，在线课程应当与一套指定的标准保持一致，以确保学生的个性化在线学习体验能够提供决策者认为的必不可少的信息和技能。在2017年的报告中，一些州开始着重建立经过审核和批准的在线课程与提供者的信息交换所。在 2015 年和 2016 年会议上，立法者审议并通过了有关课程质量的 5 项法案。俄克拉荷马州于 2020 年颁布立法（OK HB 3400），要求全州虚拟特许学校提供符合州教育委员会要求标准的高质量在线学习。第二，确保教学质量和数量，影响教学质量的因素包括师生进行有意义互动的时间以及学生在学习活动上所花费的时间。师生互动有助于在特定时刻提供指导，并且密切监视学生进度。近年来，许多州不再将"在线时间"作为适当的指标，因为他们认识到仅仅通过规定的在线时长并不能保证学生的学习质量。2017 年和 2018 年，从"在线时间"作为促进学习参与度的一种衡量标准，转变到了以入学率和学生参与度作为衡量标准。2017 年，四个州颁布了立法，重点关注普通 K12 教育中基于能力的教育（制订建立补助金、试点计划或提早毕业的补偿计划）。目前，有 10 个州（弗吉尼亚州等）已通过法律授权，并实施了州立课程准入计划。在确保教学质量和数量方面，2019 年和 2020 年的实践迎来了转变。第三，跟踪和评估学生成绩，监控虚拟学校的学生成绩是首要考虑因素。拥护者和营利性公司声称，虚拟学校的学生表现与传统学校的学生表现同等甚至更好。但是，来自加利福尼亚州最新的学校水平成绩数据表明，虚拟特许学校调整后的考试分数比其他特许学校或传统公立学校低得多。随着对学生成绩的评估从基于时间的系统转变为基于掌握的系统，记录学生的熟练程度成为首要的考虑因素。

（三）师资力量保证

在虚拟学校教育中，学生和老师通常在时间和地点上分开，这带来了教学方面所存在的独特问题和挑战。对于如何在虚拟环境中确定优质教师，如何招聘和保留他们，如何评估其有效性以及如何提供持续支持以推广最佳实践，是美国 K12 教师治理的关键所在。这具体表现在如下几个方面：第一，招聘和培训合格的教师。通过对 2019—2020 学年虚拟学校立法的分析，仅确定了少数直接涉及教师招聘和培训的法案，它们都集中在资格认证和许可要求上，相关法案要求虚拟学校教师应当与普通公立学校教师共用相同的认证标准。2019 年和 2020 年的三项法案广泛地解决了教师的专业发展需求，并提供了有利于教师专业发展的在线平台。关于虚拟学校教师资格的认证状态，2017—2018 年立法确定了一些旨在通过备考计划和持续专业发展来提高教师技术技能的法案，许多立法也适用于所有环境中的教师，而不是特定用于虚拟学校的教师。2017年和2018年，少数法案确认对于管理员和教师而言发展教学技术的重要性。例如，怀俄明州颁布的法案为学区提供培训和技术援助，包括为教师和学校管理人员提供专业发展，以提供远程和虚拟教育，并规定了最低的专业发展要求。第二，评估和留住优秀教师。首先，教师薪酬是保留在线教师的一个关键因素，专职教师的薪酬通常与他们所在州的传统学校的教师的薪酬方式和比例相似。其次是教师评价体制的改善，2017—2018年，立法机构出台了对学生出勤率和师生之间定期接触的相关法案。如爱达荷州颁布的一项法案，完善了原虚拟特许学校的一系列流程要求，包括相关的问责制度、教学机制、教师发展、师生互动以及学生出勤率的验证。2019年和2020年颁布了用于解决虚拟学校教师满意度的法案，这可能会影响教师留校率。其中颁布的五项法案解决了虚拟学校学生的出勤率问题，并规定了旷课或未参与的处罚措施。

四　给中国 K12 在线教育治理带来的启示

（一）中国 K12 在线教育治理现状

中共中央办公厅、国务院办公厅印发的《关于进一步减轻义务教育阶段学生作业负担和校外培训负担的意见》（简称"双减意见"）要求"规范校外培训机构"。目前中国校外培训机构在线教育治理还存在诸多不足之处：

第一，从政策执行来看，还缺乏对备案之后的实际执行情况进行追踪。目前，中国各省份制定的校外培训治理政策偏重于校外线上培训机构的备案，备案平台主要有国家校外线上培训机构管理服务平台。首先，在全国范围内校外培训机构非常多，所涉及的备案课程、师资数量等也非常多，这样对于唯一的一个校外线上培训平台来说，庞杂的内容会带来信息管理困难等诸多问题。其次，省级备案名单较少公布，信息透明度有待加强。例如，北京市公布了校外线上培训机构名单等，很多省份并未公布备案名单。而作为校外线上培训直接相关方的家长及学生对备案名单知之甚少。最后，虽然很多机构按照政府要求对教师信息等进行了备案，但实际执行过程中并未按备案要求执行，可能实际上课的教师并不是备案的教师，而是非备案的教师，这使得备案并未发挥出实际作用。

第二，从政策内容来看，政策注重规范校外线上培训的发展，政策体系还不完善，具体表现在以下几个方面：(1) 现有政策注重对校外线上培训乱象进行治理，例如对退费难、教师水平参差不齐等突出问题展开治理，保证校外线上教育规范发展，但还缺乏对教学质量等问题的关注。校外线上培训的教学质量问题是一个非常重要的问题。教学质量体现为校外在线教育是否真正满足了学习者的需求，是否真正成为学校教育的一种有益补充。事实上，现在诸多家长都反映教学质量无法得到保障。因此，今后校外在线教育的一个重要的治理方向就是提升校外在线教育的办学质量。教学质量的提升需要从师资力量的保证、教学过程的管理、教学效果的评估等方面进行。(2) 目前中国校外培训领域还缺乏完善的校外培训教师专业发展体系，其中包括校外培训教师能力标准、校外培训教师专业发展规划等。需要制定新的校外培训机构在线教育教师能力标准并对校外培训机构在线教育教师能力展开评估与培训。(3) 目前很多政策还缺乏具体可行的实施路径，有必要对这些政策进行细化，提出具体的实施路径，提升政策的可执行性。

第三，从政策执行机构来看，省级政策密集出台，但市以下各级的专门政策还没有加以完善。目前总体来说中国校外线上培训的政策还较少，主要为各省在省级层面发布了相关治理文件，各市区相关文件还较少见。各省的发展有一定的差异，各市县也有着特殊性，各市县可根据省一级的政策制定本市县相应的具体政策。

（二）对中国 K12 在线教育发展的启示

中国校外在线教育培训已经变成一种常态，并成为学校课堂教学的补充。建立校外培训机构治理体系显得尤为必要。美国 K12 在线教育治理可以带给我们诸多启示。

1. 专门针对 K12 在线教育进行立法，政府出台相应的行政法规

美国 K12 在线教育的治理主要通过立法的形式进行，可以给中国 K12 在线教育的治理提供一定的启示。虽然中国政府层面已经出台了一些促进中小学在线教育发展的文件，但是对 K12 在线教育立法层面的政策还比较缺失。目前中国 K12 在线教育治理还存在着监管覆盖面不全、政策不成体系、多部门联合执法的法律依据不足等问题。中国可以由全国人民代表大会牵头立法，各省（自治区、直辖市）、各级人民代表大会在全国人民代

表大会立法的基础上，制定符合本省区域在线教育发展的政策体系，从而从根本上保障中小学在线教育的发展。同时，各级政府也可以制定相应的行政法规，规范在线教育的发展。美国从财务治理、教学项目质量以及高质量的教师三个方面对K12在线教育进行全面治理。中国也应不断提升对K12在线教育治理的全面性，构建K12在线教育治理体系。可以建立市域统一管理平台。现在国家建了全国校外线上培训管理平台，各省（自治区、直辖市）可以进一步建立省域线上培训管理平台，校外线上培训机构应当将师资状况、收费状况、培训科目、运营情况等进行公示。

2. 对K12在线教育展开财务治理

中国非学科类校外培训机构在线教育也面临着收费高、退费难诸多问题。美国K12在线教育财务方面的治理经验可以给我们带来一定的启示。第一，鼓励根据绩效收费。美国一些地方政府为了进一步提升拨款的有效性，出台了根据在线教育学习者的学习效果（例如课程通过人数、课程的注册人数等）进行拨款的措施。这样可以进一步督促在线教育机构提升在线教学效果。为了进一步提升校外在线教育的有效性，中国也可出台相应的法规，试行根据在线教育的教学效果进行缴费的模式。目前中国校外培训机构在线教育主要实行的是课前缴费模式，可以试行课前预缴一些费用，学习者在完成课程学习后，根据学习效果补缴剩余费用的模式。可以效仿房地产交易资金监管模式，设立校外培训资金监管账户，由政府统一对一部分费用进行监管。培训机构与学习者可以签订服务合同，等待培训结束并符合要求之后，再将剩余资金由监管账户打入培训机构账户。第二，运营监管。目前政府对于校外培训机构在线教育的实际运行过程实施监管具有一定的困难，虽然很多培训机构进行了备案，但实际教学过程如果有变化，包括教师是否都有资质、教学过程是否按合同约定展开等则较难实施监管。美国的经验给予我们一定的启示。可以通过校外线上培训机构提交报告，对教与学机制、教师发展、师生互动以及学生验证进行问责。可以对校外培训机构在线教育平台的相关数据展开抽查。第三，采取措施消除暴利，对校外培训机构进行财务审计。有必要制定指导方针和治理机制，以确保虚拟学校不会将利润置于学生表现之上。要引导校外培训机构合理定价。这个问题在中国比较突出。目前中国主要由企业负责中小学K12在线教育。相关学者指出，中国校外培训机构收费较高，让家长苦不堪言。

3. 展开教学治理，保证教学质量

美国政府积极展开教学治理，保证 K12 在线教学质量。第一，建立国家课程标准。美国国家层面建立了在线教育课程标准（周蕾、赵中建，2020），美国 K12 在线教育有很多认证机构，包括国家层面（例如美国教育部）、州政府以及诸多协会。认证是美国教育界用来确保学校、高等教育机构和其他教育提供者在学术、管理和相关服务方面达到并保持最低质量和诚信标准的程序，它是基于学术自治原则的自愿过程。目前，中国也逐渐重视对在线学习过程的评估，例如慕课平台将学生的学习过程作为课程考核的一部分。第二，不能仅将在线时长作为学习的指标，应展开综合评估，包括总结性评估，并在课堂上进行形成性评估，其中包括项目、论文和档案袋等演示。政府应评估各种提供商对学生成绩提升的贡献，并关闭对学生成长无益的线上培训机构和课程。利用数字平台对教学过程进行抽查。在线教育可以全程保留教学过程数据，教育监管部门可以利用数字平台功能对在线教育过程进行抽查，对在线教学的过程展开评估。第三，跟踪和评估学生成绩。目前中国校外培训机构在线教育还缺乏对学习者培训效果等方面的评估。可以建立一个综合的系统，对学生成绩进行形成性和总结性评估，将评估从对时间和地点要求的关注转变为对学生课程目标的掌握。在多个提供商之间进行全国性纵向研究，并对临时数据检查点进行评估，以从学生的角度评估学习体验的质量。

4. 健全中国 K12 在线教育教师管理体系

美国在这方面也进行了持续的探索，试图建立虚拟环境下教师应具备的能力体系以及发展策略。在参考美国经验的基础上本书提出如下建议。第一，构建校外培训机构教师职业能力体系。对校外培训机构教师的职业要求可能与一般学校教师的职业要求不尽相同，由于校外在线教育主要通过网络进行，校外线上教育要求教师具备更高的信息技术素养，包括在线课程的建设能力、网络直播能力以及在线环境下学生学习的评估等。第二，有必要对校外培训机构在线教育教师展开专项培训。据相关媒体报道，中国校外培训机构教育教师数量庞大，已经成为一支不可忽视的教师队伍。可以将校外培训机构在线教育教师纳入国家教师能力提升培训体系。首先，以教师资格证审核为抓手，建立校外教师职业档案。据新修订的《中华人民共和国民办教育促进法》及各地方出台的配套政策，做好校外培训机构教师资格年度考核工作和年检工作，对逾期不能达到培训要求的给予撤销教师资格的严厉处罚。其次，明确主体责任，完善校外教师常态化培训制度。校外培训机构作为营利主体，必须承担起为聘任的教师提供继续教育培训服务的责任，给予时间、经费等方面的保障。对校外培训机构教师进行系统的专业培训，特别是要保证由有资质、有良好素质和教学经验的教师担任培训老师，教育主管部门应指定专门的继续教育机构和培训课程，根据校外培训机构的工作特点，设定科学合理的培训时间。最后，要加强视导督查，确保校外教师继续教育落实到位。将教师参与继续教育的情况纳入常规检查和抽查内容，明确责任主体和惩处标准，对不支持聘任教师参与继续教育的校外培训机构予以罚款和整顿，对不积极参与继续教育的教师予以暂扣甚至撤销教师资格的处罚。第三，评估与留住合格的教师，尽快构建校外培训机构在线教师评估体系。对于那些热爱校外培训行业、乐于奉献并且取得良好成绩的校外培训教师，应采取相应的措施留住他们。同时，需要建立合理的校外培训机构教师薪酬体系。

5. 试行政府主办 K12 在线教育

美国 K12 在线教育的发展模式多样化，既有全日制的虚拟学校，也有面授教育与在线教育同时发展的混合制学校，而主办方则既有政府主办的 K12 在线学校，也有私立运营机构举办的 K12 在线学校。混合制学校在美国 K12 在线教育学校中占有相当大的比例。混合制学校可以依托学校已有的良好的师资等资源，在教学模式上也更加灵活，除了实行完全在线教育外，也可以实行在线教育与面授相结合的混合教育。目前校外线上培训主要由企业负责开展。中国可以试点举办混合制公立在线学校，即在原有公办学校的基础上，加入在线教育教学。在线教育教学不仅面向本校的学生开设，还面向本地区、全国甚至世界范围开设。在线教育教学主要以个性化教育为主。可以在一些有实力的重点学校试行，之后在混合制在线学校试点的基础上试行全日制在线学校。全日制虚拟学校有利于在线教育的统一组织与管理。可以在中国教育发达地区先行试点。北京市试行了由北京市政府主办的课后线上个性化教育（现代教育报，2021），取得了良好的效果，今后可将其模式推广，不断推进公办 K12 在线教育的发展。

针对中国校外培训机构在线教育治理面临的诸多问题，本书结合美国

K12 在线教育经验从立法、治理内容等方面提出了相关对策建议，包括对校外培训进行立法、展开财务治理、保证教学质量、健全在线教师专业发展体系以及试行政府主办 K12 在线教育等，后续需要对 K12 在线教育治理实施效果进行监测评估以不断优化治理体系，切实实现校外培训机构在线教育对学校教育的有益补充。

第二节　美国佛罗里达州立虚拟学校运行机制与启示

一　在线教育领域的知名领导者

佛罗里达州立虚拟学校（Florida Virtual School，FLVS）成立于1997年，迄今已有 20 余年的发展历史，在美国幼儿园与中小学在线教育领域（Kindergarten-12 online education）处于领先地位。虚拟学校即在线学校。FLVS 为学生提供的课程屡获殊荣。FLVS 得到了 Cognia 的认证，为佛罗里达和世界各地的学生提供在线学习支持。Cognia，于 2018 年由两大著名非营利教育机构 AdvancED 和 Measured Progress 合并而成，是全球最大的非营利性国际学校权威认证机构。佛罗里达州立虚拟学校开发和提供 K12 在线教育解决方案。FLVS 是全国第一所基于互联网的公立高中，其网络学习模式是公众认可的。FLVS 获得了诸多奖项。如今，FLVS 为 K12 年级的学生提供服务，并为学校和地区提供各种定制解决方案，以满足学生的需求。在 FLVS，佛罗里达州居民可以免费上课，而非佛罗里达州居民上课是要收取一定学费的，佛罗里达州的学生有权将佛罗里达州立虚拟学校作为一种教育选择。由于 COVID-19 的持续影响，佛罗里达州立虚拟学校（FLVS）作为该州的在线公立学校，可以为学生及其家庭提供支持，确保学生能够继续接受教育。佛罗里达州立虚拟学校提供各种灵活的全日制选择，鼓励因 COVID-19 而寻求在线教育选择的学生参加 FLVS Flex 或 FLVS Global。

二　佛罗里达州立虚拟学校的教育模式

佛罗里达州立虚拟学校共有四种教育模式，分别是非全日制在线教育（FLVS Flex for Public，Private，& Charter Students）、面向居家学习的在线教育（FLVS Flex for Homeschool Students）、全日制在线教育（FLVS Full Time）以及面向全球学习者的在线教育（FLVS Global School for Non-Florida Residents）。这四种模式各有其特点，面向不同的学习者，用户受益面广。

（一）非全日制在线教育

1. 基本状况

作为一所公立学校，佛罗里达州立虚拟学校为学生提供了许多不同的在线学习选择形式，非全日制模式下允许学生每学期学习一至三门在线课程。佛罗里达州立虚拟学校保存所有学生的成绩单和进度报告。它对幼儿园到高中年级的学生开放，并向高中毕业生发放毕业证书。作为一所公立学校，它要求学生满足所有州的考试要求，包括佛罗里达标准评估（FSA）和课程结束考试（EOC）。FLVS Flex 允许学生在一年中的任何时间上一门或多门在线课程，它面向那些想要定制自己的课程表和课程的学生，或者那些在公立或私立学校上大部分课程的传统学生。佛罗里达州立虚拟学校也被要求向其住校学生提供全日制在线课程。一些地区使用佛罗里达州立虚拟学校作为其项目或课程的提供者。在这些项目中，学生仍然是其居住地区的学生，但必须在佛罗里达州立虚拟学校注册，并且得到佛罗里达州立虚拟学校的批准才能进入项目的学习。这些学生一旦满足了当地学校的所有要求，就会获得当地颁发的文凭。FLVS 被认可为一个学区系统，FLVS 的各个学校都得到了 SACS CASI（南方学院和学校协会认证和学校改进委员会）的认证，FLVS 开设的课程符合佛罗里达的所有标准，FLVS Flex 的学生没有资格直接从 FLVS 获得文凭。然而，在 FLVS 进行全日制学习的学生在毕业时可以拿到毕业证书。公立或私立学校的学生如果参加 FLVS Flex 课程以补充或丰富他们的学习内容，其成绩会被送到他们的学校。成绩单和毕业证书是由公立或私立学校根据学校的政策和程序颁发的。

2011 年 6 月 2 日，佛罗里达州长里克·斯科特签署了《数字学习法案》，作为众议院第 7197 号法案的一部分。佛罗里达州要求入学的九年级学生必须完成一门在线课程的学习，作为毕业所需的 24 个学分中的一部分，修一门 6—8 年级的在线高中课程就可以满足这一要求。虽然大多数 Flex 课程都能满足《数字学习法案》的要求，但也有一些例外。例如，如果一个学生注册了 10 个学分的课程，而该课程包括了两个部分，那么，只有这两个部分都完成，才能达到要求。如果一个学生注册了只有一半学分的课程，就只需要完成一个部分，获得 5 个学分，就可达到要求。当学生完成课程后，FLVS 将向学校和学生提供一份成绩单，学生可以把成绩单交给他们的指导顾问。

FLVS Flex 提供学分课程。FLVS Flex 不是学生的学校记录（或"基础学校"），也不提供高中毕业证书。参加 FLVS 课程学习的学生必须具备以下几个条件之一：在初中或高中注册；从公共学区转为在家学习；注册为医院学生。任何在佛罗里达学区有良好声誉的军事人员的子女（包括公立、私立或在家上学的学生）都可以参加 FLVS Flex 的课程。目前居住在州外的佛罗里达州永久居民的军人家庭的子女、注册为在家上学的学生或注册全日制公立学校的学生可以免费学习 FLVS 课程。居住在佛罗里达州以外且未在佛罗里达州定居的军人家庭不能通过 FLVS Flex 或 FLVS 学习全日制免费课程，但可以选择注册 FLVS 全球学校，这需要缴纳学费。有了 FLVS Flex，私立学校的学生可以在学校或家里参加在线课程学习，定制他们的教育。私立学校可以免费与 FLVS 合作，为学生提供灵活的在线学习。获得学校选择奖学金的学生也可以学习 FLVS 课程，这些奖学金包括佛罗里达州税收抵免奖学金、麦凯奖学金和个性化学习奖学金账户（PLSA）。

FLVS 的目标是为所有学生提供一个典范性的教育体验。FLVS 是一个选择。只有当 FLVS 满足了学生的独特需求，是最合适的选择时，才应该被考虑，学生应该符合 FLVS 制定的标准。所有学生都必须遵守学校的教学政策，如果学生有残疾或缺陷，应该在 FLVS 注册时告知。家长和监护人有责任为学生提供一份最新的 IEP（个人教育计划）。这些文件必须由家长和监护人直接提交给 FLVS。关于这些文件的说明将在注册时提供，并可随时查阅。此外，如果住宿适用于在线教育环境，FLVS 可以根据学生的个人教育计划提供额外的住宿。在 FLVS Flex 注册的残疾或有缺陷的学生必须与他们注册的地区合作，接受必要的相关服务、评估、年度回顾、重新评估和最初的资格决定。FLVS Flex 鼓励学生或家庭定期与他们的老师交流，以确定虚拟教育环境是否能适当地满足学生的需求。FLVS Flex 为家庭提供了一个缓冲期，以确定在线环境是否合适。在注册 FLVS Flex 后应立即与相关的 FLVS 老师讨论缓冲期问题。FLVS Flex 小学对佛罗里达州所有五年级和幼儿园的学生免费开放。这种创新的学习模式允许学生参与在线学习活动。

2. 课程方面

每一门 FLVS 课程都由国家认证的讲师讲授，他们是各自学科领域的专家，教师和学生定期通过电话、电子邮件、文本和实时课程进行交流。当有任何需要时，学校鼓励学生联系他们的老师。教师每月至少与学生及家长通一次电话，所有的课程都可以修常规学分或荣誉学分。FLVS 为几个学科领域提供在线先修（AP）课程。在线先修课程是一种大学水平的学习体验，要求学生在学术上为进入大学做好准备，并且愿意投入必要的时间和精力。

非全日制虚拟学校为佛罗里达州的高中生提供各种免费的、完全认证的在线课程，包括满足 NCAA 课程要求的核心选项。学习者需要每天使用电脑、电话和互联网，确保计算机满足最低系统要求。如果个别课程需要特定的材料或供应品，这些都将会在课程描述中列出。在课程开始时，老师会概述其他要求。由于完成每一门课程都需要一定的时间，学校建议：对于在家受教育的学生，如果 FLVS 是唯一的提供者，那么一次不能超过 4—6 门课程；对于公立或私立学校的学生，一次不超过 3 门课程。

学生一年可以注册 12 个月的课程。FLVS Flex 不遵循传统的日历，课程学习开始时间是灵活的。学习者可以选择自己喜欢的日期进行注册。学校将尽力为学习者安排喜欢的开始日期。当学生被分配给导师时，必须先完成与导师的电话交流。交流一结束，就可以开始上课了。FLVS 课程是按学期设计的。由于在线上课程中，时间不是固定不变的，学习者可以灵活安排进度，并可以在激活课程后与老师讨论细节。学生可以选择每周做额外的作业，可以用更少的时间完成课程。所有的课程都有一个固定的表格，学习者也可以与教师定制特定的表格，以满足学习者的需求。FLVS Flex 不接受转学成绩，从传统学校退学的学生在获得学分之前为了获得 FLVS Flex 的学分需要进行整个学期的重新学习。

3. 作业与评分

每个学生每周都必须提交特定数量的作业，教师和学生可以决定适当的进度。提交的作业数量取决于所修的课程，如果成绩下降或者不用心，学生还会被要求退出课程。所有的 FLVS 课程都有一个内嵌的进度表。这样，学生就可以确切地知道每周应该提交什么。他们可以选择传统的、延长的还是加速的进度。教师会帮助学生修改图表以提高他们的选择速度。在进入课程后，学生可以接触到所有的作业，但只有在完成某些作业后，才能接触到测验或小测验。学生按顺序通过课程，如果想提前学习某一课程，那么需等待教师的批准。每一次评分都会被记录在学生的个人成绩单上。所有知道学生用户名和密码的家长都可以得到这个成绩单，定期监控成绩可以让学习者看到学生在一段时间内的进步。所有被评分的作业和当前的总体平均成绩都可以查看。当前的平均成绩、评分作业和教师反馈可以在任何时候查看。

正式的期末成绩报告会在完成一门课程或一学期的课程后立即以电子方式发送到学校，成绩单被密封并直接送到学校或某个实体。一旦学校的导师完成了评分并发布了最终成绩，其成绩将被自动发送到学生的官方文件档案中，学生可以通过 FLVS 账户打印非官方成绩单。

4. 与父母与监护人密切配合

FLVS 与家长合作，确保学生的学习过程。家长经常与老师联系，可以随时了解学生的成绩和进步情况。在小学阶段，学生的父母更多地参与指导和协助学生完成项目或作业，这些项目或作业可以在电脑上或不在电脑上完成。这种现场监督和支持在早期是至关重要的，而高年级的学生则会开始独立工作。FLVS 视父母为合作伙伴，从批准课程申请到监控进度，家长可以亲身体验学生在佛罗里达大学的学习生活。监护人可以 24 小时在线访问已提交或已评分的作业，老师会每月给家长打电话，给家长发进度报告，定期给家长发电子邮件更新情况。一旦学生完成在线申请，家长将收到一个学生用户名和密码，并用其创建家长或监护人账户。

（二）面向居家学习的在线教育（FLVS Flex for Home School Students）

根据佛罗里达州的法律，在家接受教育的学生必须完成由父母或监护人设计的家庭教育项目。一旦学生完成了所需要的课程，家长或监护人有责任填写家庭教育宣誓书，以证明学生已经完成了高中家庭学校的学业。

在家上学的学生可以选择通过提供文凭的"伞形学校"来完成文凭要求，或者一些家庭学校的学生可以选择参加普通教育发展（GED）考试，如果学生获得及格的分数，就可以得到佛罗里达州教育部颁发的高中毕业证书，一旦考试通过，佛罗里达州教育部会给学生寄一张毕业证书。

最后，为了获得文凭，在家接受教育的学生可以选择将最后一年的

FLVS 全日制项目重新注册为全日制学校面授项目，学习 FLVS 全日制课程的学生重新注册需要满足本地区规定的所有毕业要求。

为了获得 FLVS 毕业证书，学生需要参加 FLVS 的全日制公立学校课程的学习，也可以回到他们分区的高中通过最后一年的学习获得毕业证书。一旦做出选择，家长必须核实学生的课程要求。一旦家长准许，学习者将被安排到下一位教师那里，此时，家长应监控他们账户中的处理信息。

对于完成居家学习的学生而言，学习者需要提交家庭学校完成宣誓。根据州立大学系统（SUS）一般的入学要求，在家上学的学生应该提交一份宣誓书，证明已经完成了一个家庭教育项目，包括4—4—3—3 核心课程加上两门外语课程。此宣誓书必须由学生的父母或合法监护人签署。

根据佛罗里达州的相关法律，州考试是提供所需的年度教育评估的可行措施之一。虽然在家接受教育的学生不需要参加标准化的州考试，但如果在家接受教育的学生返回公立学校，有可能会被要求参加这些考试。学区家庭学校必须让学生从县家庭学校计划中脱离出来，这样学生在新学校就可以成为完全注册学生。

（三）全日制在线教育（FLVS Full Time）

FLVS 全日制在线教育对所有佛罗里达州学生开放。它是佛罗里达州立虚拟学校提供的几个免费在线学习选项之一，它提供一对一的教学方法并且可以在任何地点学习。作为一所完全的在线学校，FLVS 全日制课程具有结构上的灵活性，它为所有佛罗里达州学生提供全面、全日制、免费的在线学习。此外，符合毕业要求的学生可以获得高中毕业证书。FLVS 全日制学校被认为是注册学生的初级公立学校学习模式，并且可以为符合佛罗里达州教育部要求的大四学生颁发毕业证书。作为一所公立学校，佛罗里达大学全日制学校对学生的学习进行记录，提供进度报告和成绩单，并确保学生符合州教育要求。

作为一所公立学校，佛罗里达州立虚拟学校为学生提供了许多不同的在线学习选择。FLVS Full Time 是一种完全在线的公立学习模式，要求学生每学期上六门标准的公立学校课程。学校保存所有学生的成绩单和进度报告。它对幼儿园到高中年级的学生开放，并且向高中毕业生发放毕业证。作为一所公立学校，它要求学生满足本州所有的考试要求，包括佛罗里达标准评估（FSA）和课程结束考试（EOC）。FLVS Flex 允许学生在一年中的任何时间上一门或多门在线课程。佛罗里达学区也被要求向它的住校学生提供全日制虚拟课程，一些地区使用佛罗里达州立虚拟学校作为它们的项目或课程的提供者。在这些项目中，学生必须居住在本地区，必须在佛罗里达州立虚拟学校注册，并且必须得到佛罗里达州立虚拟学校的批准。这些学生一旦满足了州或地区的所有要求，就会获得当地颁发的文凭。FLVS 全日制学校得到了 Cognia、南方大学协会以及学校和学校改进委员会（SACS CASI）的认证。学校提供的课程符合佛罗里达州的所有标准。所有的 FLVS 核心课程（除了文科数学外）都是由美国国家考试协会批准的。

1. 注册

学生可以在传统学校或与地区一致的典型开放注册期进行注册。一般在春季学期开始招生，当学习者的申请被成功提交后，学校将通过邮件与学习者进行沟通；当学习者的申请被接受并正式成为 FLVS 全日制学生时，学校将再次与其进行邮件沟通。FLVS 全日制学校对佛罗里达州居民免费开放，如果一个学生的家庭由于住房或经济困难而需要支持，他们就可以根据联邦相关法律获得某些权利并对之进行保护。因为佛罗里达州立虚拟学校是一所公立学校，联邦法律要求它为学生提供平等的机会，不论其残疾与否，都能参与学校的教育项目并从中受益，目前居住在州外的军人家庭的孩子有资格参加 FLVS 全日制课程的学习。

2. 课程信息

FLVS 全日制学校提供符合国家标准的综合公立学校课程，包括核心课程、世界语言选修课、大学预修课程以及职业和技术教育课程。FLVS 的全日制课程和课程内容都是在线提供的。选修课或其他课程所需要的特定材料或工具，在注册时都有详细说明。所有的 FLVS 全职教师都是经佛罗里达相关教育机构认证的，并且都经过了严格的面试、筛选和培训。教师和学生定期通过电话、电子邮件、文本和现场直接指导进行交流。当有需要时，可以与老师取得联系。学生的学习时间与努力程度因学生课程表的严格规定而有所不同，但总的学习时间和努力程度与传统学校的要求是相当的。平均来说，幼儿园至三年级的学生每周有 20 小时的作业要完成。

3. 家长的角色

FLVS 与家长进行充分合作，以确保学生学业成功。家长可以经常与老师联系，可以随时查询学生的成绩。通过介绍视频和教程，学生可以很容易地完全熟悉学校的系统。学校还提供技术素养课程，让学生发展先进的技术技能。

4. 社团及课外活动

FLVS 组织开展了许多学生活动，包括采取在线和面对面的形式。FLVS 的全职工作人员和顾问会设计各种各样的活动、小组会议以及安排学生在州内不同地点进行实地考察。FLVS 全日制学生会被分配到公立学校参加课外活动。在某些特殊情况下，参加课外活动需要增加一门课程的学习，学生可以在当地学校参加一门课程的学习或活动，其条件如下：申请此类课程或活动应在 FLVS 全日制学年开始时提出；家长或监护人如果决定参加 FLVS 全日制课程，不应视其是否参加其他机构的课程或活动而定；FLVS 6–12 全日制学生如果希望在其校区内参加课外体育活动，就需要满足 FHSAA 政策所规定的要求。

5. 学生记录与政策

FLVS 全日制学生可以填写索取成绩单申请表，并通过传真或电子邮件提交。佛罗里达州法规规定"对犯罪和施害者实行零容忍政策"，要求佛罗里达大学为所有学生和工作人员提供一个安全和支持性的学习环境，而不论其经济状况、种族状况或残疾与否。对学校安全构成严重威胁的具体行为，将被迅速加以严厉处理，包括开除学籍或移交执法机构处理。对于所有法律规定的违法行为，FLVS 将遵循佛罗里达州法规的规定，但是零容忍政策并不适用于轻微的不当行为。

（四）FLVS 全球学校（FLVS Global School for Non-Florida Residents）

FLVS 全球学校将招收 5—19 岁的学生，小学生必须年满 5 岁方可入学。学生必须在 10 月 1 日或之前年满 6 岁，方可报读一年级课程。学生报到日（即完整注册或申请一学期课程之日）的年龄不得超过 19 岁，学生必须在 21 岁生日之前完成所有的课程作业，包括期末考试。未获得文凭的优秀学生在年满 22 岁的学年结束前仍有资格享受教育服务。学校提供深入的课程描述，总结课程的内容，以及课程中所包含的主题和模块的详细描述。学校实施 14 天的课程退款政策。这就有机会选择注册付费学习课程，看看课程内容到底是如何传授的。无论出于何种原因，如果学习者对 FLVS Global School 不满意，都可以申请退款。如果学习者在 14 天的宽限期内没有完成任何课程作业或考试，就会得到全额退款。学习者也可以联系当地的学校顾问，以获得课程建议，还可以通过访问课程描述页面，找到更多关于每门课程所涉及的主题介绍。在 FLVS 全球学校项目中，学习者可以选择想要注册的课程，小学生可以在 FLVS 全球学校上初中或高中的课程。学生最多有 27 周的时间来完成他们的课程。

目前在佛罗里达州立虚拟学校注册并迁移到佛罗里达州以外的学生可以通过 FLVS 全球学校继续他们的课程。他们能够保持其课程进度，但学校会给他们指派一位新老师，学费将根据每门课程的学习进度按比例增加 25%。FLVS 全球学校不提供高中文凭，只要学习者的文凭授予机构或当地学校接受 FLVS 全球学校的成绩单，学习者就可以参加 FLVS 全球学校的课程并在毕业前继续学习这些课程。所以，有必要先进行咨询，以确定学生所在地学校是否接受虚拟学校课程的学分，然后再注册，也可以在一段时间内参加 6 门课程的学习。

教室在星期一及星期五上午八时至下午八时（依教师所在时区而定）开放，邮件和电话将在 24 小时内回复，作业将在 48 小时内得到评分。学生将与他们的老师及其他学生一起从事课堂活动，对于无法出席现场授课的学生，上课时间也会被记录下来。FLVS 全球课程可能需要额外的项目来支持学习活动，学生需提供的物品将在课程中列出，如果学习者想确认是否有其他补充材料需要购买，可以直接联系老师。选修 FLVS 小学课程的学生需要一台打印机、纸张、铅笔等，学习者将在每门课程中找到所需物品的完整清单，FLVS 全球学校考试不要求监考，如果学生存在学术诚信违规行为，也可以要求对之实施监考。

三　其他

在每门课程中，学生通常被要求每周至少提交 2—3 份作业。很多学生的课程表会因各种原因而出现波动，有特殊要求需与导师进行沟通。初中生和高中生每周在每门课上需要花费 4—5 个小时；预修课程每周需要花费 10 个小时，这包括阅读课程，观看任何随附的视频，完成所有的练习题，提交家庭作业。小学生每周应安排 3—5 小时的学习时间，为了确保理解和掌握，学生在一个课程部分至少需学习 14 天（两部分课程至少需要 28 天）。基于内容，一些课程可能会有更长的学习时间要求，如果学生和家长对某门课程的学习时间有疑问,可以直接联系老师。FLVS 的大部分全球学校课程都是在 18 周内完成的。为了使学生获得最大利益,完成半学分课程的最长时间是 27 周。如果学生没有在 27 周内完成课程,学校保留额外收取一个月延期费用的权利,或者学生重新注册并支付半价课程的费用。学分恢复课程需每学期设计,用 6—8 周完成,完成一半学分的最长时间是 10 周。对于没有在 10 周内完成恢复课程学分学习的学生,将保留收取额外一个月延期费用或要求其重新注册的权利。成绩单可以通过电子方式直接上传至学生的 NCAA 账户,学生的 NCAA 账户必须列出佛罗里达州立虚拟全球学校作为其中一所就读的学校。在完成一学期的课程后,一份正式的成绩单将会寄给学习者、学习者的学校或其他学术机构。可以通过电子方式发送成绩单。在学校注册的学生如果没有参加当地学校或地区的项目,将会收到来自 FLVS 全球学校完成课程学习的成绩单,而不是高中文凭。建议在当地(或远程)学校注册的学生向其所在的学校或学区核实,以确保学校的成绩单被接受。物理学校(PS)管理员账户可用于学区人员,以跟踪学生的进展和创建详细的报告,关于他们的成绩或作业,管理员账号有不同级别的访问权限,授予其学生信息系统(VSA)不同类型的权限。全球学校使用学习管理系统(LMS)提供课程内容和学习经验。当学生登录学生信息系统时,他们将访问学生仪表板以查看他们的活动课程,并进入他们的虚拟教室。在教育机构,可以获得课程、评估、阅卷、课堂交流情况等信息。虚拟学校管理员(VSA)是一个用于存放学生记录和注册的平台,学生可以使用注册过程中创建的凭证登录到 VSA 来访问课程,授权的管理员可以通过 VSA 访问指定的学生记录、了解其进度以及学校和地区的各种类型的报告。

四 启示

(一) 试行由政府主导

目前非学科类校外线上培训主要由企业进行组织。而美国中小学校外线上教育则更多地由政府主导,在线学习供应商、中间服务提供方、公私立中小学等多方参与。要加强对校外线上教育的监管。中国可以试行采取由政府主导、多方参与的形式对在线教育教师进行遴选、在线学习平台的建设与授课以及进行在线教育的评价等,这样可能更有利于校外在线教育的规范运行。中国也出台了规范相关校外线上培训发展的政策文件，但还需不断完善。可以尝试建立如美国佛罗里达州立虚拟学校那样的在线教育学校，美国在这方面经验丰富，可以加以借鉴与学习。由政府主导在一定程度上解决校外线上培训所涉及的教育公平问题。校外线上培训由于其收费原因，导致了家庭更为富裕的学生可以接受更多更好的校外线上培训，这样就出现了教育不公平的现象。因此，政府主办校外线上教育，可以针对所有学生展开免费的线上培训活动，在一定程度上缓解校外线上培训所带来的教育公平问题。北京市也试行了由政府组织的学生课外个性化辅导在线教育项目，取得了良好的效果，对解决社会公平等问题起到了一定的作用。

（二）模式多样化

美国校外线上培训模式多样化，包括全部课程以校外线上培训的形式开展以及部分课程以校外培训课程的形式开展。美国虚拟学校允许残疾者等无法到校上课的学生全部课程均通过在线学习的形式进行。其中，补充性在线学习是最为重要的模式。佛罗里达州立学校允许学生选修一定的在线课程。佛罗里达州所有即将入学的九年级学生都被要求完成一门在线课程，作为毕业所需的 24 个学分中的一部分。一门在 6 至 8 年级上的在线高中课程可以满足这一要求，美国很多中小学规定，学生中学毕业需要选修至少一门或若干门在线课程，在这种模式下，学习时间、地点都比较灵活。应充分发挥在线教育的优势，满足不同学习者的个性化需求。目前中国中小学应鼓励学生选修一定的校外线上课程。可以进行补充性在线学习，即将在线教育作为学校面授教育的有效补充。要建立起针对残疾学生等特殊群体学习的保障机制。

（三）保证质量

第一，师资。每一门 FLVS 课程都由经国家认证的讲师讲授，他们是各自学科领域的专家。美国州立虚拟学校注重教师队伍建设，保证由高水平的教师进行教学。中国校外在线教育也要注重师资力量的建设，包括不断加强教师的学科知识水平、教学法知识等。校外培训机构要保证教师在取得教师资格证的情况下上岗。

第二，法律保证。2011 年 6 月 2 日，佛罗里达州长里克·斯科特签署了《数字学习法案》，作为众议院第 7197 号法案的一部分。法律的建立为在线教育的实施提供了依据。目前中国校外在线教育的发展还缺乏必要的法律保障。有必要建立中国校外在线教育法律保障体系，可以从课程质量保障、教师队伍建设以及教学效果评估等方面构建校外在线教育法律保障体系。

第三，对学习过程进行监控。中国校外在线教育有必要加强对学习者学习过程的监控。教师需要实时掌握学习者的学习状态，例如已有的认知水平、对所教知识的理解程度等，然后在此基础上及时展开有针对性的教学。

第四，家长或监护人参与。FLVS 视父母为合作伙伴。家长也要积极参与到学习者的学习中来，对学习者的学习状态进行实时监控。同时，家长也要与学校密切配合，做好学习者的管理工作。

第三节 美国密歇根州立虚拟学校的运行机制与启示

一 引言

2020 年，美国密歇根州在线学习研究和创新中心发布了《密歇根 K12 虚拟学习成效报告 2018—2019》（Michigan's K-12 Virtual Learning Effectiveness Report 2018-2019）。该报告对美国密歇根州 K12 在线教育现状、成效等问题进行了分析，可以为中国 K12 在线教育的发展带来一定的启示。密歇根虚拟学院（Michigan Virtual）成立于 1998 年，其使命是通过研究、实践和合作伙伴关系促进 K12 数字的学与教。2012 年，密歇根虚拟学院建立了在线学习研究和创新中心，专门针对在线教育展开研究，主要根据公立学校向 MDE 或 CEPI 报告的学生结业情况和表现数据，重点介绍 2018—2019 年度的入学总数、结业率以及虚拟课程对 K12 学生的总体影响。密歇根州所有 K12 学生中的约 8%（超过 12 万名学生）在 2018—2019 年参加了虚拟课程学习（即在线课程学习）。这些学生注册了近 64 万个虚拟课程账户，并且在密歇根州 2/3 的公立学区就读。拥有非全日制虚拟学习者的学校占虚拟学校的大部分，4/5 的虚拟教育入学人数来自高中生，虚拟教育入学人数中的 2/3 是贫困学生，虚拟课程学习的总合格率为 55%，与过去两年相同，但是，学生的学习成功率仍然存在很大的差异。

二 美国密歇根州立虚拟学校运行的相关结论

2018—2019学年的报告是有关密歇根州K12系统中虚拟学习有效性数据的第九个报告,过去几年中的许多趋势仍继续存在着。虚拟学习者的数量、虚拟入学人数以及拥有虚拟学习者的学校证明对虚拟学习方法的使用不断增加。同时,虚拟课程的表现在过去几年中一直停滞不前(见表5-2)。

表5-2 自2010—2011年以来按学年划分的虚拟学习指标摘要

学年	虚拟学习者数量(名)	虚拟注册数量(名)	虚拟学校数量(所)	虚拟学习者学习合格率(%)
2010—2011	36348	89921	654	66
2011—2012	52219	153583	850	62
2012—2013	55271	185053	906	60
2013—2014	76122	319630	1007	57
2014—2015	91261	445932	1072	60
2015—2016	90878	453570	1026	58
2016—2017	101359	517470	1102	55
2017—2018	112688	581911	1158	55
2018—2019	120669	639130	1225	55

总合格率仍旧不容乐观,成功实施虚拟学习的人数远远少于预计,而且有太多的学生几乎没有成功。几乎有1/4的学生没有通过任何虚拟学习课程,超过12550名学生至少参加了五门虚拟课程的学习,但未通过任何一门课程的考核。而密歇根州有500多所学校的虚拟学习通过率达到80%或更高。这些表现较好的学校呈现出如下特点:

(1)成功的虚拟计划可以支持各种数量的学生、课程的学习。超过100所学校的虚拟注册人数少于10名,超过200所学校拥有100名或更多的学生。它们提供的课程名称也有所不同,大约40%的学生被提供10门或更少的虚拟课程。大约有1/4的学校有26—50门课程,超过10%的学校的学生在 50 多门虚拟课程中学习。

（2）LEA（Local Education Agent）和 PSA（Private School Agent）学校可以提供成功的虚拟学习课程，超过 40% 的拥有虚拟学习课程的 LEA 学校，在学校范围内的虚拟学习合格率达到或超过 80%。对于 PSA 学校，这一比例约为 1/3，在传统学区和特许区都可以进行成功的虚拟课程学习。

（3）城镇和农村地区的学校都证明了虚拟学习的成功，有超过 75 所城市和 75 所城镇学校的虚拟学习通过率达到或超过 80%，郊区只有 150 所虚拟学校，而农村地区则有 190 所虚拟学校，这些学校证明虚拟学习可以在密歇根州的各个地区取得成功。

（4）这些学校在不同种族/族裔的学生中取得了显著成绩。然而，不同种族和族裔的学生，其表现的差距也很大。

（5）贫困学生在这些虚拟课程中取得了成功。在整个密歇根州，在传统学校里，贫困学生的及格率（48%）比那些非贫困的学生的及格率要低 21 个百分点。而在这 500 多所学校中，贫困学生的虚拟教育通过率提高到 88%，接近非贫困学生 92% 的虚拟通过率。在这些学校中，处于贫困状态的学生占虚拟学习者的很大一部分（40%）。

（6）全日制和非全日制课程都可以运行有效的虚拟课程。这 500 多所学校证明，超过 40% 的非全日制课程能够产生 80% 或更高的全校虚拟教育合格率。

（7）普通教育和替代教育计划均达到了全校虚拟教育合格率的 80%。密歇根州有 450 多所普通教育学校实现了全校虚拟教育合格率 80% 以上。在替代方案方面，有 42 所学校达到了这一标准，作为替代项目的百分比，它仅代表此类学校的 14%，这表明尽管成功了，但成功的门槛仍然是一个巨大的挑战。

（8）虚拟学生的表现可以达到或超过其面对面接受教学的表现水平。在这 500 多所学校中，有 6000 多名虚拟学习者参加了至少三门虚拟课程的学习，并拥有至少三门非虚拟课程学习的数据。这些学生中有 81% 的虚拟学习评估合格率达到或超过了他们的非虚拟学习评估合格率。

显然，这些数据支持了以下结论：在线学习确实适用于许多学校和学生。我们需要更多的此类程序。该报告中的数据可以帮助学校和利益相关者评估他们的虚拟教学计划。它可以产生重要的见解，并为重要的对话提供起作用的因素，为谁起作用以及在什么情况下会产生这些结果的重要对话。密歇根虚拟大学创建了许多资源，可以帮助学校反思和改进其虚拟课程。这些资源包括一系列针对学生、父母、老师、导师、学校管理员和学校董事会成员的实用指南。

三 启示

（一）中国可以试行学校兼职虚拟教育或全职虚拟教育

密歇根州的学校有很多进行兼职虚拟教育，面向全州招收虚拟学生，同时也有全日制虚拟学校。兼职虚拟学校指的是学校教育以面授为主，但同时也举办在线教育，本校学生或者其他学校学生可以在线教育的形式选择学习；全日制虚拟学校指的是学生全部课程均以在线学习的形式进行。超过一半的学习课程可以在兼职虚拟学校注册。以密歇根州虚拟学校为例，兼职虚拟注册占该学年所有虚拟注册的54%。中国可以从试点兼职虚拟学习开始，逐步向举办全日制虚拟学校与兼职虚拟学校并举过渡。学校举办兼职虚拟学习具有很多优点，既可以满足本校学生的个性化学习需求，也可以面向其他学校的学生招生。鼓励具有较强办学实力的中小学开始试点。从密歇根州的经验来看，农村与郊区学生注册虚拟课程的比例较高，这可能主要由于这些地方优质资源缺乏。农村学校约占虚拟注册学校的34%。郊区学校的虚拟注册率排第二位，为31%。中国也面临着同样的问题，即优质资源分布不均，农村等薄弱地区的优质教育资源缺乏。鉴于此，中国也可以采取类似的措施，建立虚拟学校，优质教育资源较为薄弱地区的学生可以进行注册学习。在开设课程方面，应以补充面对面教授课程的内容为主。提供虚拟学习的学校中约有94%是为了补充他们的面对面教授的课程。

（二）公立学校的学生参加在线学习

密歇根州虚拟学校的大部分注册学生为公立学校的学生。LEA学校（58%）和PSA学校（39%）几乎涵盖了所有虚拟入学人数。虚拟入学生来自1072个（88%）LEA学校，而只有（9%）110个学校是PSA。在2018—2019学年中，有608个学区报告说至少有一名虚拟学生。这占据了密歇根州905所公立学区的2/3。有120669名K12学生参加了至少一门虚拟课程的学习，占密歇根州公立学校学生的8%。因此，我们也可以鼓励公立中学的学生选择在线学习。后疫情时代是面授教育与在线教育混合教育的时代，应充分发挥在线教育的优势，鼓励学生参加在线学习，并获取学分。

（三）高中生参加最多，有必要加强高中生的在线学习

密歇根州虚拟学习数据显示，高中学生注册虚拟学习的最多，这可能与高中生迫切的升学需要有关。有85%的虚拟学习者是高中生。在密歇根州的虚拟学习者中，只有大约7%处于K-5年级，6—8年级有约9%的虚拟学习者。另外，使用特殊教育服务的学生占虚拟学习者的11%，占虚拟注册人数的13%。其中，白人学生占虚拟学生的68%，非裔美国人占17%。高中学生面临着升学的需要，对补习性教育的需求较为强烈，因此，针对高中学生的在线教育显得格外迫切。有必要加强对高中在线教育的专项治理，确保面向高中的在线教育的质量。

（四）学习内容

密歇根州K12调查报告显示，有3/4进行虚拟教育的学校被指定要求实施通识教育，产生了357347名（56%）虚拟学习学生。以替代教育为重点的学校拥有虚拟入学人数277894名（43%）。密歇根州虚拟教育所提供的学习课程非常丰富，虚拟招生分布在931个不同的课程上。数学学生占虚拟学习注册生的16%—18%，生命科学和自然科学的占比为11%—14%，英语语言和文学的占比为7%。这为中国在线教育科目的选择提供了一定的启示。中国可进一步推动在线教育的深入发展，不断拓展在线教育的科目种类与内容，加大在线优质资源共享力度，同时对在线教育中所出现的问题进行研究。

（五）考核严格

密歇根州K12调查报告显示，注重通识教育学校的虚拟教育合格率为65%，优于强调替代教育学校的通过率（42%）。虚拟入学的总体合格率为55%，低于通过非虚拟课程（76%）的比例。虚拟教育合格率因地区而异，郊区学校的虚拟教育合格率最高，为60%，未指定学校的虚拟教育合格率最低，为50%。在城市学校（16%）和未指定学校（27%）中教育合格率低于20%的学校比例最高。有49%的虚拟学习者通过了所有虚拟课程，有23%的虚拟学习者未通过任何虚拟课程。贫困学生占虚拟学习者（57%）和虚拟入学人数（66%）的大多数。兼职虚拟学习者的通过

率（60%）高于全职虚拟学习者（49%），这也包括贫困学生。非虚拟成绩和非贫困学生的熟练程度更高。兼职虚拟学习者达到州评估水平的比例高于全职虚拟学习者。严格的考试是美国虚拟课程学习的一个特点之一，其总体课程通过率低于面授课程，这给中国提供了一定的启示。在线教育有很多优点，充分发挥在线教育的优势促进学生的学习，并不意味着教育质量的下降。通过采取多种措施进行保障，例如师资、课程考核、对学生学习过程的监控，可以在一定程度上保障在线教育的质量。在线学习并不意味着学生可以轻松过关，学生也需认真听课、完成作业，以通过课程的考核。中国也可以试行在线教育，有必要实施不低于面授教育的考核措施，这样既发挥了在线教育的优势，同时教育质量也得到了保障。

第四节　美国在线教育标准的特色与启示

美国《在线教学质量国家标准》自 2007 年出台以来，一直是网络教学质量的标杆。虚拟学习领导联盟（The Virtual Learning Leadership Alliance）与质量事务（Quality Matters）组织了 K12 在线学习领域各类专家委员会，对由国际在线教育协会更新和维护的国家在线教学质量标准进行持续维护与更新。这些教育工作者代表着对在线教育有共同兴趣的组织，他们认为学生接触到高质量的在线教师很重要。来自于不同的地区、国家机构、国家范围的在线学习项目、内容与技术提供者、基金会与高等教育机构的 40 多个组织的领导者与实践者对这个标准的制定做出了贡献。如果没有他们付出时间、努力和分享他们的专业知识，国家在线教学质量标准的更新是不可能的。致力于提高在线教学质量的国家标准修订工作的团队包括来自州和地区的在线学习项目、拥有在线学习专业知识的人员，州虚拟学校、协会、地区服务机构、州教育部、地区在线和混合学习项目，全日制虚拟学校，大学和研究人员，包括在线课程和专业发展提供商，教育服务提供商和技术提供商在内的私营公司，以及非营利组织和基金会。这些团队包括一些曾经参与国家在线教学标准早期版本制定的教育工作者，以及许多有新观点的贡献者。

《在线教学质量国家标准》是在线教学学习国家标准的三套内容之一，另外两套内容分别是《在线教学课程国家标准（2011）》和《在线教学项目国家标准（2009）》。为了相互补充，自 2007 年确立以来，国家质量标准一直是在线课程、地区和州机构的基准。一些州甚至已经将国家质量标准纳入立法、州规则或非正式地将它们作为评估和批准在线学习指导和课程内容的标准。国家网络教学质量标准上一次修订是在 2011 年。国家质量标准（NSQ）修订计划是为 K12 在线混合式学习社区提供一套更新的公开许可标准，以帮助评估和改进在线课程、在线教学和在线项目。VLLA 和 QM 以及项目贡献者，致力于持续改进三套循环在线学习标准，坚持一个共同的理念：数字化学习标准必须定期更新，以为学校提供一个有用的基准。在修订国家在线教学质量标准之前，修订团队获得了用户对每个标准有用性的反馈，以及最新的文献综述。团队共享每份资料，使他们能够进行社区和研究支持的更新。随后，评审员根据可度量性、有效性、完整性、相关性和具体性等标准做出评估，最后，评估的反馈意见被纳入最终文件。

一 在线教学质量国家标准

在线教学质量国家标准为学校、地区、州机构、州在线项目和其他感兴趣的教育组织提供了一个框架来改进在线教学和学习。网络教学理念、方法和模式实际上是无穷无尽的，这些标准旨在提供指导，同时为用户提供最大的灵活性。

标准 A：专业责任。

标准 B：数字教育。

标准 C：社区建立。

标准 D：学习行为。

标准 E：数字公民。

标准 F：多样化的教学。

标准 G：评估与测量。

标准 H：教学设计。

每个标准都附有一套指标。标准制定团队对上述标准进行了解释与示例。这些解释和例子将有助于地区采用这些标准和指标。通过解释和例子，标准修订团队注意到应制定一套平衡可用的基准以满足在线学习实践与灵活性的质量需要，适应广泛的项目类型和可用的资源。对于一些特殊项目，并非所有的标准和指标都是合适的。例如，一些在线环境中的教师可能很少或根本没有能力修改提供给他们的课程或课程内容，因此他们可能无法使用某些指标。教师在网络环境和传统课堂上面临着不同的挑战。国家在线教学质量标准和指标侧重于创造具有高度个性化的学习环境的在线教学，而不是解决混合学习方法问题和传统课堂上技术的使用。课堂教师将受益于混合式学习教师能力框架。

（一）标准 A：专业责任

A1：在线教师展示与在线教学最佳实践一致的专业责任。

A2：在线老师是一个反思的实践者。

A3：在线教师不断追求与在线学习和教学相关的知识和技能。

A4：在线教师是利益相关者的知识提供者。

A5：在线教师在课堂上模仿最佳实践者，并提倡所有教师进行反思，增加他们对在线教育的知识。

A6：在线教师体现了在线学习在帮助学习者成为全球公民方面的作用。

A7：在线教师展示了对有效时间管理策略的理解。

A8：在线教师是数字公民的典范。

A9：在线教师以适当的格式保存相关信息和交流的准确记录。

A10：在线教师可以解释他或她在执行与当地或国家法律相关的命令时的责任。

（二）标准 B：数字教育

B1：在线教师使用支持交流、生产力、协作、分析、演示、研究、内容交付和交互的数字教学工具。

B2：在线教师使用不同类型的工具在课程中进行互动，以培养学习者，鼓励学习者互动，并监控和激励学习者的参与。

B3：在线教师具备基本的故障排除技巧，并解决出现的基本技术问题。

B4：在线教师为所有学习者提供安全的数字学习空间（例如，数据所有权和隐私期望、数字身份管理）。

（三）标准 C：社区建立

C1：在线教师采用以学习者为中心的教学策略和实践，利用技术促进学习者协作。

C2：在线教师为学习者之间的适当互动创造期望，包括建立网络礼仪要求、建模实现和强制执行要求。

C3：在线教师通过提供有助于积极学习的互动机会，为不同文化背景的学习者建立一个社区。

C4：在线教师在网络小组中促进学习者之间的互动，以促进协作和提高分析、综合和评价等高级思维技能。

C5：在线教师能够满足所有学习者的学习需求，不论其文化背景和视角如何。

（四）标准D：学习行为

D1：在线教师使用数字工具来识别学习者参与和表现的模式，这将有助于促进学习者的个人成长。

D2：在线教师参与学习者的学习。

D3：在线教师通过与学习者的个人目标、学习轨迹和兴趣相结合的教学，为学习者提供个性化的速度和路径。

D4：在线教师通过各种形式鼓励交流来建立关系。

D5：在线教师通过使用各种形式的教学和质量反馈帮助学习者掌握内容。

D6：在线教师确保学习者拥有必要的课程资源和导航学习所需的信息。

D7：在线教师经常与利益相关者就学习者的进步和支持学习者参与的策略进行交流。

（五）标准E：数字公民

在线教师示范、指导和鼓励与技术使用相关的法律、道德和安全行为。

E1：在线教师促进学习体验，建立数字公民身份。

E2：在线教师为学习者的行为建立标准，以确保学术诚信和互联网的恰当使用，并遵循政策要求。

E3：在线教师遵循知识产权政策和公平使用标准，并加强学习者对其的使用。

E4：在线教师执行政策，包括联邦、州和项目级别的政策（适用时），旨在保护学生在课堂上遵循项目和课堂可接受的适用政策（AUP）。

（六）标准F：多样化的教学

F1：在线教师和支持人员在适用的情况下，监控和解释学习者的进步，并为所有学习者提供合理的额外支持，特别关注那些被认定为残疾的学习者或代表以往服务不足的群体。

F2：在线教师与适当的学校工作人员就具体的调整、修改或需求进行交流，并与他人合作解决学习者的需求。

F3：在线教师使用数据（定量和定性）来确定需要额外支持服务的学习者。

F4：在线教师推荐适当的辅助技术，以满足强制需求和解决学习者的偏好。

F5：在线教师为个性化学习者的成长提供了额外的机会。

F6：在线教师支持并提供一个论坛，用于分享学习者在线环境所带来的各种才能和技能。

（七）标准G：评估与测量

G1：在线教师选择合适的评估工具，让学生有机会展示对内容的掌握程度。

G2：在线教师使用教学方法和内容知识开发和有效实施评估，以确保工具和程序的有效性和可靠性。

G3：在线教师使用策略来确保学习者的学术诚信和学习者评估数据的安全性。

G4：在线教师实施各种评估，准确衡量学习者的熟练程度。

G5：在线教师在整个课程中使用形成性和总结性评估以及通过学习者反馈来评估学习者的准备程度和学习进度。

G6：在线教师确保作业、评估和基于标准的学习目标之间的一致性，教师布置的作业清楚地展示了与基于标准的学习目标的一致性。

G7：在线教师根据学生的表现和评估数据以及学习者的需求定制教学，进行个性化学习体验。

G8：在线教师为学习者在课程中进行自我评估创造了机会。

（八）标准H：教学设计

H1：在线教师设计的学习体验使用技术有效地吸引了学习者。

H2：在线教师使用形成性的方法来设计课程。

H3：在线教师将多种媒体整合到在线学习模块中。

H4：在线教师能够将特定学科和适合发展的数字学习资源整合到在线学习模块中。

H5：在线教师不断审查和调整所有的课程内容与适用的课程目标和标准。

H6：在线教师创建、选择和组织适当的作业和评估，使课程内容与相关的学习目标保持一致。

二 在线教学课程国家标准

《在线教学课程国家标准》自 2007 年创建以来，旨在相互补充的国家质量在线学习标准一直是在线计划、地区和州一级机构的基准。许多州甚至将国家质量标准纳入了立法、州法规或将它们作为非正式地评估和批准在线学习指导和课程内容的标准。《在线教学课程国家标准》的最新版本于 2011 年发布。质量问题（QM）和虚拟学习领导者联盟（VLLA）这两个教育性非营利组织，正在修订和维护《在线教学课程国家标准》。

国家质量标准（NSQ）修订计划是为 K12 在线和混合学习社区提供一套更新的开放许可标准，以帮助评估和改进在线课程，在线教学和在线学习项目。VLLA 和 QM 以及项目贡献者均致力于对所有三套标准进行审查和修订，以使这些标准作为学校、地区、州级计划和商业供应商的质量基准。

修订《在线教学课程国家标准》的团队包括来自州和地区在线学习计划的、具备在线学习专业知识的州虚拟学校、财团、地区服务机构、州教育部门、全日制虚拟学校、大学和研究人员，从在线课程和专业开发提供商到教育服务提供商和技术提供商的私人公司以及非营利组织。

《在线教学课程国家标准》为学校、地区、州机构、州范围内的在线计划和其他感兴趣的教育组织提供了一个框架，以改善在线学习课程。这些标准旨在为用户提供指导，同时为用户提供最大的灵活性。

《在线教学课程国家标准》分为以下几类：

标准 A：课程概述和支持。

标准 B：内容。

标准 C：教学设计。

标准 D：学习者评估。

标准 E：可访问性和可用性。

标准 F：技术。

标准 G：课程评估。

每个标准都带有一组指标。标准修订团队通过提供解释和示例，扩展了先前标准版本中所提供的指南。这些解释和示例对用户采用标准和指标来满足其独特需求特别有用。

（一）标准 A：课程概述和支持

在课程开始时，学习者要清楚地了解课程的总体设计。课程材料包括对学习者和教师的支持服务。课程解释明确或被链接到相关信息和服务上。

A1：在线课程包括课程概述和教学大纲。

A2：明确要求学生具备最低的计算机技能和数字读写能力。

A3：教师的个人信息以及如何与教员沟通的信息被提供给学员和其他利益相关者。

A4：学习者的期望和政策阐述清晰，课程材料易于介绍。

A5：课程的最低技术要求已清楚说明，并提供如何获得技术的信息。

A6：根据课程内容学习预期，明确定义评分政策和实践。

A7：在线课程提供了技术支持的清晰描述或链接，以及如何获得技术支持。

A8：在在线课程开始之前，学习者会得到指导。

（二）标准 B：内容

在线课程为学习者提供了各种内容选择，以促进他们对内容的掌握，并符合州或国家课程内容标准。

B1：在线课程的目标或能力是可以衡量的，并且清楚地说明了学习者将能够证明自己的能力。

B2：在线课程的期望与课程级别的目标或能力保持一致，代表了课程的结构，并附加明确说明。

B3：在线课程内容与接受内容的州和接受的其他内容的标准（如适用）保持一致。

B4：数字素养和沟通技巧已被纳入课程中，并作为课程不可或缺的一部分进行了教学。

B5：补充学习资源和相关指导材料可用于支持和丰富学习，并附加具体内容。

B6：在线课程的内容和支持材料反映了没有偏见的文化多样性观点。

B7：支持课程内容标准的在线课程资料（例如教科书、原始文档、OER）是准确的和具有前沿性的。

B8：在线课程没有成人内容，并且要避免出现不必要的广告。

B9：适当引用并可以找到第三方内容的版权和许可状态。

B10：提供文档和其他支持材料来支持有效的在线课程简化。

（三）标准C：教学设计

在线课程包含与标准相一致的教学材料、活动、资源和评估，可以吸引所有学习者，并支持实现学术目标。

C1：在线课程设计包括一些活动，这些活动可以指导学习者提高对学习的自主权和自我监控能力。

C2：在线课程的内容和学习活动可以促进达到既定的学习目标或能力。

C3：在线课程按照由逻辑顺序排列的单元加以组织。

C4：在线课程内容适合预期学习者的阅读水平。

C5：在线课程设计包括介绍性作业或活动，以在课程的第一周内吸引学习者。

C6：在线课程根据学习者的需要为学习者提供多种学习途径，使学习者参与到学习中。

C7：在线课程定期提供学习者与学习者互动的机会。

C8：在线课程设计提供了学习者与教师互动的机会，包括定期反馈学习者进度的机会。

C9：在线课程教学材料和资源有效、引人入胜且以适当的方式呈现内容。

（四）标准D：学习者评估

在整个课程中，针对学习和参与度采用了各种评估策略，并为学习者提供了有关其进度的反馈。

D1：学习者评估与规定的课程，单元或课程级别的目标或能力相关联。

D2：有效的课程评估可以衡量学习者在掌握内容方面的进度。

D3：评估实践为日常自我监督和反思学习提供了例行性和多样化的机会。

D4：评估材料为学习者提供了灵活的方式，以多种方式展示其掌握能力。

D5：创建了明确定义不同水平熟练程度的期望指标，并与学习者共享。

（五）标准 E：可及性和可用性

课程设计反映了对可访问性的承诺，以便学习者可以访问所有内容和活动，以便学习者可以轻松地导航并与所有课程组成部分进行交互。在线课程材料、活动和评估旨在确保学习者可以访问相同的信息，并能够在相同的时间段内进行相同的交互。该课程的开发遵循通用设计原则，遵循 WCAG 2.0 AA 标准（Web 内容可访问性指南）。

E1：从学习者的角度来看，在线课程导航是合乎逻辑、一致且高效的。

E2：在线课程设计提高了可读性。

E3：在线课程提供可访问的课程资料和活动，以满足不同学习者的需求。

E4：课程多媒体的易用性。

E5：提供了该课程所需的技术供应商的可访问性声明。

（六）F：技术

支持各种课程组成的技术有助于主动学习，并且不会妨碍学习过程。

F1：教育工具可确保学习者的隐私并根据当地、州的要求对学习者信息进行保密。

F2：在线课程工具支持学习目标或能力。

F3：在线课程为教师提供了多种选择，以适应学习活动以及学习者的需求和喜好。

F4：该课程允许教师控制内容的发布。

F5：该课程提供必要的技术功能，以记录、评估并计算所获得的课程分数或等级。

（七）G：课程评估

G1：在线课程使用多种方法和输入来源以评估课程效果。

G2：对在线课程进行了审核，以确保该课程是最新的。

G3：根据持续审核的结果，在线课程会在持续改进的周期内进行更新，以提高有效性。

三　在线教学项目国家标准

《在线教学项目国家标准》最新版本于2019年发布。修订《在线教学项目国家标准》的团队包括来自州和地区具备在线学习专业知识的州虚拟学校、财团、区域服务机构、州教育部门、全日制虚拟学校、大学和研究人员，从在线课程和专业开发提供商到教育服务提供商及技术提供商的私人公司以及非营利组织和基金会。

在修订在线教学项目国家标准之前，修订小组可以访问用户以获得每个标准的有用性反馈意见，以及更新的文献综述。每份资料都在团队中共享，使他们能够进行社区和研究支持的更新。随后，审阅者根据以下标准评估每条国家标准：可测量性、有效性、完整性、相关性和特定性，然后将反馈意见纳入最终文件。

（一）标准A：任务说明

项目的任务说明清楚地传达了目标。它是该项目日常运营的基础，也是其未来战略项目的指南。利益相关者之间的沟通是陈述的关键组成部分。

A1：任务说明阐明了该项目或组织的目的，清楚、明确地阐明了该项目或组织是什么，它是做什么以及为谁服务的。

A2：任务说明表明学习是项目或组织的重点。

A3：任务说明表明了对质量和利益相关者负责的承诺。

A4：任务说明已向公众公开。

A5：项目负责人会定期审查任务说明。

（二）标准B：治理结构

项目具有清晰的治理结构，具有公开透明的特点，旨在确保长期成功和可持续性。

B1：治理成员熟悉 K12 在线学习。

B2：治理成员通过确保或批准与项目或组织的内容，愿景和战略目标相匹配的资源分配来确保项目或组织有足够的资源。

B3：程序或组织章程明确规定了治理和领导团队的独特角色。每个小组都在既定准则内开展工作。

B4：治理成员与领导团队合作，后者执行符合州教育法规或地区认证机构的政策和程序。

B5：项目章程清楚地阐明了该项目所属的组织，其董事会和领导层的角色和职责，并遵守所有州和联邦法规。

（三）标准 C：领导

高质量在线项目的领导者对该项目的管理机构负责，并负责制定和实现支持该项目和愿景声明的运营和战略目标。

C1：领导团队建立年度项目或组织目标，执行旨在达到或超过目标的行动计划，并向利益相关者传达目标进度。

C2：领导团队对教育和商业环境中的趋势保持了解，以便为预算预测提供依据。

C3：领导团队为学习和工作提供了富有成效的协作环境。

C4：领导团队验证是否已采取措施确保信息的质量、完整性和有效性。

C5：领导团队制定并实施项目或组织的政策和程序，并定期对其进行审查和更新。

（四）标准 D：战略项目

在线上教学项目方面会定期修订战略计划，以反思并提高组织的有效性。

D1：制订并定期更新战略计划，以解决长期行动的目标问题。

D2：战略计划解决了为学习者和教职员工提供资源的需求，包括课程、技术、学术支持、专业发展和财政生存能力。

D3：组织目标与批准的战略计划保持一致，并每年更新一次。

D4：组织目标在整个组织中得到共享和支持。

（五）标准 E：组织人员

高质量的在线教学项目具有适当水平的合格、训练有素且受支持的员工，这些人员可以使用实现个人和组织目标所需的资源。

E1：提供了足够的合格的专业、行政和支持人员来实现组织的使命和年度目标。

E2：提供了足够的组织人员来监督教学环境的改善。

E3：为员工提供持续的培训和支持，以执行计划、愿景和目标。

E4：明确定义个人和团队的角色与职责，帮助创建一个有效的高质量的大学教育团队。

E5：定期进行教职员工的评估会。

（六）标准F：财务和材料资源

高质量的在线项目使用合理的业务实践来计划和使用财务与物质资源，以实现目标和愿景。

F1：根据地方，州或联邦预算法规和会计原则以负责任的方式管理资源。

F2：根据组织的战略计划、使命和愿景，保证足够的资源并进行分配以确保可持续性。

（七）标准G：权益和准入

优质的在线教学项目的政策和做法可支持学生访问该项目，提供住宿以满足学生的各种需求。

G1：政策明确规定了该项目的学习者资格要求，并传达给利益相关者。

G2：教职员工与学生及其家庭合作，设置个性化课程并提供遵守当地政策和法律规定的住宿。

G3：确保所有学习者都能平等地使用该项目。

（八）标准H：诚信与问责

在高质量的在线教学项目中，领导层对项目的管理是透明的，为所有利益相关者定期和及时地提供有关实现目标，与政策和标准保持一致以及学生学习成果状况的信息。

H1：向潜在和当前的利益相关者披露准确的信息。

H2：该项目达到或超过了与课程标准和文凭结业要求相关的行业标准。

（九）标准 I：课程与课程设计

高质量的在线教学项目将采用并实施教学设计方法，从而为机构开发的课程以及有其他来源的许可内容提供有效的在线教学。

I1：该项目已明确规定了教育目标。

I2：该项目清楚地组织了课程，利益相关者可以轻松导航。

I3：该项目课程整合了优质的教学材料，以促进和丰富学生的学习。

I4：该项目利用定期评估技术来支持学习目标并增强学习体验。

I5：该项目中的课程包含符合学习标准的内容，并包括干预和加速学习的规定。

I6：该项目中的课程为积极互动学习提供了机会。

I7：该项目中的课程提供了各种活动，包括通过真实的问题解决和经验来进行深入学习的选项。

I8：该项目中的课程符合内容版权法和合理使用准则。

I9：该项目中的课程使用了基于研究的设计原则［例如通用学习设计（UDL）］，可以增加所有参与者的学习机会。

I10：该增加的课程提高了异步和同步学习的机会。

（十）标准 J：说明

高质量的在线学习项目采用全面和综合的方法来确保为其学生提供出色的教学。

J1：该项目对课程设计和教学实践有明确的期望，并与其陈述的愿景、使命、原则或价值观保持一致。

J2：以循证实践为指导。

J3：教师结合了持续自我评估的过程，使用学习分析来告知教学法和教学实践的变化。

J4：教学天生就包含着所有学习者。

J5：该项目实施了一些策略，以确保课程分配和评估的学术完整性，增强了学生的责任感。

（十一）标准 K：评估和学习者表现

高质量的在线教学项目重视学习者的积极学习成果，并采取全面，综合的方法来衡量和监控实现既定学习目标的进度。

K1：该项目使用多种方法来评估达到既定学习目标的程度。

K2：形成性评估，可以在需要时提供有针对性的补救或干预措施的数据。

K3：评估与学习目标保持一致。

K4：该项目提供了及时、有效的反馈标准，并将其作为评估的不可或缺的一部分。

（十二）标准 L：支持教职员工

高质量的在线教学项目通过提供指导、技术帮助和及时的专业发展来支持教职员工。

L1：该项目提供并鼓励参加入职和指导计划。

L2：该项目定期向教师提供有关他们的表现和学生成就/进步的反馈。

L3：该项目为教师和教职员工提供了许多专业发展机会，这些机会与《在线教学质量国家标准》保持一致。

L4：该项目为指导人员提供了专业发展机会，使他们专注于学生在线学习所特有的需求以及可支持在线学习的服务网络。

L5：该项目为教师和员工提供及时而有效的技术支持。

（十三）标准 M：学习者和父母/监护人的支持

高质量的在线教学项目为学习者和家长/监护人提供支持服务，以解决组织内不同级别的学习者的各种需求，为学习者提供适当和充分的支持。

M1：学习者可以在线学习技术和进行在线学习实践。

M2：该项目提供学术服务和学术建议，以解决学习者的学术和发展需求。

M3：该项目提供符合特殊教育政策和程序的无障碍支持服务。

M4：该项目提供对学习管理系统的访问，以及适当的学习和评估内容。

M5：该项目为教师与学习者和父母/监护人的沟通建立了标准。

M6：该项目建立了为学习者提供及时有效的技术支持的标准。

M7：该项目提供指导服务和学术建议，为学习者和父母/监护人提供支持，以确保在线教学项目从决策过程到实施过程，直至教育目标均获得成功。

（十四）标准 N：项目评估

高质量的在线教学项目认可项目评估的价值。项目评估既有内部的，也有外部的，它会影响所有教与学的过程。内部评估通常是非正式的，可以针对目标调查领域提供即时反馈。外部项目评估通常从客观角度审视整个项目，这将使结果更加可信。

N1：正在进行持续的内部评估，以根据国家、州或项目指标定期收集和分析数据。

N2：正在进行的内部评估是使用有效和可靠的措施进行的，以评估学习者的成功程度并推动教学和管理决策的实施。

N3：进行持续的内部评估，以确定课程是否成功，并通过基于有效和可靠的评估技术来衡量学习者的成就和满意度，以持续改进项目。

N4：对旨在衡量所有学习者成绩的州或国家标准化测试结果进行定期内部评估，并告知该项目对学生成绩的影响。

N5：对教职员工持续进行评估，以确保他们使用一致的、清晰的政策、措施和程序来确保教学质量。

N6：实施一个课程审查和评估过程以确保质量、课程的一致性、时效性和学生学习成果的提高。

N7：定期的外部评估是由具有较高资质的专家进行的，他们具有对内部评估过程和结果进行客观、全面评估的能力。

N8：定期的外部评估是由具有较高能力的专家进行的，他们具有对项目目标、任务和战略项目的进度进行客观、全面评估的能力。

N9：由具有较高资质的专家得出的外部评估结论，在当前研究的支持下提供了客观、全面评估的能力，可用于实施和改进。

N10：将评估结果传达给项目利益相关者。

四　启示

美国在线教育全国标准制定得全面细致，较为翔实，有利于实际执行。共有八个分标准，分别为专业责任、数字教学、社区构建、学习者行为、数字公民、多样化的教学、评估与评级以及教学设计，非常全面细致地从在线教育的各个方面提出了相应的标准。这使得在线教学在实际运行时，有相应的具体标准可以参考。中国也出台了一些在线教育规范，但还缺乏全国性的在线教育质量标准，更缺乏具体的在线教育质量标准，这种情况的存在不利于在线教育的实际运行。中国的在线教育规范更多地强调数字资源建设、教师信息素养等方面，对在线教学社区构建、学习者行为、多样化教学、评估与评级等方面强调得还不够。标准应该是使学习者行为侧重于对学生学习过程等学习数据的分析，并在此基础上进行有针对性的教学；社区构建是指教师运用虚拟社区与学生进行交流讨论的能力；多样化的教学强调教师需要掌握多样化的数字技能，以帮助学习者；评估与评级强调教师对在线教育的评价能力。在线教育是一个系统工程，只有从多个方面努力才能做好。以此标准，中国教师可能在很多方面还达不到要求。

（一）中国应构建全国在线教育质量标准

目前，中国慕课等新兴资源形式得到快速发展，国家已经评选出两届国家精品在线开放课程，而基于慕课等新型资源形式的翻转课堂等教学模式也得到深入应用。校外线上培训也在快速发展。制定在线教育全国标准显得很有必要，有利于在线教育的深入发展。美国国家在线教育标准给予我们一定的参考，可以从在线教育项目、在线教育课程以及在线教育教学三个方面全面构建在线教育国家标准。

（二）提升教师在线教育专业责任感

在线教师展示出良好的专业责任，包括应达到在线教育所需的专业水平、不断对在线教育进行反思、不断完善个人的在线教育知识与技能、成为一名互联网使用者的典范等。在线教育是一种重要的在线教育形式，有许多优点，教师应树立强烈的在线教育意识，不断提升个人的在线教育水平，进而充分发挥在线教育的优势，提升教育效果。

（三）提升教师构建在线学习社区和有效促进学习者学习的能力

教师可以调动学习者的积极性，让学习者充分参与到互动中来。根据已有研究，在互动中存在着大量的观望者和潜水者。在线教师使用数字软件来监视那些可能没有参与学习社区的个人，以便干预并在需要的时候提供帮助。在线教师可以使用任意数量的主动学习策略，包括基于同伴的学习、基于探究的活动、协作学习、讨论小组和小组工作，以促进学习者的互动。让在线学习者感受到教师通过互动来实现的包容感、控制感和关怀感。一旦社区建立起来，诸如真实评估和对等发现等主动学习行为就会发生。例如，在线教师通过建立适当的沟通模型和建立信任关系来建立社区。这是通过建立一致和可靠的期望及鼓励独立与创造性来实现的。再例如，持续不断地与学习者进行交流以鼓励他们的参与，包括发送重要的课堂通知和提醒以保持学习者的学习进度；对个人生活表现出兴趣，并在课程中留下个人联系的区域，比如一个讨论区或与讲师进行一对一的私人聊天。

（四）提升教师有效改善学习者学习行为的能力

在线教师通过与学习者和其他利益相关者的互动，以及通过促进学习者在学习活动中有意义的参与来促进学习者的学习。第一，在线教师使用数字工具来识别学习者参与和表现的模式，这将有助于学习者的个人成长。在线教师需要分析和解释由 LMSs、适用性软件和其他数字工具提供的活动和表现水平数据。此外，在线教师需要识别数据中的模式，从而为干预提供信息，以最大限度地帮助每个学习者的成长。第二，在线教师通过与学习者的个人目标、学习轨迹和兴趣相结合的教学，为学习者提供定制的速度和路径。第三，在线教师使用多种评估策略，不局限于确定学习者能力的课程。评估可以让教师和学习者监控学习目标的实现过程，并且可以通过多种方式进行，包括在线课程。

（五）提升中国在线教育教师对学习者学习成效的评估与测量能力

在线教师在在线学习环境中创建和实施评估，以确保工具和程序的有效性和可靠性。教师通过评估项目和符合标准学习目标的作业来衡量学习者的进步，并评估学习者对如何衡量学习目标的实现的理解。第一，在线教师选择合适的评估工具，让学生有机会展示他们对内容的掌握程度，可以根据 LMS，他们在创建中的角色来确定合适的工具。例如各种形成性和总结性的评估，其中可能包括对自动评分的评估，评估学生项目、视频、学生创建的多媒体或现场演示的内容。在线教师在课程中加入形成性评估，鼓励学生自己检查知识，并在需要的时候提出问题。老师建议改进形成性和总结性评估，可以让学生掌握进度。教师分析评估工具中的项目可以告知需要修改的内容。教师可以将 LMS 作为适当的评估工具，并知道他或她在创建评估中的角色。第二，在线教师使用教学方法和内容知识实施评估，可以确保工具和程序的有效性与可靠性。在线教师使用其内容知识来验证评估是否与内容相符，是对学生表现的有效衡量。例如，教学方法和内容知识的运用能为教师提供反馈。在线教师要确保评估与内容目标的一致性，要预览评估的准确性和内容的相关性。在线老师应保留一个问题列表，其中包含大多数学生忽略或误解的问题，并对其进行修改或删除。第三，在线教师实施各种评估，以准确衡量学习者的熟练程度。在线教师能够应用真实的评估作为评估过程的一部分，在论坛上评估学习者的知识，而不是从事传统的评估，并监控评估的学术完整性。没有一个评估是完美的，多种多样的评估为进展提供了更清晰的图景。教师可选择的评估工具将根据所使用的 LMS 而有所不同，教师对学习者评估数据的访问也可能会有所不同。例如，在线教师可以使用各种形成性和总结性评估。在线教师知道并理解真实评估的影响（即展示对已获得的知识和技能的理解的机会，而不是孤立地测试技能或保留的事实），它们也是评估过程的一部分。在线教师使用各种形成性和总结性的评估，包括对自动评分的评估、学生项目、视频、学生创建的多媒体、嵌入式自检、作品集或现场演示。在线老师对学校教学知识进行测试，但也要求学生在小组讨论中分享他们所学到的考试之外的东西。第四，在线教师在整个课程中使用形成性和总结性评估以及学习者反馈来评估学习者的准备程度和学习进度。在线教师通过多种评估方法对学生的学习进行评估，为学习者提供反思学习的机会。教师可以通过多种有效的方法收集学习者的反馈来告知学习需求。在线老师会根据学生之前的表现判断他们是否准备好了课程内容。在线教师识别那些在在线环境中努力学习的学习者，通过在整个课程中使用形成性和总结性评估以及学习者反馈来评估学习进度，展示数据素养技能。例如，在线教师使用各种形成性和终结性评估数据来掌握学生的学习进展情况。教师创建学习者调查、投票、签到电话、现场会议等，以告知学生学习进展和教学需要。教师阅读和解释以数据形式呈现的信息，有效地实施干预措施，支持学习者的学习。教师使用导向性课程或学习环境导航活动来评估学习者对学习环境的准备程度。在线教师提供预评估，以触发可见的内容，并由学习者完成。在线教师为学习者提供了练习技能的机会，比如在为评分活动提交录音之前录制他们的声音。第五，在线教师确保作业、评估和基于标准的学习目标之间的一致性。教师布置的作业清楚地展示了与基于标准的学习目标的一致性。第六，在线教师根据学生的表现和评估数据以及学习者的需求定制教学、个性化学习体验。在线教师通过调整教学和教师实施的支持策略来回应学习者的参与度和表现数据，同时保持课程的严谨性和目标。例如，在线老师看了学生的搜索历史，发现学生在同一个网站上花了三天时间。然后教师安排与学习者见面，讨论潜在的问题，恢复其动力。教师使用评估数据，建议进行在线复习活动，以帮助学习者掌握没有掌握好的材料，并要求学习者回答与所掌握材料有关的三个后续问题。教师创建一个交替的节奏指导或时间表，以指导学生学习。第七，在线教师为学习者在课程中进行自我评估创造了机会。自我学习评价是学习反馈的一种有效形式，是对学习者成功影响较大的形式之一。在线教师可以使用各种各样的自我评估策略，包括反思、规划、口头评估和设立目标。

（六）提升教师在线教育教学设计能力

这些标准是可以选择的，因为教学设计并不总是属于在线教学的责任。完整的网络课程设计标准参见国家网络课程质量标准。下文概述了所记录的在线教师教学设计技能标准。

在线教师管理和创建教学材料、工具、策略和资源，使所有的学习者参与进来，并确保学术目标的实现。第一，在线教师设计的学习体验使用技术吸引了学习者。在线教师通过让学习者控制他们与媒体的互动来提高参与度。例如，只要有可能，在线教师就会为学习者提供参与社会学习、全球网络和从教室到教室的联系机会；在线教师使作业变得灵活，允许学生建立、设计、创造和调查。第二，在线教师使用形成性的方法来设计课程。在线教师利用各种各样的评估方式来衡量学习者的进步。通过民意测验或调查反馈可以作为教学需要的证据。学习是一个动态的过程，如果在线教师发现学习者没有掌握某个题目，就可以重新教授这个内容。在线教师不断征求反馈意见，并修改在线课程。例如，在线教师利用调查或投票方式来收集学生对课程的反馈，还可以通过查看学生的反馈和数据来决定同步授课是否比异步授课更好。第三，在线教师将多种媒体整合到在线学习模块中。在线教师使用的媒体激发了学生课堂学习的多样性。与此相反，在线教师在课程中不会把某个有特定背景的人当成替罪羊。例如，如果媒体在美国历史课程中因"9·11"事件而对穆斯林持负面立场，那么这一部分内容就不会在课程中使用。第四，在线教师能够将特定学科和适合发展的数字学习资源整合到在线学习模块中。在线教师在在线环境（学习管理系统）中添加了内容和年级评估。课程内容符合学习者适当的阅读和理解水平。例如，在线教师的教学包括与学生相关联的内容；在四年级的数学课上老师提出了一个四年级或五年级的学生可能遇到的问题，而不会提出高中年级的问题；八年级时事课程的在线教师在将问题放入讨论区之前，要先测试学生的阅读水平和内容的适宜性，以确保其不含成人内容、广告和偏见。第五，在线教师不断审查和调整所有的课程内容与适用的课程目标和标准。第六，在线教师创建、选择和组织适当的作业和评估，使课程内容与相关的学习目标保持一致。在线教师展示了对作业、评估和基于标准的学习目标之间的一致性理解。教学计划说明了持续的评估过程，而课程评估证明了与相关标准的一致性。例如，学习目标与课程目标相一致。

第五节 加拿大 K12 在线教育的经验与启示

2021 年 7 月 24 日，为持续规范校外培训（包括线上培训和线下培训），有效减轻义务教育阶段学生过重作业负担和校外培训负担，中共中央办公厅、国务院办公厅印发《关于进一步减轻义务教育阶段学生作业负担和校外培训负担的意见》，明确指出"做强做优免费线上学习服务。教育部门要征集、开发丰富优质的线上教育教学资源，利用国家和各地教育教学资源平台以及优质学校网络平台，免费向学生提供高质量专题教育资源和覆盖各年级各学科的学习资源，推动教育资源均衡发展，促进教育公平。各地要积极创造条件，组织优秀教师开展免费在线互动交流答疑。各地各校要加大宣传推广使用力度，引导学生用好免费线上优质教育资源"。加拿大 K12 在线教育的发展可以给中国在线教育的发展带来一定的启示。加拿大相关机构从 2008 年以来每年发布一份国家 K12 在线教育发展报告。2008—2011 年的年度报告由 iNACOL 机构发布；2012—2013 年的年度报告由不列颠哥伦比亚开放学校机构发布；2014—2017 年的年度报告由曼尼托巴第一民族教育资源中心发布，2018 年以来的年度报告由不列颠哥伦比亚开放学校发布。这类年度报告被称为加拿大中小学在线学习国情咨文。2020 年发布了第 13 期加拿大国家 K12 在线教育报告。本书通过对 2020 年加拿大国家 K12 在线教育报告《国情咨文：加拿大 K12 在线学习》（State of the Nation：K‐12 e-Learning in Canada）进行解析，为中国 K12 在线教育的发展提供一定的借鉴与启示。

2020 年第 13 期《国情咨文：加拿大 K12 在线学习》描述了过去一年里在线学习管理和活动相关的变化。在管辖概况中描述了每个省和地区以及联邦管辖下的在线学习计划的治理活动和性质。它还为 2020 年 3 月疫情期间开始的紧急远程教学提供了指导，旨在描述每个司法管辖区如何管理其紧急远程教学。该在线教育报告显示，全国远程或在线学习招生人数保持相对稳定，招生人数持续小幅增长。各省和地区的 K12 远程和在线学习活动的监管性质没有发生重大变化。此外，该在线教育报告还对 2018—2019 学年宣布的在线学习的几项拟议变更进行了一些澄清。例如，安大略省教育部长宣布，从 2023—2024 学年毕业的学生开始，学生需要获得两个（而不是之前宣布的四个）在线学分才能从中学毕业，并且从 2023—2024 学年开始，在课程标准中可以计入这一要求。2020 年 9 月，安大略省教育通信管理局法案和 2008 年安大略省法语教育通信管理局法案也在 2019—2020 学年之后进行了修订，以扩大安大略省电视台（TVO）和安大略省法语电视台的任务范围（TFO），使它们能够提供集中的在线学习机会。

在线学习是一个广泛的术语，包括各种形式的教学和促进学习通过或支持在线技术，在这些技术中，教师和学生可能会也可能不会因距离而分开。2015 年，为了适应 K12 远程、在线和混合学习领域日益增长的多样性。K12 在线学习被广泛定义为包括所有形式的 K12 远程和在线学习，以及在面对面环境中可能发生的混合学习。

一 框架

自 2018 年以来，加拿大国家 K12 在线教育报告仅描述了过去一年里与在线学习治理和活动相关的变化。该报告的目标是解决以下问题：（1）K12 远程、在线和混合学习在每个省、地区和联邦政府是如何管理的？（2）每个省、地区和联邦政府的 K12 远程、在线和混合学习活动水平如何？

随着新冠肺炎疫情的大流行，几天之内，世界各地的司法管辖区都开始关闭学校。加拿大也不例外。加拿大国家 K12 在线教育报告旨在检查 K12 远程、在线和混合学习情况。远程、在线和混合学习需要有目的的教学计划，使用系统的管理程序模型。它还需要仔细考虑各种教学策略，并根据其优势和局限性有目的地选择工具。最后，仔细规划并对教师加以适当培训，使其能够支持正在使用的工具，并让教师能够有效地使用这些工具来促进学生的学习。

然而，正如霍奇斯等人（2020）所认为的，"紧急远程教学"已成为在线教育研究人员和专业从业者用来与许多人所知的高质量在线教育形成鲜明对比的常用替代术语。它涉及使用完全远程教学解决方案进行教学或教育，否则这些解决方案将以面对面或混合课程的形式提供，一旦危机或紧急情况解除，将恢复到原来的形式。在这些情况下，主要目标不是重新创建一个强大的教育生态系统，而是以一种快速建立并在出现紧急情况或在危机期间依旧可靠可用的方式提供临时的教学和教学支持。

（一）方法论

用于收集年度研究数据的方法包括：发送给每个省教育部的调查；进行后续访谈以澄清问题或扩展调查中所包含的内容；对教育部文件的分析，通常以在线格式提供；与许多司法管辖区的主要利益相关者进行后续访谈。除了为省、地区和联邦收集数据外，研究人员还进行了一项单独的项目调查，该调查被发送给研究人员以确定加拿大境内所有K12远程、在线和混合项目的联系人。2020年6月到12月，该调查已六次被发送给所有联系人。

（二）K12在线学习法规的性质

虽然许多省和地区继续在教育法或学校法中提及远程教育，但在大多数情况下，这些只是定义了远程教育或赋予省或地区教育部长创建、批准或监管K12在线教育的能力。表5-3表明，影响K12远程和在线学习监管的最主要趋势是，大约有1/3的司法管辖区使用政策手册来规范K12远程和在线学习，有时结合利用正式协议或合同。

表5-3　　　　　　　　　　历史上的个别项目调查答复

	项目总数（个）	答复的项目数量（个）	答复率（%）
纽芬兰与拉布拉多省（NL）	1	1	100

第五章 国外 K12 在线教育成功经验借鉴

续表

	项目总数（个）	答复的项目数量（个）	答复率（%）
新斯科舍省（NS）	2	2	100
爱德华王子岛省（PE）	0	—	—
新不伦瑞克省（NB）	2	2	100
魁北克省（QC）	5	5	100
安大略省（ON）	70	37	53
曼尼托巴省（MB）	38	9	24
萨斯喀彻温省（SK）	16	14	88
阿尔伯塔省（AB）	34	21	62
不列颠哥伦比亚省（BC）	69	46	67
育空地区（YT）	2	2	100
西北地区（NT）	1	1	100
努纳武特（NU）	0	—	—
联邦（Federal）	5	5	100

表 5-4　　**各辖区 K12 远程和在线学习法规概述**

	立法	政策手册	协议	谅解备忘录
纽芬兰与拉布拉多省（NL）				
新斯科舍省（NS）	√			
爱德华王子岛省（PE）	√			
新不伦瑞克省（NB）		√		
魁北克省（QC）	√			
安大略省（ON）		√	√	
曼尼托巴省（MB）	√	√		√
萨斯喀彻温省（SK）				
阿尔伯塔省（AB）	√	√		
不列颠哥伦比亚省（BC）	√		√	
育空地区（YT）	√			√

中国非学科类 K12 在线教育的治理路径

续表

	立法	政策手册	协议	谅解备忘录
西北地区（NT）	√	√		√
努纳武特（NU）	√			√
联邦（Federal）	√			

联邦在 2019—2020 学年，只有一个对在线学习的管理和监管方式发生重大变化的司法管辖区，是联邦管辖下的原住民、梅蒂斯人和因纽特人计划。加拿大原住民服务部与原住民大会在合作四年后，发生了重大变化，包括终止教育新途径、计划以及修订中小学教育计划，旨在使电子学习在本质上更加全面，并专注于直接与各种原住民建立伙伴关系。加拿大原住民服务部还在 2019—2020 学年实施了一项新的共同制定的小学和中学教育政策和资助方法。

此外，各州 2018—2019 学年宣布的对电子学习的许多拟议变更也进行了明确。例如，在 2019 年秋季，安大略省教育部长宣布，从 2023—2024 学年开始，学生需要获得两个在线学分才能从中学毕业。这个数字比上一学年宣布的四个学分有所减少。此外，安大略省教育通信管理局法案和安大略省法语教育通信管理局 2008 年法案在 2019—2020 学年之后被修订，扩大了安大略省 TVO 电视台和 TFO 电视台的职责，使其能够提供集中的电子学习机会。经过两年的审查，不列颠哥伦比亚省修改了独立学校分布式学习的资助制度。然而，变化不会在 2020—2021 学年发生，分布式学习的政策和计划交付模型的开发仍在进行中，以反映基于每个学生的资金状况。

曼尼托巴省确立了混合学习的正式定义，并为教育工作者下发了配套资源。同样，对于学校当局和家长各自对孩子的教育负有部分责任的情况，阿尔伯塔省将"混合学习"术语更改为"分担责任"。这两项变化使司法管辖区更加符合当前的在线学习需要。

（三）K12 远程、在线学习活动水平

在第一份《国情咨文：加拿大 K12 在线学习》报告发布 13 年后，全国各地存在的 K12 远程和在线学习计划的类型仍然高度一致，大致包括四种类型，分别是省级项目、以地区为主的项目、省级和地区结合项目、其他省份的在线学习项目。

来自所有13个省和地区的学生继续参与K12远程和在线学习。大多数司法管辖区继续进行主要以地区为基础的计划或省级计划。这种趋势的例外是加拿大大西洋地区和加拿大北部。在加拿大大西洋地区，主要模式是使用单一的全省计划，而爱德华王子岛除外，该地区没有任何远程或在线学习计划。在加拿大北部，育空地区和西北地区都在继续开发自己的在线学习计划。然而，这三个地区仍然使用来自南部省份（特别是阿尔伯塔省和不列颠哥伦比亚省）的远程或在线学习计划。

就加拿大的远程和在线学习活动水平而言，2019—2020年加拿大参与K12学习的总人数约为500万名学生。根据实际和估计的入学数据，参与K12远程和在线学习的学生人数为310582人，占K12学生总人数的6.0%（见表5-5）。

表5-5　2019—2020学年各辖区K12远程或在线学习活动概述

	K12学生数量（人）	参加远程或在线学习的学生数量（人）	参与率（%）
纽芬兰与拉布拉多省（NL）	63722	1092	1.7
新斯科舍省（NS）	123239	2241	1.8
爱德华王子岛省（PE）	20131	133	0.1
新不伦瑞克省（NB）	98906	3470	3.5
魁北克省（QC）	1003322	35000	3.5
安大略省（ON）	2056055	98000	4.8
曼尼托巴省（MB）	208796	13749	6.6
萨斯喀彻温省（SK）	186036	12456	6.7
阿尔伯塔省（AB）	741802	82857	11.2
不列颠哥伦比亚省（BC）	548702	59000	10.8
育空地区（YT）	5456	234	4.2
西北地区（NT）	8700	131	1.5
努纳武特（NU）	10107	19	0.001
联邦（Federal）	109400	2200	2.0

中国非学科类 K12 在线教育的治理路径

在按管辖区统计数据时，出现了三种趋势或类别。第一类是像阿尔伯塔省和不列颠哥伦比亚省这样的司法管辖区，这些地区从事 K12 远程和在线学习的学生比例明显高于全国平均水平。第二类是萨斯喀彻温省、曼尼托巴省和安大略省等司法管辖区，这些地区从事 K12 远程和在线学习的学生比例接近全国平均水平。第三类也是最后一类是魁北克省、加拿大大西洋省份和领土等司法管辖区，学生参与 K12 远程和在线学习的比例远低于全国平均水平。

虽然存在这三个类别，但很难确定为什么特定的司法管辖区最终会出现在哪个类别中。例如，阿尔伯塔省几乎没有提供 K12 远程和在线学习相关的法规或治理规则。一方面，阿尔伯塔省还有一个长期且历史上广泛使用的全省远程学习计划，其学校部门提供的计划活动水平不断提高。另一方面，不列颠哥伦比亚省拥有广泛的监管制度和质量改进流程。此外，不列颠哥伦比亚省没有全省范围的计划，但有大量以地区为基础的独立远程学习计划——其中许多在全省范围内运作。这两个司法管辖区为 K12 远程和在线学习所提供的资金低于传统实体教育的资金。可以说，阿尔伯塔省和不列颠哥伦比亚省在促进 K12 远程和在线学习的发展方面采取了几乎相反的方法。然而，与全国平均水平相比，这两个司法管辖区的学生参与 K12 远程和在线学习的比例始终要高得多。与此同时，像萨斯喀彻温省这样的司法管辖区采取了一种与阿尔伯塔省非常一致的方法，除了萨斯喀彻温省的 K12 远程和在线学习学生的资助水平与实体学生相同外。同样，安大略省也采取了一种与不列颠哥伦比亚省的情况非常一致的方法，因为这两个司法管辖区都有广泛的法规（即在不列颠哥伦比亚省，它们是立法的，而在安大略省，则是在正式协议或合同中做出规定的），并且这两个司法管辖区都有重要的私立学校 K12 远程和在线学习活动。然而，与阿尔伯塔省和不列颠哥伦比亚省相比，萨斯喀彻温省和安大略省的学生按比例参与 K12 远程和在线学习的人数要少得多。此外，曼尼托巴省对 K12 在线和远程学习采取了与加拿大亚特兰大几乎相同的方法。所有这五个省都依赖于由教育部运营的集中式远程学习计划。然而，与全国平均水平相比，曼尼托巴省从事 K12 远程和在线学习的学生比例略高，而加拿大大西洋地区的四个省都远低于全国平均水平——其中三个显著低于全国平均水平。因此，似乎没有真正的趋势能说明为什么一个司法管辖区在 K12 远程和在线学习方面的参与程度更高或更低。就全国从事 K12 远程和在线学习的 310582 名学生或 6% 的学生比例而言，整体参与水平较前三个学年持续上升（见表 5-6）。

表 5-6　　四个学年中 K12 远程和在线学习活动概述

参与远程和在线学习的学生数量				
	2016—2017	2017—2018	2018—2019	2019—2020
纽芬兰与拉布拉多省（NL）	968	1233	1140	1092
新斯科舍省（NS）	2600	2700	2381	2241
爱德华王子岛省（PE）	89	56	100	133
新不伦瑞克省（NB）	3262	3239	3270	3470
魁北克省（QC）	42600	30366	40000	35000
安大略省（ON）	91000	82000	89000	98000
曼尼托巴省（MB）	8941	6398	11875	13749
萨斯喀彻温省（SK）	8500	7738	8378	12456
阿尔伯塔省（AB）	50000	63000	75806	82857
不列颠哥伦比亚省（BC）	57046	65556	65000	59000
育空地区（YT）	189	136	170	234
西北地区（NT）	79	93	130	131
努纳武特（NU）	40	40	70	19
联邦（Federal）	1289	1131	2000	2200

除了纽芬兰与拉布拉多省、新斯科舍省、魁北克省和不列颠哥伦比亚省报告的参与度略有下降外，其余 10 个司法管辖区中的大多数省报告称，K12 远程和在线参与度增加了 10% 或具有更高的连续第二年学习的人数。事实上，2019—2020 学年是自 2014—2015 学年以来连续第二个学年报告参与 K12 远程和在线学习的学生比例增加（见表 5-7），以及 2019—2020 学年参与 K12 远程和在线学习的学生比例最高。

中国非学科类 K12 在线教育的治理路径

表 5-7　　　　加拿大 K12 远程和在线学习学生的注册情况

学年	参与远程教育的学生数量（人）	参与远程教育的学生百分比（%）
1999—2000	25000	0.5
2008—2009	140000	2.7
2009—2010	150000—175000	2.9—3.4
2010—2011	207096	4.2
2011—2012	245252	4.9
2012—2013	284963	5.2
2013—2014	290185	5.4
2014—2015	311648	6.0
2015—2016	293401	5.7
2016—2017	277603	5.4
2017—2018	263686	5.1
2018—2019	299320	5.9
2019—2020	310582	6.0

正如之前的报告所述，在过去 10 年中，从事远程和在线学习的 K12 学生人数一直保持相对稳定（即在 1% 以内）。

二　加拿大 K12 在线教育的特色

（一）各省级政府对各级教育负有专属责任

加拿大是一个由 10 个省和三个领地组成的联邦制国家。加拿大宪法规定，各省级政府对各级教育负有专属责任。加拿大联邦政府没有教育部，没有全国统一的中学教材、施教标准和考试标准，全国数千所中小学由各省自主管理。加拿大的学校各有千秋，但基本都遵从"教育机会公平、尊重个性发展、学习环境宽松、重视能力培养。虽然教育是由各省的教育部门负责管理的，但是加拿大联邦政府的法规和政策对教育也产生了直接的影响。

加拿大的 K12 教育是一种远程、在线和混合式的教育。这种学习需要有目的的教学计划，需要使用成系统的管理程序模型和课程开发，同时也需要制定各种教学策略。这些教学策略需要根据每种工具的优缺点灵活地选择使用。同时，对教师的培训也极为重要。它要求教师能够支持正在使用的工具，同时能用这些工具来促进学生的学习。

（二）司法管辖区使用政策手册规范 K12 教育

加拿大各省通过法律的方式保证 K12 在线教育的发展。由于加拿大的特殊国情，各司法管辖区有权力并且有义务对各级教育负责。各管辖区均采用政策手段对 K12 教育进行规范化规定，有利于各地区 K12 教育的良性发展。加拿大对于 K12 在线教育的法规有多种形式，具体有立法、政策手册、协议以及谅解备忘录等。加拿大大多数管辖区对 K12 远程和在线学习进行了立法，有部分管辖区通过政策手册的方式在立法的基础上，进一步规范 K12 远程和在线学习。这一点表明，由各个省区制定符合各地自身发展的政策性文件是十分重要的。

各司法管辖区互相学习，取长补短。各司法管辖区从事 K12 远程和在线学习的学生数量各不相同，或高于全国平均水平，或低于全国平均水平，但其政策并没有受到各地区优劣势等因素的影响。有的司法管辖区采用独特的政策，有的则借鉴其他管辖区良好的教育政策，从而使自身的 K12 远程和在线学习的实力及其学生数量不断提升。

（三）由专门的机构负责 K12 在线教育政策的制定与实施

加拿大每个省都有专门的机构负责 K12 在线教育的实施，包括政策的制定、在线学习的具体实施（例如在线资源开发）以及在线学习评估等。以魁北克省为例。魁北克有三个已知的远程学习项目。最大的远程教育项目是 SOFAD，它主要开发和制作函授远程学习材料，供学校董事会在本地区项目中使用。SOFAD 为 3 万多名 16 岁或以上的成年学生提供服务。LEARN 为该省所有九个讲英语的学校董事会提供了各种远程学习机会，包括大约 250 名获得直接课程学分的学生。此外，魁北克在线学校报告称有 25 名学生注册。在安大略省，由政府资助的 60 个讲英语和 12 个讲法语的学校董事会中的每一个成员都有能力利用教育部提供的学习管理系统，结合他们自己的在线课程材料，提供某种形式的在线学习。许多学校董事会还参与了一个或多个联盟，旨在通过共享课程、资源，彼此共同努力，最大限度地为学生提供在线课程（例如安大略省电子学习联盟、安大略省天主教电子学习联盟等）。2018—2019 学年，超过 6.1 万名学生完成了电子学习课程，这些课程是英语公立区学校董事会提供的在线学习项目。法语学校董事会每学年有 2500—3000 名学生通过法语学校论坛学习课程。此外，在技术职业教育组织内运作的独立学习中心为安大略省 14 岁以上的青少年和寻求获得高中学分或安大略省中学文凭的成年人提供服务。

（四）良好的 K12 在线教育资助机制

加拿大各省对 K12 在线教育采取了良好的资助机制。加拿大各省为 K12 在线教育所提供的资金是不同的，有的低于传统面授教育的拨款，有的则高于传统面授教育的拨款。另外还要建立 K12 在线教育监管制度与质量改进计划。不列颠哥伦比亚省拥有完善的监管制度和质量改进流程。魁北克省政府为接受远程教育的学生提供学校董事会资助，资助比例为实体学校学生资助金额的 80%。安大略省公共资助地区的学校董事会对在线学习学校项目的资助与传统的实体教育相同。在大多数情况下，曼尼托巴省远程教育的资助方式类似于实体教育，只有少数学校例外。注册国际标准化组织进行学习的学生需要支付每门课程的注册费用，而在曼尼托巴省学校就读的学生，其费用是由学校自行决定的。最后，Inform Net 虚拟学院确立了一个收费结构，该收费结构与学生的居住地和身份有关。住在学校提供的宿舍里的学生不收费，但住在学校提供的宿舍以外的学生以及在家上学的学生和成人学习者需要收费。

（五）学分转换以及良好的学分转换机制

加拿大对于参与 K12 在线学习的学生给予一定的学分。以曼尼托巴省为例。曼尼托巴省的每个学校都参加了一个或多个远程教育项目。然而，根据学生和学校不断变化的需求，参与情况每年都有所不同。国际标准化组织继续为 9—12 年级的学生提供 55 门英语课程和 13 门法语课程。2019—2020 学年，大约有 3921 名在校学生，发放了 1602 个学分。TMO 由农村学校部门通过 TMO 联盟与曼尼托巴省教育和培训机构进行合作管理，2019—2020 学年，有来自 17 所学校的 328 名课程注册学生，发放了 315 个学分。

此外，加拿大 K12 在线教育还建立了良好的学分转换机制，让学生在不同省以及不同国家之间通过 K12 在线教育所获取的学分可以相互认可与转换。新斯科舍省和爱德华王子岛省签有协议，允许学生通过新不伦瑞克省的法语远程教育课程获得学分。通常，对新不伦瑞克省课程的审查由感兴趣的学校当局进行，以确保完成课程、获得学分的学生可以在安大略省学校注册，如果要在另一个省、地区或国家参加在线课程，可以通过事先学习评估和认可（PLAR）程序获得学分认可。在这一过程中，学生的技能和知识将根据适当的省级课程政策文件所概述的总体期望进行评估，以获得安大略省中学认可的学分。PLAR 程序在有权授予学分的校长的指导下实施。通过 PLAR 挑战赛，学生最多可以获得四个学分。如果居住在魁北克省的学生完成了位于另一个省或地区的远程教育课程，只要该学生有相关司法管辖区颁发的官方文件（如成绩单），证明该学生成功地完成了课程，就可以使用相同的程序为从另一个司法管辖区转学的学生提供学分。学生可以到魁北克成人教育中心要求评估他或她的学习成绩。如果该课程被认为是同等的，则授予学分。如果远程教育课程来自另一个国家的教育项目，其评估责任在于移民、多样性和包容部，它分析的是整体成绩，而不是单一课程的成绩。在安大略省学校注册的学生，如果在另一个省、地区或国家参加在线课程，可以通过事先学习评估和认可（PLAR）程序获得学习认可。如果曼尼托巴省的学生注册了另一个省或地区的在线项目所提供的课程，则由各个学校管理人员根据曼尼托巴省相应的课程或当地开发的相应课程分配"省外"学分。此做法也适用于在外省学校上学，然后搬到曼尼托巴省的学生。当学校管理人员接受转学生时，用"S"代表"等级"来报告所授予的学分，而不是百分比。因为外省课程的成绩不能用来计算平均值，学分的转移都由学校管理者决定。该流程适用于任何外省课程，无论它是加拿大的另一个管辖区还是国际管辖区的课程。根据规定，曼尼托巴省的学校不能向其他司法管辖区的学生提供任何在线课程并给予学分。学校可以向外省或国外的学生提供课程，但不能向外省或国外的学生发放曼尼托巴省奖学金（即学分）。学生必须在曼尼托巴省的学校注册才能获得曼尼托巴省的学分。加拿大 K12 在线教育虽然建立了一定的学分转换机制，但一般各省都规定，对于在省外获得的课程学分需要经过本地评估后方可转换成本地的学分。

（六）对私立机构举办 K12 在线教育进行严格的管理

加拿大不仅举办公办 K12 在线教育，也允许私立机构举办 K12 在线教育，但同时对其进行严格的管理。私立学校作为独立于教育部的企业或非营利运作组织，须符合加拿大教育法所规定的法律要求。这些私立学校没有得到政府的任何资助或其他财政支持。虽然安大略省的所有私立学校都必须满足一般性要求，但寻求安大略省中学文凭学分授予权的私立学校必须接受教育部的检查。检查员寻找在线学习环境中教师和学生持续互动的证据,并根据教育部政策,观察其课程教授和评估与总体课程期望之间的直接联系。对于私立学校在线提供的任何学分课程,所有课程要求(包括授课时间、评估、评价和报告)都必须符合相关政策要求。

三 加拿大K12在线教育对中国在线教育的启示

(一)鼓励各省份和地方积极组织K12在线学习项目

加拿大K12在线教育主要由各省政府私立机构组织提供,不同的省出现了差异化的发展。2021年7月中共中央办公厅、国务院办公厅印发的《关于进一步减轻义务教育阶段学生作业负担和校外培训负担的意见》明确指出:"做强做优免费线上学习服务。教育部门要征集、开发丰富优质的线上教育教学资源,利用国家和各地教育教学资源平台以及优质学校网络平台,免费向学生提供高质量专题教育资源和覆盖各年级各学科的学习资源,推动教育资源均衡发展,促进教育公平。各地要积极创造条件,组织优秀教师开展免费在线互动交流答疑。各地各校要加大宣传推广使用力度,引导学生用好免费线上优质教育资源。"中国应鼓励由各个省与地区积极组织K12在线教育项目,促进学生学习的发展。第一,大力推进优质在线教育资源的建设与应用。目前国内建设了包括中小学网络云平台等国家层面的中小学优质教育资源共享平台,各地方也建设了很多地方性中小学优质教育资源共享平台,例如江苏省建设的江苏名师空中课堂,苏州市、徐州市等建立的市级优质资源共享平台。这些平台都得到了一定的应用,但其应用还处于探索与起步阶段,有待进一步深化。很多中小学生对这些平台的功能、使用方法等不是很了解,甚至不知道,这造成了资源的浪费。要对这些平台进行积极宣传,让中小学生等群体充分使用,在使用过程中不断完善平台资源的建设与服务。第二,积极开展在线辅导答疑。这具有十分重要的意义。随着双减政策的实施,一些地方开展了在线答疑。例如,2021年9月4日,南通市崇川教育在线答疑平台正式上线。该平台的建立有效解决了学生在双休日、节假日、寒暑假做作业时遇到困难不能及时得到有效解决的问题,也是促进崇川区"双减"工作落实落地,提升课后服务供给品质,完善课后服务体系,提高课后服务质量,满足学生多样化需求,激发学生自主学习能力,培养勤学好问的学习品质的一项有力举措。这为我们提供了一些案例支持。要不断总结在线答疑中的问题，不断改进在线答疑的质量与水平。

（二）国家和地区各司其职，合作管理发展 K12 远程和在线教育

加拿大虽然是由各司法管辖区分管本地区的教育项目，但加拿大联邦政府的法规和政策对全国教育也产生了直接的影响。因此，中国如果想发展优质的 K12 远程和在线教育，就需要国家和各省市区团结一致，共同制定符合国家总体发展趋势又适合各地区差异化发展的政策性文件。中国可以出台指明 K12 远程和在线教育发展方向的相关文件，对各地区发展 K12 远程和在线教育制定基本的统一标准，例如就师资水平、培训地点等相关因素做出规定。同时，各地也要结合自身的发展水平，在国家统一制定的政策文件的基础上，发展符合本地情况的 K12 远程和在线教育。例如，在较落后地区，要保证最基本的网络通畅和在线学习平台的稳定性等。

要建立专门的机构负责 K12 在线教育。目前中国还缺乏相应的 K12 在线教育专门机构。可以在国家层面以及各地方层面专门建立负责 K12 在线教育的机构，例如可以在各省电化教育馆下设立专门的 K12 在线教育机构，负责 K12 在线教育规则的制定、K12 在线教育资源的开发、K12 在线教育的推进与效果评估、完善 K12 在线教育的措施等。

（三）出台相应的法规

加拿大很多省都出台了 K12 在线教育法规，赋予省政府相应的 K12 在线教育管理权力，并且对在线教育法规进行不断修订，其中包括 K12 在线教育的资助机制与评价机制的修订等。中国也应进一步完善 K12 在线教育法规，包括完善 K12 在线教育投资机制、教师准入与考核机制以及质量评估机制等。加拿大关于 K12 在线教育的法规是多样化的，包括立法、政策手册、协议、谅解备忘录等。中国各省与地方也应根据每个地方 K12 在线教育发展的状况制定相应的法规。法规的形式应灵活多样。要制订经过精心设计的在线教育计划。加拿大阿尔伯塔省还有一个长期且历史上广泛使用的全省远程学习计划，学校部门提供的计划的活动水平正不断提高。

加拿大建立了 K12 在线教育的资助机制，每个省都对 K12 在线教育进行专项拨款，以使 K12 在线教育得到顺利实施，使其质量得到保证。中国也应建立 K12 在线教育专门拨款资助机制，对 K12 在线教育的成本进行科学评估，在此基础上参照普通教育对 K12 在线教育进行继续拨款，以保证

K12 在线教育的顺利发展及其质量。

（四）教育模式的转变以及建立良好的学分转换机制

加拿大 K12 在线教育呈现出不断增长态势。除了纽芬兰与拉布拉多省、新斯科舍省、魁北克省和不列颠哥伦比亚省报告的参与度略有下降外，其余 10 个司法管辖区中的大多数报告称，K12 远程和在线教育参与度增加了 10% 或有更多的连续学习人数。未来教育是智慧教育模式，混合教育、在线教育将成为常态。中国很多地方依然采用传统的面授模式，教育模式有待转变与完善。要将信息技术充分融入教育教学中，实现教育模式的优化与改善，从而不断提升教育效果与质量。在教育模式转换的同时，要做好相应的学分转换工作，包括制定学分转换的范围、相应的学分转换流程以及学分转换中学分质量的保证规则等。

（五）做好疫情下紧急远程在线教育

由于新冠肺炎目前尚在流行，因此做好由于疫情所导致的紧急远程在线教育的工作就显得尤为重要。尤其是目前中国各地仍时不时冒出几例本土案例，保证学生的健康安全便显得十分重要。紧急远程在线教育的预备工作可以在出现突发情况的第一时间，有效地弥补学生由于意外所导致的学校教育的缺失，并且能为学生最大限度地提供一个安全的学习环境。因此，做好紧急远程在线教育需提前做好紧急远程教育的课程开发、制订明确可行的教学计划、保证系统化的管理程序以及提高教师的远程在线教学能力等。

第六节 加拿大 K12 在线教育案例

一 安大略省（Ontario，ON）

2019 年 11 月，加拿大教育部长宣布，从 2023—2024 学年开始，安大略省的学生需要获得两个在线学分才能从中学毕业。此外，2008 年安大略省教育通信管理局法案和安大略省法语教育通信管理局法案于 2020 年 7 月做出修订：规定其目标包括支持与相关的人员或实体建立、管理和协调远程教育计划，并履行有关的职责。增加了相关的法规制定权（安大略省政府，2020 年）。这一变化扩大了安大略省电视台（TVO）和安大略省法语电视台（TFO）的职责，使它们能够为教师主导的英语和法语在线学习提供集中管理、协调和支持。根据教育部提供的数据，在2018—2019学年（即有数据可查的最近一年），大约有61万名学生参加了公共学区教育局在线学习计划所提供的在线课程，以及有2500—3000名学生参加了法语学习课程，大约有15000名学生注册了经批准的私立学校所提供的在线课程。此外，约有19万名学生参加了独立学习中心提供的远程课程。最后，在省级学习管理系统中，大约有849万名来自课堂或在线学生的登录记录。

（一）治理和监管

1990年加拿大教育法确实提到了"同等学习"的概念，被定义为传统教学之外学生的学习情况并且用以合理评估学生的学习能力。

自2006年以来，安大略省在线学习战略指导教育部向学校董事会提供各种必要的支持，为学生提供在线和混合学习机会。法语版本的战略由安大略电子信息公司于2007年发布。根据这项政策，加拿大教育部向学校董事会提供学习管理系统和其他工具，提供了在线学习、122门英语和109门法语课程的异步课程内容和各种多媒体学习对象，以及各种其他技术和人力资源支持（包括技术支持和教学联系或每个学校董事会的技术评估和培训人员支持）。提供在线或混合学习的学校董事会必须签署"用户协议"，才能获得所有这些服务。

安大略省公立学校必须向安大略省学生信息系统报告在线学习课程的学生注册情况。作为常规学习、继续教育和暑期学校计划的一部分，注册在线学习课程的学生将被记录下来。

安大略省公共资助的地区学校董事会对在线学习的学校项目的资助与传统的实体教育相同。在英语语言学校，学生可以注册另一个学校董事会提供的在线课程，前提是他们通过了学校注册。在这种情况下，各省规定的费用是否适用于参加在线学习课程的学生，则由两个学校董事会商定。2019—2020学年的费用是，获得一门课程学分的费用为585美元。在法语学校，学生可以参加由12个法语学校董事会资助和管理的安大略省法语区欣赏艺术协会。

私立学校作为独立于教育部的企业或非营利组织运作需符合教育法的规定，且这些私立学校没有得到政府的任何资助或其他财政支持。虽然安大略省的所有私立学校都必须满足同样的一般性要求，但寻求安大略省中学文凭学分授予权的私立学校必须接受教育部的检查。检查员寻找在线学习环境中教师和学生之间持续互动的证据，以及根据教育部的政策，观察教授和评估的具体课程是否达到预期。私立学校在线提供的任何学分课程（包括授课时间、评估、评价和报告）都必须符合相关政策要求。

（二）中小学远程和在线学习活动

由政府资助的 60 个讲英语和 12 个讲法语的学校董事会中的每一个都有能力利用教育部提供的学习管理系统，结合所提供的或他们自己的在线课程材料，提供某种形式的在线学习。

此外，在职业技术教育组织内运作的独立学习中心为安大略省 14 岁以上的青少年和寻求获得高中学分或安大略省中学文凭的成年人提供服务。最后，还有多达 8 个不同的私立或独立的 K12 远程或在线学习项目，其中一些项目还成立了自己的财团。现有的最新数据表明，私立在线学校获得了大约 15000 个在线学习的学分。

（三）K12 混合学习活动

教育部将混合学习定义为将数字资源融入面授课堂的教学和学生学习活动。除了前面描述的教育部提供的各种资源（例如学习管理系统、数字内容和资源、由技术支持的学习和教学联系等）外，教育部还在 2014—2017 年通过技术和学习基金向学校董事会提供资金，以实施创新做法来改变学习和教学设施。

教育部也为省级学习管理系统提供许可证，并为学校董事会提供数字工具，用于为学生提供混合和在线学习机会。因此，安大略省的所有教育工作者都有机会使用数字工具来提供满足其学生需求的混合学习体验。

（四）应急远程教学

安大略省的学校于 2020 年 3 月 23 日停课，4 月 6 日开始远程教学。教育部推出了远程教学资源网站，并与公共资助的教育电视网络合作，提供学习工具和资源。学校董事会向学生分发可用的数字设备，教育部与罗杰斯通信公司以及苹果公司合作，为无法上网的家庭提供互联网服务。有出勤率的规定。

（五）省际和国际

在安大略省学校注册的学生，如果在另一个省、地区或国家参加在线课程，可以通过事先的学习评估（PLAR）程序获得学习认可。在这一过程中，学生的技能和知识将根据适当的省级课程政策文件所概述的总体期望进行评估，以获得安大略省中学文凭所需的学分。PLAR 程序在有权授予学分的校长的指导下实施。通过 PLAR 挑战赛，学生最多可以获得四个学分。

安大略省公共资助的学校董事会可以向居住在安大略省以外的学生提供在线课程，前提是它们不使用省学习管理系统，该系统只允许安大略省学生和教育工作者使用。成功完成至少 110 小时课程的学习即可获得学分。校长代表教育部为其所开发或批准的课程授予学分。就授予学分而言，要求学生付出参与有计划学习活动的时间，这些活动旨在实现课程的预期目标。

以下是对加拿大各个省、地区和联邦管辖区在线学习的分析。这些省和地区特别侧重强调该管辖区内存在的任何治理和法规变化，并提供远程、在线和混合学习的最新条件（见表 5-8）。本书以加拿大 K12 在线教育参与学生人数较多的（排名前三）的省为例，对加拿大 K12 在线教育的发展进行分析。这三个省份分别是安大略省、新斯科舍省与阿尔伯塔省。

表 5-8　　加拿大各省、地区和联邦管辖区的在线学习状况

	人口数量（人）	K12 学校数量（所）	K12 学生数量（人）	K12 在线学习项目数量（个）	K12 在线学习学生数量（人）
纽芬兰与拉布拉多省（NL）	522994	260	63722	1	1092
新斯科舍省（NS）	971395	371	123239	2	106627
爱德华王子岛省（PE）	159249	63	20131	0	133
新不伦瑞克省（NB）	781024	307	98906	2	12000
魁北克省（QC）	8572054	3102	1003322	5+	55000+
安大略省（ON）	14723497	4844	2056055	70	850000
曼尼托巴省（MB）	1369000	810	208796	38	13749
萨斯喀彻温省（SK）	1181987	780	186036	16	12456
阿尔伯塔省（AB）	4421876	2503	741802	34	82857
不列颠哥伦比亚省（BC）	5100000	1569	548702	69	59000
育空地区（YT）	35874	33	5456	2	654

续表

	人口数量（人）	K12学校数量（所）	K12学生数量（人）	K12在线学习项目数量（个）	K12在线学习学生数量（人）
西北地区（NT）	44826	49	8700	1	131
努纳武特（NU）	35944	19	10107	0	19
联邦（Federal）	1008955	465	109400	5	2200

二 新斯科舍省（Nova Scotia，NS）

新斯科舍省的监管没有发生重大变化。根据教育和幼儿发展部提供的数据，2019—2020学年，大约有1407名学生注册了新斯科舍省虚拟学校的课程，大约有834名学生注册了通过函授学习计划提供的课程。此外，还有1.2万名学生在该部门提供的各种混合学习工具中拥有账户。

（一）治理与监管

新斯科舍省虚拟学校（NSVS）提供的分布式学习（即远程教育和在线学习）受新斯科舍省政府和新斯科舍省教师工会协议中11项规定的管辖。该协议将分布式学习定义为：一种主要依靠学生和教师之间的、通过互联网或其他基于电子的交付、电话会议、视频会议或电子通信进行交流的教学方法。它允许教师、学生和学习内容位于不同的非集中位置，这样教学和学习就可以不受时间和地点的限制。除此之外，还有几个与分布式学习教师工作条件相关的条款，例如要求教师获得认证；要求将分布式学习视为教师正式工作量的一部分；采取最大分布式学习班级规模；对分布式学习教师实施强制性专业发展；分布式学习的开学日可以不同，但必须对等。此外，该协议还概述了选择实施分布式学习方案的学校和学校董事会的一些责任：当学生参与分布式学习时，学校在地方一级必须有学生监督；学校必须有当地的分布式学习协调员；如果课程存在于学生当地的学校，就必须得到学校的批准，然后才能在分布式学习环境中学习课程。该协议要求创建一个正式的机制，即允许分布式学习计划运营商和工会通过一个省级咨询委员会进行协商。2015年，《新斯科舍省教育行动计划》对在线和混合学习的发展做出了额外承诺，包括向NSVS的学生提供灵活的选择和教学支持，让课堂上的学生有机会学习NSVS课程。该计划还呼吁为中学生提供在线学习机会，让他们为高中的在线课程做好准备。

（二）K12 远程和在线学习活动

教育和幼儿发展部教育创新、方案和服务处的学习资源和技术服务司负责管理新斯科舍省的远程教育方案，并与代表所有地区教育中心和省学术委员会的管理委员会合作。新斯科舍省有两个远程教育项目。第一，在 2019—2020 学年，NSVS 向来自七个英语区域中心和省学术委员会的大约 1407 名学生提供了在线课程。第二，函授学习方案向 834 名通过注册的学生提供课程（其中大约有一半是成年学生、在家学习的学生或居住在新斯科舍省以外的学生）。目前，该省正在努力将这些函授课程转变为在线授课形式。

（三）K12 混合学习活动

还有一些混合学习倡议正在学校系统中实施。例如，谷歌教育应用程序（G-Suite）现在面向新斯科舍省所有学生、教师和管理员开放，目前已有 12 万名学生拥有账户。此外，作为公民教育课程的一部分，所有九年级学生都参加了关于金融知识的混合学习。此外，教育和幼儿发展部通过 Moodle 学习管理系统提供了一个混合学习平台，该平台被广泛用于新斯科舍省各地的教室，以支持教学和教师的专业学习社区。

（四）紧急远程教学

新斯科舍省学校于 2020 年 3 月 15 日关闭，远程教学于 4 月 8 日开始。教育部在 4 月 8 日和 6 月 3 日发布了五个学习包，供每个年级的学生下载使用。教育部还为高中生提供数量有限的设备和连接，以及非数字资源。有出勤率的预期，学生在整个学年所完成的学习工作将继续得到评估。学年如期结束。

新斯科舍省的学生在省外参加的任何在线课程都将在学校或董事会层面受到审查，以确定课程是否同等。除非学生在新斯科舍省的公立学校注册，否则就没有资格通过 NSVS 参加在线课程。如果新斯科舍省内的成年学生或省外的学生有兴趣参加新斯科舍省的远程教育课程，该学生将被引导到该省的函授学习方案上。对于通过这一方案成功完成课程的省外学生，教育部会颁发结业证书，并根据要求向学校发送成绩单。

三 阿尔伯塔省（Alberta，AB）

阿尔伯塔省在远程或在线学习方面的监管发生了细微的变化。但是，阿尔伯塔省教育包含两部分，即学校当局负责学生的教育计划和家长负责其孩子的教育计划，将混合计划更改为"共同责任"计划，变得更加符合当前的在线学习实际。

目前，阿尔伯塔省教育在其网站目录中列出了34种不同的远程和在线学习课程。在2018—2019学年，共有82857名学生被编码为注册在线学习/远程教育课程。阿尔伯塔省教育当局目前不跟踪混合学习活动。

（一）治理和监管

虽然教育部长有权制定条例，但目前还没有关于远程教育的条例。教育部将在线学习定义为一种结构化的学习环境，在这种环境中，学生与老师一起参与一门或多门在线课程的学习，并由学校当局雇用的阿尔伯塔省认证教师负责教学。

此外，教育指南ECS将在线课程定义为：其中大部分教学和评估通过互联网进行，使用学习管理系统（LMS）。LMS为学生提供了课程访问内容、教师和其他学生交流的途径。学生可以在多种环境（校内或校外）下访问学习管理系统，并参与同步和异步教学。

教育部还通过其在线学习目录确定了具体的远程和在线学习项目/学校。[1]

通过使用省级学生信息系统中的特定代码来跟踪这些方案的注册情况。目前，有三种特定的编码机制用于跟踪在线注册情况。

学校可以通过在省级教育目录中输入这些信息来表明它们提供在线学习计划。

在省级学生信息系统中，课程和课程注册可以被识别为基于虚拟（在线学习）和打印材料的远程教育。

使用在线学习的学生注册代码，可以识别在线完成大部分课程的学生。

阿尔伯塔省教育部门意识到，一些学校和学校当局可能不会对远程和

---

[1] https：//education. Alberta. ca/online-learning/online-learning-directory/.

在线课程使用适当的编码，并正在与学校当局合作，以提高在线和远程学习项目的学生和项目代码分配的意识和准确性。

远程和在线学习的资金来源也不同于实体教育。学校当局资金手册规定了注册为在线学习的学生不可用的资助机制（例如，工厂、运营和维护；基础设施维护和更新等）。此外，学校当局必须能够证明满足小学生和初中生950小时的远程/在线访问和高中生1000小时的远程/在线访问时间要求，以确保符合获得资助的条件。

（二）中小学远程和在线学习活动

目前，阿尔伯塔省教育部门列出了34个不同的远程或在线学习项目作为其网站目录的一部分。虽然这些项目大多集中在学校一级部门，但有两个省级项目（阿尔伯塔远程学习中心和法语远程教育中心）。根据省学生信息系统中的信息，在2019—2020学年，共有82857名学生登记参加在线学习/远程教育方案。在这个数据收集周期中，阿尔伯塔省教育部门没有提供分类为完全在线学生、完全基于印刷的远程教育、补充基于印刷的远程教育学生或补充虚拟教育的学生人数。

为了支持K12远程和在线学习实践，阿尔伯塔省教育部出版了两本指南，即《学生和家庭在线学习指南》以及《学校和学校领导在线学习指南》。

（三）K12混合学习活动

混合学习在阿尔伯塔全省范围内以各种形式出现，但阿尔伯塔省教育部目前没有跟踪这一活动。学校当局灵活地支持混合教学，以更好地满足学生的学习需求。阿尔伯塔省有一个混合研讨会，这是一个专注于促进阿尔伯塔省学生优质混合和在线学习机会增长的会议，自2015年以来每年举办一次，但在2019—2020学年没有举办。

（四）应急远程教学

阿尔伯塔省的学校于2020年3月16日停课，3月20日开始远程教学。阿尔伯塔省教育部门推出其在线资源网站，以及一些阿尔伯塔省学校当局资源的链接。学习资料包被提供给那些使用数字设备或互联网受限的学生。有出席要求，成绩单仍在分发中。

（五）省际和国际

如果学生在另一个省、地区或国家学习加拿大在线课程，该学生将会从提供课程的学校当局收到成绩单。如果学生希望获得该课程的学分,申请获得转学学分的流程可参见"教育指南:ECS 至 12 年级",并提供与阿尔伯塔省课程相当的课程内容。

教育部期望学校当局将重点转向为阿尔伯塔省学生和实际在阿尔伯塔省学习的省外学生提供编程。阿尔伯塔省教育部门不向省外学生提供资助,除非他们是阿尔伯塔省的居民,并在阿尔伯塔省有一个家,打算返回该省。阿尔伯塔省教育部的做法是,如果两个省的管理当局之间没有达成谅解备忘录,就不向其他省的学生提供服务。阿尔伯塔省已经签署了一些谅解备忘录,从而与获得认证的省外学校取得联系,这些学校使用阿尔伯塔省的学习方案,并雇用阿尔伯塔省认证的教师。在审查批准的国际学校名单时,似乎没有一所学校提供了远程教育服务。

第七节　英国虚拟学校运行机制与启示

本节以英国著名的在线虚拟学校 InterHigh Shcool 为例,探讨英国 K12 在线教育的模式、特点与启示。InterHigh Shcool 是英国领先的在线学校,成立于 2005 年,涵盖完整的小学、初中和高中教育。学校有来自英国和世界各地的学习者。无论学习者在哪里,InterHigh Shcool 都可以通过专门的学习门户为学习者提供服务,学生不用去学校学习,通过远程学习即可。InterHigh Shcool 是一个包容和多样化的学校,在 InterHigh Shcool 可以建立终身的联系和友谊。作为一所在线学校,学生可以在世界上任何地方学习。自 2005 年开办以来,这所学校已经招收了大约 5000 名学生,目前有 1300 名年龄在 10—19 岁的在校生。大约 30% 的学生在英国以外的地方学习。InterHigh Shcool 鼓励学生达到他们意料之外的水平。学校为所有学生提供高品质的虚拟教育体验,培养学生的归属感和对彼此的尊重,并通过热爱终身学习提供解决现实世界问题的技能。学校承诺能够为学习者提供想从传统学校中得到的一切,甚至更多。学校的整个在线课程都是由专家和经验丰富的工作人员教授的,他们对所学科目的热情与他们想看到每个学生成功的动机和精力相匹配。在课程结束后,学生可以参加各种俱乐部、社团、研讨会,或者在公共休息室或学校自己的社交平台上与朋友碰面。教学工作人员随时为学员提供适当的帮助,学校领导团队也随时为学员提供指导和建议。

学生将体验一所独特的、触手可及的学校。学校校历遵循传统的英国独立学校的学期安排，每年学期共35周。学校分别为每个学生的学业、教学和社会需要提供服务。家长很容易参与并跟踪孩子的进步。家长可以进入学校的门户网站，该网站提供有关他们孩子的进步、反馈和作业的最新纪录和持续信息，包括学生的进步、家庭作业、成绩等方面的反馈。除此之外，他们还会定期收到老师的书面反馈。最重要的是，学校为年轻人提供灵活的时间。InterHigh Shcool 认识到其法律和道德责任，促进学生的福祉，保护他们免受伤害，并回应学习者的关心。通过与学生的日常联系及与其家庭的通信，学校的工作人员在保护、关心学生以及与适当的机构合作方面发挥着作用。在 InterHigh Shcool 学习可以节省时间、金钱和精力。学校也有一些可供选择的举措，以适合学生在任何关键阶段的学习需要和预算安排。学校现在为学生提供为期半个学期的中学实习机会。11年级和13年级是正式考试的年级。学生将在年级内学习全部课程。如果他们在开始的半个学期结束时，表现出不适应这种学习方式，无论出于何种原因都不愿进一步学习了，也不需要支付其他费用。如果学生希望继续参加 InterHigh Shcool 的学习，程序则很简单，只需要签署一份标准的出勤条件书即可。基于以上内容，学校在过去12年里取得了令人自豪的成就。

一 覆盖小学、初中与高中全学段的教育模式

（一）在线小学教育：关键阶段2

在成功运营了13年的独立在线中学之后，InterHigh school 现在提供四年级、五年级与六年级的小学教育。小学教育在教学质量、灵活性和可接近性方面与初高中教育是一样的，为小学生提供完整的学校课程。小学教师由具有专业知识的学科专家组成。

小学教育质量是有保证的。班级规模小，每个班最多18名学生。这确保了每个学生都能得到老师的关注，并促进个性化学习。每个学生都能按照自己的进度学习。每节课都被记录下来。这意味着学生和家长可以在任何时候重新复习这堂课，确保所有内容都被完全理解。

在 InterHigh Shcool 学习可以节省时间、金钱和精力。学校也提供一些选择，以适合学生在任何关键阶段的学习需要，并符合学习者的预算要

求。小学教育课程包括英语、数学、科学和人文、法语和信息技术。小学生每周也有辅导课及其公共活动室，公共活动室有项目、活动和特邀演讲者。学校有一个充满活力和支持的社会团体，InterHigh Junior 提供小组、俱乐部和一个安全的社交媒体环境。

这是一所有远见的学校。学校的愿景是让每个学生在毕业时都能成为一位充满热情和朝气蓬勃的年轻学习者。他们将在生活的各个方面积极寻求学习机会，并具备必要的基础知识和技能，以应对未来的学习挑战。优秀的学校认识到学习是终生的，因此学校拒绝短视的、自私自利的教学方式，因为这种教学方式只注重短期学习成绩的最大化。与这种学习方式相反，当务之急不仅是当前的学习，而且是为每个学生的长远发展做好准备。

（二）在线初中教育：关键阶段3与关键阶段4

InterHigh Junior 师资力量雄厚、教师教学经验丰富，致力于培养充满好奇心、朝气蓬勃、积极进取的年轻学习者。到学生升入中学的时候，他们已经为关键的第三阶段的教育做好了充分的准备。InterHigh Shcool 的"关键阶段3"利用学校在线学习平台所储存的大量教育材料。其学员将以小学教育为基础，学习广泛的核心科目，为他们在关键阶段4选择IGCSE做准备。学生也可以选择在他们的时间表上增加补充科目，以及参加各种主题和兴趣类的课外俱乐部。选择多达9个核心科目，作为关键阶段3核心课程的一部分。学生还可以选择一种语言进行学习，包括德语、法语和西班牙语在内。学生可以选择额外的学习语言，每门语言每年需要收取额外的费用。除了核心课程外，关键阶段3的学生还可以选修额外的课程，每门课程每年收取额外的费用。关键阶段3的学生可以根据自己的喜好选择9门核心课程中的任意课程。这9门核心课程包括交际、创造力、英语、地理、历史、数学、科学和STEM等。

学校提供的所有IGCSE课程都遵循Edexcel教学大纲的规定。每个科目的课程都有一定的吸引力，促进学生自主学习和进一步探究。学校在线提供17门国际普通中等教育证书（IGCSE）课程，其核心包括7个科目，英语语言、英语文学和数学被列为核心科目，不能替换。作为核心课程的一部分，学生可以从生物、化学和物理中选择科学课程。学生在7门核心课程的基础上增加额外的科学课程。作为核心课程的一部分，学生还可以从地理和历史选项中选择人文学科。学生可以在 7 门核心课程中增加人文学科。在这一点上，学生将选择 5 个科目作为他们核心包的一部分。学生可以在最后两门课程中增加科学或人文学科。以三级数学为例，7 年级、8 年级、9 年级的学生将学习使用柯林斯数学框架和 CIMT 资源的课程。根据学生的能力，该课程涵盖了 KS3 国家课程所要达到的目标，达到了 4 级、5 级、6 级、7 级或 8 级。学校的课程具有高度的差异性，因此，虽然每个学生所学习的主题范围大致相同，但学习水平会根据学生的能力而有所不同。此外，学校还举办了一系列旨在加强和挑战学生数学应用和理解能力的活动，为即将到来的 IGCSEs 做准备。学校的灵活安排使学生几乎可以选择任何 A 级课程。学校的 A 级课程都是在实时在线课堂上讲授的，学生可以在课堂上与老师交流，与同学合作。有 18 个科目可供选择。InterHigh Shcool 为所有的学员准备他们的考试，并协助将其安排在一个方便他们的考试中心。许多考试都是通过学生自考，将成绩直接寄给其家庭的方式进行的。

（三）在线高中教育：关键阶段 5

在线高中学习具有一定的优势。许多学生发现从普通中等教育证书（GCSE）升入 AS 和 A 等级比从 13 年级升入大学更具挑战性。与传统的高中学习形式相比，InterHigh Shcool 在线高中形式为参加在线 A 级考试的学生提供了广泛的优势，并有助于更加顺利地渡过困难时期。第一，小班化教学，少分心，多自由时间。AS 和在线 A 级教育的班级规模限制为 15 名学生。班级规模保证了个性化学习更大的灵活性。如果在某一段特定的时间里，少数学生已经超出了课程所要求的范围，教师可以修改课程或加入额外的主题。由于是在线教育，工作人员可以教学生完整的课程，而不像普通的学校和大学那样会受到打扰。学校发现，十二年级和十三年级学生的时间没有被浪费。在通常情况下，学习 3 门在线 A 级课程的学生每周只能上 10 个小时按时间表安排的实时课程。只要有互联网链接，在任何地方都可以上这些课程。这让学生可以灵活地安排其他活动或自学，并根据自己的时间表做出安排。

第二，丰富的网上资源和结交新朋友的机会。所有的交互课程都是被记录和存档的。它不仅是复习、课题研究、备课和考试的重要资源，如果学生无法理解自己的笔记，还可以翻一遍旧课来弄清楚。除了学校的在线图书馆外，学校还有很多学生可以参加的俱乐部和社团，以及公共休息室。每周五下午学校还会举办公共休息室的嘉宾讲座。军官、医生、护士和科学家就他们过去的职业生涯发表演讲，演讲内容有时可能是一些热门话题或是大众感兴趣的其他方面。学校积极鼓励课堂内外的社会参与，定期举办学校旅行以及夏季舞会。

在大学申请和职业建议方面提供帮助。大学的申请过程对学生来说不是简单的。每一年，学校团队都会帮助中学生申请大学。学校的工作人员帮助学生写个人陈述和其他需要提交的有力的 UCAS 和牛津剑桥申请。学校发现，大学喜欢这里毕业的学生，因为他们可以提供自主学习的证据。团队还会在学习者的职业选择上提供帮助，并查看可以选择的各种职业道路。

第三，在线 AS 和 A 级课程选择。学校是一所没有围墙的在线高中，这意味着学生可以在任何有互联网链接的地方学习。因此，学校发现 InterHigh Shcool 很受演员、体育运动员和学生的欢迎。此外，如果学习者就读的学校或大学只提供学习者想学习的 A 级水平的部分科目，那么 InterHigh Shcool 就可以为学习者提供完美的解决方案。学习者可以在学习一门或多门课程的同时学习现有的课程。学校的规定是灵活的，允许学习者录制和进行现场课程学习。为了确保学习者的课程学习是实时的，学生在注册时在每一栏只能选择一个科目，这可以确保学生不会产生实时教学冲突。

二 教学模式

从周一到周五，学生在安排好的教室里上课。在和学生打招呼之后，老师会给学生上一节传统课程，并准备好各种资源。然后，学生可能会在课堂活动、共享任务、单独路径中被设置为工作实例，有时学生们会以指定的配对或小组的形式学习。教师会监控学生的互动情况，并对一般问题或个人提问做出回答。如果没有干扰，教师能够全身心地投入教学和学习。教学基于一个复杂的云学习平台展开，具有完全交互式的教室。这是一所基于云计算的学校，在这里，学习者每天都可以访问他们所有的资源，收听课程录音。

学习者可以掌控自己的在线学习，组织自己的学习。最重要的是，InterHigh Shcool 让学习者可以控制自己的时间。学习平台的有效性意味着学生可以完整地观看错过的课程，因而不会错过任何课程。学生可以在课堂上和课后直接向老师提问，以确保他们对该主题或内容有深入的理解。学生每天只在学校待三四个小时，这给予他们机会去追求自己的兴趣、爱好、消遣和目标。最重要的是，InterHigh Shcool 给了时间。课程主要在早上进行。在线课程涵盖的科目比较广泛。InterHigh Shcool 提供完整的课程。在学校里，学生可以学习各种各样的 IGCSE、AS 和 A 级课程。课程采用多种教与学的方法。在课堂上，学习者通过各种各样的媒介与老师进行交流。学生可以通过语音、文本、白板、笔记、录音、演示、屏幕共享和共同浏览网页等形式，集中精力学习，而不受干扰。

每门课都提供整个学科的课程，可以在任何时间任何地方进行访问。所有的课程都是数字化录制的，一旦课程结束，学生就可以回顾课堂录音。主题材料可以帮助学生准确地找到他们所需要的东西。这是一种奇特的资源，支持学生巩固他们的学习，掌握复杂的概念和准备考试。如果学生因为某种原因而错过了一节课（例如生病），他们可以通过数字档案观看整个课程。

每个学生都可以通过具体的例子，分享他们的学习。学生可以私下直接给老师发信息，教师回答所有的问题。星期五下午，公共休息室会对全校学生开放，在这里可以举办多项课外活动，包括特邀嘉宾演讲、排练及公开演出、比赛、游戏、业余爱好、筹款、职业建议等。学校举办的年度活动是学生见面和社交的绝佳机会，同时同学们可以分享经验。2019 年，学生参加了 3 个活动，包括参观哈利波特华纳兄弟工作室，参加在 PGL Liddington 的周末活动和年终舞会。

学生每周都会和同学待在一起，所以彼此自然是认识的。经家长同意，学生（13 岁以上）还可以注册社交媒体平台 Yammer，在那里，他们可以在一个轻松的环境中互动。教育模式侧重于使用直播课程辅以自主学习。引导课就像讲座一样，可以有大量的学生参加。在关键阶段 2 平均有 18 名学生参与，19 名学生参与关键阶段 3 和关键阶段 4，15 名学生参与关键阶段 5。申请课程被安排在学生的时间表上，以帮助他们安排老师补置的作业。这使得他们能够有效地利用课外时间，有效地减少管理学生的工作量。在申请环节中，至少有一位工作人员，他虽然不是专业方面的专家，但却是一位有经验的老师，可以在学生需要时提供帮助和建议。InterHigh Shcool 遵循英语教育体系。这与苏格兰使用的系统完全不同。

除非家长有特殊要求，否则学生将被安排在相应的年龄组。学生需参加一个基线评估，基线评估在两个不同的时间（10月和3月）进行。这个评估是为了帮助老师预测成绩，对课堂没有任何影响。学校喜欢提交以前设置的报告，这些报告被保存在学校的管理信息系统中，并与员工共享。在10年级的学生学习 IGCSEs 之前，他们需要学习英国国家课程。在11年级之前没有正式的资格证书。如果学习者决定离开学校，学校可以提供注册信息，说明学生在这里学习的级别和时间，学生的学术报告将通过家长门户网站提供。

在家长门户网站可以找到小学生的书单。打开该书单，就会看到红色的书是必须购买的，黑色的书是可以选购的。大多数家长从亚马逊网站上购买书籍，因为这是最简单的方法。书单中提供了每本书的国际标准书号，这样您就可以确保您购买的这本书是正确版本。如果家长有任何具体的问题，可以直接给孩子的老师发邮件。家长在父母门户界面上可以看到孩子的学习时间表，也会看到老师的名字和电子邮件选项。每门课一般为每周两小时，即三堂40分钟的课。所以，如果一个学习者学习7门课程，通常每天会有4—5节课，包括一个辅导小组和一个可选的练习课。学生的学习方式是两用式的：每门课都有一节引导课和两节后续课。基准评估在每年年初完成，这些评估给出了 IGCSE 的预期表现，可以被教师用来设定目标和监控学生全年的进展。核心课程包括 IGCSE 课程和 A-level 课程，包含嵌入式的可转换技能，促进自主学习，这一方法被世界各地的学院、大学和雇主广泛接受和追捧。InterHigh Shcool 经验丰富且高素质的工作人员会随时指导学员填写个人陈述，以及他们提交的 UCAS 和牛津大学剑桥大学申请所需的其他内容。

在一些教育系统或国家中普遍存在的是结业证书。可以通过管理团队提出要求。学校里大部分都是英国教师，也有一些外籍教师。他们经验丰富，并且对英国的课程和教育体系非常熟悉。

平均来说，每门课每周只布置一份家庭作业，但具体来讲这是由老师决定的。一些科目，如数学或历史，将包括手写或绘制的家庭作业在内。这取决于学生所处的年级和阶段。老师可以利用很多工具来区分学生，例如，休息室和及时批改测验。专家和经验丰富的在线教师利用一系列教学方法完成教学。课程在预定时间里由专业教师对学生进行现场直播。学生可以通过麦克风或现场课堂聊天与老师互动，所有课程都有记录。学习者可以访问每节课的所有课程资源。

在一个真正的学校社区里，所有的学生都能感受到现代技术与个性化学习相结合的好处。学生有自己的个人学校中心，从那里可以访问学校的每个部分，学习区、现场课堂、课程资源、俱乐部、社团、公共休息室、社交媒体区、时间表、作业监控或学校奖励商店。老师的个人反馈让他们了解作业截止日期、作业反馈和整体表现。父母也可以随时了解孩子的学习进展，并与工作人员联系。该系统为需要这种方法的学生提供了严格的界限。老师可以限制学生使用普通聊天、私人聊天、麦克风访问，甚至教室（最后的办法）的权限。当学生意识到了这些控制，就会对这些严格的界限做出反应。

在 InterHigh Shcool，家长可以放心，孩子将接受良好的教育，学习广泛的课程。由专家和经验丰富的教学专业人士进行教学，为 InterHigh Shcool 的学习者提供有吸引力的课程，保持他们的动力。对于高中三年级的学生，优先考虑的是确保这些年轻的学习者接受高质量的教育，使他们茁壮成长，培养具有好奇心和积极参与的学习者。在中学阶段，InterHigh Shcool 为 KS3 和 KS4 的核心 IGCSE 科目的学生讲授国家英语课程。遵循 Edexcel 考试委员会的要求，其教学方法强调独立学习技能的发展，并促使其进一步发展，同时研究他们的 IGCSE 资格。专业教学团队可以帮助他们完成每一步，为其个人发展和其他事情提供指导。

InterHigh Shcool 让父母十分容易地参与到孩子的进步中，为父母提供了一个家长门户，通过该门户他们可以看到孩子的出勤和报告情况。他们还可以在学习平台上创建一个观察账户，查看老师对孩子作业的反馈评论。这些信息也由老师的书面反馈来补充。学生被强烈推荐去上课，但也可以选择注册为图书馆的学习者，并使用课堂录音进行学习。某些科目每周都有额外的辅导课，例如英语（仅 KS3 和 KS4）、数学和科学。这些课程录音对于学习困难的学生来说是非常宝贵的，因为他们可以在自己有空的时候再次观看课程。InterHigh Shcool 有一个灵活的缺勤系统，允许家长在缺勤发生之前通过家长门户通知学校。然后，学生可以在适合自己的时间学习所录制的课程。

三 考试

一些科目要求学生在英国参加普通考试或实践考试。不同的学校可能以不同的顺序学习不同的科目，学习者将能够看到在以前的课程中已经覆盖的内容。根据考试的地点，学习者需要和考试中心讨论考试安排问题。考试团队能够帮助解决所有的问题。英国的考试官可以为学习者提供离学习者最近的考试中心的详细信息。InterHigh Shcool 获得 CIE、Dexcel、AQA、OCR 和 WJEC 的认证，可以提供 IGCSEs。

InterHigh Shcool 将提供一份考试中心名单，学习者可以在那里注册参加考试（无论是在英国还是其他国家）。所有小组的评估和模拟考试都在上课时间进行。正式的 GCSE 考试在第 11 学年结束时举行，A Level 考试在第 13 学年结束时举行。对于这些考试，考试团队会将考试地点安排在学生附近（英国和海外）。学生将被安排为外部考生，所有费用和考试成绩将由家长和考试中心共同安排。不要求任何成绩或入学评估，但重要的是学生能说流利的英语。

在 InterHigh Shcool，支持并鼓励通过社交活动与其他学生进行交往。学生的声音很重要，所以需要定期从学生那里寻求反馈，以做出改进，并帮助他们获得最好的体验；也有机会通过课堂互动和小组工作，并利用休息室来达到这个目的。

教育部已经建立了在线教育认证计划。作为其中的一部分，它已经采用了一套在线学校必须达到的最低标准。这些标准建立在独立学校的法律期望之上，参考了关于全日制教育的定义及其英国法律，以及关于学生个人发展、福利、健康和安全、工作人员的适宜性、信息的提供、与家人和教师沟通的英国教育期望。学习者可以随时加入，但他们需要根据每年的时间安排补做一些遗漏的工作。

四 启示

（一）建立在线教育学校

目前中国以公司为主体展开校外线上培训，还缺乏以完整学校的形式开展的在线教育。可以试行建立与一般学校的形式一样的在线教育学校，专门负责中小学在线教育。参照一般学校的模式进行管理,包括安排学校办学场所、建立相关的规章制度、展开对在线教育的评估等。这样可能有利于在线教育的深入发展,受众面扩大以及保证在线教育的质量等。英国校外在线教育更多地侧重于补充学习,确立了良好的个性化学习机制。在线学校可以建立专门的小学教育、初中教育以及高中教育,学习者可以通过网络平台与教师进行良好的互动。

(二) 完善质量保证机制

第一,师资保障。英国在线教育注重师资水平的保证,各个学科都由相关学科专家担任主讲教师。第二,严格的考核。在线教育需要进行考试。很多考试都是线下进行的,因此安排了很多考试中心,学习者可以就近参加考试。第三,建立在线教育质量国家保证机制。中国还缺乏国家层面的在线教育保证机制。有必要建立在线教育全国标准,在线教育的最低标准。各地方再根据国家标准制定符合本地区情况的在线教育质量保证标准及实施规划。

(三) 利益相关者的参与

家长的参与是英国在线教育的重要特色之一。中国的在线教育也应该注重学生家长群体的参与。

第六章　K12在线教育的治理路径

第一节　非学科类K12在线教育质量保障体系构建

基于网络化的发展，当前关于在线培训的研究主要集中在管理组织、硬件设施、网络在线平台以及培训新模式上，对于校外在线培训质量保障体系的相关研究还比较少。由于校外在线培训质量难以控制，如何在互联网下构建科学的、正确的、具有可行性的质量保障体系是在线培训发展的关键问题，基于以上考虑，本书选取中小学校外在线培训作为研究对象，讨论在教师、学生、在线平台、培训机构四个方面如何构建体系来保障在线培训的质量。

构建中小学非学科类校外在线培训质量保障体系是提高校外在线培训质量的核心问题，是促进"互联网+教育"健康发展的重要措施，对于全面贯彻党的教育方针、保障中小学生健康成长、形成校内外共同育人的局面具有非常重要的意义（周航、李波，2019）。

目前校外在线培训有很多还没有解决的问题，比如培训教师不具备基本的资格、教育教学能力不足及教师信息素养不高。除此之外，还需要采取合适的教学互动方式；有的中小学生在线学习的投入度得不到保障，在线培训时学习的动机缺乏，导致自我效能感不高，以及自我调控能力不够；在线培训平台的流畅度、丰富度和学习支持服务功能有待完善；有的培训机构采取的培训方式不符合中小学生的教育发展规律。这些问题严重影响了校外在线培训的质量，加重了中小学生的课外负担，必须采取有效措施保证其质量。因此，关于中小学校外在线培训质量保障体系构建研究是非常有价值的，具体采取文献研究法、系统分析法、问卷调查法展开探讨。

文献研究法。通过查阅大量的相关文献，了解在线培训的发展过程、发展现状，以及发展过程中所存在的问题，从而有针对性地发现问题，找到应对措施，以此来解决问题，并构建质量保障体系。

系统分析法。将在线培训质量保障体系看作一个完整的生态系统，它是一种动态性的生成过程，在其生成过程中构建属于它的质量保障体系，对影响中小学校外在线培训质量各个环节的因素进行系统分析，在此基础上构建质量保障体系。

问卷调查法。通过问卷调查法，做出关于中小学生参与校外在线培训的影响因素与效果的调查评估，并分析调查结果，研究其效果。首先利用文献研究法界定在线培训的概念、特点和了解在线培训的发展过程，明晰中小学校外在线培训以及中小学校外在线培训质量保障的定义。然后利用问卷调查法，研究与中小学校外在线培训相关的现状问题，根据调查结果对其质量进行分析，探讨中小学校外在线培训质量保障的因素及措施和模式。利用系统研究法，把在线培训质量保障体系作为一个生态系统，其中教师、学生、培训机构是生态系统的参与者，这三者在各种网络平台环境下展开培训活动，再结合支持培训活动的目标、评价，以及过程管理、服务管理等有机成分，构建中小学在线培训质量保障体系。最后通过设计问卷调查中小学参与在线培训的影响因素和实施效果评价。

一 概念界定

(一) 在线培训的概念

要想研究在线培训质量，首先需要了解什么是在线培训。在线培训是将传统的线下内容搬运到线上培训平台，以供学员安排时间进行自主学习，对学员学习的自主性有较高的要求，解决了线下培训受时间、地点约束限制的问题（王旭等，2019）。在线培训具有规模大、覆盖面广、变化快、灵活机动，用户群体范围广、平台多等特点。经搜索在线培训的相关文献发现，2015—2017年发表的文章最多，并且总体上呈现出上升趋势，在线培训的内容涉及国家政治、经济、医疗卫生、环境科学、工业技术和文化、科学、教育等方面，其中文化、科学、教育占比为30.6%，教育方面的在线培训还是有研究基础的。

(二) 中小学生参与校外在线培训情况

此次调查对象是参与校外在线培训的中小学生家长，主要调查中小学生参与校外在线培训的相关情况，以此来了解家长让孩子参与在线培训的目的以及在选择在线培训机构时，一般会关注哪些方面，如培训师资、收费问题、培训内容以及培训质量保障。选择在线培训机构时家长一般会考虑师资力量、价格问题、课程质量、平台大小，有无保障。除此之外，家长普遍认为，在线校外培训的优点是课程可以反复观看，孩子不懂的地方可以多学几遍以及具有优质的教学资源，可以听全国名师讲课等；其缺点是老师无法实际监管学生，学生可能会玩手机、互动不方便、课程质量无法得到保证等。近一半的家长认为孩子参加在线校外辅导所获结果一般。

二 中小学校外在线培训的现状问题

(一) 中小学校外在线培训质量保障的现状分析

1. 强化在线培训监督

在中小学校外在线培训质量保障现状方面，在线培训并没有严格的质量管理体系。2018年教育部等三部门联合印发《关于健全校外培训机构专项治理整改若干工作机制的通知》强调，必须加强在线教育培训的监督，为学生提供多元化的教育服务，确保培训质量。

2. 教学质量保障问题

在线培训的课程资源要比传统培训机构更加丰富多样，且学习时间、地点不受限制，灵活性高，变化大，采用一般传统的质量监管模式很难应对，因而实际的教学质量缺乏保障。

3. 在线培训发展受技术的影响

在线教育培训从数字资源、互联网、移动变化等逐步发展到如今的人工智能、大数据、5G技术，这些都给在线培训提供了高度的硬件技术支持，技术支持是在线培训的基础，但是仅仅靠技术而没有相应的学习支持服务，也保障不了高效的学习质量。

4. 在线培训实施效果

在线培训用户数量不断上升，学习方式逐渐多样化，但是学习者利用率较低，个别在线培训课程与学习者的实际学习目标不完全一致，而且没有有效的学习效果验证机制，甚至大型在线培训直播课也不能保证学生认真收听。

（二）中小学校外在线培训质量保障的因素

中小学校外在线培训质量受到多种因素的影响和制约，各种因素和各个环节之间相互作用和影响共同形成了校外在线培训质量，由此，分析影响中小学校外在线培训质量的因素是核心问题。我们主要参考在线教育质量影响因素来构建校外在线培训影响因素。黄璐等（2017）基于高校MOOC学习者的问卷调查所提出的影响慕课课程质量的重要因素，同样适用于在线教育，具体包括学习支持与服务、学习者学习目标、教师信息素养以及学习者的在线参与度。由此可以抽象出影响在线培训质量的对象包括教师和学生。在教师方面包括教师信息素养、教育技术能力、教学方式以及教学目标设计是否合理清晰；在学生方面包括学生在线学习投入度、自我效能感。在线平台提供一般的平台功能和学习支持服务功能，平台功能包括研究平台的流畅度和丰富度；学习支持服务功能包括引导学习、促进学习、协助学习，对中小学校外在线培训进行过程管理和评价。培训机构要保障整个在线培训的运行模式，并且进行学习活动设计和教学管理。

（三）中小学校外在线培训质量保障的模式

校外在线培训质量保障模式将从教师、学生、在线平台和培训机构四个方面进行建构，将在线培训质量保障体系作为一个完整的生态系统。它是一个动态性的生成过程，各个环节与要素之间相互联系、相互影响（见图6-1）。

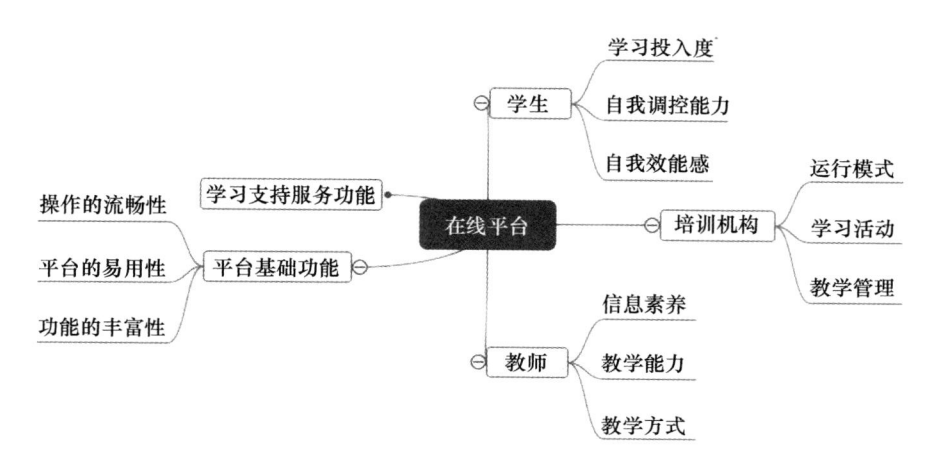

图6-1 质量保障模型

教师和学生通过在线平台进行教学和互动交流，具有信息素养和教学能力的教师通过制定合适的教学目标和采用新型的教学方式来引导学生学习，以学生为主体。在线平台作为整个生态系统的中介，在教师与学生之间提供学习支持服务，培训机构则通过其特有的运行模式，开展在线平台学习活动来协助整体培训质量保障的完成（上超望等，2018）。

三　中小学校外在线培训质量保障体系的构建

（一）从中小学校外在线培训教师资源方面构建质量保障体系

《国家中长期教育改革和发展纲要（2010—2020年）》明确指出："教育大计，教师为本。有好的教师，才有好的教育。严格教师资质，提升教师素质；提高教师业务水平，完善培养培训体系，做好培养培训规划，提升教师专业水平和教学能力。"保障中小学校外在线培训质量，就要保障在线培训教师质量。由于教师个人信息素养、教学能力、教学方式等存在巨大的个体差异，教授课程对象在学习基础、学习投入度、学习自我调控能力和学习目标等方面也存在个体差异，因此每名教师都需要制定个人教学目标，我们将围绕内外两个因素分析教师保障在线培训质量过程中所面临的问题。

1. 外部因素

（1）要规范校外在线培训，制定完善的招聘、审查、管理培训人员的方法，师资队伍较为稳定，不可以聘用中小学在职教师。除此之外，聘用外籍教师须符合国家的有关规定。（2）教师制定教学目标。关于制定教学目标的范围比较广，无法进行准确研究，本书只研究在线培训教学目标的制定。第一，应符合学生不同需求特征。有的学生基础薄弱，有的学生基础扎实，应根据其不同的学习基础和学习能力，制定符合学生需求特征的目标；第二，将教学目标转化为学习目标，教师应与学生沟通，了解学生的学习情况，也就是说，在明确学生的学习目标的基础上制定教学目标，更好地帮助学生提升自主学习能力，同时帮助教师转变教学观念。

2. 内部因素

（1）提高信息素养，保障在线教学质量

信息素养是信息化时代人们应具备的一种基本能力。在教师方面，提高教师信息素养是保障在线培训质量的重要因素之一，教师应具备现代化的教学思想、教学理念。提高教师的信息素养，不仅需要在线培训教师了解各种教学工具、多个在线平台、多种教学资源，而且需要在培训过程中提高教师利用信息技术进行信息搜索、资源获取、知识整合、互动交流等综合能力，促进信息技术与在线培训课堂的深度融合，构建质量保障体系。

（2）提升教学能力，保障在线教学质量

提升教师教育教学能力，可以进一步提升在线培训教育教学质量。一是教师要转变教育观念，适应新的教育要求，促进信息技术与教育教学的整合；二是要充分利用网络资源优势，积极参加网络学习，丰富教学经验；三是要建立教师考核方法和绩效考核方法，让教师客观地认识自己，提高自我教育意识和能力。

（3）转变教学方式，保障在线教学质量

教师根据在线课堂教学的内容、目标以及对教育信息化技术的熟练程度，采用"在线教学平台+直播互动平台+社交网络平台"等综合手段进行授课，教师借助平台推送教学资源，紧跟教学进度或者提前推送学习所需要的教学资源，如课件、视频、拓展资料等，在线上深化教学过程，包括制定个性化教案，通过对知识点的总结、课堂上的测验、互动讨论及时解决问题，解答学生疑问。除此之外，还可利用社交网络平台监管学生的学习进度，采用现代化、网络化、多媒体化的方法构建在线培训质量保障体系。

（二）从中小学生参与校外在线培训方面构建质量保障体系

学生是中小学校外在线培训质量的重要影响因素，下面主要从学生参与在线培训的学习投入度、自我调控能力和自我效能感等方面进行分析。

1. 提高在线学习投入度，保障在线学习质量

由于在线学习的发展，学生逐步走向在线学习。由于学习环境的变化，在线学习者的投入方式也发生了变化。Fredrick 等（2014）在学习投入的基础上延伸在线学习投入的定义，即在线学习投入是指学习者在线上学习活动中所表现出来的积极状态，包括认知投入、情感投入和行为投入三个方面。也就是说，学生在线学习投入不仅与学习内容和学习行为有关，还与学生情感和认知等内在心理因素有着重要关系。

加大学生在线学习投入度对提高学生在线自主学习效果有着重要的影

响，在线学习者的学习动机、自我效能感和情绪都会影响在线学习投入，在具体的在线培训过程中，要注意激发学生的学习动机，积极引导在线学习者的学习情绪，在可控范围内尽可能地降低学习难度，增强在线学习者的信心，提高在线学习者的投入度。有研究表明，学习者的年龄对在线学习投入度有显著影响，年龄越小，学习投入度越低，主动性越差，要提高在线培训课程的有趣性来提高低龄学习者的学习热情，增强其在线学习投入度。在线学习投入度还与学习环境有关，需要构建一定的监管体系，来促进中小学生参与在线培训学习，这需要教师、家长、在线平台共同监管，教师布置必要的任务、作业和测验，并且要求其在一定时间内完成，可以引导学生积极主动参与在线学习培训，家长监督学生完成任务，起到督促作用。除此之外，家长的期望、家庭氛围也影响在线学习者的学习投入度。在线平台要提供一定的学习支持服务，方便学生更好地在线学习，这也有利于增大学生在线学习投入度（况姗芸，2019）。

2. 提高中小学生的自我调控能力，保障在线学习质量

在线培训是一个虚拟性的学习过程，需要学习者对自己的思维、情感和行为进行自我监督和自我控制，中小学生的自我控制能力不足主要表现在其自我监督和自我控制能力弱上，从而使其不能取得良好的学习效果和实现学习目标。要提高自我调控能力就需要自我激励，制定阶段性学习目标，根据制定的目标实现有效的学习，选择适合自己的网络在线学习环境，以此提高学习的自我调控能力（赵福君，2013）。它虽是主观性的问题，但却受客观问题的影响。

3. 提升自我效能感，保障在线学习质量

自我效能感特指学生对于能否成功地完成预先给定的学习任务的信心，它反映了个体对自我的评价。由于中小学生可能缺乏强烈的学习动机，因此导致学生的自我效能感降低，中小学生在线培训自我效能感的高低影响其在线学习目标的定制水平，因此目标定制不能过高，要让学习者有信心完成，在一定程度上提高学生的自我效能感，从而保障在线学习的质量。

（三）从在线平台方面构建中小学校外在线培训质量保障体系

在线教育培训平台运用互联网技术、创新过程管理模式，搭建了一个信息化、智能化、个性化的网络展示平台，主要是为在线学生、在职人员

等多层次求知学习人士提供学习支持服务设计。关于在线平台，主要从一般平台功能和学习支持服务功能两个方面来分析，一方面，具有一般系统的基本功能包括平台操作的流畅性、教师开展教育教学和学生在线学习的易用性、平台功能的丰富度等；另一方面，具有学习支持服务的功能包括引导学习、促进学习、协助学习等，以保障中小学校外在线培训的质量。

1. 在线平台的一般功能

（1）在线平台操作的流畅性

在线平台需要具有对不同终端的兼容性、对不同硬件的适用性，在更换终端或者跳转页面时，能够流畅地表达教育教学信息。在观看视频和收听音频或者下载资源时，能够保证清晰、流畅，更好地帮助教师开展教学活动和为学习者提供良好的使用体验。

（2）在线平台的易用性

在线平台的易用性主要包括两个方面：教师开展教育教学的易用性和学生进行在线学习的易用性。教师在网络教学平台上建课，在平台上进行课程讲解或者直播互动，平台需要有完善的功能来帮助教师完成一系列教学活动。对于学生来说，良好的易用性可以降低学生使用时的认知负荷，争取将更多的精力集中于在线学习上。

（3）在线平台功能的丰富性

在线平台功能的丰富性包括登录、搜索、下载、分享、收藏、反馈、题库、错题搜集等，这些功能可以更好地帮助学习者构建个性化的学习体系，帮助学习者提高在线学习质量。

2. 在线平台的学习支持服务功能

首先要引导学习，具体包括制定导学活动、提供导学资源，学生通过在线平台选择适合自己的导学活动和导学资源，提前对课程进行预习，以便教学更好地进行。其次要促进学习，这是指需要平台系统发送通知，提醒学习者进行线上学习或者打卡，教师也可通过在线平台给学生答疑辅导、实时交互，然后学生做自测练习，完成一系列学习活动（孟涛、汪颖，2016）。最后进行协助学习，对学生给予持续关注，利用平台相关技术支持协助学生学习，给予他们情感支持，激发他们在线学习参与度。

体验良好和功能全面的在线平台可以降低学习者在使用时的认知负荷

（刘述，2019），使学习者将更多的精力专注于学习过程，提高学习者的学习效率，提升在线培训的质量，在线平台作为质量保障体系的中介，拥有这些特性可以协调利益相关者，包括教师、教育机构、学生等，促进在线平台的长久健康发展。

（四）从培训机构方面构建中小学校外培训质量保障体系

首先分析中国 K12 在线教育行业培训机构模式现状。目前市场上的教育培训机构分三个派系：经典派、中间派、先锋派。每个派系都有其发展的意义与价值。

1. 经典派致力于优化传统线下教育，强调线下教育的不可替代性，营利模式较为稳健（见表6-1）。

表6-1　　　　　　　　　　　　　经典派

网校：新东方在线、学而思网校、东方优播、101 网校等	双师课堂：高思教育、双师东方、凹凸个性教育	教育信息化：云校，立思辰，希悦，全课云

2. 中间派：依托互联网平台进行授课，强调老师对学生的培训是教育的本质环节（见表6-2）。

表6-2　　　　　　　　　　　　　中间派

在线学科辅导：海风教育、嗨课堂、三好网、猿辅导、掌门一对一	在线少儿英语培训：在线一对一、VIP KID、说客英语、哒哒英语、VIPX、51talk	在线班课：贝乐在线、哈沃	外教双师：清成教育、飞博教育、外教易

3. 先锋派：热衷于研发新工具/内容/平台，创造新玩法，主张用智能应用来替代或辅助真人教师，新兴概念诞生区、VC 热区（见表6-3）。

表6-3　　　　　　　　　　　　　先锋派

题库类工具：猿题库、小猿搜题、学霸君	作业类工具：作业盒子、作业帮	家教O2O平台，教学平台

第六章 K12在线教育的治理路径

一般从在线培训机构的运行模式、活动设计、路径设计进行分析，每一个在线培训机构都有它的核心运行理念和运行模式（唐新荣，2015）。例如掌门一对一通过深度精细化运营，成为逐渐走向成熟的在线教育机构，首先汇聚优质资源，增加教研投入和师资建设，这是每个教育培训机构需要做的核心事情。除此之外，服务运营体系也紧密关系到用户体验，除建立培、磨、研、学、联、监六维线上教学全链协同机制保障质量之外，还要增加智能化学习体系等（缪文龙，2015）。

下面我们以郑州一所教育培训机构的质量保障为例，分析在线培训怎样运行才可以保障质量。

（1）课前准备。教育培训机构有自己的教育顾问，教育顾问要给家长详细讲解，让家长了解情况，通过与家长和学生的接触，详细地掌握学生的各方面情况，对学生进行有针对性的指导，进行个性化的学习服务。（2）学生的教学方式。教师针对学生的情况进行备课，在上课之前，教案要上传到一个系统上，有专门人士进行检查监督。在上课的过程中，老师要正确引导，让学生学会学习的方法和技巧，充分发挥学生的主体性，使其更好地参与课堂。（3）反馈机制。有专门的班主任，及时沟通老师和学生之间的问题，再具体问题具体分析，做适当调整，然后班主任还要把孩子在上课过程中所遇到的一些问题反馈给家长，让家长实时了解孩子在做什么。除此之外，设置错题app，学生如果有错题就拍照上传，老师再给他讲解，错的比较多的地方，就会自动生成相关的错题集，然后学生专门练习错题，熟练掌握知识点。（4）课后总结。老师给学生布置的作业，家长要负责监督其完成。因为学习不仅是孩子一个人的事情。孩子作为主体，老师作为引导者，家长就要充当监督者，三者形成良性循环。（5）全程视频监控。家长可以在手机上直接观看教师给学生上课的视频。课后，在学习管家app上，家长可以给老师评分，或者给这堂课评分。然后家长也可以给孩子打分，通过分数进行积分，再用积分兑换小礼品，激发老师和学生的积极性。（6）多元化评价。培训结果不单单以成绩为唯一的标准，也可以以其他形式体现出来，比如学生学习习惯、学习态度、学习主动性、在线学习参与度等的提高，这些也是学生积极进步的方面。（7）教师管理。培训机构要安排教师一周一测评，然后根据成绩进行区域性评比，考试第一名有奖金，排名倒数则罚钱，通过奖励惩罚机制提高教师能力。每周进行教研，研究教学重难点。

以上面的分析为基础，我们总结一下关于构建中小学校外培训质量保障体系的研究成果。

(1) 培训机构要从运行模式方面保障在线培训质量

根据掌门一对一和郑州某教育机构的运行模式发现，首先，应有专门的教学团队提前了解学生的学习情况，针对学生的学习需求，制定个性化教育服务；其次要保障优质学习资源的供给，增加教研投入和师资建设，学生作为主体，老师作为引导者，家长充当监督者，三者形成良性循环。班主任进行实时监控，将情况报告给家长，增加反馈机制，完善服务体系，增加智能化学习体系。

(2) 培训机构要从学习活动方面保障在线培训质量

影响学习活动的因素有很多，包括教学目标的设置、教学组织与实施、教学方法和教学模式、师生交互答疑情况、作业的布置与练习等，如果学习活动是保障目标，那么这些就是学习活动的保障因素，要保障各个环节的实施质量，才可以更好地保障学习活动的顺利进行。

(3) 培训机构要从教学管理方面保障在线培训质量

要对教师和学生进行管理，教师要不断学习，不断接受测评考核，提升教学能力。在学生方面，应以学生为主体，建立奖励机制，通过闯关性的排名来提高学生在线学习的积极性和在线学习的参与度。

四 参与在线培训的中小学生对于校外在线培训的效果评价

通过对教师、学生、在线平台以及培训机构中影响在线培训质量因素的分析，构建了系统的中小学生校外在线培训质量保障体系，但是这个质量保障体系尚缺乏实际的调查研究。所以根据建构的质量保障体系，设计一个调查问卷，从而了解参与在线培训的学习者对在线培训的影响因素和效果的综合态度或看法（杨晓哲、张昱瑾，2020）。

首先，我们分析参与在线培训的中小学生的阶段比例，其次分析关于在线培训的影响因素及其所取得的效果。调查分为三个方面。

在有效的186份问卷中，我们所调查的小学、初中、高中学校比例大约是1∶1∶1，属于比较均衡的比例（见表6-4）。

表 6-4　　　　　　　　　　　学校分布

	频率	百分比（%）	有效百分比（%）	累计百分比（%）
小学	55	29.6	29.6	29.6
初中	61	32.8	32.8	62.4
高中	70	37.6	37.6	100.0
合计	186	100.0	100.0	

学习者对校外在线培训提高了学习满意度的均值为 3.81，均值较低，对现有的在线培训不够满意，对在线培训质量保证的满意度均值为 3.76，还有待加强，总之，在线培训还有很大的发展空间。目前学习者对其整体大致呈现出比较满意的效果，但是在线培训还需加强自身质量保障体系的建设，提高均值，增强满意度，这样才能够帮助校外在线培训更好的发展（见表 6-5）。

表 6-5　　　　　　　　　　　在线培训效果

	参与在线培训的我养成了良好的学习习惯	我对中小学校外在线培训的质量保障很满意	我认为培训机构对于参与其中的教师进行有效的管理，可提升教师的教学能力
均值	3.75	3.76	3.84
N	186	186	186
标准差	1.173	1.120	1.067

调查显示出对于教师方面影响在线培训质量的均值还是很高的，约接近于 4，说明学习者认为教师是影响培训质量的一大因素，学习者对于拥有较高教学能力的培训教师还是满意的（见表 6-6）。

表 6-6　　　　　　　　　　　教师方面

	我认为拥有良好信息素养的在线培训教师，能够提高在线培训质量	我认为提升教师教育教学能力，可进一步提升在线培训教育教学质量	我对在线培训教师采用"在线教学平台+直播互动+社交网络平台"教学模式的满意程度
均值	3.96	4.09	3.86
N	186	186	186
标准差	1.157	1.117	1.126

对于学习者参与在线学习投入、自我调控能力以及自我效能感能够提升学习效果方面的均值处于3.7—3.8，说明学习者对自身在线学习效果的满意度处于一般和满意之间，偏向满意，因此提高学习效果需要加强自身在这方面的建设（见表6-7）。

表6-7　　　　　　　　　　　学生方面

	我在线上培训中投入了大量的时间与精力，努力提升学习效果	我进行线上培训时，进行自我监督和自我控制，提升学习效果	我对线上培训制定的目标，都能够准时准量完成
均值	3.82	3.79	3.73
N	186	186	186
标准差	1.132	1.160	1.156

对于在线平台方面，学习者认为在线平台的易用性、流畅度以及平台的功能性都有了一定的提高（见表6-8）。

表6-8　　　　　　　　　　　在线平台方面

	我认为网络在线平台易于使用	我认为目前的在线培训平台运行很流畅	我认为目前的在线平台功能很丰富	我使用在线培训平台的频率很高
均值	3.87	3.79	3.82	3.88
N	186	186	186	186
标准差	1.141	1.122	1.090	1.076

在线上培训机构方面，学习者对其的评估均值总体上呈现为一般。这些是从教师、学生、培训机构、在线平台各个影响因素方面进行的调查（见表6-9）。

表 6-9　　　　　　　　　　培训机构方面

	我认为培训机构对于参与其中的教师进行有效的管理，可以提升教师的教学能力	我认为培训机构对参与在线培训的我进行有效的管理，提高了我在线学习参与度和在线学习的积极性	我认为培训机构的教师、学生、家长形成良性循环的运行模式有利于增加反馈机制
均值	3.84	3.77	3.75
N	186	186	186
标准差	1.067	1.150	1.179

五　总结

构建中小学校外在线培训质量保障体系是发展在线培训的必经之路，是保障中小学生健康成长、形成校内外协同育人氛围的重要举措，本书主要从教师、学生、在线平台和培训机构四个方面构建在线培训质量保障体系，并且将在线培训质量保障体系作为一个完整的生态系统，是一种动态性的生成过程，各个环节与要素之间相互联系、相互影响。研究还有很多不足，如研究数据和参考案例不足，范围也不够广，质量保障体系在具体实施中还存在不足，问卷调查的结果能不能作为验证质量保障体系的效果还有待探究，但是本研究对在线培训平台或者在线培训机构的质量保障体系的构建具有较好的借鉴和指导意义。

第二节　K12 在线教学质量评价体系构建

为深入贯彻习近平总书记在全国教育大会上的重要讲话精神，切实扭转不科学的教育评价导向，全面深化义务教育教学改革，促进义务教育内涵发展和质量提升，推进教育治理体系和治理能力现代化，根据中共中央、国务院印发的《关于深化教育教学改革全面提高义务教育质量的意见》《深化新时代教育评价改革总体方案》精神，制定了《义务教育质量评价指南》。本书在此指南的基础上构建了校外在线教育办学质量评价指标体系。

一 特点

K12在线教育相对原来的面授教育采用了新的教育方式，即线上教育，所以评价模式有其自身的特点。

（一）内容方面

第一，注重对教师信息技术应用能力的评价。校外在线教育主要以网络授课形式进行，对教师的信息技术教育应用能力的要求要高一些，教师信息技术应用能力对教学效果具有较大的影响。如果教师不能很好地使用信息技术促进教学，那么网络教学的效果可能会大打折扣。因此，应注重对教师信息技术应用教学能力的评价。第二，注重对教师个性化教育能力的评价。校外在线教育以补充性学习为主，更加注重针对每个学生不同的学习问题给予解答，因此，不同于一般的学校教育，校外在线教育更多的是个性化教育，在评价方式上要注重对教师个性化教育能力的评价。个性化教育能力包括正确、准确判断学生学习问题的能力、精准解答学生问题的能力以及与学生的情感沟通能力等。

（二）评价方式

K12在线教育主要以网络授课的形式进行，而网络授课往往会留下大量的教学与学习数据，这为采用在线数据进行评价提供了一定的基础。另外，校外在线教育中教师与学生所在地点的分散性也是对其进行评价所面临的问题之一。可以通过网络授课视频、学生在线学习数据、学生学习在线测评结果数据等对校外在线教育进行全面评估。

（三）管理方面

K12在线教育的财务治理是大家较为关注的问题。据相关媒体报道，校外在线教育中财务问题频出，例如退费难等。对校外培训机构财务评估是校外在线教育评价中非常重要的一个方面。另外，一些校外培训机构存在虚假宣传等问题，例如以低价诱导消费者缴费、实际教师与公示教师不符等。

二 K12在线教育质量评价指标体系构建

本书在《义务教育质量评价指南》的基础上，结合校外线上培训的实际构建了 K12 在线教育质量评价指标体系。

（一）总体要求

1. 指导思想

坚持以习近平新时代中国特色社会主义思想为指导，全面贯彻党的教育方针，坚持社会主义办学方向，遵循学生成长规律和教育规律，加快建立以发展素质教育为导向的 K12 在线教育在线教育质量评价体系，强化评价结果运用，健全立德树人落实机制，引领深化教育教学改革，全面提高校外培训机构在线教育质量，努力培养德智体美劳全面发展的社会主义建设者和接班人。

2. 基本原则

坚持正确方向。践行为党育人、为国育才使命，坚持正确政绩观和科学教育质量观，促进校外培训机构在线教育公平发展和质量提升。

坚持育人为本。面向全体学生，引导办好每所培训机构、教好每名学生。

坚持问题导向。完善评价内容，突出评价重点，改进评价方法，统筹整合评价，着力克服"唯分数、唯升学"倾向，促进形成良好教育生态。

坚持以评促建。坚持实事求是、客观公正，强化过程性评价和发展性评价，有效发挥引导、诊断、改进、激励功能。

（二）评价内容

义务教育质量评价包括培训机构、学生两个层面（具体指标附后），三者紧紧围绕贯彻党的教育方针，以促进学生全面发展为目标，各有侧重、相互衔接、内在统一，构成完整的义务教育质量评价体系。

1. 机构办学质量评价。主要包括办学方向、课程教学、教师发展、校外培训机构在线教育管理、学生发展五个方面的重点内容，旨在促进学校落实德智体美劳全面培养要求，深入实施素质教育，充分激发办学活力，不断提高办学水平和育人质量。

2. 学生发展质量评价。主要包括学生品德发展、学业发展、身心发展、审美素养、劳动与社会实践等方面内容，旨在促进学生德智体美劳全面发展，培养适应终身发展和社会发展需要的正确价值观、必备品格和关键能力。

(三) 义务教育质量评价指标

1. 质量指标体系

结合 K12 在线教育的特点，构建了 K12 在线教育办学质量评价指标体系，分别从在线机构办学与学习者学习两方面展开（见表 6-10、表 6-11）。

表 6-10　　　　　　　　　　　机构办学质量评价

重点内容	关键指标	考查要点
A1. 办学方向	B1. 加强党建工作	1. 健全党对相关机构工作领导的制度机制，以政治建设为统领，加强机构领导班子建设，推进党的工作与教育教学工作紧密融合，把思想政治工作贯穿机构教育教学全过程
	B2. 坚持立德树人	2. 全面贯彻党的教育方针，坚持科学教育质量观，坚持全员、全过程、全方位育人，深入实施素质教育，促进学生全面发展、健康成长 3. 将培育和践行社会主义核心价值观融入教育教学全过程，教育引导学生爱党爱国爱人民爱社会主义
A2. 课程教学	B3. 落实课程方案	4. 开齐开足开好国家规定课程；规范使用审定教材，不得引进境外课程、使用境外教材 5. 加强课程建设，有效开发和实施地方课程、校本课程
	B4. 规范教学实施	6. 健全教学管理规程，统筹制订教学计划；按照课程标准实施教学，不存在随意增减课时、改变难度、调整进度等问题 7. 完善教师集体备课制度，健全教学评价制度，注重教学诊断与改进；组织专家深入课堂听课、参与教研、指导教学 8. 健全作业管理办法，统筹调控作业量和作业时间；严控考试次数，不公布考试成绩和排名；防止学业负担过重
	B5. 优化教学方式	9. 积极学习应用优秀教学成果和信息化教学资源，鼓励教师改进和创新教育教学方法，注重启发式、互动式、探究式教学，推进信息技术与教育教学深度融合 10. 坚持因材施教、教好每名学生，精准分析学情，重视差异化教学和个别化指导，培养学生自主学习能力，帮扶学习困难学生 11. 强化实践育人，培养学生的社会责任感、创新精神和实践能力

第六章　K12在线教育的治理路径

续表

重点内容	关键指标	考查要点
A3. 教师发展	B6. 加强师德师风建设	12. 按照"四有"好老师标准，健全师德师风建设长效机制，积极选树先进典型，严肃查处师德失范行为 13. 关心教师思想状况，加强思想政治工作和人文关怀，帮助解决教师思想问题与实际困难，促进教师身心健康
	B7. 重视教师专业成长	14. 实施教师专业发展规划，优化教师队伍结构，注重青年教师培养；健全培训机构教研制度，支持教师参加专业培训，收获教学经验 15. 教师达到专业标准要求，具备较强的育德、课堂教学、作业与考试命题设计、实验操作和家庭教育指导等能力，以及必备的信息化素养和信息技术应用能力；负责人注重不断提高学校管理与教育教学领导力
	B8. 健全教师激励机制	16. 完善校内教师激励体系，坚持公开公平公正，注重精神荣誉激励、专业发展激励、绩效工资激励、关心爱护激励 17. 树立正确激励导向，突出全面育人和教育教学实绩，克服唯分数、唯升学的评价倾向，充分激发教师教书育人的积极性、创造性
A4. 机构管理	B9. 完善机构内部治理	18. 健全并落实机构各项管理制度，发挥社区、家长委员会等参与机构管理的积极作用 19. 制定符合实际的培训机构发展规划，推进机构内涵发展、特色建设，增强培训机构办学活力
	B10. 保障学生平等权益	20. 不存在违规招生、迫使学生转学退学等问题 21. 落实进城务工人员随迁子女入学、残疾儿童随班就读、家庭经济困难学生资助等政策，加强对留守儿童、困境儿童及其他需要特别照顾学生的关爱帮扶和心理辅导
	B11. 加强校园文化建设	22. 建设体现机构办学理念和特色的校园文化，加强校风教风学风建设，增进师生相互关爱；密切家校协同育人，强化家庭教育指导 23. 优化教育空间环境，建设健康校园、平安校园、书香校园、温馨校园、文明校园，营造和谐育人环境
A5. 学生发展	B12. 学生发展质量状况	24. 加强学生综合素质档案建设和使用，客观反映学生德智体美劳全面发展整体水平及变化情况 25. 关注师生、家长、社会等方面对学校办学质量的满意度

2. 学生发展质量评价

表 6-11　　　　　　　　　　学生发展质量评价

重点内容	关键指标	考查要点
A1. 品德发展	B1. 理想信念	1. 了解党史国情，珍视国家荣誉，铸牢中华民族共同体意识，爱党爱国爱人民爱社会主义，立志听党话、跟党走，从小树立为实现中华民族伟大复兴的中国梦而努力奋斗的志向 2. 热爱并努力学习中华优秀传统文化、革命文化和社会主义先进文化，传承红色基因，增强"四个自信"；积极向英雄模范和先进典型人物学习
	B2. 社会责任	3. 养成规则意识，遵守法律法规、社会公德和公共秩序
A2. 学业发展	B3. 学习习惯	4. 保持积极的学习态度，具有学习自信心和自主学习意识，善于合作学习，努力完成学习任务 5. 掌握有效学习方法，主动预习，认真听讲，积极思考，踊跃提问，及时复习，认真完成作业
	B4. 创新精神	6. 积极参加兴趣小组社团活动，有小制作、小发明、小创造等科学兴趣特长 7. 有好奇心、想象力和求知欲，有信息收集整合、综合分析运用能力，有自主探究、独立思考、发现问题、解决问题的意识与能力
	B5. 学业水平	8. 理解学科基本思想和思维方法，掌握学科基本知识、基本技能，达到国家规定的义务教育课程学业质量标准要求，对校内、校外学业负担感受积极
	B6. 身心素质	9. 保持自尊自信、自立自强，乐观向上、阳光健康的心态，合理表达、控制调节自我情绪；能够正确看待挫折，具备应对学习压力、生活困难和寻求帮助的积极心理素质和能力

第三节　K12 在线教育数据治理
——美国《数据治理指南》的特色与启示

数据治理已成为智能化时代人们普遍关注的问题。进入教育信息化 2.0 时代，推进大数据驱动的教育治理已成共识，由此催生的"教育数据治理"近几年来已成为教育大数据领域的研究热点和重点（谢娟，2020），如何通过教育数据治理变革来科学地处理数据产生、存储、使用和管理过程中的隐私保护和开放获取的关系，无疑会成为一个迫切的新时代议题（田贤鹏，2020），教育数据的数量与质量存在"短板"，限制了人工智能技术价值的发挥（杨现民等，2018），训练人工智能算法模型需要开放教育大数据，但会涉及个人隐私暴露等信息安全问题（梁迎丽、刘陈，2018）。2020 地平线报告也指出，人工智能的应用具有一定的风险，在这些新兴技术、隐私、伦理和学生数据访问之间的平衡仍然是一个有争议的话题。需要协同多方开展教育大数据治理，以提升教育数据质量、保障数据合理使用、保护数据隐私安全，以及促进数据合法共享（余明华等，2018）。2020 年 6 月，全国教育统计论坛作为美国国家教育统计中心（NCES）建立的国家合作教育统计系统的一个实体，推出了《数据治理指南》（Forum Guide to Data Governance）（NFES，2020）。这份指南的目的是强调如何进行数据治理而使教育机构受益，并为实施或更新数据治理项目的机构提供及时和有用的最佳实践、例子和资源。该指南针对教育机构的领导和工作人员，各级管理和使用数据的人员，并让他们认识到，当数据治理程序设计考虑了数据的高质量和数据安全时，所有数据过程将受益于清晰、可访问的信息。该指南旨在满足美国联邦、州和地方机构的需求，包括教育数据的管理、收集、使用和交流，有效和明确定义的数据系统，发展相关政策以处理复杂数据，进行必要的数据保护以及在定期变化的数据环境中进行必要的持续监控和决策。这份指南与之前的美国教育部国家教育统计中心推出的《纵向数据系统指南：有效的管理》（NFES，2011）、《数据治理与管理工作》（NFES，2016）与隐私数据协助中心推出的《教育数据隐私指南》（PTAC，2019）等构成了美国教育数据治理体系。该指南内涵丰富，从五个方面对如何进行数据治理进行了论述。人工智能与教育大数据等技术快速发展，涉及数据的收集、数据质量的保证、数据安全的保障以及数据后续处理等多方面问题，对教育数据治理的研究具有重要的意义，对于人工智能等技术的深入发展具有重要的现实保障意义。该指南提出的观点及案例可以给中国人工智能时代教育数据治理提供一定的启示与参考。

一 《数据治理指南》的框架

该指南共包括五个部分，分别为数据治理的定义与意义，一个有效的数据治理程序中所需要的实践、数据结构和基本元素，如何设计数据治理程序来满足隐私和安全需求，如何识别和响应数据治理需求的变化以及来自美国各州和地区的案例。该指南内容丰富，理论与实践案例并存。

（一）数据治理简介

数据治理指的是一套正式而全面的政策和实践，旨在确保组织内的数据得到有效管理，并强调可靠的数据安全性、定义、收集、访问、质量和处理。数据治理对于有效和安全管理、使用、分析和交流教育数据至关重要（NFES，2013；NFES，2014；PCAT，2020）。一个明确定义的数据治理程序允许教育机构就其系统内部和跨系统共享的信息进行沟通和决策。各州和地区收集的数据量的快速增长，以及数据系统不断增加的复杂性，意味着需要定期评估和修订数据治理政策。在教育机构中，拥有一个强大且定义明确的数据治理计划，对于确保过程的可持续性至关重要。对实践和责任的理解需要无缝衔接。强大的数据治理允许在人员或领导换班时维护机构知识结构，并帮助在环境因素发生变化时保持数据安全。此外，数据治理通过确保收集、验证、分析、使用和交流，提高了机构的数据质量。最终，数据治理不仅是简单地定义数据管理、数据使用和如何进行通信工作，而且是让机构内外的众多利益相关者参与进来的关键。一个有效的数据治理计划将一个机构的业务方面（即创建和使用数据的人）与该机构的技术与领导方面，以及外部各方（如决策者）结合在一起。它明确了对数据负责的工作人员的角色和职责，并使该机构不同部门的人员坐在一起讨论数据管理和过程改进。机构中越多的利益相关者明白他们也要对数据负责，就会有越多的人团结起来，创建一种确保高质量、有用数据的文化。

（二）创建和执行一个数据治理流程的有效实践

一个有效的数据治理流程包括很多方面，这一部分从七个方面论述在一个有效的数据治理程序中所需要的实践、结构和基本元素。第一，创建与保持良好的通信体系。一个强大的数据治理项目是一个清晰定义的通信体系。所有与数据打交道的人员都必须知道与谁以及何时交流哪些信息。这种类型的结构可能因机构的大小和性质而有所不同，在较大的机构中可以实现这种通信（见图 6-2 与图 6-3）。为数据收集和管理过程的不同部分建立角色和职责；定期的专业发展和支持让员工了解最新的信息。在一个小的或一个人口稀疏、员工更少的州教育机构里，结构可能不会那么具体或正式，可能会涉及更多角色和职责的交叉。无论该机构的规模和性质如何，建立和维持一个所有相关人员都充分理解和支持的通信结构，是成功收集和应用高质量数据的关键。支持和鼓励教育机构内部关于数据的交流和协作是至关重要的。对需求和期望的一致讨论确保了学校、本地教育机构、州教育机构和联邦机构对数据定义、数据规则和数据收集目的的共同理解。

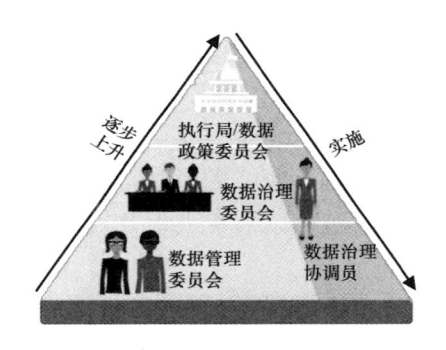

图 6-2 三组数据治理结构

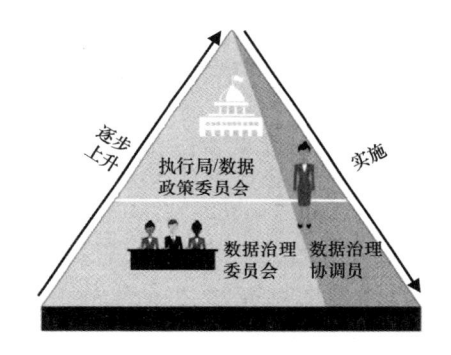

图 6-3 两组数据治理结构

第二，确定和建立关键角色和职责。在数据治理结构的不同组分中，有一些关键角色和职责帮助确保有效的决策、问题解决和沟通，通常负责开发和实现数据策略和流程。正如一个机构的通信结构取决于它的数据需求和使用一样，它的治理组和结构也将如此。在所有类型和规模的结构中，重要的是包括数据和数据系统的用户，以确保其在提供反馈和协作中发挥作用，以满足需求。数据治理程序通常包括数据所有者和数据管理员。数据所有者包括诸如规划领域主管、主题专家或政策人员等，他们对特定数据元素或数据集具有高级权限，负责这些数据的质量，并了解这些数据可靠的使用价值。数据专员是组织中负责实现数据治理策略和标准并维护数据质量和安全的人员（PTAC，2019）。这些员工的工作是执行数据检查，以确保准确性，并编制相应的数据元素来回答问题和完成报告的要求（NFES，2011）。

第三，为数据管理提供支持。如果所有的利益相关者都能够支持治理结构和高质量数据的整体文化，教育机构将会有更成功和可持续的数据治理流程。由于数据治理是一个协作过程，只有得到机构所有部门的支持，才能发挥最佳的作用。数据治理允许组织的不同部门进行商议，从而对数据的使用、可能性和局限性有更全面的了解。这种理解可以为有效的高质量数据收集扫清道路。

第四，对数据需求进行分类。一个强大的数据治理计划的一部分是确定支持和响应一个机构或地方的特殊数据需求。机构应该从所有数据用户都能理解的具体数据标准开始进行分类。这些标准应该包括数据元素类别、数据收集时间表、执行和维护的典型数据任务。各机构还应考虑更具体的问题，例如用于业务目的的数据与计算问责制的数据的不同需要和收集。

第五，推进数据质量文化。确保数据准确性、安全性、实用性和及时性的关键是创建一种文化，在这种文化中，质量问题可以被积极地监控和有效地解决。

第六，实现管理数据请求的核心实践。数据治理不仅对机构如何处理内部数据很重要，而且对机构如何与其他机构、研究人员和公众成员合作使用数据也很重要。管理数据请求的核心实践包括详细的策略和过程，可以促进各方的数据共享过程。教育机构可能会收到多种类型的数据请求，包括研究人员的请求、立法者的请求、与学校合作为学生和家庭提供服务的社区组织的请求，以及内部领导和工作人员的请求。

第七，应对共同的挑战。教育机构在实施和维护它们的数据治理计划时可能会遇到挑战。虽然每个机构都有其独特的需求和环境，但有些挑战在不同地区是相似的。

（三）有效的数据共享、数据安全和隐私保护

随着越来越多的数据被收集、共享和用于各种目的，数据安全性和隐私变得至关重要。这一部分讨论如何设计数据治理程序来满足隐私和安全需求，同时满足数据访问的需要。不幸的是，任何信息传输都存在安全风险。各机构需要意识到这一点，并采取适当措施尽可能降低风险。此外，全国各地的教育机构在分享信息的方式上差别很大。有些信息可以使用更受保护的复杂电子传输，但许多地方仍然需要用传真、电子邮件或邮寄方

式。所有这些方式都有风险，但是有一个传递强大的数据的形式可以确保教育数据的安全和私密（NFES，2016）。数据安全和私密的考虑应该被集成到数据治理程序的所有级别上。这些应该是所有工作人员都面临的首要问题，而不仅仅是专门负责处理这些问题的工作人员所要面对的。例如，许多教育机构要求所有与数据打交道的员工都要通过数据安全课程的考核，以证明他们了解常见的风险，以及如何最小化或避免这些风险。如果没有这些课程，许多员工将不知道大多数安全和隐私问题是由于用户错误而不是技术缺陷所造成的。教育机构的数据治理计划必须包括数据销毁计划，包括内部（或云应用程序等）的数据收集以及与外部共享的数据。没有一个明确的销毁计划可能会导致一个机构的基础设施变得难以管理，并可能使其成为黑客的首要目标。共享资源可能会限制销毁数据的能力（因为其他人可能仍然需要它）。分布式体系结构意味着数据可能存在于多个地方，并且很难确保它已经被真正销毁。在这种情况下，人们有时会使用加密删除的方法，这种方法会创建一种算法，使数据无法识别和恢复。但是，这种方法并不是真正地破坏了数据，而是依赖于算法的强度。即使一个机构已经制定了强大的数据销毁计划，也会导致出现问题，比如电子邮件中未跟踪的数据、数据备份副本或者不知情地存储在员工个人电脑上的数据。当机构与供应商合作时，数据销毁是一个至关重要的问题。

（四）数据治理需随着需要而改变

随着技术和通信手段的进步及变得更加复杂化，州和地方教育机构的数据治理计划需要发生快速和持续的变化。建立计划只是一个开始：需要不断地监控数据需求和期望，以指导数据治理策略和过程的调整与更新。这一部分讨论机构如何识别和响应不断变化的数据治理需求。

当许多机构最初设计和实施其数据治理计划时，由数据团队决定收集什么数据。在目前的技术下，新数据是自动生成的。此外，越来越多地关注基于数据的实践和决策，意味着对数据收集和使用的新的和不断变化的需求来自不同的利益相关者。使用新的或订正过的数据的工作人员不一定得到咨询，或其他办事处可能以尚未讨论或审查的方式合并和使用数据。当前对数据互操作性的推动，以及跨多个系统和不同涉众之间的数据传输，意味着那些正在制定数据决策或提倡增加数据使用的人可能不太了解数据治理的重要性。所有这些问题都意味着数据治理团队需要适应不断变

305

化的需求和意外情况。技术的进步也强调了对数据治理进行更改的必要性。在过去,根据其技术能力,可以收集、存储、分析和移动的数据量是有限的。随着技术的不断发展,指导数据治理的技术约束越来越少。现在比以往任何时候都需要关注数据治理项目:做出关于数据的决策,谁可以访问数据,如何接受培训,以及必须遵守什么规则;机构确定了如何收集、使用、管理、报告和销毁数据的规则和程序;数据治理还需要根据人员和领导的变化而进行改变。最后还需要制订一个数据治理计划,使机构能够驾驭数据的变化,特别是在技术需求和复杂性同步发展的情况下。

二 数据治理管理的特色

通过将《数据治理指南》与《纵向数据系统指南:有效的管理》《数据治理与管理工作》以及《教育数据隐私指南》进行对比分析,发现该指南具有诸多特色。

(一)数据治理管理是美国教育数据治理最新成果与理论的发展

通过与之前美国相关部门发布的数据治理报告的对比可以发现,此次美国教育统计中心发布的《数据治理指南》首先是专门针对教育数据治理的。该指南内容更加丰富,是美国教育数据治理领域的最新成果。《纵向数据系统指南:有效的管理》是美国国家教育统计中心推出的纵向数据系统系列指南中的第三个(NFEC,2010;NFEC,2011)。该指南主要针对美国日益发展的纵向数据系统(longitudinal data systems,LDS)。LDS 不仅可以监测个别学生的成绩,而且可以确定这些学生教育记录的趋势。数据系统将教育工作者从猜测中解放出来,并减轻了辛苦的数据分析负担,对学生进行强大而及时的洞察,并允许教育工作者定制教学,以更好地满足学生个人需求。《数据治理与管理工作》从数据治理的概述开始,讨论数据治理程序的必要组件,并回顾了实现它的步骤。《教育数据隐私指南》专门针对教育数据的隐私与安全进行论述。而《数据治理指南》则系统介绍了数据治理理论与实践,对数据治理的各个方面都提出了非常具体的举措,并对美国大量数据治理实践案例进行了总结分析,还专门提出了数据治理随需求的变化而变化等观点,可以说是对美国教育数据治理理论的发展与总结。

第六章 K12 在线教育的治理路径

（二）明确教育数据治理是一个整体，贯穿教育数据的整个生命周期

此前关于数据治理的讨论多注重数据的安全与隐私问题。《数据治理指南》明确数据治理贯穿着数据的整个生命周期，是一项系统工程，任何一个环节都不能出现疏漏，否则可能会影响数据治理效果。从该指南中可以看出，数据治理是一个系统工程，贯穿着整个数据流程。数据治理是一个广泛的概念，涵盖了从数据收集到数据使用、结束的整个周期。该指南指出，良好的数据管理包括设计、数据收集、数据准备和处理、数据分析以及数据的报告和传播。该指南从人员结构、为数据治理提供支持、数据请求治理、数据质量治理等多方面进行论述。构建完善的数据治理体系对于数据的共建共享、数据的质量保证、数据安全与隐私的保护以及数据的使用效果的提升等具有重要的意义。一个数据治理流程的有效实践应针对数据治理的全流程各个环节提出相应举措，这包括全部涉众都需要参与进来（每个人都有着不同的角色和作用）、数据如何收集、有效的数据请求管理、数据治理需要哪些支持、数据质量的保证、数据使用的监控与跟踪以及数据销毁等。数据治理指的是一套正式而全面的政策和实践，旨在确保组织内的数据得到有效管理，并强调可靠的数据安全性、定义、收集、访问、质量和处理。数据治理主要不是针对用于收集和存储数据的技术、工具或系统。相反，它主要针对与维护安全和有效的数据管理、使用、分析和通信相关的人员和流程。

（三）从各个环节提出了具体实现有效数据治理的举措

《数据治理指南》指出了一个有效的数据治理流程的组成、有效的流程通过哪些举措可以使机构避免不一致或不明确的数据治理风险、如何为数据治理提供支持、如何实现管理数据请求的核心实践以及在数据治理程序中处理数据隐私和安全性的实践等方面具体、细致的举措。

（四）提供了丰富的各具特色的实践案例

《数据治理指南》提供了详细的案例，包括教育机构数据治理的挑战、成功和教训，特别集中关注这些教育机构如何设想、维护和改进其数据治理流程。其中包括西弗吉尼亚州通过广泛的访问来提高数据质量，路易斯安那州鼓励通过数据系统开发来支持数据治理，阿肯色州随着时间的推移发展数据治理，肯塔基州通过跨部门合作建立健全可持续的数据治理，内布拉斯加州在需求和结构发展方面保持灵活性，明尼苏达州教育数据系统

为跨部门管理和变化做好准备，田纳西州纳什维尔市为数据质量开发了正式流程，华盛顿北岸学区通过数据治理改善莱亚与海洋之间的交通，弗吉尼亚州劳登县创建数据治理结构，佐治亚州克莱顿县为数据请求建立一个清晰的系统以及西弗吉尼亚州普特南县与国家教育机构合作改善数据治理。不同的机构可能有着不同的教育数据治理理路。虽然美国的教育数据治理实践案例较多，但每个案例都有自己的特色。随着可用数据越来越多，利益相关者、研究人员、公众和立法者对数据的需求也在增加。为了满足其要求，数据中心开发了相应的程序。阿肯色州还开发了相应的检测系统，监察和追踪对学生的数据请求，确保学生的资料隐私和安全得到保障。早期数据治理关注项目的实施。事实证明，这种方法对于满足特定的数据收集和系统目标需要是有效的，但是随着时间的推移，能源部的领导意识到他们需要一个总体的过程和程序，于是他们通过数据专家处理了数据质量。该地区每个学校都有一名数据专家，负责输入已填写好的数据并发送到办公室。华盛顿北岸学区在数据请求方面开发了专门的程序，以确保建立更好的沟通结构、清晰的数据定义，以及改善利益相关者对数据的了解情况。弗吉尼亚州劳登县全方位创建了数据治理结构，包括组建专家团队、建立良好的沟通机制，在登记数据时对数据进行分类等。每个单位都制订了自己的教育数据治理计划，在教育数据治理中既注意对教育数据全链条的治理，同时又有所侧重。

三 对中国K12在线教育数据治理带来的启示

人工智能、在线教育、大数据技术以及学习分析技术等日益蓬勃发展，美国《数据治理指南》可以给中国教育数据治理提供良好的借鉴与启示。

（一）提升对数据治理重要性的认识，全面构建数据治理体系

目前中国学术界对教育数据治理进行了探讨，但还有待深入。对其治理工作的开展已迫在眉睫。美国《数据治理指南》给了我们很大的启示。应全方位构建，包括数据设计、数据收集、数据准备和处理、数据分析、数据报告和传播以及完善安全和隐私保护举措等在内的全流程数据治理体系。一个有效的数据治理流程可以促进不同的个人和团体之间的合作，使他们一起解决问题，并确保数据质量；帮助构建有意义的数据字典；围绕

数据提供全面的沟通策略，将所有利益相关方都视为应对数据的准确性和质量负责；定义有关数据管理和使用辅助决策的协议和工作流程，包括添加、修改和结束数据收集；确保机构领导对高质量数据的重要性、有意义数据的使用和数据决策权威方面的认同；帮助机构积极地应对变化，在潜在问题变成实际问题之前处理它们；提供清晰的数据定义和业务规则，教育机构拥有一个强大且定义明确的数据治理计划，对于确保过程的可持续性至关重要。此外，通过确保仔细和深思熟虑地收集、验证、分析、使用和交流数据，可以提高机构的数据质量。通过允许代理，被清晰定义的数据治理可以最小化潜在的问题；为数据决策提供问责性和透明度；在治理过程中澄清角色；通过建立可复制的、可伸缩的过程来避免重复工作；效率最大化；退出孤立的或过时的数据收集，避免浪费时间和金钱；避免不良的数据决策或计划损害机构安全收集和维护数据或准确报告数据的能力；建立数据使用文化，将数据作为改进计划和政策的工具；为负责收集数据的员工提供充分的培训；防止员工创建单独的流程来满足自己的需求，这可能会导致其他员工工作的混乱或重复；明确指定特定数据的官方来源，从而避免数据重复或不准确；通过定义清晰的业务规则来维护数据的一致性（例如，在不同的数据库中不使用全名或缩写来跟踪同一所学校）；消除机构内部或外部的数据误解和不实陈述。

（二）完善数据治理流程

美国《数据治理指南》在如何进行一项成功的数据治理实践方面给予我们很多的启示与参考。第一，确定和建立关键角色和职责，要明确数据管理员与数据所有者不同的数据治理角色分工，不同人的角色重要性以及功能职责不尽相同，应让每个人都积极参与到数据治理中来。弗吉尼亚州劳登县创建数据治理结构的例子为我们提供了很好的参考。该团队的成员是根据他们在数据科学方面的经验挑选出来的，他们代表着当地教育机构的所有部门。该团队成员包括中小企业家、统计学家、分析师。第二，推进数据质量文化。确保数据质量的一个关键举措就是推进数据质量文化建设。确保准确性，资料必须正确和完整。数据输入程序和数据检查必须可靠，确保安全性，对学生和教职员的记录必须保密，数据必须是安全的。确保实用性，数据必须提供正确的信息。确保及时性，数据可以为战略决策和迅速的行动提供信息。第三，创建数据请求的标准化程序。合理设计数据请求表单。

（三）完善数据安全与隐私治理

《数据治理指南》对数据安全与隐私治理十分重视。数据安全与隐私保护工作如果做不好，可能会对数据的获取带来较大麻烦，这是数据伦理的重要问题。第一，接触以及使用数据的所有人员均对数据安全与隐私保护负有责任。一方面要让他们具备数据安全与隐私保护的意识。另一方面要让他们掌握数据安全与隐私保护相关的方法。他们要通过数据安全与隐私保护相关的课程考核。可以为员工提供具体的培训，包括隐私规则、如何报告数据泄露等。第二，创建关于隐私和安全要求的标准语言。第三，建立数据销毁政策。当数据使用达到了预期的目标后，数据使用者应按协议的约定对数据进行销毁。第四，与利益相关方合作。鼓励相关科技人员与利益相关方进行交流与沟通，共同制定数据隐私保护与安全规则。利益相关方包括数据信息的拥有者、持有者、存储方、使用者、研究者等。要让利益相关方充分参与到数据安全与隐私保护中来。第五，注重对数据后期使用的监控与跟踪。当数据被发送给数据请求者后，数据发送者要对后期数据的使用进行跟踪与评估。数据产权方应与数据使用者保持持续的联系与沟通。同时，数据发送方应该将数据的正确使用作为要求之一写入与数据请求者签订的数据使用协议中。美国阿肯色州在这方面进行了非常好的实践。阿肯色州注重对发送后的数据使用的后期监控与追踪。

（四）数据治理需随着需要而不断调整优化

数据治理团队需要不断适应变化的需求和意外情况。近年来，许多机构的数据治理项目都发生了变化。例如，内布拉斯加州教育部创建了一个数据治理小组，该小组每周开会讨论数据元素，在该机构收集数据并考虑如何使用这些数据之后，重点就发生了变化。保持着需求和结构发展的适应性和灵活性。规则和过程是从组织的需求演变而来的，因而确定数据治理的目的是至关重要的。许多机构在数据治理项目中使用了成熟度模型。成熟度模型是一种工具，用于开发、评估和改进可扩展的项目，它允许机构在一段时间内可以一致地度量项目的状态。成熟度模型的设计也影响着计划的战略方向。成熟度模型用定性和定量来跟踪整个组织内数据治理活动的增加。该模型包含五个成熟度级别——初始的、管理的、定义的、定量管理的和优化的，以及三个基本组件——感知、形式化和元数据，三个项目组件——管理、数据质量和主数据,以及三个维度——人员、策略和能力。

(五) 中国数据治理相关实践还较少,有必要在实践的基础上不断推动相关理论的发展

目前中国关于数据治理的实践还很少,有必要加大实践力度,在实践中完善数据治理相关理论体系。人工智能时代需要大数据技术的支撑,有必要在人工智能开发的各个环节进行相应的实践,包括人工智能建模数据的获取、人工智能技术的使用等,不断探索完善中国特色的教育数据治理体系。

第四节 非学科类 K12 在线教育治理对策扎根分析

目前,非学科类校外在线教育在发展过程中涌现出诸多问题,本书从学习者视角对非学科类校外在线教育的发展对策进行扎根分析。以问卷星的形式进行调研,向家长发放调查问卷,共回收 1378 份问卷。

一 研究结论

初始数据有 1378 条,删去空白与无意义的词条,共得到 630 条有意义词条,对词条依次进行一级(开放式编码)、二级编码(关联式编码)、三级编码(轴心编码)。

(一) 在线教育师资

本次调查显示,学习者提出的最多的问题是加强教师资格审查,其次是加强教师培训。目前校外线上培训师资问题是国家关注的重点之一,国家明确提出进行校外线上培训的教师需要取得教育部颁发的教师资格证书,未取得教师资格证书的不得上岗,同时也要求各培训机构对师资进行公示。但实际情况并非如此,很多培训机构的教师无证上岗,也有很多培训机构并未对师资状况进行公示。合格的师资是校外线上培训教学质量的重要保证,本次调研反映出家长对师资状况改变的期望。除了教师资格审查外,家长较为关心的另一个问题是教师培训。通过教师培训,全面提升校外线上教师的能力水平,包括教学水平、师德水平等(见表 6 – 12)。

表 6-12　　　　　　　　　　在线教育师资

案例	开放式编码	关联式编码	轴心编码
先培训教师	加强教师培训	加强教师培训（30）加强教师资格审查（36）完善师资管理（2）提高教师考核标准（3）	线上培训教师（71）
对好的老师可以进行培训，但是对不太负责任的老师需要加强管理，有资格认证最好	加强教师培训，教师资格审查		
加强师资队伍建设，师资水平参差不齐	加强教师培训		
考核教师自身素养	加强教师培训，教师资格审查		
相关培训人员有一定的经验和知识储备	加强教师培训		
制定线上培训教师的资格认定，制定线上培训的规范和考评办法	加强教师培训		
完善师资管理	完善师资管理		
建议提高师资力量	提高教师考核标准		
加强师资筛选	加强教师资格审查		
加强线上老师的选拔	加强教师资格审查		
加强师资队伍质量把控	加强教师资格审查		
提高准入门槛，专业对口，最好接受过专业的师范教育	加强教师资格审查		
师资力量需要加强	加强教师培训		
希望可以严格审查教师的学历证书	加强教师资格审查		
制定相关法律法规，教师持证上岗	加强教师资格审查		
师资力量要监管	加强教师资格审查		
师资专业性，师德评估	加强教师培训		
加强教师队伍建设尤其重要，要有专业的老师，适合的老师，尤其要有师德	加强教师资格审查		
严格把控教师的资质，只有优秀的教师才可上岗	加强教师资格审查 提高教师考核标准		

(二) 政府管理

从本次调研来看，首先是家长充满了对加强政府对校外线上培训监管的期望，在本次调研中提及最多的包括将校外培训机构纳入国家正规机构管理中、出台相应的法律等。这体现了学习者对校外线上培训政府管理的期待。

表 6-13　　　　　　　　　　关于政府管理

案例	开放式编码	关联式编码	轴心编码
统一定价标准	统一定价标准	统一定价标准（5）加强管理监督机制（91）加强机构考核（15）减少学费（53）收费合理化（20）建立免费资源平台（4）加强正规化监督（3）加强隐私保护（3）解决平台泛滥（3）统一管理标准（13）	政府管理（210）
正规化	加强管理监督机制		
国家应将其列入法律管理中	加强管理监督机制		
合理规范收费标准	统一定价标准		
进一步规范管理，合理收费	建立管理机制		
有正规的考核机制	加强机构考核		
有关机构认证，监管	加强机构考核		
大力支持，加强监督	加强机构考核		
费用降低一些，	减少学费		
应归教育局统一管理	建立管理机制		
价格普遍较高	减少学费		
降价	减少学费		
机构管理，收费合理	减少学费		
收费不能太高，合理就好	减少学费		
要有实惠性	减少学费		
有一定的检测	加强管理监督机制		
备案，退钱要有标准及时限，往往是网络缴费，缺乏证据和有效的合同	加强管理监督机制		
加强管理	加强管理监督机制		
完善师资管理和培训纠纷解决机制	加强管理监督机制		
建议规范化、透明化	加强管理监督机制		
便宜点	减少学费		
加强管理	加强管理监督机制		
校外培训机构数量众多，质量参差不齐，需要政府对其进行统一管理，评定等级，以便群众参考	加强管理监督机制		
出台线上教学质量评价标准	加强管理监督机制		
费用不要那么高	减少学费		
收费合理，拒绝昂贵	减少学费		

其次是收费问题（共出现 53 次）。从本次调研可以看出，收费问题已经成为校外线上培训较为突出的问题。在本次调研中，收费方面的建议主要为收费合理化（例如价格偏高）、退钱要有标准及上课时限以及合同明确约定的收费事宜等（见表 6-13）。

（三）在线培训机构

从本次调研来看，对于机构服务方面的建议主要集中在优化平台设计与合理安排教学时间两方面（见表 6-14）。

表 6-14　　　　　　　　　　关于在线培训机构

案例	开放式编码	关联式编码	轴心编码
实用，简单	优化平台设计	优化平台设计（12）合理安排教学时间（18）定期回访（2）提升平台质量（7）与社会进行多方面融合（5）提高平台完整性（2）平台规范化（4）自检平台规范化（3）建立试听课制度（5）减少广告（4）	线上培训机构（62）
合理安排，结合实际，不要噱头	合理安排教学时间		
回访	定期回访		
时间灵活一点	合理安排教学时间		
控制时长，防范儿童近视	合理安排教学时间		
学了必须用上，怕孩子上网玩游戏	合理安排教学时间		
希望能够进行一对一的培训	设置多样化教学模式		
周末可以安排孩子上课	合理安排教学时间		
与学校教育结合，系统全面	优化平台设计		
时间灵活一点，不要做虚假宣传	合理安排教学时间		
提高质量	提升平台质量		
效率和质量	提升平台质量		
质量	提升平台质量		
多创建互动性平台，实时性要强	优化平台设计		
上课时间尽量安排在周末，不要和正常课时相冲突	合理安排教学时间		
我认为校外线上培训可以加强同社会各方面的联系，利用更多的社会资源	与社会进行多方面融合		
家校合作	与社会进行多方面融合		
时长的合理性，孩子用眼方面的健康	合理安排教学时间		
需要完整的管理系统	提高平台完整性		
针对不同群体需要差异性的培训方案	优化平台设计		

第六章　K12在线教育的治理路径

（四）在线教学

从本次调研来看，经过三级编码，在线教学方面具体包括因材施教（19）、设置多样化教学模式（8）、提升课堂质量（20）、丰富课堂（14）、培养兴趣爱好（10）、提升互动性（48）、按照课本进度（10）、统一课堂时间（7）、随时抽查检测（13）与教师认真负责（22）（见表6-15）。

二　结论与讨论

通过本书的分析可以看出，学习者较为关注的是：第一，加强管理监督机制（91）。很多家长希望加强校外在线教育的监管。目前校外线上培训已经引起了国家的关注，政府开始着手对校外在线教育展开治理。中国虽然出台了一些校外在线教育治理措施，但校外在线教育治理体系还不完善，例如缺乏对教学质量的关注等，还有较大的发展空间，一些政策在执行过程中被大打折扣。这一切都显示出中国校外在线教育治理效果还有待加强。第二，减少学费（53）。可以看出，目前存在着学费偏高的问题。校外在线教育还没有统一的收费标准，对于很多家庭来说，校外在线教育的费用是一个沉重的负担，提供一般家庭都能承受得起的高质量的校外在线教育成为学习者的强烈诉求。第三，提升互动性（48）。由于在线教育的固有局限性、教师的水平等原因，校外在线教育的交互性还远远没有满足学习者的需要，这大大影响了学习的效果、学生的积极性等。第四，加强教师资格审查（36）。师资也是学习者关心的重要领域，让学习者对校外在线教育教师有全面的了解显得非常必要。严格教师资格审查、提高准入门槛是非常必要的。第五，加强教师培训（30）。提升教师素养，进而提升教学效果是家长的重要诉求。提升教师素养包括提升教师教学水平、师德水平等。

中国非学科类 K12 在线教育的治理路径

表 6-15　　　　　　　　　　关于在线教学

案例	开放式编码	关联式编码	轴心编码
因材施教	因材施教	因材施教（19）设置多样化教学模式（8）提升课堂质量（20）丰富课堂（14）培养兴趣爱好（10）提升互动性（48）按照课本进度（10）统一课堂时间（7）随时抽查检测（13）教师认真负责（22）	教学（171）
一对一的教学组织要更有成效	设置多样化教学模式		
线上与线下结合比较好	设置多样化教学模式		
提高教学质量	提升课堂质量		
对教师资格证和对每位学生的实际情况要了解	因材施教		
丰富内容	丰富课堂		
加大互动，提高孩子的学习兴趣	提升互动性		
内容要通俗易懂	因材施教		
多培养孩子的兴趣爱好	培养兴趣爱好		
多给予孩子帮助	提升互动性		
加强老师与学生的互动交流	提升互动性		
尽量多和孩子互动	提升互动性		
增加互动	提升互动性		
课堂多加练习 课堂课后与学生互动	提升互动性		
教学形式多样化，提高阅读兴趣和能力	培养兴趣爱好		
要有自己的特长，术业有专攻	培养兴趣爱好		
增加互动环节，加强孩子动手能力	提升互动性		
保证效果，注意交互问题	提升互动性		
加强师生互动	提升互动性		
真正满足学生的需求	提升互动性		
互动少，不能个别指导，孩子积极性差	提升互动性		
希望老师可以认真负责	提升课堂质量		
了解大部分孩子的薄弱项，针对孩子的薄弱项进行专门的课程讲解	因材施教，提升互动性		
应该多让孩子和老师互动，交流	提升互动性		
能配合学校的课本和进度就更好了	按照课本进度		
希望对学生认真负责	提升课堂质量		

第七章　非学科类 K12 在线教育治理路径深入分析

第一节　保证 K12 在线教育的教师质量

一　健全校外培训机构教师继续教育机制

有必要建立健全中小学校外培训机构教师继续教育机制。

首先，以教师资格证审核为抓手，建立校外教师职业档案。培养一位合格的教师不是一蹴而就的，更不是一劳永逸的。无论是在公办学校、民办学校，还是在校外培训机构，只要是从事教书育人工作的教师，就必须一视同仁，严格要求。考虑到校外培训机构教师的流动性，建议以教师资格证为抓手，为公办在职教师之外的教师制定继续教育制度和要求，根据新修订的《中华人民共和国民办教育促进法》及各地方出台的配套政策，做好校外培训机构教师资格年度考核工作和年检工作，逾期不能达到培训要求的给予撤销教师资格的严厉处罚。

其次，明确主体责任，完善校外教师常态化培训制度。校外培训机构作为营利主体，必须承担起为聘任的教师提供继续教育培训服务的责任，给予时间、经费等方面的保障。对校外培训机构教师进行系统的专业培训，特别是要保证让有资质、有良好素质和教学经验的教师担任辅导老师，教育主管部门应指定专门的继续教育机构和培训课程，根据校外培训机构的工作特点，设定科学合理的培训时间。

最后，加强视导督查，确保校外教师的继续教育落实到位。将教师参与继续教育的情况纳入常规检查和抽查内容，明确责任主体和惩处标准，对不支持聘任教师参与继续教育的校外培训机构予以罚款和整顿，对不积极参与继续教育的教师予以暂扣甚至撤销教师资格的处罚。

二 展开校外培训机构师德治理

一些教师的不当言论有违师德。随着校外教育培训的迅猛发展，校外培训机构的教师团队越来越庞大，一些教师也多次被曝存在错误言论或师德失范行为。规范的校外培训本应该是学校教育的补充，但目前校外培训机构的发展有些畸形，出现了功利化的趋向。当前，教培机构的最大问题是行业准入门槛太低，加上高工资的诱惑，以致有些师德失范的人进入了教培行业。2020年，某培训机构员工用"新冠肺炎"出数学题，以及某大型培训机构的泄题事件均引发争议。然而，若校外培训机构的教师违反职业道德，培训机构采取的做法一般是解聘或开除，并没有行政处分或档案记录。言行失范的教师可以换一家培训机构继续从业，对于他们的职业生涯并没有严重的影响，这与惩戒机制不完善有一定的关系。校外培训机构人员也应纳入师德师风考核范畴。2021年伊始，教育部党组书记、部长陈宝生在全国教育工作会议上的讲话中指出，大力度治理整顿校外培训机构是2021年的重点工作之一。其中，治理的重点包括错误言论、师德失范行为。教育部印发的关于《新时代高校教师职业行为十项准则》《新时代中小学教师职业行为十项准则》《新时代幼儿园教师职业行为十项准则》的通知明确要求实行师德失范"一票否决"制。另据教育部印发的《中小学教师违反职业道德行为处理办法（2018年修订）》（以下简称"办法"），中小学（包括民办学校）教师若违反职业道德，可以给予其警告、记过、降低岗位等级或撤职、开除等处分。但是，其中的中小学教师（包括民办学校教师）是指普通中小学、中等职业学校（含技工学校）、特殊教育机构、少年宫以及地方教研室、电化教育等机构的教师。校外培训机构的教师不在其列。国务院办公厅发布的《关于规范校外培训机构发展的意见》，主要是要求加强培训机构监管，以减轻中小学生过重课外负担，对于培训机构教师的言论和师德也没有太多的规定。校外培训机构老师发表错误言论、师德行为失范现象，在老师这一高尚的职业群体中出现，充分证明思想道德建设永远在路上，再一次证明党中央加强新时代思想政治工作和道德建设的决策是极其正确的。加强师德师风建设，校外培训机构不能成为法外之地。对于校外培训机构老师发表错误言论、师德失范的行为，必须予以严惩。在校外培训机构的规范化建设中，应把培训机构的人员纳入师德师风考核机制内。严重违反教师职业道德者，应终身禁止其从教。要进一步加强校外培训机构的治理整顿。对校外培训机构进行全面排查，对出现老师发表错误言论、师德失范的校外培训机构，要采取罚款、停业整改、吊销营业执照、永不得进入校外培训行业等措施予以惩治。建议参照处理办法，建立校外培训机构从业者的惩戒机制。为了预防更多类似问题的发生，还需要提高校外培训机构从业人员的准入门槛。同时，加强校外培训机构老师队伍建设。建立校外培训机构老师备案制度，校外培训机构聘请老师，要向当地教育主管部门报备。建立"黑名单"制度，对利用校外培训机构发表错误言论、违反职业道德，造成恶劣影响的老师，要坚决予以除名，取消老师资格，禁止其他一切培训机构聘用，终身禁止其从教。

还可以借助社会监督力量，规范教育培训机构教师的言行。校外培训机构要完全按照《关于健全校外培训机构专项治理整改若干工作机制的通知》要求向社会公示教师的信息，便于社会监督。教育主管部门要设立举报热线，接受公众举报。

三 案例

大批网校教师课程被下架！在线教育严监管来了，无教师资质不得授课。教育部门已收紧在线教育机构教师资质要求，没有考取教师资格证的主讲教师不允许对外授课，几乎波及所有的网校。北京市教委2021年2月下发通知，要求在线教育机构核查在职教师信息，确保学科类教师具备教师资格。所有无教师资质人员的在售课程全部下架。

教育部有关人士表示，教育部等六部门2019年印发的《关于规范校外线上培训的实施意见》明确要求，从事语文、数学、英语、思想政治、历史、地理、物理、化学、生物等学科知识培训的人员应当具有国家规定的相应教师资格。只不过2020年疫情暴发后，人社部等七部门于2020年4月印发《关于应对新冠肺炎疫情影响实施部分职业资格"先上岗、再考证"阶段性措施的通知》，对部分符合规定的人员，可以先上岗从事教育教学相关工作，再参加考试并取得教师资格。该通知给予在线教育机构的主讲教师一定的"豁免期"，当时各机构需承诺保证在教师资格证考试恢复后6个月内，授课教师全部持证上岗。中小学教师资格证考试已于2020

年下半年恢复。在疫情期间，由于教育部要求在线教育机构公示主讲教师资质信息，一些尚未考取教师资格证的教师只得公示"已报名教师资格证考试""已通过教师资格证考试笔试"等信息。如今，这样的公示信息已全部消失，在线教育机构已下架了尚未考取教师资格证的主讲教师的课程。这导致大量主讲教师没法开设课程。根据各机构公示的备案承诺书，猿辅导和作业帮直播课截至 2021 年初的授课教师人数相比于 2020 年初甚至出现大幅下滑，猿辅导的一名资深主讲教师本学期没有开设任何课程。

没有教师资格证并不意味着教师教学水平不行。从很大程度上说，在线教育机构普遍成立时间较短，主讲教师群体较为年轻，且大量教师并非师范毕业，此前并不重视考取教师资质。以作业帮直播课为例，"70 后"已经位列最年长的主讲教师行列。截至 2021 年 2 月 8 日该公司的 272 名授课教师全部持证上岗，但人数较去年减少了 35 人。在这 272 人中，超过 45% 的是在教育部等六部门发布政策的 2019 年考取教师资格证的，还有 28 人是在 2020 年考取教师资格证的。教师无法授课，将给正处于招兵买马、激烈竞争阶段的在线教育机构带来很大影响。目前，各机构都在积极招募教师，比如根据备案承诺书，学而思网校的授课教师从 68 人猛增到 406 人，据介绍，学而思网校 2020 年招聘了大量名校毕业生作为教师储备。同样大量招兵买马的还有字节跳动旗下的清北网校，授课教师人数从 56 人增加到 132 人。清北网校曾称将为优秀教师提供"年薪两百万，上不封顶"的薪资待遇。相比之下，两个获得大量融资的机构猿辅导、作业帮直播课的授课教师人数却出现大幅下滑，分别减少 42 人、35 人。经查询知，猿辅导多名有多年教学经验的高中主讲老师在春季均没有开课。而在直播大班课模式下，一名主讲老师一期课程的学员人数可达数千至上万人，这将对在线教育机构的营收产生直接影响。

第二节　进一步完善校外在线教育信息化管理平台

尽快在市域范围内建立统一的校外培训机构管理平台，将所有校外培训机构的师资情况、开班情况、学生名单、培训内容、任课教师、上课时间、收费标准统一录入平台。可以公开的就公开，不适合公开的就在后台做好数据留档，以便于征税、审计、管理等。相关部门应对在线教育服务机构的办学资格、教学内容、教师资质、教育质量进行数字管理和分析，对学生的学习数据进行智能化采集和分析，利用"互联网+"加强对校外在线培训机构准入、备案审查和综合治理。同时，还要加强教育领域的网络安全和数据安全监管，政府制定政策标准，行业提供技术保障，学校提供安全指南和培训，个人提高安全意识，共同为在线教育营造绿色健康的环境。

中国的不少地区特别是偏远农村地区的网络不稳定、网速不够高，上课时经常出现网络卡顿现象，严重影响了在线教学的质量。对此国家发改委等部门应尽快将中小学教育专网的建设列入国家新基建项目规划，健全部际和区域间协调机制，做好顶层规划、分步建设、分类实施、分级投入。具体来看，一是在现有教育科研网的基础上，全面建成教育专用网络，并以联盟或"铁塔"公司方式建立教育专网组织管理体系和运营维护机制。二是加强教育云服务、数据中心等平台建设，提高线上教育网络稳定性。三是建议借助新型基础设施建设等国家工程，通过纳入基本预算、拨付专项资金、设立专门项目等措施加强网络基础设施的建设与应用。"在线教育的主动权不能掌握在资本手中。推动中小学教育专网建设列入国家新基建项目规划，在补齐农村地区网络短板的同时，有效统筹在线教育的监管服务，共同促进在线教育健康发展，有力推动教育公平，更好地完善终身学习体系，建设学习型社会。"

第三节 构建利益相关者的参与机制

现在社会上出现一种情况，即只要学生成绩不好，大部分家长都会送孩子去补习班，这其中在很多情况下补课并不能起到实际的效果，还白白浪费钱，只有以下三类孩子才适合上补习班，才能起到一定的效果。

一 对学习有渴望

补课最关键的一点就是学生有想学习的态度，也就是学生对学习有渴望，这样学生在补课时才会用心去学，不像有的学生是被家里逼着去学习的，这样补课就没有了丝毫的意义。只有自己想学，补课才能起到相应的作用，家长要让孩子补课，就要先了解清楚这一点。

二　知道自己的弱势项

知道自己的学习不足之处，这样补课才更容易有针对性，对于自己的学习成绩的提高才会有相应的作用，不然去了补习班也不知道补哪一块儿，这样对于自己也不会有很大的帮助，多数是白白浪费钱。

三　学习有一定的基础

学生在学校的时间毕竟是多的，留给补课的时间相对是比较少的，这时候学生如果没有一定的基础，去了补习班也很难跟上别人的步伐，学起来会很吃力，而且效果不会太明显。有一定的基础，才会让自己更好的进步，从而把成绩提高一个层次。

所以，家长在给孩子报补习班的时候，一定要和孩子多沟通，了解清楚孩子的情况，这样去补习班才能收到相应的效果。不然，在很多时候补课只是浪费钱，学生的成绩是不会提高的。还有一点需要注意的就是，选择补课班尤其要注重师资力量，这样才能更好地帮助孩子。

有关部门既要严厉打击不良培训机构唯利是图、发布虚假广告、进行恶性竞争、发表错误言论等行为，也要正确引导家长理性对待校外培训。让家长明白校内学习才是孩子的主业，若轻视校内学习，重视校外培训，犹如"轻视正餐主食，重视野餐零食"一样不可取，不要盲目跟风送孩子到校外培训机构学习。

第四节　完善 K12 在线教育立法

针对"校外培训教育"进行专项立法，从而完善中国民办教育领域的法律体系，推动校外培训教育行业的健康发展。根据中国教育学会发布的调查报告，2016 年中国中小学校外培训行业市场规模超过 8000 亿元，参加培训的中小学生规模超过 1.37 亿人次，辅导机构教师规模达 700 万至 850 万人，有的培训机构教师月薪达数十万元。对部分上海市中小学家长的问卷调查显示，有 84% 的孩子参加课外辅导班，其中 87% 的孩子有数学辅导课，69% 的孩子有英语辅导课。

第七章 非学科类 K12 在线教育治理路径深入分析

这些校外培训机构在很大程度上满足了广大中小学生和家长对教育培训的多元化需求，也是对现行教育体制的有益补充。但与此同时，在校外培训教育发展的过程中，培训教育行业也出现了一些问题，培训教育机构良莠不齐，缺乏具有针对性的有效管理，这些问题造成行业发展乱象丛生：以应试为导向，强化应试教育；超纲教，提前学；乱收费、高收费，退费难；做虚假宣传，广告内容名不副实等。诸如此类的乱象，直接导致学生课外负担过重，影响了公立学校正常的教育教学秩序，不利于教育事业的健康发展；违背了教育规律和青少年成长发展规律，不利于青少年学生的健康成长；增加了中小学生的家庭经济负担，社会反映强烈，亟须加快规范校外培训教育行业的发展。

因此，建议将国家现有政策中关于校外培训教育机构工作章程、设立审批、组织机构等方面的规定内容加以汇总、修改、优化和充实，形成校外培训教育法的内容，以推进校外培训教育行业长期持续规范化发展。韩国制定了《课外辅导法》来专门规制培训教育机构的做法值得借鉴。该法对教育培训机构的设立、教学活动、师资管理等方面进行了全面的立法规制，构建了完善的立法体系，通过立法明确了教育培训机构经营者的义务、强化监督机制、建立严密的法律责任体系等。中国校外培训教育机构的法律规制可参考借鉴韩国经验，通过制定校外培训教育法专项法律，促进校外培训教育机构的合法化运行，推动校外培训教育行业的持续健康发展。校外培训教育法的主要内容应包含立法宗旨、监管对象、经营者的权利与义务、监管内容、政府管理职责、法律责任等方面。

在线教育市场的飞速膨胀带来了一系列的问题，特别是对于青少年意识形态的影响，引发社会普遍热议和担忧。比如存在对意识形态教育管控存在监管盲区、诱导超前消费、消费者退费维权难等问题。

从教育内容来看，涉及青少年意识形态的教育和影响，直接关系到立德树人的成效。牛三平表示，特别是对在线一对一外教课程的监管难度更大，部分英语类线上机构，外籍教师身处国外，目前还没有对在线国际用工的监管政策，教育部门也缺乏有效的监管手段。

第五节　完善 K12 在线教育财务治理体系

校外培训收费越来越高，低则每小时 150 元，高则每小时 300 元，甚至每小时 800 元，许多普通家庭根本无力承担如此高昂的培训费用，从而造成新的教育不公平。校外培训尤其是一些以学科培训为主的培训已严重偏离了教育的本义。既要严厉打击不良培训机构唯利是图、发布虚假广告、进行恶性竞争、发布错误言论等行为，又要增加校内师资投入，满足学生的个性化需求。

有些校外培训严重偏离教育的本义。近几年来，校外培训机构在快速发展中出现了很多问题。浙江省教育科学研究院调研显示："近 6 成的学生参加了校外文化培训，而且补习正在向低年级、农村、中等生蔓延。""75.6% 的家长为子女选择培训时抱有'求心安'的心理，4 成以上家庭对于子女的校外培训开支并不感觉轻松。"调研还显示："提前教学、违规布置作业等现象仍大量存在，少数培训机构教师甚至会采用提前泄题、提供答案或套路答题等方式，制造学生成绩提升的假象。""校外培训机构应试化、功利化倾向明显。"

校外培训尤其是一些学科类校外培训已严重偏离了教育的本义，给中小学生的健康成长和学校教育带来了严重的消极影响。目前校外培训的收费越来越高，许多普通家庭根本无力承担如此高昂的培训费用，造成了新的教育不公平。未来网曾以"天价培训班一次课收费 6000 元！家长不堪重负"为题报道了天价培训班的问题。此后，有的家长向记者反映说，有些培训机构名师的收费则更高。

"过度培训严重影响孩子的身心健康。"在教育行政部门和学校的努力下，中小学生的校内课业负担正逐步减轻，但是，由于培训机构的夸大宣传和家长们的攀比及焦虑心理，许多孩子出了校门就进了培训机构的大门，进行阅读、体育活动及参加社会实践，课余时间几乎都被占用了。

校外学科培训的目的主要是提分，这种完全应试教育的做法严重阻碍学生综合素质的提升。而且，校外学科培训的抢跑、超前学习不利于学生良好学习习惯的养成。张咏梅在调研中发现，一些提前授课的培训班往往利用二三十天的假期时间，集中教完了三、四门学科一学期的课程，只注重对学生应试技巧和知识的传授，很多知识点匆匆带过，不求甚解。最关键的是，许多学生在校外培训班学完后，以为已经掌握了要点，回到学校，当老师讲课时，他们不再认真听讲，甚至失去了学习新知识的兴趣。而一些补差性质的培训，让学生觉得课外老师还会教，产生依赖心理，在校时不认真听讲。"这些都不利于学生良好学习习惯的养成。

目前，面向中小学生、利用互联网技术开展学科类校外线上培训活动的机构，实行的是省级教育行政部门备案制度，条件宽松，且不需要办学许可证。对此，建议依法重新设置在线教育市场准入标准，建立在线教育办学许可证制度，加强审批管理，从源头上把关。对预付费需要实施强制资金监管措施。据中国消费者协会的统计数据，校外教育培训的消费纠纷尤其是退费问题难以解决，预付费经营模式是其重要原因之一。为了解决预付费的隐患，自2021年伊始，全国十余个省市上线了校外培训机构"预付费"监管平台。宁波市还首创试点了校外培训机构学员预付学费信用保险，消费者在向校外培训机构预付学费时，投保学费信用险，最低可获赔偿1000元，最高单科可获5000元赔偿。广大家长给孩子选择培训机构和缴纳培训费用时，要注意以下事项：选择有资质的正规培训机构；不要一次性缴纳超期高额费用；妥善保管好培训合同及发票。

第八章　多学科视角下的 K12 在线教育发展策略

第一节　传播学视角下的 K12 在线教育发展策略

1948年，美国学者 H. 拉斯韦尔在《传播在社会中的结构与功能》这一著名论文中，首次提出了 5W 模式。它将传播过程表述为连续的五个环节。由于这五个环节各自都包含着个英文字母 W，因此，通常被称作 5W 模式：谁（Who）、说什么（Says what）、通过什么渠道（In which channel）、对谁（To whom）、取得什么效果（With what effect）。5W 模式是最早提出的传播过程模式，第一次比较详细、科学地分解了传播的过程，使传播研究的细化、深化成为可能。

一　传播者

一般来说，传播者可以分为普通传播者和职业传播者两大类。校外在线教育中的主要传播者为教师，属于职业传播者。概括来说，校外在线教育教师的任务有以下几方面。

（一）搜集适合的信息

从信息科学的角度来看并非所有的信息都是传播活动所需要的，需要教师根据传播目的有选择性地搜集信息；从人类传播的角度来看，任何信息都是传播者大脑中存储的精神创造物，或知识、观点，教师也要有选择地加以表达。对于一个事件的信息，对具体信息内容也需要做一番取舍，教师可能需要根据传播对象和目的隐瞒某些信息。总之，搜集信息的过程还包括一个选择的过程，以保证所搜集到的是真正适合传播的信息。因此，教师首要的任务是根据自己或接受者的需要有目的、有计划、有组织地搜集适合的信息。在多数时候，教师都是在有意识、有准备的情况下从事信息收集工作的，但有时教师也会在没有思想准备的情况下突然或无意识地接触到有用的信息。保持对信息的敏感性，准确、迅速地搜集到信息是教师必备的素质。

(二) 加工制作信息

这具体表现为编码的过程，就是使经过取舍的信息符号化和有序化的过程。这是在已决定了"说什么"的基础上决定"怎么说"。校外培训机构的教师必须根据不同媒介对信息进行加工，将信息转换成可以传递，同时也是适合学生接收的符号，并对信息进行整理使之成为有序的、层次分明的和条理清楚的。未经整理的信息，常常是杂乱无序的，彼此之间难以看出有什么关联。因此，需要对它们进行一定的处理，分组归类，使之条理化、系统化，成为有序的信息，这样才便于利用。

(三) 选择合适的媒介

随着媒介技术的发展，传播者可以选择的媒介越来越多，面谈、书信、电话、手机短信、电子邮件、即时通信、报刊、广播、电视等都可以满足传播者的不同需求。而选择最合适的媒介不仅关系到传播的效率，更直接影响到传播目的是否达成。校外在线教育教师应根据教育的需要灵活地选取计算机、手机、微信、QQ 等不同媒体以及文本、图片、音频、视频等不同形式，达到最佳的传播效果与最高的传播效率。

(四) 收集处理反馈信息

在大部分情况下，教师与学习者的角色是不固定的，他们同时是接受者。因此在传播信息的同时，传播者的角色还要转换为接受者，要时刻准备接收对方传递过来的反馈信息，这将有助于帮助传播者及时调整传播方式，以更好地实现传播目的，也是传播活动继续下去的基础。在人际传播或面对面的传播活动中，反馈信息的收集相对较容易、及时、全面，往往也更真实。在校外在线教育中，教师与学习者要进行及时交互，充分互动，教师及时对学习者的问题进行解答与反馈，以达到最好的传播效果。

(五) 调整修正传播行为

当教师收到反馈信息之后，应及时对其做出反应，依据反馈信息判断传播的实际效果，并与预定的传播目的进行对比，发现差距以及造成的原因，并据此对整个传播过程进行调整，或改变传播策略，或调整输出信息的类型、数量与速度，或修订信息传输的方式方法以保证传播结果与预定的传播目的趋于一致。校外培训机构在线教育在很大程度上实现的是个性化教育，教师要及时根据学生的学习状况调整与优化教学，不断提升个性化教育水平和效果。教师可以通过学习者在线学习数据的分析，对学习者的学习状况进行精准诊断，从而在此基础上不断优化与调整教学。目前，智能技术在对学习者学习状况进行精准诊断以及在此基础上辅助教师进行教学优化与调整以及辅助学习者进行更精准化的学习方面有了很多尝试与探索。智学网是科大讯飞面向学校日常作业、考试及发展性教与学评价需求而推出的大数据个性化教学系统，旨在为用户提供更加简单易用的系统操作和全面完善的资源服务，通过大数据分析充分挖掘校园考试价值，通过基于云服务的 PC 及移动终端综合方案，为每一名老师和学生提供针对性的教和个性化的学的信息化环境与服务。智学网的功能包括：（1）人工智能的过程化教学大数据采集分析。基于手机、扫描仪、阅卷机等各类智能终端设备，实现随堂练习、课后作业、测验联考等各类教学场景下的过程性教学数据采集，数据采集技术的突破使得可以进行全学科智能批改和自动分析。（2）知识图谱的个性化学习分析和推荐。智学网通过学生学习大数据的分析，实现个性化、基于知识图谱的学习诊断，不但可以帮助学生挖掘错题根源，还可以推送相匹配的微课讲解和难度适中的习题资源使学生有针对性地学习。（3）以学习者为中心的教育评价。为各级教育系统、老师、学生、家长系统提供基于知识点的综合教育评价服务，协同北师大未来教育高精尖创新中心探索建立以学习者为中心的教学新模式的途径与方法，并建立基于问题诊断的基础教育质量改进服务体系。[①] 会课学习平台在中国中小学校中也有一定的应用。它致力于研发智能化、个性化的学习产品，通过互联网、大数据等方式，为广大教师、学生提供在线练习、智能组卷、多种形式分发作业、学习能力报告等智能化教学平台。会课学习学生版是一款由会课网为初高中学生打造的学习软件，它可以智能化地跟随学生的学习进度，为学生提供相关的习题，巩固其练习，制订合理的学习计划，由更多的名师资源辅助学习，使学生的学习快人一步。经

[①] https://www.iflytek.com/index.html.

过甄别和发现学生的能力特长,为学生制订学习计划。针对学生的个性需求,智能化地推荐练习题目,从而提高学生的学习效率,提升其学习成绩。为学生提供高质量的教学资源,通过这些独有的优质资源,实现教育资源的公平化![1]

二 教师的影响因素

每个教师的传播从传播方式到传播内容又各不相同。是什么因素造成了如此的差异?大体来说,有以下几个因素。

(一) 个体因素

个体的认知结构,头脑中的信息储备,对信息的处理能力都直接决定了教师的传播行为。影响传播者的另一个重要因素是每个教师不同的个性。个性是一个人的整体精神面貌,是一个人在一定社会条件下形成的具有一定倾向的、比较稳定的心理特征的总和。个性影响人类所有的行为,当然也包括传播活动。例如,个性开朗的人总能找到话题,侃侃而谈,性格内向的人常常沉默寡言,甚至无话可说。而教师心目中学生的形象,如学生是什么样的人,他们喜欢什么,不喜欢什么,习惯接受什么样的信息等,都会左右教师的教学。校外在线教师在调动学习积极性、保证学生学习效果等方面起着关键作用。校外在线教育教师应该充分灵活地使用不同的方法调动学生的学习积极性,授课方法也应灵活多样,充分吸引学生的注意力以及保障教学质量。

(二) 社会因素

虽然教师个体是千差万别的,但都具有一定的共性,因为他们都置身于一定的社会背景之中,不同的社会因素影响并形成了他们的不同特征。其所处的社会环境,如法律制度、社会关系、社会主流的伦理道德准则、社会舆论等,都影响着教师对信息的选择、加工及传播方式。另外,传播有时候要依靠其他朋友或同事的共同努力,在这种情况下,他对传播的决定权在某种程度上受到工作群体的规范和价值观的限制。具体来说,影响传播者的重要因素有政治、社会群体规范和文化传统因素。

---

[1] https://www.willclass.com/.

1. 政治因素

政治是一切社会因素的综合体现，人们的生活、工作都会受到政治的影响和干预，传播活动也不例外。目前中国出台了一定的校外在线教育相关政策文件，为校外在线教育的发展指明了方向，例如，2019年7月，教育部等六部门印发了《关于规范校外线上培训的实施意见》；2020年11月，中国共产党第十九届五中全会通过的《中共中央关于制定国民经济和社会发展第十四个五年规划和二〇三五年远景目标的建议》指出要"规范校外培训机构，发挥在线教育优势"。校外在线教育具有可以实现个性化教育、学习灵活等优点，可以作为国家教育的一种有效补充，但存在着诸多问题。国家可以不断完善校外在线教育治理体系，使得校外在线教育规范发展，同时教育质量不断提升。

2. 社会群体规范因素

传播者生活在社会群体中，其行为和思想都将受到不同群体的影响，从而导致其传播的内容和样式各异。周围的教师是否参与校外在线教育、参与的方式以及投入度等对教师本人参与校外在线教育的行为等有着一定的影响。校外在线教育的教师应充分与其他校外在线教育教师进行交流互动，向其他优秀教师学习。

3. 文化传统因素

社会的意识形态以及与其相适应的制度和组织结构、风俗习惯、生活方式、民族心理素质、思维方式和行为方式等都属于文化的范畴。每一个民族在其发展的历史中都形成了独具特色的文化传统和文化心态，对该文化中的每一个人包括传播者产生着深刻、潜移默化的影响。目前，在线教育在中国的发展还较为缓慢，而美国在线教育的发展大幅领先。需要在文化理念等方面不断发展，进而促使校外在线教育的不断发展。

三 多重视角的学习者

何谓受众？所谓受者，即受传者、接受者，指传播过程中的信息接受者，是传播过程的结构要素。校外在线教育中的受众即指学习者。学习者是信息传播的目的地，也是传播活动的反馈源，是传播链条上的一个重要环节，教师与学习者构成了传播过程的两极。

同教师一样，学习者也是传播过程必不可少的因素，具有多重角色，它是信息内容的接受者，符号的解码者，信息产品的消费者，也是反馈信息的发送者。

（一）心理学角度的受众观——个体差异论

如果说社会关系论关注的是人际关系，特别是个体被包容于其中的集体、团体的作用，那么个体差异论强调的则是个体的特殊性。"个体差异论"最早由卡尔·霍夫兰（1946）提出，后经梅尔文·德弗勒（1970）修改而成形。该理论从行为主义的角度认识受众，认为"受众成员心理或认识结构上的个人差异，是影响他们对媒介的注意力以及对媒介所讨论的问题和事物所采取的行为的关键因素"。学习者是由完全不同的受者个体组成的，他们的个体特征、心理结构、行为结构都不尽相同。在"个体差异论"的视野中，学习者是能动的个体，这一方面表现在学习者"能动的选择"上，即有选择地接触那些与自己的规范或文化背景相一致的传播内容；另一方面，学习者也能进行能动的解释，即按照自己的政治、经济利益或意识形态来理解或解释教师所传播的信息。校外在线教育作为学校教育的一种补充，更多的是能够根据每个学生的个性化差异进行个性化大教学。

（二）权利主体观

随着受众在传播活动中地位的提高，人们逐渐认识并承认，作为传播活动主体之一的受众与传播活动之间有一定的权利义务关系，学习者不仅仅是传媒信息的使用者和消费者，还是社会共同体的成员，所以理所当然地拥有各种各样的正当权利。根据有关法律条款和研究成果，学习者在校外在线教育传播过程中的基本权利包括以下几种。第一，选择权。选择权是学习者的一种最基本的权利，也是国际消费者联盟宣布的八种权利之一，即"消费者享有自主选择商品或者服务的权利"。在校外在线教育传播中，面对众多的媒介和信息，学习者有权根据自己的需要、兴趣、口味和自己所能运用的方式做出自由选择。第二，知情权。也叫知晓权，即学习者通过传播渠道获得信息的权利，尤其是指对公共权力机构的活动所拥有的知情权或知察权。对于校外在线教育传播来说，学习者有权要求大众传播媒介提供和通过传播媒介了解作为一个社会成员所应获得的种种真实的消息情报，有权及时得知政府、行政机构等有关公共信息和国内外每天发生的重大事件或有意义的事件。特别是当有关信息涉及或影响到学习者的生活和工作,并且要求他不得不做出决定的时候,凡是有意扣留这些信息,或者传播假的或歪曲事实的信息,就是侵犯了学习者的知情权。校外在线教育机构应及时向社会公布其师资组成、教学内容以及收费等信息,接受社会的监督。第三,表达权。又叫传播权、告诉的权利,即一般意义上的表现自由和言论自由的权利。指学习者"有权把他所看到的关于个人生活条件、愿望、需求和痛苦的真实情况告诉别人"。第四,监督权。指学习者对校外在线教育传播媒介的运作和传播者的传播行为有察看并督促的权利,以免其产生不良后果。受众既有权监督政府的工作,亦有权监督媒介的运作。媒介监督权——校外在线教育传播的信息生产和传播活动涉及学习者广泛的利益,受众有权通过各种形式对传媒活动进行监督。第五,隐私权。又叫免知权,是指学习者享有个人独处,对个人与公众利益、公众事务无关的私生活进行保密、不受新闻媒介打扰和干涉以及个人的名誉和利益不受伤害的权利。校外在线教育机构应保护学习者的隐私,包括学习者学习的相关数据以及其他个人信息,不得向外界随意泄露。

四 言语行为

谈话双方不仅要保证说出的每句话都是按照规则组织的,是可以理解的,而且要对谈话的内容做出限制,决定自己说话的内容,以使谈话顺利地进行下去。格瑞斯(H. Paul Grice)认为,人们要进行有效沟通和交流,必须遵循合作原则,也就是每个人都愿意根据谈话的主旨来做出贡献。要实现合作必须遵循下面的原则:(1)数量原则,谈话的参与者应当提供足够的但并非过量的信息,作为对谈话的贡献。三言两语地敷衍对方或者长篇大论都会惹人厌烦,导致谈话的失败。(2)质量原则,谈话的参与者所贡献的信息和思想都必须是真实的。信口雌黄和言不由衷都违背了质量原则。(3)相关性原则,谈话的内容必须与谈话的主旨有关,不能东拉西扯。(4)表达方式原则,表达要明白无误,力求准确,切勿闪烁其词、故弄玄虚或缺乏条理。

五 有效的反馈

反馈如此重要,因此,有效率的、有效果的反馈是传播行为顺利进行的积极要求。要想实现有效反馈,传播者就要提供有效的反馈渠道,特别是要建立有效的反馈机制；学习者也要尽量提供有效的反馈信息。对于校外在线教育来说，建立有效的反馈机制与提供有效的反馈非常重要。

（一）有效的反馈机制

教师（培训机构）建立有效反馈机制的目的是获得及时、真实的反馈信息。在人际传播中，反馈是即时发生的，关键是如何获得真实的反馈信息。一方面，教师（培训机构）应减少反馈可能给受者带来的损失。由于有价值的反馈大部分是负反馈，是对先前传播行为的批评和纠正，这可能会损害学习者的利益，例如激怒传播者、人际关系破裂甚至遭到传播者的报复。教师（培训机构）要努力降低这种可能性，并使学习者相信，反馈不会使其产生任何损失。另一方面，教师（培训机构）要正确判断反馈信息的真假。在大众传播中，建立有效率的反馈机制，及时地获得反馈信息更为重要。校外在线教育教师应在学习者遇到问题，包括学习问题、生活问题时，给予学习者及时准确的反馈信息，以帮助学习者顺利完成学业。而学习者也应将自己的学习状况等信息及时准确地反馈给教师，以便教师及时调整教学方法。

（二）提供有效的反馈

反馈对于学习者来说同样重要，及时提供有效的反馈信息是其有效控制传播活动的必要途径。要提供有效的反馈，受者可以从以下几方面入手：第一，反馈要有明确的、积极的动机。学习者的反馈有时是为了发泄情绪（特别是不满、愤怒的情绪）或对传播者施加控制，这往往不能取得很好的效果。学习者应当考虑传者和自身的需要，提供对传播活动有帮助的、积极的反馈信息。第二，反馈应是问题导向的。即反馈是对事不对人的。反馈应当针对具体的传播行为或信息内容，而不应该对传播者做出任何评价。第三，反馈信息应该是具体的，而非一般的，而且最好是简单的。反馈信息应当能帮助教师（培训机构）采取具体的措施来纠正传播行为。第四，反馈信息应当是描述性的而非评价性的。教师（培训机构）易于接受对自己传播行为及影响的描述，而反感对自己正确或错误、好或坏的评价。第五，反馈应是协商性的而非控制性的。

第二节　管理学视角下的 K12 在线教育发展策略

一　需要层次论

美国著名心理学家亚伯拉罕·马斯洛（Abraham Maslow）在 1943 年所著的《人的动机理论》一书中提出了层次需要论。1954 年他又在《激励与个性》一书中对该理论做了进一步阐述。

（一）层次论的内容

人的需要由五个不同层次组成。马斯洛根据神经心理学的研究，把人的需要按重要性和发生的先后顺序归结为五个层次，分别是生理需要、安全需要、社交需要、尊重需要和自我实现需要。生理需要指人们赖以生存的最基本的物质生活需要，即一个人对生存所需的衣、食、住、行等基本生活条件的需要。在一切需求中，生理需要是最优先的，处于需要层次结构的最底层。当一个人什么也没有时，首先要求满足的就是生理需要，它具有强大的推动力。安全需要是保护自己免受身体和情感伤害的需要，包括两方面的内容：一是对当前安全的需要；二是对未来安全的需要。也就是说，人们既要求自己当前生活的各个方面有安全保障，又要求未来生活也有安全保障。当一个人生活或工作在惊恐和不安之中时，其积极性是很难调动起来的。社交需要指人有获得各类情感的需要，包括亲情、友情和爱情等，希望得到关心与爱护。具体包括两方面的内容：一是归属及被接纳的需要，即人们都希望在一种被接受的情况下工作，希望自己真正成为某一群体的一员；二是爱的需要，人们既希望自己能够得到别人的关心和体贴，也希望别人接受自己所给予的关心和体贴。尊重需要，指希望自己有稳固的地位，得到别人高度的评价或为他人所尊重，分为内部尊重（自尊）和外部尊重（他尊）。内部尊重主要包括自尊、自主、胜任和成就感等，它往往导致产生自我信任、价值、力量、能力等方面的感觉，当这种需要受到阻碍时，便会产生自卑感和无能感；外部尊重指当自己做出贡献时能得到别人的承认，主要包括地位、认可、受人关注和尊重等（见表 8-1）。

自我实现需要处于需要层次结构的顶层，是人类最高级的需要，指人们希望完成与自己能力相符的工作，使自己的潜在能力得到充分发挥，成为自己所期望的人,是一种追求个人能力极限的内驱力。自我实现的需要表现在两个方面:一方面是胜任感,有这种需要的人总是力图控制环境或事物,而不是等待事物被动地发生与发展;另一方面是成就感,这种人工作的乐趣在于成果和成功,他们需要知道自己的工作结果,成功后的喜悦带给他们的满足感远远大于其他任何物质或精神的奖励。

表 8-1 马斯洛需求层次论在管理实践中的应用

需要的层次	追求的目标	激励手段	管理策略
生理需要	工资 健康的工作环境 各种福利	保证人们满足其基本需要的收入、正常的工作时间等	待遇、奖金 医疗保健制度 工作时间多少 住房等福利设施
安全需要	职业保障 意外事故的防止	改善工作环境,完善公司政策,建立必要的失业保险、医疗保险及相应的福利保障制度等	雇佣保证 劳保制度 退休金制度
社交需要	友谊 团体的接纳 组织的认可	上级对下级给予关怀、体贴,提倡同事之间的友谊、宽容等	团体活动计划 互助金制度 群众组织 利润分享计划 教育培训制度
尊重需要	地位、排名 荣誉 权利、责任 与他人收入的比较	给人以职位,授予其荣誉,让其在公众面前受到表扬等	人事考核制度 晋升制度 表彰制度 选拔进修制度 参与制度 奖励制度
自我实现需要	能发挥个体特长的环境 具有挑战性的工作	让人们从事富有挑战性的工作,给予其相应的工作自主权和决策权,在工作中允许人们进行自我管理、自我控制等	决策参与制度 提案制度 革新小组

(二)校外在线教育

参与校外在线教育的不同的学习者,其可能的需要层次会有所差别。有的学习者可能侧重于最基本的物质需要,他们需要通过校外在线教育解答自己学习中的问题,提升自己的学习成绩,从而获得更好的未来(包括考入更好的大学、获得更好的工作等），大多数校外在线教育的参与者可能都是如此。也有学习者可能主要是自我实现的需要，这些学习者的学习成绩已经很好了，但他们会追求更好，使自己的潜力得以充分发挥。目前，很多在线教育机构根据学习者的学习基础，举办不同程度的补习班，包括基础班与提升班等，正是适应了学习者的不同需求。另外，很多学习者通过校外在线教育的方式满足个人兴趣爱好的需要，获得个性化的发展。

二 过程激励理论

过程激励理论着重研究人从动机产生到采取行动的心理过程。它的主要任务是找出对行为起决定作用的某些关键因素，弄清它们之间的相互关系，以预测和控制人的行为。这类理论表明，要使员工出现企业所期望的行为，需在员工的行为与员工需要的满足之间建立起必要的联系。过程激励理论主要包括期望理论和公平理论。

（一）期望理论

期望理论是由美国心理学家维克多·弗鲁姆（Victor Vroom）在1964年出版的《工作与激励》一书中首创性地提出来的。这是一种通过考察人们的努力行为与其所获得的最终奖酬之间的因果关系来说明激励过程的理论。

期望理论认为，人总是期望满足一定的需要和达到一定的目标，目标本身对于激发人的动机具有一定的影响。而激发力量的大小又取决于两方面的因素：一是目标效价；二是期望值，即这两个因素的乘积。其表达式为激发力量＝目标效价×期望值。在这一公式中，激发力量指个人受到激励的强度，表明了个体为达到绩效而付出的努力程度。目标效价指教师对其校外在线教育将要达到的目标的效用价值的估价，即对培训机构所提供的诱因或报酬的全部预期价值的主观估计，衡量其价值大小的依据是这些诱因或报酬能够在多大程度上满足个人的需要。在有着不同需要和处于不同环境的人心中，同一目标价值的大小不尽相同。期望值指个人根据过去的经验判断自己达到某种目标、取得报酬的可能性的估计。期望值分为两类：一是个人对努力的期望将导致绩效的期望值；二是个人对绩效的期望将进一步导致某种奖酬的期望值，这两者均影响着激励。

（二）校外在线教育的应用

上面的公式实际上提出了在进行激励时只有处理好三方面的关系，才能更好地调动人的积极性。

1. 努力与绩效的关系

在正常情况下，校外在线教育教师总是希望通过一定的努力达到预期的目标。教师在主观上认为达到目标的期望值很高时，他们就会对目标的实现充满信心，从而积极努力地投入工作。如果目标定得过高，可望而不可即，就会对实现目标失去信心；当然，如果目标定得过低，唾手可得，人们也会对实现目标失去兴趣。这两种情况都难以激发人们的工作活力和潜力。所以，校外在线教育目标的制定要适度，既不能过高，也不能过低，既要使教师经过努力能够取得一定的绩效，达到既定目标，又要保证绩效的取得、目标的实现依赖于一定的努力。

2. 绩效与奖励的关系

绩效是取得校外培训机构所提供的报酬的依据。教师总是希望在达到组织要求的预期绩效后得到相应的报酬即物质方面和精神方面的奖励。为此，校外培训机构的管理者在处理绩效与奖励的关系时，应当注意两方面的问题：一方面，把给予取得一定绩效的员工适当奖励看作校外培训机构的激励手段。兑现承诺，必须及时，不打折扣；另一方面，要发挥奖励的刺激作用，必须保证所给予的奖励与绩效紧密挂钩。只要取得组织要求的绩效，就要给予相应的奖励，获得奖励者，必须是创造了绩效的人。

3. 奖励与个人需要的关系

教师致力于实现组织目标，就是希望通过自己的努力得到组织的奖励，以满足个人需要，所以，只有那些能够满足人的需要的奖励才具有激发人们持续努力的刺激作用。正因为如此，奖励的内容必须与个人的需要紧密挂钩。由于人们在受教育程度、性别、年龄、资历、地位等方面存在差异，因此其需要也是千差万别的。对于同一种奖励，人们对其价值的估价可能完全不同，从而产生的激励效应也不一样。所以，应当根据人们的不同需要设置多种形式的奖励，采取不同的激励机制，以提高奖励的刺激作用。因此，要制定相应的目标，并给予相应的奖励。

三 激励强化理论

激励强化理论着重研究人的行为，是研究如何巩固和发展人的积极行为，如何改造和转化人的消极行为，变消极行为为积极行为的理论。强化理论是由美国心理学家斯金纳（B. F. Skinner）提出的。该理论认为，诱发人的行为的原因来自外部，控制行为的因素是刺激物。因此，该理论不像其他激励理论那样重视目标、期望、需要、动机等内在因素，而只关注个体采取某种行为所带来的结果，强调行为是结果的函数。也就是说，强化理论研究的是行为及其结果之间的关系，而不是激励的内容和过程，因此它主张对激励对象进行有针对性的刺激。

斯金纳认为，无论是人还是动物，为了达到某种目的，都会采取一定的行为，这种行为将作用于环境。当行为的结果对他有利时，这种行为就会重复出现；当行为的结果对他不利时，这种行为就会减弱或消失。这就是环境对行为强化的结果。在一般情况下，校外培训机构管理人员可以采用四种强化类型来改变被管理者的行为。

（一）正强化

如果教师完成了相应的任务，达到了教育目标，则给予一定的物质奖励与精神奖励。

（二）负强化

负强化又被称为消极强化，指对那些不符合校外在线教育目标的行为进行惩罚，使这些行为减少或者不再出现，从而间接地促进其良好的行为的形成和巩固，以保证校外在线教育目标的实现不受干扰。负强化的刺激物包括减少奖酬、罚款、批评、降职等，但应注意实事求是，讲究方法，以理服人，这样才能收到较好的效果。

（三）惩罚

惩罚指用批评、降级、降职、罚款等带有强制性、威胁性的结果来制造一种令人不愉快的乃至痛苦的环境，或取消现有的令人满意的条件，以示对某一不符合要求的行为的否定，从而消除这种行为重复发生的可能性，造成其行为的改变。

（四）分步到位、不断强化

强化理论的研究结果表明：当人的行为受到正强化时，该行为出现的频率就会增加,趋向于重复发生;当人的行为受到负强化时,这种行为则会趋向于减少发生。根据这一规律,管理者对员工的要求或制定的目标及奖励的标准应具体、客观、适宜。特别是在目标较大、较高时,应把总目标分解成若干个分目标或阶段性目标,每完成一个分目标或阶段性目标都及时给予强化,以使某种行为得到加强,增强其行为转化的信心,逐步实现总目标。

(五) 以正强化为主

负强化实施起来较为方便、见效快,但其效果经常是暂时的,而且过多的负强化还可能给组织带来一系列不良的后续影响,例如,人心不稳、工作被动、上下级关系紧张、员工不敢开拓创新等。因此,当管理者试图通过强化自己认为的理想行为来影响员工时,其重点应放在正强化,而不是负强化上。

四 激励方式

实践中激励和绩效之间并不是简单的因果关系,常用的主要激励方式有物质激励和精神激励两种。

(一) 物质激励

物质激励方法主要包括以下几种。第一,晋升工资,颁发奖金。由于工资奖金的增加,教师的收入水平有所提高,生活水平得以改善,能够满足其各种物质方面的需要,所以越是在物质利益没有得到充分满足的情况下,这种激励方法的刺激作用就越明显。第二,实物奖励。实物奖励方法由来已久,只是近些年来,随着社会的进步和经济的发展,国内外一些大公司明显加大了实物奖励的力度,对业绩特别突出者实施实物奖励,例如奖励汽车、住房等。第三,分红。目前,分红这种激励方法在国外大中型企业中被广泛应用,在中国还没有被普遍采纳。其具体实施过程是:对绩效目标予以细化,包括劳动生产率、质量、成本、销售量、顾客服务、利润等,当企业的实际绩效打破了预先确定的绩效目标时,就将利润中的一部分分配给员工。其作用是增强团队精神,营造一种全体员工共同为实现组织目标而努力做贡献,共享经营收益的氛围,有助于提高员工关心企业发展的主动性和自觉性。

（二）精神激励

第一，目标激励。目标具有导向作用，同样也有激励作用。一方面，校外培训机构如果能够制定明确的目标，并广泛宣传，使之深入人心，则该目标就会极大地调动其成员的积极性，激发广大员工的工作热情和创造精神。另一方面，一旦该目标实现，则会在很大程度上激发人们努力工作的热情，因为在前一轮追求目标实现的过程中以及目标的实现让人们对自己产生了胜任感和成就感，从而期望实现更高的目标，并对此充满信心。第二，工作激励。工作激励是指通过分配适当的工作来激发员工（包括教师）内在的工作热情。第三，情感激励。情感内在于人们的心中，是人类特有的心理机能。当客观事物符合人们的需要时，人们就会产生满意、愉快等情感；反之则会产生愤怒、郁闷等情感。人的情感常常需要通过人与人之间的沟通、关爱、帮助等得到满足。工作环境越艰苦，工作进展越不顺利，精神压力越大，人们的情感需要就越强烈。管理者如果能够把握人们的这种心理需要，通过情感关怀给员工以尊重、体贴、关心和帮助，则有利于激发员工的激情，调动员工的工作积极性。第四，榜样激励。榜样的力量是无穷的，榜样激励也称典型激励。好人好事的宣传以及给予典型人物以尊重和优厚的待遇，都会产生良好的反响，诱导人们向榜样学习，像典型人物那样以积极的姿态投身工作，忘我奉献。第五，行为激励。人是一种高级动物，具有很强的学习能力，人的行为在很大程度上受到周围其他人的影响，也就是说，人的行为具有示范效应。如果领导者有很好的品德修养，在关键时刻身先士卒，事事率先垂范，则可能通过自身的言传身教有效地影响下属，激励他们更好地工作，为组织做出更大的贡献。第六，荣誉激励。荣誉代表组织和社会对人们的突出业绩所给予的承认和赞赏。获得某种荣誉（如奖章称号等），能够满足人们的尊重需要，而这种需要的满足又常常产生正强化效应，使人们因获得荣誉而保持积极努力的状态，使组织所希望的行为持续下去，重复出现。第七，批评激励。批评激励是指通过批评来激发员工改正错误行为的信心和决心。

第三节　生态学视角下的 K12 在线教育发展策略

一　生态学基本理论

生态学理论包括个体生态学理论、种群生态学理论、群落生态学理论以及生态系统理论等。本节对上述理论进行概述，然后基于此对人工智能在教育应用中的相关问题进行研究。

在一般情况下，生物以个体的形式存在。有生命的个体具有新陈代谢、自我复制繁殖、生长发育、遗传变异、感应性和适应性等生命现象。生物个体对于生存的基本需要是摄取食物获得能量、占据一定的空间和繁殖后代。个体是种群的基本组成单位，正是生物种的多样性构成了全球生态系统的稳定，然而，目前物种正面临着严重的危机，由于人类的影响，世界上的物种每天都在减少，而且速度越来越快。

（一）种群生态学理论

1. 种群的概念与特征

种群（population）是指在一定空间里同种个体的组合。一般认为，种群是物种在自然界中存在的基本单位。组成种群的个体是随着时间的推移而死亡和消失的，又不断通过新生个体的补充而持续，所以进化过程也就是种群个体基因组成和频率从一个世代到另一个世代的变化过程。因此，从进化论的观点来看，种群是一个演化单位。从生态学观点来看，种群又是生物群落的基本组成单位。

种群的主要特征表现在以下几个方面：（1）数量特征（密度或大小）。这是所有种群都具备的基本特征。种群的数量越多、密度越大，种群对生态系统功能的作用也就越大。种群的数量大小受四个种群基本参数（出生率、死亡率、嵌入率和迁出率）的影响，这些参数同时受到种群的年龄结构、性别比例、分布格局和遗传组成的影响。了解种群的特征有助于理解种群的结构、分析种群动态。（2）空间分布特征。包括群聚分布、随机分布还是均匀分布和地理分布格局，即种群分布在什么地理范围内。（3）遗传特征。种群具有一定的遗传组成，一个基因库种群的遗传特征是种群遗传学和进化生态学的主要研究内容。

2. 种群的增长

（1）种群的群体特征

群体特征是指种群密度、初级种群参数和次级种群参数等。

（2）种群密度

研究种群的变化规律，往往要进行种群数量的统计。在数量统计中，种群大小的最常用指标是密度。密度通常表示单位面积（或空间）上的个体数目，但也有以每片叶子、每个植株、每个宿主为单位的。由于生物的多样性，具体数量统计方法随生物种类或栖息地条件而异。密度大体分为绝对密度统计和相对密度统计两类。绝对密度是指单位面积或空间的实有个体数，而相对密度则只能获得表示数量高低的相对指标。

3. 种群的结构与性比

种群的年龄结构是指不同年龄组的个体在种群内的比例和配置情况。研究种群的年龄结构和性比对深入分析种群动态和进行预测预报具有重要价值。

性比是种群中雌性个体和雄性个体数目的比例，称第一性比；幼体在成长到性成熟阶段，由于各种原因，雄性/雌性比继续变化，到个体成熟为止，雄性/雌性的比例叫第二性比；充分成熟的个体性比，叫第三性比。性比对种群的配偶关系及繁殖潜力有很大影响。在野生种群中，性比的变化会发生配偶关系及交配行为的变化，这是种群自然调节的方式之一。

4. 种群的数量变动及生态对策

（1）种群的数量变动

对自然种群的研究表明，种群数量具有两个重要的特征。第一是波动性，在第一段时间（年、季节）里种群数量都有所不同；第二是稳定性，尽管种群数量存在波动，但大部分的种群不会无限制地增长或无限制地下降而发生灭绝。因此种群数量在某种程度上维持在特定的水平上。种群数量在相当长时间内维持在一个水平上的情形称为种群平衡。平衡是相对的，所谓平衡，指的是在一年中的出生数和死亡数大致相等，即大致能抵消。

种群的数量很少持续保持在某一水平上，通常会在一定的最小和最大密度范围之间波动。当种群长久地处于不利的环境条件下，或受到人类过度的捕杀或栖息地受到严重破坏时，种群数量就可能下降，甚至灭亡。种群波动的幅度取决于生物种类及其具体环境条件。如果环境条件经常发生改变，那么数量波动就比较明显。

（2）生态对策

各种生物的生长和繁殖时间有长有短，生物的生长和繁殖的生活方式称为生活史。生活史是生物在斗争中获得生存的对策。生态对策是指生物在进化过程中所形成的各种特有的生活史特征，是生物适应特定环境所具有的一系列生物学特性的设计。

生物的繁殖问题一直是进化生态学的核心问题之一。罗伯特·麦克阿瑟（Robert MacArthur）和爱德华·威尔逊（Edward Wilson，1962）发展了以上各种理论，提出了 r/K 选择（r/K selection theory）的自然选择理论，从而推动了生活史策略研究从定性描述走向定量分析的新阶段。

r 选择和 K 选择理论根据生物的进化环境和生态对策把生物分为 r 对策者和 K 对策者两大类。r 对策者适应于不可预测的多变环境，是新生境的开拓者，但存活要靠机会，所以在一定意义上，它们是机会主义者，很容易出现"突然的爆发和猛烈的破产"。r 对策者具有能够将种群增长最大化的各种生物学特性，即高生育力、快速发育、早熟、成年个体小及寿命短且单次生殖多而小的后代，一旦环境条件好转，就能以其高增长率 r 迅速恢复种群，使物种生存。K 对策者适应于可预测的稳定的环境。在一定意义上，它们是保守主义者，当生存环境发生灾变时很难迅速恢复，如果再有竞争者对其加以抑制，就可能趋向灭绝。在稳定的环境中，由于种群数量经常保持在环境容纳量 K 的水平上，因而竞争较为激烈。K 对策者具有成年个体大、发育慢、产仔少但多次繁殖、寿命长、存活率高等生物学特性，以竞争能力使自己能够在高密度条件下生存。因此，在生存竞争中，K 对策者是以"质"取胜，而 r 对策者则以"量"取胜；K 对策者将大部分能量用于提高存活，而 r 对策者则将大部分能量用于繁殖。

5. 种群调节

生物学派主张捕食、寄生、竞争等生物过程对种群调节起决定作用。20 世纪 50 年代气候学派和生物学派发生了激烈论战，有的学者提出了折中的观点。如 A. 米尔恩（A. Milne）既承认密度制约因子对种群调节的决定作用，也承认非密度制约因子具有决定作用。他把种群数量动态分成三个区：极高数量、普通数量和极低数量。在对物种最有利的典型环境中，种群数量最高，密度制约因子决定种群的数量；在环境条件极为恶劣的情况下，非密度制约因子左右种群数量变动。强调食物因素的学者可以归为生物学派。例如，英国鸟类学家大卫·雷克（David Lack）认为，就大多数脊椎动物而言，食物短缺是其最重要的限制因子，自然种群中支持这一观点的例子还有松鼠和交嘴鸟的数量与球果产量的关系等。英国的韦罗·怀恩—爱德华兹（Vero Wynne-Edwards）认为动物社群行为是调节种群的一种机制。现以社群等级和社群领域性为例加以说明。社群等级使社群中一些个体支配另一些个体，这种等级往往通过格斗、吓唬、威胁等形式而固定下来；领域性则是动物个体通过划分地盘而把种群占有的空间及其中的资源分配给各个成员。以上两种行为都能使种群内个体间消耗能量的格斗减到最小，使空间、资源、繁殖场所在种群内得到最有利于整体的分配，并限制了环境中的动物数量，使食物资源不至于消耗殆尽。当种群密度超过这个限度时，种群中就有一部分"游荡的后备军"和"剩余部分"，它们一般不进行繁殖，或者被占有领域者所阻碍，或者缺乏营巢繁殖场所。这部分个体由于缺乏保护条件和优良的食物资源最易受捕食者、疾病和不良天气所侵害，死亡率较高。这样，种群内划分社群等级和领域，限制了种群不利因素的过度增长，并且这种"反馈作用"随着种群本身的升降而改变其调节作用的强弱。

（二）种群关系

生物在自然界长期发育与进化的过程中，出现了以食物、资源和空间关系为主的种内和种间关系。我们把存在于各个生物种群内部的个体与个体之间的关系称为种内关系，而将生活于同一环境中的所有不同物种之间的关系称为种间关系。大量的事实表明，生物的种内与种间关系除竞争作用外，还包括多种作用类型，是生物群落结构与功能的重要特性。

1. 种内关系

（1）集群

集群（aggregation）现象普遍存在于自然种群中。同一生物的不同个体，或多或少都会在一定的时间内生活在一起，从而保证种群的生存和繁殖，因此，集群是一种重要的适应性特征。

根据集群后群体持续时间的长短，可以把集群分为临时性和永久性两种类型。永久性集群存在于社会动物中。所谓社会动物是指具有分工协作等社会性特征的集群动物。社会动物主要包括一些昆虫（如蜜蜂、蚂蚁、白蚁等）和高等动物（如包括人类在内的灵长类）。

生物产生集群的原因复杂多样。这些原因包括：①对栖息地的食物、光照、温度、水等生态因子的需要。如潮湿的生境使一些蜗牛聚集成群。②对昼夜天气或季节气候的共同反应。如过夜、迁徙、冬眠等群体。③繁殖的结果。由于亲代对某些环境有共同的反应，将后代（卵或仔）产于同一环境里，后代由此形成群体。④被动运送的结果。例如强风、急流可以把一些蚊子、小鱼运送到某一风速或流速较为缓慢的地方，形成群体。⑤由于个体之间社会吸引力的相互吸引。

（2）种内竞争

生物为了利用有限的共同资源，相互之间所产生的不利或有害的影响，这种现象称为竞争。某一种生物的资源是指对该生物有益的任何客观实体，包括栖息地、食物、配偶，以及光、温度和水各种生态因子等。

竞争的主要方式有两类：资源利用性竞争和相互干涉性竞争。在资源利用性竞争中，生物之间没有直接的行为干涉，而是双方各自消耗利用共同资源，由于共同资源可获得量的减少从而间接影响竞争对手的存活、生长和生殖，因此资源利用性竞争也被称为间接竞争。相互干涉性竞争又被称为直接竞争。在直接竞争中，竞争者相互之间直接发生作用。例如动物之间为争夺食物、配偶、栖息地所发生的争斗。竞争者也可以通过分泌有毒物质来对对方产生干涉。如某些植物能够分泌一些有害化学物质，阻止其他植物在其周围的成长，这种现象被称为化感作用或异种化感。

竞争可以分为种内竞争和种间竞争。种内竞争是发生在同一物种个体之间的竞争，而种间竞争则是发生在不同物种个体之间的竞争。竞争效应的不对称性是种内竞争和种间竞争的共同特点。不对称性是指竞争各方受竞争影响所产生的不同等后果。例如，一方所付出的代价可能远远超过对方。竞争往往导致失败者的死亡。死亡的原因或者由于资源利用性竞争所产生的资源短缺，或者来自相互干涉性竞争所导致的伤害或毒害。在自然界、不对称性竞争的实例远远多于对称性竞争。种内竞争和种间竞争都受密度制约。随着种群密度的增加，竞争者的数量增多，个体之间的竞争就越激烈，竞争的效应就越大。由于竞争与密度紧密相关，竞争因此具有调节种群大小的作用。随着种群密度的增加，资源短缺、竞争加剧，就有可能导致一些竞争者得不到资源而死亡，或者一部分个体就会被迫迁移到其他地方，从而使当地的种群密度维持在一定的水平上。在某些情况下，种内竞争可能导致物种分化、物种形成。竞争迫使种群的一部分个体分布到另一地方，或者改变其食性等生态习性，利用其他资源，经过长期的适应进化，在形态、生理、行为特征上与所有的物种产生稳定的差别，从而导致物种的分化，形成新的亚种或物种。

2. 种间关系

（1）种间竞争

种间竞争是不同种群之间为争夺生活空间、资源、食物等产生的一种直接或间接抑制对方的现象。在种间竞争中常常是一方取得优势而另一方受抑制甚至被消灭。

种间竞争的能力取决于种的生态习性、生态类型和生态幅度等，具有相似生态习性的植物种群，在资源的需求和获取资源的手段上竞争都十分激烈，尤其是密度大的种群更是如此。植物的生长速率、个体大小、抗逆性及营养器官的数目等都会影响竞争的能力。

（2）生态位

生态位（ecological niche）主要指自然生态系统中一个种群在时间、空间上的位置及其与相关种群之间的功能关系。生态位理论有一个形成和发展的过程。美国学者约瑟夫·格林内尔（Joseph Grinnell，1917）最早在生态学中使用生态位的概念，用以划分环境的空间单位和一个物种在环境中的地位。他认为，生态位是一个种占有的微环境。实际上，它强调的是空间生态位的概念。

英国生态学家乔治·哈钦森（George Hutchinson，1957）发展了生态位概念，提出 n 维生态位（n-dimensional hypervolume）。他以种在多维空间中的适合性去确定生态位边界，使如何确定一个物种所需要的生态位变得更清楚。他还进一步指出基础生态位与实际生态位的概念，认为在生物群落中，能够为某一物种所栖息的、理论上的最大空间为基础生态位。但实际上很难有一个物种能全部占据生态位，一个物种实际占有的生态位空间为实际生态位。哈钦森的生态位概念目前被广泛接受。

具有不同分布区的种，其生态位往往是彼此分离的，彼此之间无竞争。生态位上类似且生活在同一地区的种，常常占据着不同的群落环境，因此减少了竞争。除了地理分隔与群落分隔外，两个物种的生态位还可因营养的选择吸收、个体大小、根系深浅和物候期等的不同而彼此分割，以减少竞争。

（3）捕食

生物种群之间除竞争食物和空间等资源外，还有一种直接的对抗性关系，即一种生物吃掉另一种生物的捕食作用。生态学中常用捕食者与猎物或被捕食者的概念来描述。

这种捕食者与猎物的关系，往往在猎物种群的数量和质量的调节上具有重要的生态学意义。

（三）群落

生物群落（community）是指在特定的空间或特定的环境下，具有一定的生物种类组成及其与环境之间相互影响、相互作用，具有一定的外貌及结构，包括形态结构和营养结构，并具有特定功能的生物集合体。也就是说，一个生态系统具有生命的部分即生物群落。

动物学家发现不同的动物种群有群聚现象。1877年，德国生物学家卡尔·莫比乌斯（Karl Möbius）在研究海底牡蛎种群时，注意到牡蛎只出现在一定的温度、盐度、光照等条件下，而且总与具有一定组成的其他动物物种（鱼类、甲壳类）生长在一起，形成比较稳定的有机体，他称这一有机体为生物群落。在此之后，生物群落生态学的先驱者维克多·谢尔福德（Victor Shelford，1911）将生物群落定义为"具有一致性的种类组成且外貌一致的生物聚集体"。

生物群落的基本特征包括：

（1）具有一定的物种组成。正如种群是个体的集合体一样，群落是种群的集合体。一定的植物、动物、微生物种群组成了群落。物种的组成是区别不同群落的首要特征。一个群落中物种的多少及每一物种的个体的数量，决定了群落的多样性。

（2）具有一定的外貌和内部结构。生物群落是生态系统的一个结构单位，它本身除了具有一定的物种组成外，还具有其外貌和一系列的结构特点，包括形态结构、生态结构与营养结构，如生活型组成、种的分布格局、成层性、捕食者与被捕食者的关系等，但其结构常常是松散的，不像一个有机体结构那样清晰，有人称之为松散结构。

（3）形成群落环境。生物群落对其居住环境产生着重大影响，并形成群落环境。如草原群落的环境与裸地就有很大的不同，包括光照、温度、湿度与土壤等都经过了生物群落的改造。即使生物非常稀疏的荒漠群落，对土壤等环境条件也有明显改变。

（4）不同物种间的相互影响。群落中的物种有规律的共处，即在有序状态下生存。在某种程度上，具有分类等级的群落与生态系统都有一个大小的问题，即个体聚集成种群，种群集合成群落，群落与其物理环境联合构成生态系统。我们可以看到，各分类等级由小到大其复杂性在增加，群落不是种的简单集合。各分类等级的整体复杂性大大超过其组成部分成分总和的复杂性并成为一种新的具有其本身特征和特性的完整实体。这样看来，群落中的各种生物并非简单地共存，完全不顾彼此存在而过着独立的生活，它们是相互作用的，群落是按某种生物关系的完全联合和彼此相互作用的种的集合，这使群落成为功能的统一体。哪些种群能够组合在一起，构成群落，取决于两个条件：一是必须共同适应它们所处的无机环境；二是它们内在的相互关系必须得到协调、平衡。

（5）具有一定的动态特征。群落的组成部分是具有生命特征的种群，群落不是静止的存在，物种不断的消失和被取代，群落的面貌也不断发生着变化。由于环境因素的影响，群落时刻发生着动态的变化。其运动形式包括季节动态、年际动态、演替和演化。

（6）具有一定的分布范围。由于其组成群落的物种不同，其所适应的环境因子也不同，因此特定的群落分布在特定地段或特定生境上，不同群落的生境和分布范围不同。从各种角度如全球尺度或者区域尺度上看，不同生物群落都是按着一定的规律分布的。

（7）群落的边界特征。在自然条件下，有些群落有明显的边界，可以清楚地加以区分。有的则不具有明显边界，而是处于连续变化中。

（四）群落的组成与结构的影响因素

1. 干扰对群落结构的影响

干扰现象在自然界中普遍存在，就其字面含义而言，是指平静的中断，正常过程的被打断或受到妨碍。

生物群落不断经受着各种随机变化事件的影响，正如弗雷德里克·克莱门茨（Frederic Clements）所指出的："即使是最稳定的群丛也不完全处于平衡状态，凡是发生次生演替的地方都受到干扰的影响。"有些学者认为，干扰扰乱了顶级群落的稳定性，使演替离开了正常的轨道。而近代多数生态学家认为，干扰是一种有意义的生态现象，它引起群落的非平衡特性，强调了干扰在群落结构形成和动态中的作用。

一方面，干扰对群落中不同层和不同层片的影响时有不同。另一方面，干扰经常使连续的群落中出现缺口，森林中的缺口可能由大风、雷电、砍伐及火烧引起；草地群落的干扰包括放牧、动物挖掘、践踏等。干扰在造成群落出现缺口以后，有的在没有继续干扰的条件下会逐渐恢复，但缺口也可能被周围群落中的任何一个物种侵入和占有，并发展为优势者，哪一个物种成为优势者完全取决于随机因素。

2. 生物因素的影响

群落结构总体上是对环境条件的生态适应，但在形成过程中生物因素起着重要作用，其中最重要的是竞争和捕食。

（1）竞争对群落结构的影响

有不少研究实例说明，竞争在群落结构形成过程中起着重大作用。竞争导致生态位的分化。

目前，再没有生态学家会怀疑竞争在群落结构形成中的作用了；同样也不会有人认为群落中所有物种都是由种间竞争而联结起来的；问题是在影响群落结构的因素中竞争起多大的作用，在什么条件下作用大，在什么条件下作用小。最直接的回答可能是在自然群落中进行引种或去除实验，观察其他物种的反应。

（2）捕食对群落结构的影响

捕食对群落结构形成的作用，视捕食者是泛化种还是特化种而异。实验研究证明，一方面，随着泛化捕食者食草压力的增强，草地上的植物种类增加，因为兔把有竞争力的植物种吃掉了，可以使竞争力弱的种生存，所以多样性提高。但是在捕食压力过高时，植物物种又随之降低，因为兔不得不吃适口性低的植物。因此，植物多样性与兔捕食强度的关系呈单峰曲线。另一方面，即使是完全泛化的捕食者，像割草机一样，对不同种植物也有不同的影响，这就决定了植物本身的恢复能力。

至于特化的捕食者，尤其是单食性捕食者，它们多少与群落的其他部分在食物上是十分隔离的，所以很易控制被食物种，它们是进行生物防治的可供选择的理想对象,当被食者成为群落中的优势种时,引进这种特化捕食者能获得非常有效的生物防治效果。

(五) 生物群落的演替

生物群落演替类型的划分可以按照不同的原则进行,因而存在各种各样的演替名称。

按照控制演替的主导因素划分,可分为:(1) 内因性演替。内因性演替的一个显著特点是群落中生物的生命活动结果首先使它的生境发生改变,然后被改造了的生境又反作用于群落本身,如此相互促进,使演替不断向前发展。一切源于外因的演替最终都是通过内因生态演替来实现的,因此可以说,内因生态演替是群落演替的最基本和最普遍的形式。

(2) 外因性演替。外因性演替又名外因动态演替,是由于外界环境因素的作用所引起的群落变化。是指由于群落以外的因素所引起的演替。如:①气候性演替,是气候变化而引起的演替,其中,气候的干湿度变化是主要的演替动力。②土壤性演替,是由于土壤条件向一定方向改变而引起的群落演替。③动物性演替,是由于动物的作用而引起的群落演替。例如,原来以禾本科植物为优势的草原,植株较高的种类较多,在经常放牧或过度放牧之后,即变成以细叶莎草为优势成分的低矮草原。④火成演替,是指由于火灾的发生而引起的群落演替。⑤人为因素演替,是指在人为因素干扰之下,引起的群落演替。在所有外因性动态演替中,由人类活动对自然界的作用而引起的群落演替,占有特别显著和特别重要的地位。

(六) 生态系统

1. 生态系统的组成要素和功能

(1) 非生物环境

非生物环境包括辐射、大气、水体、土体等。

(2) 生产者

生产者包括所有的绿色植物和利用化学能的细菌等。主要指绿色植物,绿色植物能利用光能把二氧化碳和水转换成碳水化合物,即通过光合作用将一些能量以化学键能的形式存储起来,为以后所用。细菌不能直接利用太阳能,而是利用化学能。太阳能和化学能只有通过生产者,才能源源不断地输入生态系统。

第八章 多学科视角下的K12在线教育发展策略

（3）消费者

消费者是不能用无机物制造有机物的生物。它们直接或间接地依赖于生产者所制造的有机物质，是异养生物。消费者在生态系统中起着重要的作用，它不仅对初级生产物起着加工、再生产的作用，而且对其他生物的生存、繁衍起到积极作用。Eduardo Galante（2013）和 H. Remment（1980）等指出，植物性甲虫实际上并不造成落叶林生成的减少，相反，对落叶林的生长发育还有一定的益处。甲虫的分泌物及其尸体常含有氮、磷等多种营养物质，落入土壤为土壤微生物繁殖提供了宝贵的营养物质，从而加速了落叶层的分解。如果没有这些甲虫，落叶层的分解迟缓，常会造成营养元素积压和生物地理化学循环的阻滞。

（4）分解者

分解者都属于异养生物，这些异养生物在生态系统中连续地进行着分解动作，把复杂的有机物质逐步分解为简单的无机物，最终以无机物的形式回归到环境中。因此，这类生物又被称为还原者。

分解者在生态系统中的作用是极为重要的，如果没有它们，动植物尸体将会堆积成灾，物质不能循环，生态系统将被毁灭。分解作用不是一类生物所能完成的，往往有一系列复杂的过程，各个阶段由不同的生物去完成。池塘中的分解者有两类：一类是细菌和真菌；另一类是蟹、软体动物和蠕虫等无脊椎动物。草地上也有生活在枯枝落叶和土壤上层的细菌和真菌，还有蚯蚓等无脊椎动物，它们也进行着分解作用。

2. 生态系统的营养结构

（1）食物链

生态系统中的各种成分之间最本质的联系是通过营养来实现的，即通过食物链把生物与非生物、生产者与消费者、消费者与消费者连成一个整体。食物链在自然生态系统中主要有牧食食物链和碎屑食物链两大类型，而这两大类型在生态系统中往往是同时存在的。

（2）食物网

在生态系统中，一种生物不可能固定在一条食物链上，它往往同时属于数条食物链，生产者如此，消费者也如此。

实际上，生态系统中的食物链很少是单条、孤立地出现的，它们往往交叉链索，形成复杂的网络式结构即食物网。食物网从形象上反映了生态系统内各生物有机体的营养位置和相互关系。

在生态系统中各生物成分正是通过食物网发生间接和直接的联系，保持着生态系统结构和功能的相对稳定性。生态系统内的营养结构不是固定不变的，而是不断发生变化的。如果食物网中某一条食物链产生了障碍，可以通过其他的食物链来进行必要的调整和补偿。有时营养结构网络上某一环节发生了变化，其影响会波及整个生态系统。生态系统通过营养系统，把生物与生物、生物与非生物环境有机地结合成一个整体。

二　非学科类校外在线教育理论框架

（一）校外在线教育应用种群理论

校外在线教育生态系统中主要有三大种群，分别是教师种群，校外培训机构服务人员种群和学生种群。校外在线教育还涉及其他一些种群，例如学校种群。校外在线教育与政府主办的学校教育形成了一种互补的关系。处理好学校与校外培训机构之间的关系非常重要。

1. 种群的特征

校外在线教育种群的特征主要表现在两个方面。

（1）数量特征（密度或大小）

校外在线教育生态系统中学生种群的数量比较庞大，校外在线教育的主要功能在于满足学习者的个性化学习需求，成为学校教育的一种有效补充。2018年，K12在线教育用户规模达到2021.5万人，2020年其费用总额将达到3025.4万元（艾媒咨询报告，2019）。以每个学生的个性化学习为主，教师承担着帮助者、协助者、引导者的作用。而校外在线教育服务人员则包括企业管理人员、企业服务人员、网络教育平台开发人员等。

（2）空间分布特征

校外在线教育种群的分布具有一定的特点，与校外培训机构与传统学校的面授教育具有一定的差别。校外在线教育由于是网络教育，学生大大突破了地域的限制，城镇与乡村都有。而校外在线教育的教师分布也非常灵活，对培训机构来说，教师与学生均不在异地进行教学与学习已成为常态。而学生与教师也不限于国内，国外的学生与教师也常参与其中。校外在线教育大大促进了优质资源的共享。

2. 种群的增长

（1）种群的群体特征

①种群密度

目前校外在线教育学生种群的密度大小依次是城市、乡镇与农村，这可能与家庭经济水平、教育发达程度等有关系。

②种群结构

种群年龄结构是指不同年龄组的个体在种群内的比例和配置情况。研究种群的年龄结构和性比对深入分析种群动态和进行预测预报具有重要价值。校外在线教育的学生种群主要为接受基础教育的学习者，包括幼儿园、小学、中学学生，在各个学段里均有大量的参与者。

人工智能教育应用学习者主要分布在中小学，高校应用人工智能学习的还较少。

（2）种群数量变动的生态对策

生态学中提出了 r 对策和 K 对策。K 对策的物种，属于那种生活在很稳定环境中的物种，它的体型较 r 对策物种大，所以它的能量主要用在了发育上，在生殖上投入的能量是非常少的，而且 K 对策的物种繁殖率非常低，所以种群数量上 r 对策物种＞K 对策物种。而如果生境变得不稳定，那么对 r 对策生物来说是有利的，而对 K 对策的物种来说是非常不利的。如果环境发生剧烈波动，K 对策的物种会大量死亡，最后的结果可能就是灭绝。

校外在线教育学习者的数量受到诸多因素的影响，例如会受到线上培训质量、国家政策以及个人经济状态的影响。一旦其中的一种或若干种因素发生变化，则会导致校外在线教育学习者的数量急剧变化。今后国家有必要继续完善校外在线教育相关政策，推动校外在线教育的深入发展。中国校外在线教育的发展，需要从多方面进行努力。

3. 种群调节

种群的数量变动反映着两组矛盾的过程（出生与死亡、迁入与迁出）相互作用的综合结果。因此，影响出生率、死亡率和迁移率的一切因素，都同时影响种群的数量动态。英国鸟类学家雷克提出，就大多数脊椎动物而言，食物短缺是最重要的限制因子。对于校外在线教育而言，种群调节表现为学习者数量的变动、教师数量的变动等。对学习者种群数量影响较大的因素包括培训的价格、教育的质量、周围同伴的影响等。而对教师种群数量影响较大的则是校外在线教育给教师带来的收入等。有必要提升校外在线教育的质量、健全校外在线教育教师发展体系等。

(二) 校外在线教育种群关系

1. 种内关系

校外在线教育种内关系包括集群、竞争关系等。

(1) 集群

集群现象普遍存在于自然种群中。同一种生物的不同个体，或多或少都会在一定的时期内生活在一起，从而保证种群的生存与繁殖，因此集群是一种重要的适应性特征。集群可以带来以下一些好处：①集群有利于提高捕食效率；②集群可以共同防御敌害；③集群有利于改变小生境；④集群有利于某些种类动物提高学习效率；⑤集群能促进繁殖。

集群的这些优点给校外在线教育的发展带来了一些启示。目前校外在线教育学习者多以单独学习的形式进行，学习者之间彼此不熟悉。可以建立学习者学习小组，交流讨论，这可能有利于校外在线教育学习效果的提升。这样，大家可以相互交流，共同提高。学习小组的成员在遇到问题时可以相互讨论，互相学习。学习小组的学习方式也可以减少远程学习中学习者的孤独感。教师应积极指导学生建立学习小组，例如可以地域为界，同一地域的学习者组成一个学习小组。我们应提倡学习小组这种学习方式，加强协作学习，提升学习效果。目前中国远程教育在这方面的建设还很薄弱，需要不断加强这方面建设。对于教师种群来说，也是一样的。教师之间要加强交流研讨，共同提升校外在线教育水平与教学效果。

(2) 竞争

校外在线教育各个种群内部存在着一定的竞争关系。首先，校外在线教育提供方之间存在着一定的竞争关系。目前校外培训机构非常多，这些培训机构之间存在着非常大的竞争，在激烈残酷的竞争中，一些培训机构被迫倒闭，例如著名的培训公司学霸君于2021年初宣布倒闭。在这种残酷的竞争中，只有那些管理有方、教学质量有所保障的培训机构才能在激烈的竞争中生存下来。这给培训机构的发展提供了很强的启示作用。校外线上培训企业应该注重办学质量以及管理水平的提升。

2. 种间关系

种间关系包括种间竞争、共生、寄生等。在人工智能教育应用生态系统中，主要存在的种间关系是种间共生关系，因此这里重点探讨一下校外在线教育生态系统种间共生关系。互利共生是指两物种相互有利的共居关系，彼此间有直接的营养物质的交流，相互依赖、相互依存、双方获利。在人工智能教育应用生态系统中，各个种群之间是共生的关系。校外在线教育生态系统中存在着学习者、教师和服务人员三个种群，只有这三个种群密切配合，精诚合作，才能将校外在线教育不断推向前进。教师要不断提升教学效果等。而学习者则要更加积极地投入学习中，积极配合教师的教学。服务人员则要不断提供高质量的服务，只有这样，校外在线教育生态系统才能保持稳定，不断向前发展。

（三）校外在线教育生物群落

1. 群落的基本特征

（1）具有一定的物种组成

在校外在线教育生态系统中，存在着教学服务人员、教师和学生三个种群，他们构成了一个群落。

（2）形成群落环境

校外在线教育群落有其复杂的群落环境。首先，校外在线教育群落面对的是复杂的网络环境。目前网络技术发展迅速，其中包括有线网技术和无线网技术，校外在线教育一般通过网络的形式进行。网络技术的迅速发展为校外在线教育的发展提供了坚实的基础和保障条件。

第一，网络社交媒体不断涌现。目前国外的网络社交媒体有Facebook、Twitter、Pinterest、Flickr、YouTube、Tumblr、Instagram、微博（MicroBlog）等，而国内有腾讯QQ、微信等。目前使用这些网络社交平台的人越来越多，根据Facebook 2013年第三季度财务报告，全球超过11.9亿人有规律地使用Facebook（2013）。据近期商业相关人员报告，几乎世界人口的40%在有规律地使用社交媒体，其中有630万人分享着世界范围内排前25位的社交媒体平台。再以中国微信为例。截至2013年11月，其注册用户量已经突破6亿户，是亚洲地区最大用户群体的移动即时通信软件。人们可以通过这些社交工具实现同步或异步的交流，分享自己的信息和体会，实现知识的共享等。人们可以在网络社交媒体上分享的资源有文本、图片、视频等。这些社交媒体也可以被应用于教育中。教育者应用这些社交媒体实现教育信息和知识的传播，随时随地和学生进行交流和讨论，实现教学模式的创新等。目前越来越多的教师正在利用网络教学平台、微信公众平台等创建网络学习空间，实现教学模式的创新，也可利用 QQ、微信等工具与学生进行实时交流讨论等。高校还可以利用社交媒体召开视频会议、进行在线讨论等。网络学习空间和以往的学习方式（例如面授）相比，具有很多优点，例如网络信息传播速度快，可以随时随地进行学习等。

第二，无线互联网的大力发展。目前无线互联网技术不断发展，例如 WiFi 技术等。无线网覆盖范围越来越广泛，高校、企业等越来越多的地方实现了无限网的覆盖。目前通信技术的发展也为无线互联网的覆盖提供了相关技术基础。手机、平板电脑等移动终端均能方便地接入互联网。无线网技术的发展使移动学习、泛在学习、随时随地学习成为可能，为网络教学的发展提供了坚实的技术支持。

第三，云计算技术和物联网技术的发展。云计算技术为实现大规模资源共享和服务成为可能。云计算是基于互联网的相关服务的增加、使用和交付模式，通常涉及通过互联网来提供动态易扩展且虚拟化的资源。云计算是分布式计算、并行计算、效用计算、网络存储、虚拟化、负载均衡、热备份冗余等传统计算机和网络技术发展融合的产物。云计算基数为教育资源的大规模共建共享和服务提供坚实的技术基础。物联网就是物物相连的互联网。这有两层意思：①物联网的核心和基础仍然是互联网，是在互联网基础上的延伸和扩展的网络；②其用户端延伸和扩展到了任何物品与物品之间进行信息交换和通信。物联网的发展为教育信息化的发展提供了坚实的技术基础。我们可以说，云计算和物联网技术为网络教学的深入发展提供了坚实的相关网络技术基础。

还有，网络技术快速发展的表现有大数据技术的发展等。大数据（big data/mega data），或称巨量资料，指的是需要新处理模式才能具有更强的决策力、洞察力和流程优化能力的海量、高增长率和多样化的信息资产。大数据有大量、高速、多样、有价值等特点。随着云计算时代的来临，大数据也吸引了越来越多的关注。大数据通常用来形容一个公司创造的大量非结构化数据和半结构化数据。大数据需要特殊的技术，以有效地处理大量的数据。适用于大数据的技术，包括大规模并行处理（massively parallel processing，MPP）数据库、数据挖掘电网、分布式文件系统、分布式数据库、云计算平台、互联网和可扩展的存储系统。目前大数据技术被应用于教育中。

校外在线教育群落除了存在于复杂的信息技术环境中外，还处在整个社会环境和自然环境中。中国是社会主义国家，这必然决定了中国校外在线教育的发展必然为中国的社会主义教育事业服务。目前中国正在为实现伟大复兴的"中国梦"而努力奋斗，校外在线教育的发展也必然为这一目标服务，主要培养具有个性化发展的人。

（3）不同物种间的相互影响

群落中的物种是有规律地共处的，是在有序状态下生存的。各分类等级由小到大，其复杂性在增加，群落不是种的简单集合。各分类等级的整体性大大超过其组成部分总和的复杂性，并成为一种新的具有其本身特征和特性的完整实体。群落中的各种生物并非简单共存，它们是相互作用的，群落是按照某种关系的完全联合和彼此相互作用的种的集合，使群落成为功能的统一体。哪些种群能组合在一起构成群落，取决于下述条件：①必须共同适应它们所处的环境；②它们的内部关系必须取得协调、平衡。这给人工智能教育应用的发展带来了一些启示。对于校外在线教育中的种群来说，首先必须适应它们的外部环境。其次种群内部的关系要协调、平衡。外部环境包括自然环境、社会环境和规范环境。社会环境包括国家对校外在线教育的相关政策、网络环境等。

（4）具有一定的动态特征

群落的组成部分是具有生命特征的种群，群落不是静止的存在，物种不断的消失和被取代，群落的面貌也不断发生着变化。由于环境因素的影响，群落时刻发生着动态的变化。其运动形式包括季节动态、年际动态、演替与演化等。校外在线教育群落也是动态变化的。一些质量较差的校外线上培训企业将被淘汰。

2. 群落演替的制约因素

（1）群落内部环境的变化

例如校外在线教育教师信息素养的提高、学生学习状况的改变等都会引起校外在线教育群落的变化。

(2) 外部环境的变化

外部环境的变化对群落的演替有着重要的影响。对于校外在线教育来说，国家的相关政策对校外在线教育的发展有着重要的影响。例如国家对校外在线教育的治理政策等都将对校外在线教育的发展产生重大影响。

(四) 校外在线教育生态系统

1. 生态系统的组成要素及功能

(1) 生产者

教师种群和服务种群是生产者。教师种群包括课程主讲教师、辅导教师等。他们制定相关学习规划、对学习者进行辅导答疑等，属于生产者。而服务者中校外在线教育的建设者、维护者等也属于生产者，他们与教师种群共同构成了校外在线教育生态系统的生产者。

(2) 消费者

学习者种群是消费者。学习者学习教师制作的学习材料，接受教师的指导等，使用校外在线教育网络学习平台进行学习，属于消费者。

(3) 分解者

教师种群和服务种群是生产者，也是分解者。教师可以不定期对学习材料进行更新，对过时的、质量不高的学习材料予以清理，而服务者也定期对平台上的垃圾（例如论坛上的垃圾）进行处理，不断提升平台的质量（例如界面水平等），他们共同构成了校外在线教育生态系统中的分解者。

2. 生态系统的物种结构

校外在线教育生态系统中学生物种处于核心地位。校外在线教育一切以学生为出发点，包括校外在线教育课程的制作、学习支持服务的建设等都要以学生的需要为出发点。不断提升学习者的素质水平是校外在线教育的出发点和归宿。教师和服务人员都要充分了解学生的需求，进行相应的教学和服务。而教师种群和服务人员种群则是围绕学生的需求展开工作的，为提升学生的素质水平而不断努力。

3. 生态系统的能量

能量流动是生态系统的生命线，系统内的所有生命物质都尽可能地抓住一切机会利用一切可以利用的能量，使生态系统内的能量得到充分利用。

第八章　多学科视角下的 K12 在线教育发展策略

（1）生态系统中的能量

经费是校外在线教育生态系统运行的保障，是生态系统的能量。生态系统只有在经费的支持下才能建设网络教学平台、支付相关人员工资、购置各类软硬件设备等。校外在线教育的经费来源有公司、个人等。

校外在线教育建设者可以从多渠道获得能量（经费）。对于校外在线教育来说，能量来源的渠道越多，其能量生态网就越多，对单一渠道的依赖性就越小，校外在线教育就越稳定，对外抗干扰能力也就越强。

目前校外在线教育的经费来源有企业投资、向学习者收费等。总的来说，中国在校外在线教育的投入方面还要不断探索，不断完善投入模式。根据国家相关规划纲要的规定，结合校外在线教育应用实际，笔者设计了以下校外在线教育应用投入机制。

第一，加大政府投资力度。

目前，中国校外线上培训主要有企业投入，有必要增加政府的投入。线上培训可以由政府主办。目前北京试点的由北京市政府组织的中小学生课后辅导取得了一定的效果，可以进一步推广。通过建设相关网络教育平台，邀请学科专家参与。也可以试行混合制在线学校或全职虚拟学校。政府有必要加大投入力度，在举办主体方面形成政府、企业以及个人等共同参与的局面，这有利于校外在线教育的发展。

第二，鼓励多方投资，包括企业、社会等的投资。

多方投资很重要。要鼓励企业对校外在线教育进行投资，同时也要鼓励社会人士对校外在线教育进行投资、捐赠。校外在线教育是传播优质教育资源、造福人民和国家的一件非常有意义的事，应鼓励社会投资。鼓励相关教育热心人士进行捐助是校外在线教育筹集资金的一条重要途径。国家要广泛动员国内外热衷于教育的组织机构和个人对中国校外在线教育的发展进行捐助，以促进中国校外在线教育事业的长足发展。

第三，采取投资者与学习者适度分担相结合的机制。

关于校外在线教育如何收费的问题是业界讨论的热点问题之一。应根据校外在线教育的投入成本，学生的需求等确定校外在线教育相关的收费情况。

（2）信息流动

校外在线教育中信息的流动是核心。校外在线教育中信息流动的核心和主体是文化信息和知识信息的流动。目前校外在线教育传播的主要是知识信息，随着校外在线教育的发展，可以将中华优秀文化以校外在线教育的形式进行传播，可以不断丰富校外在线教育应用信息的传播内容。

（3）生态系统的自我调节

第一，反馈调节。当校外在线教育发展过程中遇到问题的时候，生态系统的反馈调节功能可能会发挥作用。例如，当学习者对教师的授课有意见后，学生可以通过一定的途径向教师或管理人员反馈，教师或管理人员在接到意见后进行反思，提出改进的意见并着手实施。再例如，当授课效果不理想的时候，这种情况可能会以考试考得不理想或作业做得不理想等形式反映出来，教师面对这种情况要认真分析原因，提出改进意见。

第二，生态平衡。当人工智能教育应用生态系统达到一定的平衡后，它能够自我调节和维持自己的正常功能，并能在很大程度上克服和消除外来的干扰，保持自身的稳定性。

（五）校外在线教育生态系统模型建立

校外在线教育生态系统由校外在线教育生态主体和校外在线教育生态环境两部分构成。校外在线教育生态主体包括三个层面，分别是种物、种群和群落。校外在线教育生态系统的物种主要有三种，分别是学习者物种、教师物种和服务人员物种。学习者物种指的是校外在线教育生态系统中的学习者，不同年级、不同专业、不同地域、不同层次的学习者都属于这个物种。教师物种指的是校外在线教育的授课者，主讲教师和辅导教师都属于这个物种。服务人员物种是指校外在线教育产品的开发者、学习支持服务人员、管理人员等。在校外在线教育生态系统中，主要的生态环境有学习资源环境、学习支持服务环境、教学服务环境和教学管理环境等。学习资源环境是对为满足教学之需所建构的各类学习资源的总称，例如校外在线教育学习资源、课件、学习资料等。学习支持服务环境是对为学生提供学习支持的所有环境因素的总称，包括教学交互环境、学习设施设备环境、网络运行环境、学习平台环境、学习中心环境、信息资源环境等。教学服务环境包括教务环境、培训服务环境、资源建设环境、教学实施环境以及教师专业发展环境等。教学管理环境是对为教学服务人员的教学管理工作提供支撑的所有环境因素的总和，包括教学规范环境、教学信息发布环境、教学管理平台环境、教学评价环境等。

校外在线教育生态系统是一个开放系统，需要社会系统不断地向其输入各类资源，同时，校外在线教育生态系统又不断地向社会系统输出。校外在线教育生态系统的输入主要包括人力、研发经费、物资设备等。校外在线教育生态系统的输出主要包括人力资源以及学习资源等。

校外在线教育生态系统的结构，具体表现为不同层面的四种相互作用：①种群内的相互作用，如在服务人员种群中，教学管理人员、技术研发人员、管理人员之间的相互作用；②种群之间的相互作用，如学生种群、教师种群与服务人员种群之间的作用，种群间的友好合作能够促进教学工作的顺利开展和教学质量的提高；③生态学主体与生态环境之间的相互作用，生态主体生存于生态环境中，离不开生态环境，两者相互作用，相互依存；④生态系统与外界系统的相互作用，表现为社会系统不断向教学生态系统输入各类资源，教学生态系统也不断向社会系统输出人力资源和学习资源。

（六）生态主体与生态环境的相互作用

在校外在线教育远程教学生态系统中，生态主体主要是教师、学生和教学服务人员。生态环境主要是学习资源环境、学习支持服务环境、教学服务环境和教学管理环境。生态主体与生态环境之间相互作用，共同构成校外在线教育远程教学生态系统。生态主体与生态环境的关系，主要包括三个方面，即生态主体对生态环境的构建、适应和利用关系。

1. 生态主体对生态环境的构建

（1）学习资源环境的构建

学习资源环境的构建以教师快速建设学习资源、学生便利获取学习资源为目的。如某所高校基于学习平台的功能模块，以课程为基本构成单元建构了学习资源环境。在课程中首先设计了基本的模块，如教师信息、交互系统、课程资料、课程作业、课程交流、课程工具盒相关链接等，对于每个模块都有功能和内容的描述和界定。这种开放式的学习资源环境，方便教师快速建设和呈现各种学习资源。而相对集中的学习资源模块，又便于学生获取，学生可以根据学习的需要到不同的课程模块中获取相应的学习资源。在构建学习资源环境时还应充分考虑课程模块的拓展性，教师可根据教学需要自行增加模块和学习资源。

（2）学习支持服务环境的构建

学习支持服务环境作为校外在线教育远程教学生态系统中的一个核心构成，它的目标是让学生随时随地获得学习支持，为此，基于网络教学平台可以设计下述两种功能：①信息服务功能，方便学生获得各种学习信息，使学生在学习的整个过程中都能获得指导；②教学交互功能，方便学生与教师、同学及管理者进行交流沟通。

第一，信息服务功能。

实现一站式的信息服务方式。由于校外在线教育中的学生具有分布广、分散等特点，学生获取信息的最佳方式就是利用学习平台。为了便于学生获取各种教学信息，可以结合学习平台的特点，专门建设"教学管理"组织，在"教学管理"组织中，学生可以了解各种基本的教学信息，如教学通知、教学管理规定、教学日历、开课课程、教材信息、学费收费等信息，还可以下载相关的教学材料。

第二，教学交互功能。

学生在学习过程中一定会遇到各种各样的问题，有学术性的，也有非学术性的。为了促进教师、学生、管理人员之间的交流，可以在校外在线教育学习平台上设立课程问题交流区、教学问题交流区、教务问题交流区、技术问题交流区和学习交流区。学生可以在各个交流区进行相关问题的交流，获得学习支持。

教学服务环境和学习支持服务环境的区别在于前者是针对教师的，是专门针对远程教育中教师提供的服务，而后者是专门针对远程教育中的学生的，是专门为远程教育中的学生提供的服务。

（3）教学服务环境的构建

在远程教学系统中，教师主要通过学习平台熟悉网络远程教育、实施远程教学以及促进自身的专业发展。因此，一个成熟的教学服务环境应该能帮助教师实现这些目标。基于这些理念，教师的教学服务环境需要实现四个方面的功能：信息服务、培训服务、专业发展服务和教学实施服务。

①信息服务

实现"一站式"的教师信息服务。将教师所需要的信息全部集中在一起，如政策法规、教学计划、教学安排、相关资料下载等。

②培训服务

将教师的培训服务整合在一起，培训内容被分成四个基本模块：远程教育基础、网络课程建设技术、学习平台使用方法、教师实施规范。每个模块都有专门的网络课件和电子文档，能够在学习平台上尽快熟悉远程教学工作。教师也可以通过交流园地或电话及时获得教学和技术的支持。

③专业发展服务

为促进教师的专业发展，帮助教师了解校外在线教育的前沿、现状和发展，可以在学习平台上设置如下几个栏目：远教会议、远教研究、相关网站，并精心挑选适合教师的内容，方便教师及时了解国内外重要远程会议的内容，了解远程教育的研究前沿和发展趋势，以促进教师的专业发展。

④教学实施服务

学习平台为教师的教学实践提供了良好的环境，教师主要依赖于学习平台的控制面板所提供的环境实施教学。

（4）教学管理环境的构建

在校外在线教育远程教学生态系统中，教学管理环境能够帮助教学服务人员实施教学管理工作，促进教学工作的顺利开展。教学管理环境至少需要实现三个方面的功能，分别是教学信息发布、学习过程监控和学习评价。

2. 生态主体对生态环境的适应

在校外在线教育生态系统中，学生作为生态主体，需要适应其所处的生态环境。学生适应生态环境的方式有两种：一种是主动适应；另一种是被动适应。主动适应是指学生主动利用周围的各种资源，了解和熟悉校外在线教育教学生态系统，从而达到熟悉校外在线教育教学环境的目的。被动适应是指学生被动地适应生态环境。远程教学生态系统所提供的导学服务能够促进学生快速适应生态系统。

（1）学生对生态环境的适应

①帮助学生全方位地适应生态环境

学习者在接受校外在线教育之前，由于长期处于传统的学习环境中，势必会产生对传统学习方式的依赖和惯性。面对全新的远程学习环境，新生必须迅速对其进行了解、熟悉、适应，真正融入其中。根据生态适应原则，学习者如果不能适应远程学习环境，那么就难以在远程环境中生存，更不用说成为成功的远程学习者了。校外在线教育教师通过对远程学习环境的介绍以及实践操作演示，让新生迅速、全面了解校外在线教育系统，熟悉并适应远程学习环境，以尽快成为成功的远程学习者。

②帮助学生快速掌握学习方法

学会学习是远程学习者必须学会的技能，也是终身学习型社会对人才的要求。由于远程学习方式和传统的学习方式存在较大差异，传统学习的方法显然不能满足远程学习的需要。在远程学习中，由于教师退居幕后，学生如果完全依赖教师的督促进行学习将无法适应远程学习。学生只有掌握了恰当的学习方法，才能在远程学习环境中游刃有余，才能在专业学习中事半功倍。远程学习方法是远程教育导学的一项核心内容，学生可以通过学习导学，快速掌握远程学习方法。

③帮助学生快速扫清技术障碍

与传统教育不同，基于信息技术的远程教育，要求学生具备较高的信息素养，掌握基本的远程学习技术（例如计算机技术、网络技术、网页浏览、网上交流、信息检索、文件上传下载等）。学生如果缺乏这些技术，将给远程学习带来极大的不便。学生可以通过学习，快速学习这些技术，扫清远程学习的障碍。

（2）教师对生态环境的适应

教师对环境的适应主要表现在适应远程教学环境，包括学习资源环境、学习支持服务环境等方面。教师可以说是人工智能教育应用学习生态系统的核心，其对生态环境的适应是人工智能教育应用能否取得成功的关键。教师适应远程教学环境，分为两种：一种是主动适应，另一种是被动适应。主动适应是指教师主动适应生态环境，被动适应是指教师在各种政策、制度的逼迫下不情愿地适应生态环境。远程教学生态环境需要促使教师从被动适应环境转变为主动适应环境，通过发挥教师的主观能动性，使教师更容易适应生态环境。

①构建良好的政策和环境

教师适应生态环境对于校外在线教育的发展具有重要的意义。可以出台一些激励政策，鼓励教师进行校外在线教育，例如将人工智能教育应用中的工作量和常规工作量等同起来（或按一定的标准进行换算），这样能

第八章 多学科视角下的 K12 在线教育发展策略

够提高高校教师进行人工智能教育应用的积极性，从而使教师主动适应生态环境。

要建立远程教育教师准入制度，促使教师主动适应生态环境。例如要求对每一位校外在线教育的教师接受专业化的培训，只有通过专业化考试的教师才有资格参加远程教育，这样能够确保在远程教学一开始时教师就适应环境。同时在政策上鼓励教师参加各种相关研讨会，并进行资助，从而使教师更快地适应生态环境。

②建构完善的教学服务环境

完善的教学服务环境能够让教师及时获取各种信息和各种培训，从而帮助教师快速地适应生态环境。

③建构完善的教师培训体系

一个完善的教师培训体系能够让教师在短时间内了解远程教育，适应网络远程教育的生态环境，教师培训体系的建构包括以下几个方面：一是建设一支精干的教师培训队伍，以实现对教师的专业化培训。在承担培训工作的教师中，不仅要有远程教学经验丰富的教师，还应有学科专家、远程教育专家和教学设计专家。二是精心设计培训内容，以实现对教师的系统化培训。结合远程教学实践的需要，培训的内容可以包括如下一些方面：第一，人工智能教育应用基本理论培训，帮助教师认识和理解远程教学；第二，教育技术基本理论培训，帮助教师理解和掌握网络课程的教学设计；第三，校外在线教育教学平台应用技术培训，使教师熟悉并能应用教学平台实施教学；第四，网络课程建设培训，包括网上资源和网下教材建设培训；第五，教学支持服务培训，指导教师提供专业化的学习支持服务。三是建设教师培训网站，方便教师接受培训。通过网络对教师实施培训，一方面可以展示更多的电子资源，另一方面也能让教师理解学生是如何进行网络学习的。可以在远程教学平台上建立教师的专有课程，将教师的培训集中起来，对教师的培训主要分为以下几个模块：远程教育基础、网络课程建设技术、学习平台的使用和教学实施规范，从而帮助教师尽快熟悉其工作。

（3）教学服务人员对生态环境的适应

教学服务人员在人工智能教育应用生态系统中也起着重要的作用。教学服务人员对生态环境的适应可分为主动和被动适应两种，要使教学服务人员尽快主动适应校外在线教育环境。

①建立完善的管理制度

公平公正的用人环境，较高的薪酬能够促进教学服务人员主动适应生态环境，同时，规范、严谨的管理制度也能够让教学服务人员更全面、更快速地适应生态环境，如引入 ISO 质量管理体系。

②建立完善的培训体系

完善的教学服务人员培训体系能够帮助教学服务人员全方位地了解远程网络教育，认识远程网络教育的办学模式，熟悉远程教学规律，从而能够促进教学服务人员快速熟悉和适应生态环境，特别是教学管理环境，促进各项教学服务的顺利开展。

完善的教学服务人员培训体系需要有专门的培训部门和专业的培训人员，培训人员的专业化程度越高，就越能保障培训的质量和培训的效率。

3. 生态主体对环境的利用

学生对生态环境的利用是生态主体对生态环境利用的典型代表。学生对生态资源的充分利用一方面可以提高学习资源的利用效率，另一方面可以提高学生的学习效率。

（1）学习资源的利用途径

在信息技术发展的今天，学生可以通过多种途径获取学习资源，不仅可以从主讲教师、辅导教师、管理者处获取学习资源，还可以从朋友、同事、互联网等处获取学习资源。

（2）学习资源的利用效率

学生对学习资源的利用效率指的是单位时间内学习者所能获取的知识的多少。学习资源的利用效率取决于学生的基础生态位、学习资源与学习者的距离、学习资源的难易程度、学习资源呈现方式以及学习资源的针对性等。

①学生的基础生态位与学习资源的利用效率

基础生态位是指学生所拥有知识的位置。学习资源生态位是指远程教学生态系统所提供的学习资源位置。基础生态位与学习资源生态位的重叠部分，表示校外在线教育所提供的这部分知识是学生已经拥有的，不需要再学习的。而基础生态位未涵盖的学习资源生态位的部分，则是学生需要学习的。基础生态位与学习资源生态位重叠得越多，所提供的学习资源的

第八章　多学科视角下的K12在线教育发展策略

价值就越低，学生资源获取率就越低。反之，如果基础生态位与学习资源生态位重叠得越少，所提供的学习资源的价值就越高，学生资源获取率就越高。

②距离与学习资源的利用效率

最优采食理论告诉我们，生物获取食物所需要的迁移距离越远，消耗的能量就越多，在食物资源一定的情况下，生物会选择最近的食物资源，以减少能量的消耗，提高采食的效率。学生学习资源的获取也是一样的。学生与学习资源的距离越远，所消耗的能量就越多，包括时间和精力。

距离可以分为空间距离和心理距离两种。校外在线教育通过将包括交互资源等在内的学习资源放在网上供学生学习，使得学生可以轻松地获取网络学习资源并进行学习。学生和学习资源之间空间距离越短，学生越容易获取学习资源，从而学生的学习资源利用效率也就越高。校外在线教育教学者可以尽可能地缩短学生和学习资源的空间距离，从而使学生学习资源利用率得到提高。

心理距离也对学习资源的利用率有一定的影响。学生与教师的心理距离越近，学习资源的利用率一般就会越高。校外在线教育将学习资源放在网上，和校园常规学习相比缩短了学生和学习资源的距离，但加大了学生与教师的心理距离，从而使校园常规学习资源利用率比远程教育要高。所以远程教育应采取一定的措施，缩短学生与教师的心理距离，例如可以通过在线交流、设定一定的面授时间、组织一定的活动等。

③难易程度与学习资源的利用效率

学习资源的难易程度也会影响学生对学习资源的利用率。如果学习资源过难，学生难以消化或在学习时花费过多的时间和精力，那么学习资源的利用率就会变低。如果学习资源的难度过低，则会导致学生对学习失去兴趣，从而降低学习资源的利用率。因此学习资源既不能过难，也不能过于容易。可以设置少量难度较大或较低的学习资源供少数有需要的学生学习。

④呈现方式与学习资源的利用效率

学习资源的呈现方式也会对学生学习资源的利用率产生影响。学习资源的呈现方式越多，学生可以学习的资源形式就越多，这样有利于学生提高学习资源的利用率。因此，应将人工智能教育学习资源呈现方式多样化，例如建设校外在线教育移动学习资源等。

⑤针对性与学习资源的利用效率

学习资源的针对性越强，学生在学习过程中就不需要剔除对自己没用的学习资源，减少筛选学习资源的时间，更重要的是，学生不需要学习对自己不适用的知识，从而可以大大节省时间和精力，提高学习资源的利用率。

参考文献

卞延竹：《基于在线教育平台的美国中小学个性化学习探究——以爱达荷州可汗学院项目为例》，学位论文，西安外国语大学，2018年。

蔡建东、段春雨：《高校教师网络教学的影响因素与提升策略——基于结构方程模型的实证研究》，《电化教育研究》2016年第2期。

陈宝生：《乘势而上狠抓落实加快建设高质量教育体系——在2021年全国教育工作会议上的讲话》，［2021-2-4］，http：//www.moe.gov.cn/jyb_xwfb/moe_176/202102/t20210203_512420.html。

陈丽：《在线学习基础》，高等教育出版社2004年版。

陈忆金、陈希健、古婷骅：《ECM-ISC框架下期望确认度对在线知识问答社区持续使用意愿的影响研究》，《农业图书情报》2019年第9期。

陈玉梅：《政府信息系统成功实施的多因素模型实证研究——基于广东省政府部门的应用经验分析》，《暨南学报》（哲学社会科学版）2014年第6期。

陈秭妤：《全日制高中远程网络直播教学现状问题及对策研究》，学位论文，四川师范大学，2012年。

戴和忠：《网络推荐和在线评论对数字内容商品体验消费的整合影响及实证研究》，学位论文，浙江大学，2014年。

戴晓华、陈琳：《我国中小学微课发展现状及其优化策略研究》，《中国电化教育》2014年第9期。

戴心来、郭卡、刘蕾：《MOOC学习者满意度影响因素实证研究——基于"中国大学MOOC"学习者问卷的结构方程分析》，《现代远距离教育》2017年第2期。

丁燚蒙：《利益相关者视角下高校学部制改革探究——以Z大学为例》，学位论文，郑州大学，2019 年。

董晓辉、郑小斌、彭义平：《高校教育大数据治理的框架设计与实施》，《中国电化教育》2019 年第 8 期。

樊文强：《MOOC 学习成果认证及对高等教育变革路径的影响》，《现代远程教育研究》2015 年第 3 期。

方旭、杨改学：《高校教师慕课教学行为意向影响因素研究》，《开放教育研究》2016 年第 2 期。

方旭：《MOOC 学习行为影响因素研究》，《开放教育研究》2015 年第 3 期。

方旭：《高等教育慕课（MOOC）学分转换的理论与实证研究》，人民出版社 2019 年版。

方旭：《高校教师慕课教学行为意向影响因素研究》，《开放教育研究》2016 年第 2 期。

方旭：《国家精品在线开放课程认定的实证分析》，《中国高教研究》2018 年第 7 期。

方旭、高若宇：《基于 SPOC 的翻转课堂教学应用——以〈绩效技术导论〉为例》，《现代教育技术》2016 年第 9 期。

方旭、张赛宇：《我国教育信息技术类课题立项的统计与分析——基于 2010—2019 年全国教育科学规划课题的分析》，《现代教育技术》2019 年第 8 期。

方旭、张新华、李林：《教师 STEM 网络教育平台行为意向的影响因素研究——基于华南师大 wise 平台的调查》，《开放教育研究》2018 年第 3 期。

冯姗姗：《中小学在线教育中题库答疑类 APP 的比较分析》，《中小学电教》2017 年第 7 期。

高朝邦、唐毅谦、李小玲：《互联网＋中小学教育》，科学出版社 2016 年版。

高清晨、孙涛：《利益的冲突：特岗教师如何从流动走向稳定——基于利益相关者的访谈研究》，《教育理论与实践》2019 年第 22 期。

高巍、周嘉腾、经湛、许娜：《后疫情时代的高等教育技术转向：实践反思与未来图景——〈2021 地平线报告（教与学版）〉要点分析》，《现代远程教育研究》2021 年第 3 期。

顾小清、胡艺龄:《理解、设计和服务学习分析的回顾与前瞻》,《开放教育研究》2020年第2期。

郭晓东:《在线教育付费用户持续使用意愿的影响因素研究》,学位论文,兰州财经大学,2018年。

韩利红、赖应良主编:《管理学》,西南交通大学出版社2017年版。

何秋兰:《教师认识视域下中学微课教学应用反思——以江西省为个案》,学位论文,江西师范大学,2015年。

何晓群:《应用多元统计分析》,中国统计出版社2010年版。

胡永斌:《"互联网+"背景下美国K-12教育转型分析》,《中国电化教育》2016年第3期。

江育:《X教育培训机构在线教育转型研究》,学位论文,广东财经大学,2015年。

教育部:《教育部应对新型冠状病毒感染肺炎疫情工作领导小组办公室关于在疫情防控期间做好普通高等学校在线教学组织与管理工作的指导意见》,［2020-02-05］,http://www.gov.cn/zhengce/zhengceku/2020-02/05/content_5474733.htm。

教育部等:《教育部等六部门关于规范校外线上培训的实施意见》,http://www.moe.gov.cn/srcsite/A06/s3325/201907/t20190715_390502.html,2019-7-12。

教育部等:《教育部等十一部门关于促进在线教育健康发展的指导意见》,2019年9月30日。

教育部等三部门:《强化在线教育培训监管》,《中小学信息技术教育》2019年第6期。

靳苗苗:《远程教育中的师生交互研究》,学位论文,西南大学,2018年。

孔维梁、韩淑云、张昭理:《人工智能支持下自适应学习路径构建》,《现代远程教育研究》2020年第3期。

孔燕:《美国K12在线学习发展研究》,学位论文,曲阜师范大学,2010年。

况姗芸、李颖、蓝琰、陈菁竹、何敏:《在线学习投入研究进展述评》,《教育信息技术》2019年第309期。

赖珍珠:《在线教育经营模式的研究》,学位论文,厦门大学,2014年。

李静怡:《民族中学远程直播教学中远端教师协同教学的现状及策略研究》,学位论文,四川师范大学,2020年。

李青、韩俊红:《数据治理:提升教育数据质量的方法和途径》,《中国远程教育》2018年第8期。

李炜:《MOOC背景下三种常见混合式教学模式的比较研究》,《现代教育技术》2018年第28期。

李雅筝:《在线教育平台用户持续使用意向及课程付费意愿影响因素研究》,学位论文,中国科学技术大学,2016年。

李玉萍:《网络购物顾客重构意愿影响因素的实证研究》,学位论文,西南交通大学,2011年。

梁林梅、赵柯杉:《美国K-12在线教育:现状、系统结构与政策分析》,《中国电化教育》2017年第11期。

梁迎丽、刘陈:《人工智能教育应用的现状分析、典型特征与发展趋势》,《中国电化教育》2018年第3期。

刘佳:《"直播+教育":"互联网+"学习的新形式与价值探究》,学位论文,华东师范大学,2017年。

刘述:《用户视角下在线学习平台体验探究》,《电化教育研究》2019年第40期。

刘翔、朱翠娥:《网络直播在远程教育中的应用——基于交互式教学视角》,《湖南广播电视大学学报》2019年第2期。

刘晓东、丁国勇:《美国一流大学数据治理的研究与启示——以范德堡大学为例》,《江苏高教》2020年第3期。

卢长红:《我国在线教育服务质量的影响因素研究》,学位论文,华北电力大学(北京),2017年。

陆丰:《中小学在线教育现状与趋势研究》,学位论文,江西师范大学,2015年。

罗慧英:《连接学习设计和学习分析的国际努力》,《开放教育研究》2020年第2期。

马志丽:《中小学校在线教育的现状及教学模式研究》,学位论文,北京邮电大学,2019年。

孟涛、汪颖:《教师在线培训平台探析及优化策略》,《中国远程教育》

2016年第493期。

缪文龙：《大学在线课程质量保障体系构建研究》，学位论文，华东师范大学，2015年。

牟艳红：《在线教育点亮未来》，《中小学信息技术教育》2016年第3期。

牟智佳：《MOOCs学习参与度影响因素的结构关系与效应研究——自我决定理论的视角》，《电化教育研究》2017年第10期。

Niels Pinkwart：《学习分析：当前的挑战与未来的发展》，《开放教育研究》2020年第2期。

潘雪峰、张宇晴、毛敏、崔鹤：《在线教育产业发展现状及产品设计研究》，《科技和产业》2013年第8期。

彭华茂、王迎、黄荣怀、陈庚：《远程学习效能感的结构和影响因素研究》，《开放教育研究》2006年第2期。

齐晓云、毕新华、于宝君、李川：《信息系统成功影响因素的阶段差异研究》，《软科学》2011年第2期。

钱瑛：《在线学习用户持续使用行为影响因素研究》，《现代情报》2015年第3期。

冉再：《基于SSI架构的在线教育支持系统构建》，学位论文，复旦大学，2009年。

荣泰生：《AMOS与研究方法》，重庆大学出版社2009年版。

上超望、韩梦、杨梅：《基于大数据的在线学习过程性评价设计研究》，《现代教育技术》2018年第210期。

沈宏兴、郝大魁、江婧婧：《"停课不停学"时期在线教学实践与疫后在线教学改革的思考——以上海交通大学为例》，《现代教育技术》2020年第5期。

时蓉华：《现代社会心理学》，华东师范大学出版社2001年版。

宋慧玲、帅传敏、李文静：《生态学习观视角下虚拟学习社区用户满意度模型构建与验证》，《中国电化教育》2019年第12期。

宋慧玲、帅传敏、李文静：《知识问答社区用户持续使用意愿的实证研究》，《信息资源管理学报》2019年第4期。

宋灵青、许林、李雅瑄：《精准在线教学+居家学习模式：疫情时期学生学习质量提升的途径》，《中国电化教育》2020年第3期。

宋雪雁：《用户信息采纳行为模型构建及应用研究》，学位论文，吉林大学，2010年。

谭光兴、徐峰、屈文建：《高校学生网络教学行为意向影响因素与模型》，《电化教育研究》2012年第1期。

谭光兴、徐峰、屈文建：《高校学生网络教学行为意向影响因素与模型》，《电化教育研究》2012年第2期。

唐佳希、刘巧华、董彦君：《信息、系统和服务：移动漫画阅读应用的对比及启示——以信息系统成功模型为理论视角》，《出版发行研究》2013年第8期。

唐荣蓉：《线上补习还是线下补习：基于家庭补习决策的分析》，《华中师范大学学报》（教育科学版）2020年第5期。

唐晓玲、张力文、王正青：《教育大数据战略下美国纵向数据系统建设与运用》，《电化教育研究》2019年第2期。

唐新荣：《课外辅导机构在线教育发展研究——以A学校为例》，学位论文，昆明理工大学，2015年。

田贤鹏：《隐私保护与开放共享：人工智能时代的教育数据治理变革》，《电化教育研究》2020年第5期。

涂俊英、吴先飞：《高校微课的应用现状分析及对策研究》，《高教学刊》2016年第19期。

汪林：《首份校外线上培训规范性文件出台在线教育行业或将迎来洗牌》，《计算机与网络》2019年第608期。

王聪：《高中语文在线学习平台现状及使用研究》，学位论文，聊城大学，2019年。

王佳佳、胡甜：《美国虚拟特许学校的运行机制述评》，《比较教育研究》2019年第8期。

王静：《全日制远程直播教学模式在高中历史教学中的应用研究与反思》，学位论文，华中师范大学，2019年。

王来印：《高校微课教学有效性调查研究——以扬州大学为例》，学位论文，扬州大学，2014年。

王伟：《微课资源应用现状调查分析及策略研究》，《陕西广播电视大学学报》2014年第4期。

王文韬、谢阳、群谢笑：《关于 D&M 信息系统成功模型演化和进展的研究》，《情报理论与实践》2014 年第 6 期。

王旭、谢姬凤、杨晓强：《在线培训研究综述》，《中外企业家》2019 年第 642 期。

王运武、王宇茹、洪俐、陈祎雯：《5G 时代直播教育：创新在线教育形态》，《现代远程教育研究》2021 年第 1 期。

王正青：《美国 K–12 在线学习的运行机制与质量保障》，《现代远程教育研究》2017 年第 5 期。

王正青、但金凤：《大数据时代教育大数据治理架构与关键领域》，《现代教育技术》2019 年第 2 期。

王正青、但金凤：《如何构建教育数据治理体系：美国肯塔基州的成功经验》，《现代远程教育研究》2021 年第 1 期。

王竹立：《后疫情时代，教育应如何转型？》，《电化教育研究》2020 年第 4 期。

邬锦锦：《网络课程中学习共同体有效交互影响因素研究》，学位论文，山东师范大学，2014 年。

吴安：《在线教育平台用户持续使用意愿研究——基于期望确认理论模型的分析验证》，《哈尔滨学院学报》2018 年第 6 期。

吴竞、张晨婧仔：《基于手机直播的教师远程培训策略研究》，《电脑与电信》2019 年。

吴薇、姚蕊、谢作栩：《高校教师在线教学经历对自我教学评价的影响——基于全国 334 所高校在线教学的调查分析》，《高等教育研究》2020 年第 8 期。

吴永和、刘博文、马晓玲：《构筑"人工智能 + 教育"的生态系统》，《远程教育杂志》2017 年第 4 期。

谢娟：《教育数据治理的伦理框架：价值、向度与路径》，《现代远程教育研究》2020 年第 5 期。

徐美玲：《浅谈中小学校文化辅导培训机构发展中存在的问题》，《才智》2015 年第 1 期。

徐鹏、王以宁：《国内人工智能教育应用研究现状与反思》，《现代远距离教育》2009 年第 5 期。

许晓东、彭娴、周可：《美国通用教育数据标准对我国高等教育数据治理的启示》，《高等工程教育研究》2019年第1期。

闫志明、唐夏夏、秦旋、张飞、段元美：《教育人工智能（EAI）的内涵、关键技术与应用趋势——美国〈为人工智能的未来做好准备〉和〈国家人工智能研发战略规划〉报告解析》，《远程教育杂志》2017年第1期。

严慧贤：《商业性在线教育平台用户体验满意度及优缺点分析》，学位论文，首都经济贸易大学，2018年。

杨根福：《MOOC用户持续使用行为影响因素研究》，《开放教育研究》2016年第1期。

杨根福：《MOOC用户持续使用行为影响因素研究》，《开放教育研究》2016年第2期。

杨金勇：《把握资源开放机遇推动从学生学习到教师学习——欠发达边境山区县域"停课不停学"实践与思考》，《中国电化教育》2020年第4期。

杨文正、张静、刘敏昆、游昊龙：《数字教育资源用户持续使用行为实证研究——基于扩展的ECM-ISC模型》，《中国电化教育》2015年第11期。

杨现民、张昊、郭利明、林秀清、李新：《教育人工智能的发展难题与突破路径》，《现代远程教育研究》2018年第3期。

杨晓宏、杜华：《利益相关者视角的基础教育信息化绩效评估模型研究》，《现代远距离教育研究》2016年第3期。

杨晓哲、张昱瑾：《疫情防控下中小学教师在线教学与在线培训分析》，《现代教育技术》2020年第227期。

杨扬：《基于用户体验的在线教育产品设计与研究》，学位论文，中央美术学院，2016年。

殷丙山、郑勤华、陈丽：《中国MOOCs证书授予及学分认定调查研究》，《开放教育研究》2016年第2期。

于莎、刘奉越：《成人参与在线学习共同体意愿的内在影响机制——基于目标导向行为理论和自我决定理论微视角》，《现代远程教育研究》2018年第5期。

余明华、冯翔、祝智庭：《人工智能视域下机器学习的教育应用与创新探索》,《远程教育杂志》2018年第3期。

余胜泉:《人工智能教师的未来角色》,《开放教育研究》2018年第1期。

喻知音:《中学语文远程直播教学模式的反思性研究》,学位论文,湖南师范大学,2013年。

袁雪霞、尹新富:《新媒体背景下基于大学生思想政治教育的移动app研究》,《智库时代》2019年第2期。

曾文婕:《从"教学目标"到"学习目标"——论学习为本课程的目标转化原理》,《全球教育展望》2018年第369期。

张曼曼:《中小学教师在线培训学习动机与学习满意度关系研究》,学位论文,东北师范大学,2017年。

张梦冉:《美国K-12在线教育的运营模式研究》,学位论文,浙江师范大学,2018年。

张培培、夏海鹰:《教育领域数据治理的基本思路与实践路径》,《现代教育技术》2020年第5期。

张思、李勇帆:《高校教师使用Moodle网络教学平台影响因素研究》,《电化教育研究》2014年第8期。

张文兰、牟智佳:《高师院校大学生网络学习动机影响因素的实证研究》,《电化教育研究》2013年第12期。

张星、陈星、夏火松、王莉:《在线健康社区中用户忠诚度的影响因素研究:从信息系统成功与社会支持的角度》,《情报科学》2016年第3期。

张哲、陈晓慧、王以宁:《教师信息技术应用行为影响因素模型构建研究》,《中国电化教育》2018年第1期。

张哲、王以宁、陈晓慧、高焱:《MOOC持续学习意向影响因素的实证研究——基于改进的期望确认模型》,《开放教育研究》2016年第5期。

赵福君:《如何提高在线学习者的自我调节能力》,《兵团教育学院学报》2013年第111期。

赵国栋、原帅:《混合式学习的学生满意度及影响因素研究——以北京大学教学网为例》,《中国远程教育》2010年第6期。

赵慧:《基于校园网平台的在线教育质量保障体系研究》,《中国管理信息化》2017年第353期。

赵可云、亓建芸、赵雪梅:《教师信息化教学执行力影响因素研究》,《电化教育研究》2020年。

赵婷婷、杨翊:《利益相关者视域下我国工程教育学习成果多方评价对比分析》,《高等工程教育研究》2017年第4期。

郑冬梅:《基于慕课的行业大规模在线培训平台的设计与实践》,《中国电化教育》2017年第370期。

《中共中央关于制定国民经济和社会发展第十四个五年规划和二〇三五年远景目标的建议》,［2020 – 11 – 3］, https：//www. ccps. gov. cn/xtt/202011/t20201103_144495. shtml。

教育部基础教育司:《多措并举持续规范校外线上培训》,［2021 – 1 – 18］, http：//www. ccdi. gov. cn/toutiao/202101/t20210118_234122. html。

钟君:《创新推广理论下中小学微课应用障碍与对策研究——以江西省部分中小学研究为例》, 学位论文, 江西师范大学, 2016年。

周丹丹:《慕课建设中的教学质量保障机制研究》, 学位论文, 江西财经大学, 2017年。

周航、李波:《构建在线教育监管服务体系提升教育治理能力》,《中小学信息技术教育》2019年第209期。

周桦:《基于QT公司K12在线教育战略的营销模式研究》, 学位论文, 华中师范大学, 2015年。

周蕾、赵中建:《美国K – 12阶段在线教育质量全国标准探析》,《开放教育研究》2020年第2期。

朱春芹:《基于学情诊断视角的中小学在线教育翻转课堂产品的设计研究》, 学位论文, 北京第二外国语学院, 2016年。

Affah Mohd Apandi. "Arumugam Raman." *Factors Affecting Successful Implementation of Blended Learning at Higher Education*, 2020（1）.

Ajzen, I., and Fishbein, M. "Attitudes and the Attitude Behavior Relation：Reasoned and Automatic Processes." *European Review of Social Psychology*, 2000, 11（1）.

Ajzen, I. "From Intentions to Actions：A Theory of Planned Behavior." J. Kuhl, J. Beckmann, eds. *Action Control：From Cognition to Behavior*. Springer Verlag, New York, 1985.

Ajzen, I. "Residual Effects of Past on Later Behavior：Habituation and Reasoned Action Perspectives." *Personality & Social Psychology Review*, 2002, 6 (2).

Ajzen, I. "The Theory of Planned Behavior." *Organ. Behavior and Human Decision Processes*, 1991, 50 (2).

Antoni Badia, David Martín, Marta Gómez. "Teachers' Perceptions of the Use of Moodle Activities and Their Learning Impact in Secondary Education." *Technology, Knowledge and Learning*, 2019, 24 (3).

Archambault, L. & Larson, J. "Pioneering the Digital Age of Instruction: Learning from and about K-12 Online Teachers." *Journal of Online Learning*, 2015, 1 (1).

Asarbakhsh, M., Sandars, J. "E-Learning: The Essential Usability Perspective." *The Clinical Teacher*, 2013, 10.

Babson Survey Research Group (Bsrg) Bay View Analytics, https://www.onlinelearningsurvey.com/.

Barak, M., Usher, M. "The Innovation Profile of Nanotechnology Team Projects of Face-to-Face and Online Learners." *Computers & Education*, 2019, 137.

Barbour, M. K., & Labonte, R. (2020). Stories from the Field: Voices of K-12 Stakeholders during Pandemic. Canadian Elearning Network. https://secureservercdn.net/198.71.233.153/sgf.292.myftpupload.com/wp-content/uploads/2020/12/A-Fall-Like-No-Other-Part-2-canelearn-remote-teaching-report3.pdf.

Barbour, M. K., Labonte, R., Kelly, K., Hodges, C., Moore, S., Lockee, B., Trust, T., Bond, A., & Hill, P. (2020). Understanding Pandemic Pedagogy: Differences between Emergency Remote, Remote, and Online Teaching. Canadian Elearning Network. https://k12sotn.ca/wp-content/uploads/2020/12/understandingpandemic-pedagogy.pdf.

Ben Erwin. "Virtual School Policies." [2019-12-16]. Education Commission of the States. https://www.ecs.org/wp-content/uploads/Virtual-School-Policies.pdf.

Bentler, P. M., & Chou, C. P. "Practical Issues in Structural Modeling."

Sociological Methods & Research, 1987（16）.

Bhattacherjee, A., Perols, J., & Sanford, C. "Information Technology Continuance: A Theoretic Extension and Empirical Test." *Journal of Computer Information Systems*, 2008, 3（2）.

Bhattacherjee, A. "Understanding Information Systems Continuance: An Expectation-Confirmation Model." *Mis Quarterly*, 2001, 25（3）.

Blieck, Y., Kauwenberghs, K., Zhu, C., Struyven, K., Pynoo, B. Depryck, K. "Investigating the Relationship between Success Factors and Student Participation in Online and Blended Learning in Adult Education." *Jounal of Computer Assisted Learning*, 2019, 35（4）.

Borup, J. & Stevens, M. A. "Factors Influencing Teacher Satisfaction at an Online Charter School." *Journal of Online Learning Research*, 2016, 2（1）.

Brandon Alcorn, Gayle Christensen, Ezekiel J. Emanuel. "The Real Value of Online Education." *Atlantic*, 2014, 317（2）.

Canadian Digital Learning Research Association, https://onlinelearningsurveycanada.ca/.

Canadian Teachers Federation（2000）. Facts Sheets on Contractual Issues in Distance/Online Education.

Candisky, C. & Siegal, J. "E-Schools Say They Will Appeal Audits Determining Inflated Attendance." *Center on Reinventing Public Education*（2015）. The Policy Framework for Online Charter Schools. [2016 - 10 - 3]. http://www.crpe.org/sites/default/files/crpe-policy-framework-online-charter-schools-final_0.pdf, p. 9.

Center on Reinventing Public Education. "The Policy Framework for Online Charter Schools." 2015. http://www.crpe.org/sites/default/files/crpe-policy-framework-online-charter-schools-final_0.pdf.

Center on Reinventing Public Education. "The Policy Framework for Online Charter Schools." 2015. http://www.crpe.org/sites/default/files/crpe-policy-framework-online-charter-schools-final_0.pdf.

Cheng, Y. M. "Exploring the Roles of Interaction and Flow in Explaining Nurses' E-Learning Acceptance." *Nurse Education Today*, 2013, 33（1）.

参考文献

Cheng, Y. M. "Extending the Expectation Confirmation Model with Quality and Flow to Explore Nurses' Continued Blended E-Learning Intention." *Information Technology & People*, 2014, 27 (3).

Churchill Jr, G. A., Surprenant C. "An Investigation into the Determinants of Customer Satisfaction." *Journal of Marketing Research*, 1982.

Cynthia Mejiaa, Kelly Virginia Phelan. "Normative Factors Influencing Hospitality Instructor Toteach Online." *Journal of Hospitality, Leisure, Sport & Tourism Education*, 2013 (13).

Darley, W. K., and Smith, R. E., "Gender Differences in Information Processing Strategies: An Empirical Test of the Selectivity Model in Advertising Response." *Journal of Advertising*, 1995, 24 (1).

Davis, F. D., & Venkatesh, V. "Toward Preprototype User Acceptance Testing of New Information Systems: Implications for Software Project Management." *Ieee Transactions on Engineering Management*, 2004, 51 (1).

Davis, F. D., Bagozzi, R. P., and Warshaw, P. R. "User Acceptance of Computer Technology: A Comparison of Two Theoretical Models." *Management Science*, 1989, 35 (8).

Davis, F. D. *A Technology Acceptance Model of Empirically Testing New End-User Information Systems: Theory and Results.* Sloan School of Management, Massachusetts Institute of Technology, 1986,

Davis, F. D. "Perceived Usefulness, Perceived Ease of Use, and User Acceptance of Information Technology." *Mis Quarterly*, 1989, 13.

De La Varre, C. et al. "Enhancing Online Distance Education in Small Rural Us Schools: A Hybrid, Learner-Centred Model." *Australasian Jounal of Education Technology*, 2010, 26 (8).

Deci, E. L., & Ryan, R. M. "The Empirical Exploration of Intrinsic Motivational Processes." *Advances in Experimental Social Psychology*, 1980, 13.

Delaware. "Data Management and Governance." https://www.doe.k12.de.us/domain/363.

Delone, W. H., Mclean, E. R. "The DeLone and McLean Model of Information Systems Success: A Ten-Year Update." *Journal of Management Informa-*

tion Systems, 2003, 19 (4).

Deshpande, S., Shesh, A. (2021). Blended Learning and Analysis of Factors Affecting the Use of Ict in Education. In Deshpande P., Abraham A., Iyer B., Ma K. (eds.). *Next Generation Information Processing System. Advances in Intelligent Systems and Computing*, Vol. 1162, Springer, Singapore.

Educational Data Governance (Edgo). https://www.cde.ca.gov/ds/ed/edgo.asp.

Educause. 2020-3-20. 2020 地平线报告（教学与学习版），https://library.educause.edu/resources/2020/3/2020-educause-horizon-report-teaching-and-learning-edition.

Emtinan Alqurashi. "Predicting Student Satisfaction and Perceived Learning within Online Learning Environments." *Distance Education*, 2018 (3).

Fazio, R. "Multiple Processes by Which Attitudes Guide Behavior: The Mode Model as an Integrative Framework." *Advances in Experimental Social Psychology*, 1990, 23 (1).

Federal Department of Education Nces (National Center for Education Statisstics Publications & Products, https://nces.ed.gov/ipeds/.

Festinger, L. "A Theory of Cognitive Dissonance." *Row & Peterson, Evanston*. 1957.

Fishbein, M., & Ajzen, I. "Belief, Attitude, Intention and Behavior: An Introduction to Theory and Research." *Reading*, Ma: Addison-Wesley, 1975.

Fisher, H. L. "An Overview of Virtual School Literature." *Journal of Societal and Cultural Research*, 2015, 1 (3).

Frederic, G. R. "Distance and Online Social Work Education: Novel Ethical Challenges." *Journal of Teaching in Social Work*, 2013.

Fredricks, J. A., Blumenfeld, P. C., Paris, A. H. "School Engagement: Potential of the Concept, Stateofthe Evidence." *Review of Educational Research*, 2004, 74 (01).

Gagne', M., & Deci, E. L. "Self-Determination Theory and Work Motivation." *Journal of Organizational Behavior*, 2005 (26).

Gemin, B. & Pape, L. (2016). Keeping Pace with K - 12 Online Learning. Retrieved January 18, 2019, from https: //files. eric. ed. gov/fulltext/ED576762. pdf.

Gill, B., Walsh, L., Wulsin, C. S., Matulewicz, H., Severn, V., Grau, E., Lee, A., & Kerwin, T. *Inside Online Charter Schools.* Cambridge, Ma: Mathematica Policy Research, 2015.

Gilligan, C. *In A Different Voice: Psychological Theory and Women's Development.* Cambridge. Ma: Harvard University Press, 1982.

Ginder, S. A., Kelly-Reid, J. E., and Mann, F. B. (2018). Enrollment and Employees in Postsecondary Institutions, Fall 2017; and Financial Statistics and Academic Libraries, Fiscal Year 2017: First Look (Provisional Data) (Nces 2019 - 021rev). U. S. Department of Education.

Government of British Columbia (2014). Distributed Learning-Independent Schools. https: //www2. gov. bc. ca/gov/content/education-training/k-12/administration/legislation-policy/independent-schools/distributed-learning-independent-schools.

Government of British Columbia (2017). Distributed Learning-General. https: //www2. gov. bc. ca/gov/content/education-training/k-12/administration/legislation-policy/public-schools/distributed-learning-general.

Government of British Columbia (2019). K - 12 Public Education Funding Model Implementation. https: //www2. gov. bc. ca/gov/content/education-training/k-12/administration/resource-management/k-12 - fundingand-allocation/funding-model.

Government of Nova Scotia (2020). Agreement between the Minister of Education and Early Childhood Development of the Province of Nova Scotia and the Nova Scotia Teachers Union. https: //nstu. blob. core. windows. net/nstuwebsite/data/agreements/TPA%202019 - 2023%20 - %20Final. pdf.

Government of Ontario (2020). Bill 197, Covid-19 Economic Recovery Act, 2020https: //www. ola. org/en/legislative-business/bills/parliament-42/session-1/bill-197.

Gregory, M., Harding, M. E. "Incorporating Instructional Technology into A

Distance Teaching Opportunity. " *Transactions of the American Nuclear Society*, 2012.

Hall, D., and Mansfield, R. "Relationships of Age and Seniority with Career Variables of Engineers and Scientists. " *Journal of Applied Psychology*, 1995, 60 (2).

Harold, B. & Harwin, A. Student Login Records at Ohio E-Schools Spark $80 Million. Education Week. [2017-3-7]. https://www.edweek.org/ew/articles/2017/03/08/student-login-records-at-ohio-e-schools-spark.html.

Hasher, L., and Zacks, R. T. "Automatic and Effortful Processes in Memory. " *Journal of Experimental Psychology: General*, 1979, 108 (3).

Hodges, C., Moore, S., Lockee, B., Trust, T., & Bond, A. (2020). The Difference between Emergency Remote Teaching and Online Learning. Education Review, 3. https://er.educause.edu/articles/2020/3/thedifference-between-emergency-remoteteaching-and-online-learning.

Howell Ronald L. Thompson, Christopher A. Higgins and Jane M. "Personal Computing: Toward A Conceptual Model of Utilization. " *Mis Quarterly*, 1991, 15 (1).

Huey Zher Ng, Inceif, Malaysia. "An Analysis on Adult Learners' Satisfaction in Online Education Programmes. " *International Journal of Interactive Mobile Technologies (Ijim)*, 2018, 12 (7).

Hung, J. L., Hsu, Y. C., Rice, K. "Integrating Data Mining in Program Evaluation of K-12 Online Education. " *Education Technology & Society*, 2012, 15 (3).

Ia S 2284 (2012). Education-Instruction, Administration, Programs, and Assessment (Enacted 2012 as Iowa Chapter 1119). Iowa Legislature. Ncsl Education Bill Tracking Database Summary, http://www.ncsl.org/research/education/education-bill-tracking-database.aspx Inteco. "Whydo People Choose Isps and Why Do They Drop Them. " Intecocorporation Press Report, Stamford Connecticut, September 1998.

Indu Nair, V. Mukunda Das. "Using Technology Acceptance Model to Assess Teachers' Attitude towards Use of Technology as Teaching Tool: A Sem Approach." *International Journal of Computer Applications*（42：2），2012.

Islam, A. K. M. N. "Investigatinge Learning System Usage Outcomes in the University Context." *Computers & Education*, 2013, 69.

Jasperson, J., Carter, P. E., and Zmud, R. W. "A Comprehensive Conceptualization of the Post-Adoptive Behaviors Associated with It-Enabled Work Systems." *Mis Quarterly*, 2005, 29（3）.

Karahanna, E., & Straub, D. W. "The Psychological Origins of Perceived Usefulness and Ease of Use." *Information and Management*, 1999, 35.

Karahanna, E., Agarwal, R., & Angst, C. M. "Reconceptualizing Compatibility Belief Sintechnology Acceptance Research." *Mis Quarterly*, 2006, 30.

Karahanna, E., Straub, D. W., and Chervany, N. L. "Information Technology Adoption across Time: A Cross-Sectional Comparison of Preadoption and Post-Adoption Beliefs." *Mis Quarterly*, 1999, 23（2）.

Kim, S. S., and Malhotra, N. K. "A Longitudinal Model of Continued Is Use: An Integrative View of Four Mechanisms Underlying Post-Adoption Phenomena." *Management Science*, 2005, 51（5）.

Kung-Teck, Wong, Rosma Bt Osman, Pauline Swee Choo, Goh, Mohd Khairezan Rahmat. "Understanding Student Teachers' Behavioural Intention to Use Technology: Technology Acceptance Model（Tam）Validation and Testing." *International Journal of Instruction*（6：1），2013.

Ladd, H., Reynolds, S., & Selingo, J.（n. d.）. The Differentiated University: Recognizing the Diverse Needs of Today's Students. The Parthenon Group. Retrieved January 6, 2020 from https：//www.luminafoundation.org/files/resources/the-differentiated-university-wp-web-final.pdf.

Lee, B. C., Yoon, J. O. and Lee, I. "Learners' Acceptance Of E-Learning in South Korea: Theories and Results ." *Computers & Education*, 2009, 53（4）.

Lee, M. C. "Explaining and Predicting Users' Continuance Intention toward E-Learning: An Extension of the Expectation-Confirmation Model." *Computers & Education*, 2010, 54（2）.

Limayem, M., Hirt, S. G., and Cheung, C. M. K. "How Habit Limits the

Predictive Power of Intentions: The Case of Is Continuance." *Mis Quarterly*, 2007, 31: (4).

Lin, W. S., & Wang, C. H. "Antecedence to Continued Intentions of Adopting E-Learning System in Blended Learning Instruction: A Contingency Framework Based on Models of Information System Success and Task Technology Fit." *Computers & Education*, 2012, 58 (1).

Lisa T. Stickney, Regina F. Bento, Anil Aggarwal, Veena Adlakha. "Online Higher Education: Faculty Satisfaction and Its Antecedents." *Journal of Management Education*, 2019, 43 (5).

Liu, I. F., Chen, M. C., Sun, Yeali S., David, Wible and Kuo, C. H. "Extending the Tam Model to Explore the Factors That Affect Intention to Use an Online Learning Community." *Computers & Education*, 2010, 54 (2).

Lustig, C., Konkel, A., and Jacoby, L. L. "Which Route to Recovery?." *Psychological Science*, 2004, 15 (1).

Manitoba Education (2020). Distance Learning: Blended Learning. https://www.edu.gov.mb.ca/k12/dl/blended_learning.html or https://www.edu.gov.mb.ca/k12/dl/docs/blend_learn.pdf.

Marcos, J., Martínez, A., Dimitriadis, Y., & Anguita, R. "Interaction Analysis for the Detection and Support of Participatory Roles in Csc (1992). Effects of Feedback and Cognitive Playfulness on Performance in Microcomputer Software Training." *Personnel Psychology*, 2006, 45 (3).

Margaret, C, Xu, S., Rushton, S., et al. "Use of A Virtual Learning Platform for Distance-Based Simulation in an Acute Care Nurse Practitioner Curriculum." *Dimensions of Critical Care Nursing*, 2017.

Martocchio, J. J., & Webster, J. "Effects of Feedback and Cognitive Playfulness on Performance in Microcomputer Software Train- Ing." *Personnel Psychology*, 1992, 45 (3).

Memon Aamir Raoof, Rathore Farooq Azam. "Moodle and Online Learning in Pakistani Medical Universities: An Opportunity Worth Exploring in Higher Education and Research." *The Journal of the Pakistan Medical Association*, 2018, 68 (7).

Meyers-Levy, J., and Maheswaran, D. "Exploring Differences in Males' and Females' Processing Strategy." *Journal of Consumer Research*, 1991, 18: (1).

Meyers-Levy, J., and Tybout, A. "Schema Congruity as A Basis for Product Evaluation." *Journal of Consumer Research*, 1989, 16 (1).

Miniard, P. W., & Cohen, J. B. "Isolating Attitudinal and Normative Influences in Behavioral Intention Models." *Journal of Marketing Research*, 1979, 16.

Ministry of Education. (2019). Ontario Brings Learning into the Digital Age: Province Announces Plan to Enhance Online Learning, Become Global Leader. https://news.ontario.ca/en/release/54695/ontario-brings-learninginto-the-digital-age.

Miron, G. & Gulosino, C. (2016). Virtual Schools Report 2016: Directory and Performance Review. Boulder, Co: National Education Policy Center. Retrieved [Date] from http://nepc.colorado.edu/publication/virtual-schools-annual-2016.

Miron, G., Shank, C. & Davidson, C. (2018). Full-Time Virtual and Blended Schools: Enrollment, Student Characteristics, and Performance. Boulder, Co: National Education Policy Center. http://nepc.colorado.edu/publication/virtual-schoolsannual-2018.

Mitche, A. & Wood, D. "Toward A Theory of Stadeholder Identification and Saliente: Defining the Principle of Who and What Really Counts." *Academy of Management Review*, 1997, 22 (4).

Molnar, A. (Ed.); Huerta, L., Shafer, S. R., Barbour, M. K., Miron, G., Gulosino, C. (2015). Virtual Schools in the U. S. 2015: Politics, Performance, Policy, and Research Evidence. Boulder, Co: National Education Policy Center. http://nepc.colorado.edu/publication/virtual-schools-annual-2015.

Molnar, A. (Ed.); Miron, G., Huerta, L., Cuban, L., Horvitz, B., Gulosino, C., Rice, J. K., & Shafer, S. R. (2013). Virtual Schools in the U. S. 2013: Politics, Performance, Policy, and Research Evidence.

Boulder, Co: National Education Policy Center. http//nepc. colorado. edu/publication/virtual-schools-annual-2013/.

Molnar, A., Miron, G., Elgeberi, N., Barbour, M. K., Huerta, L., Shafer, S. R., Rice, J. K. (2019). Virtual Schools in the U. S. 2019. Boulder, Co: National Education Policy Center. http: //nepc. colorado. edu/publication/virtual-schools-annual-2019.

Molnar, A., Miron, G., Gulosino, C., Shank, C., Davidson, C., Barbour, M. K., Huerta, L., Shafter, Molnar, A. (Ed.); Rice, J. K., Huerta, L., Shafer, S. R., Barbour, M. K., Miron, G., Gulosino, C, Horvitz, B. (2014) Virtual Schools in the U. S. 2014: Politics, Performance, Policy, and Research Evidence. Boulder, Co: National Education Policy Center. http: //nepc. colorado. edu/publication/virtual-schools-annual-2014.

Molnar, A., Miron, G., Gulosino, C., Shank, C., Davidson, C., Barbour, M. K., Huerta, L., Shafter, S. R., Rice, J. K., & Nitkin, D. (2017). Virtual Schools Report 2017. Boulder, Co: National Education Policy Center. http: //nepc. colorado. edu/publication/virtual-schoolsannual-2017.

Moon, Y. K. "Extending the Tam for A World-Wide-Web Context." *Information & Management*, 2001 (38).

Morris Siu-Yung Jong, Gaowei Chen, Vincent Tam, Ching Sing Chai. "Adoption of Flipped Learning in Social Humanities Education: The Fiber Experience in Secondary Schools." *Interactive Learning Environments*, 2019, 8.

Morris, M. G., and Venkatesh, V. "Age Differences in Technology Adoption Decisions: Implications for A Changing Workforce." *Personnel Psychology*, 2000, 53 (2).

Muhammad Sabri Bin Sahrir1 + Mohd Firdaus Bin Yahaya2 Mohd Shahrizal Bin Nasir. "Instructional Feedback Analysis of an Online Virtual Language Learning Platform through Ez-Arbic among Malaysian Teachers of Primary Schools." *International Journal of Asian Social Science*, 2019.

Murray, K. B., and Haubl, G. "Explaining Cognitive Lockin: The Role of Skill-Based Habits of Use in Consumer Choice." *Journal of Consumer Research*, 2007, 34 (1).

Nagle, J., Barbour, M. K., & Labonte, R. (2020). Documenting Triage: Detailing the Response of Provinces and Territories to Emergency Remote Teaching. Canadian Elearning Network. https://sgf. 292. myftpupload. com/wp-content/uploads/2020/11/Documenting-Triage-canelearn-emergency-remote-teaching-report1. pdf.

Nagle, J., Labonte, R., & Barbour, M. K. (2020). A Fall Like No Other: between Basics and Preparing for an Extended Transition during Turmoil. Canadian Elearning Network. https://sgf. 292. myftpupload. com/wp-content/uploads/2020/11/A-Fall-Like-No-Other-canelearn-remote-teaching-report2. pdf.

National Center for Education Statistics Forum. Guide to Building A Culture of Quality Data. https://nces. ed. gov/pubs2005/2005801. pdf, 2004, 11.

National Center for Education Statistics. Standards for Education Data Collection and Reporting (Sedcar). https://nces. ed. gov/pubs92/92022. pdf, 1991 – 12.

National Conference of State Legislatures (2018). Competency-Based Education. http://www. ncsl. org/research/education/competency. aspx.

National Forum on Education Statistics (Nfec). Traveling through Time: The Forum Guide to Longitudinal Data Systems Book Ⅰ: What Is an Lds? [2010 – 8 – 5] https://nces. ed. gov/pubs2010/2010805. pdf.

National Forum on Education Statistics (Nfec). Traveling through Time: The Forum Guide to Longitudinal Data Systems, Book Ⅱ: Planning and Developing an Lds. [2011 – 8 – 4]. https://nces. ed. gov/pubs2011/2011804. pdf.

National Forum on Education Statistics (Nfes) (2011). Traveling through Time: The Forum Guide to Longitudinal Data Systems, Book Ⅲ: Effectively Managing Data. [2011 – 8 – 5]. https://nces. ed. gov/forum/pub_ 201 1805. asp.

National Forum on Education Statistics (Nfec). Traveling through Time: The Forum Guide to Longitudinal Data Systems Book Ⅳ: Advanced Lds Usage, https://nces. ed. gov/pubs2011/2011802. pdf 2011 – 7 – 25.

National Forum on Education Statistics (Nfes) (2012). Forum Guide to Supporting Data Access for Researchers: A State Education Agency Perspective.

［2012 - 7 - 20］https：//nces. ed. gov/forum/pub_ 2012809. asp.

National Forum on Education Statistics（Nfes）（2016）. Forum Guide to Education Data Privacy. ［2016 - 9 - 6］. https：//nces. ed. gov/forum/pub_ 2016096. asp.

National Forum on Education Statistics（Nfes）（2020）. ［2020 - 6 - 20］. Forum Guide to Data Governance https：//nces. ed. gov/pubs2020/ NFES2020083. pdf.

National Forum on Education Statistics. Early Childhood Data Governance in Action. https：//slds. ed. gov/services/PDCService. svc/GetPDCDocume ntFile? fileId = 40323，2020 - 12.

National Forum on Education Statistics. Forum Guide to Education Data Privacy. https：//nces. ed. gov/pubs2016/NFES2016096. pdf，2016 - 7.

National Forum on Education Statistics. Forum Guide to Reporting Civil Rights Data. https：//nces. ed. gov/pubs2017/NFES2017168. pdf，2018 - 1.

National Forum on Education Statistics. Forum Guide to Data Ethics . https：// nces. ed. gov/pubs2010/2010801. pdf，2010 - 2.

National Forum on Education Statistics. Forum Guide to Meta Data：The Meaning behind Education Data.

National Forum on Education Statistics. Forum Guide to Supporting Data Access for Researchers：A Local Education Agency Perspective. https：//nces. ed. gov/pubs2014/2014801. pdf，2014.

National Forum on Educations Statistics（Nfes）.（2013）. Forum Guide to the Teacher-Student Data Link：A Technical Implementation Resource. ［2013 - 8 - 2］https：//nces. ed. gov/forum/pub_ 2013802. asp.

NCEC. About Us. ［2021 - 2 - 17］. https：//nces. ed. gov/about/.

Neila Campos，Maria Nogal，Cristina Caliz，Angel A. Juan. "Simulation-Based Education Involving Online and On-Campus Models in Different European Universities." *International Journal of Educational Technology in Higher Education*，2020，17（1）.

Ohio Department of Education. Ecot Fte Audit Final Determination Letter. Columbus, Oh：Ohio Department of Education. ［2016 - 9 - 26］. https：//

www. documentcloud. org/documents/3114227 – ECOT-FTE-Audit-Final-Determination-Ltr. html.

Oliver, R. L. "A Cognitive Model of the Antecedents and Consequences of Satisfaction Decisions." *Journal of Marketing Research*, 1980, 17 (4).

Oliver, R. L. "Measure Ment and Evaluation of Satisfaction Processes in Retail Settings." *Journal of Retailing*, 1981, 57 (3).

Oliver, R. L. "Measurementand Evaluation of Satisfaction Processes in Retail Settings." *Journal of Retailing* (57: 3), Fall 1981.

Online Learning Consortium. (2020). The State of Online Learning in the Kingdom of Saudi Arabia: A Covid-19 Impact Study for Higher Education. https://olc-wordpress-assets. s3. amazonaws. com/uploads/2020/10/v2. 2-HE-Report-English_ PUBLICATION. pdf.

Ouellette, J. A., And Wood, W. "Habit and Intention in Everyday Life: The Multiple Processes by Which Past Behavior Predicts Future Behavior." *Psychological Bulletin*, 1998, 124 (1).

Picciano, Ac., Seaman, J., Shea, P., Swan, K. "Examining the Extent and Nature of Online Learning in American K – 12 Education: The Research Initiatives of the Alfred P. Sloan Foundation." *Internet and Higher Education*, 2012, 15 (2).

Plude, D., And Hoyer, W. "Attention and Performance: Identifying and Localizing Age Deficits." *in Aging and Human Performance*, N. Charness (ed.), John Wiley & Sons, New York, 1985.

Priscilla Moses, Su Luan Wong, Kamariah Abu Bakar, Rosnaini Mahmud. "Perceived Usefulness and Perceived Ease of Use: Antecedents of Attitude towards Laptop Use among Science and Mathematics Teachers in Malaysia." *Asia-Pacific Edu. Res.* (22: 3), 2013.

Privacy Technical Assistance Center (Ptac). (2019). Data Governance and Stewardship. [2019 – 4 – 2]. https: //studentprivacy. ed. gov/sites/default/files/resource_ document/file/Data_ Governance_ and_ Stewardship_0. pdf.

Raaij, E. M., Schepers, J. J. L. "The Acceptance and Use of A Virtual Learning Environment in China." *Computers & Education*, 2008, 50 (3).

Reed Ward, P. Cyber Charter Founder Trombetta is Sentenced to 20 Months in Prison, Pittsburgh Post-Gazette. [2018 - 7 - 24]. https://www.post-gazette.com/news/crimecourts/2018/07/24/Cyber-Charter-founder-Trombetta-sentenced-20-months-prison-8-million-midland-beaver-county/stories/2018072401100.

Rhodes, S. R. "Age-Related Differences in Work Attitudes and Behavior: A Review and Conceptual Analysis." *Psychological Bulletin*, 1983, 93 (2).

Rizvi, S., Rienties, B., Khoja, Sa. "The Role of Demographics in Online Learning: A Decision Tree Based Approach." *Computers & Education*, 2019, 137.

Roca, J. C., Chiu, C. M., Marthnez, F. J. "Understanding E-Learning Continuance Intention: An Extension of the Technology Acceptance Model." *International Journal of Human-Computer Studies*, 2013, 64 (8).

Roca, J. C., & Gagné, M. "Understandinge Learning Continuance Intention in the Workplace: A Self-Determination Theory Per-Spective." *Computers in Human Behavior*, 2008, 24 (4).

Rogers, E. M. and Shoemaker, F. F. *Communication of Innovations: A Cross-Cultural Approach*, Free Press, New York, Ny, 1971.

Ryan, R. M., & Deci, E. L. "Intrinsic and Extrinsic Motivations: Classic Definitions and New Directions." *Contemporary Educational Psychology*, 2000, 25 (1).

Selwyn, J. "Brokers Cope with Outages." *Computer World*, 1999, 33 (7).

Sharma, R., & Yetton, P. "The Contingent Effects of Training, Technical Complexity, and Task Interdependence on Successful Information Systems Implementation." *Mis Quarterly*, 2007, 31, 219 - 238.

Siu-Cheung Kong. "Parents' Perceptions of E-Learning in School Education: Implications for the Partnership between Schools and Parents." *Pedagogy and Education*, 2018, 27 (1).

Sliwa, C., and Collett, S. "Consumers Gripe about Web Shopping." *Computer World*, January 11, 2000, http://www.computerworld.com/home/print.nsf/CWFlash/0001 1ODB6A.

Sorebo, O., Halvari, H., Gulli, V. F. & Kristiansen, R. "The Role of Self-Determination Theory in Explaining Teachers' Motivation to Continue to Use E-Learning Technology." *Computers & Education*, 2009, 53 (4).

Statewide Longitudinal Data System (Slds). Interagency Data Governance: Roles and Responsibilities. https://slds.ed.gov/services/PDCService.svc/GetPDCDocumentFile?fileId=35107, 2019-9.

Statewide Longitudinal Data System (Slds). P-20w + Data Governance Tips From the States. https://slds.ed.gov/services/PDCService.svc/GetPDCDocumentFile?fileId=25962, 2017-2.

Tassey, M. & Gray, E. (2019). Ferpa Considerations: Data Retention & Destruction. 2019 National Forum on Education Statistics Meeting, Washington, Dc.

Taylor, S., & Todd, P. A. "Understanding Information Technology Usage: A Test of Competing Models." *Information Systems Research*, 1995 (6).

The Columbus Dispatch. https://www.dispatch.com/news/20161003/eschools-say-they-will-appeal-audits-determining-inflated-attendance/1.

The U. S. Department of Education's Privacy Technical Assistance Center (Ptac). Student Privacy at the U. S. Department of Education. [2020-10-14]. https://studentprivacy.ed.gov/.

The U. S. Department of Education's Student Privacy Policy Office (Sppo). About Us. https://studentprivacy.ed.gov/about-us, 2021-2-17.

Thompson S. H. Teo (2001). Demographic and Motivation Variables Associated With Internet Usage Activities Internet Research: Electronic Networking Applications and Policy Volume 11. Number 2. 2001.

Tn Sb 157, Hb 108 (2013). Establishes Total Initial Enrollment Cap for Virtual Schools, with Certain Exceptions; Establishes Other Requirements Related to Virtual Schools. -Amends Tca Title 49, Chapter 16, Part 2 (Enacted 2013). Tennessee General Assembly. Bill Text and History, http://wapp.capitol.tn.gov/apps/billinfo/BillSummaryArchive.aspx?BillNumber=SB0157&ga=108.

Tornatzky, L. G. and Klein, K. J. "Innovation Characteristics and Innovation

Adoption Implementation: A Meta-Analysis of Findings." *Ieee Transactions on Engineering Management* (29: 1), February 1982.

Traveling through Time: The Forum Guide to Longitudinal Data Systems, Book Iii: Effectively Managing Lds Data National Forum on Education Statistics. (2011). [2011 - 8 - 5]. https://nces.ed.gov/pubs2011/2011805.pdf.

Triandis, H. C. "Values, Attitudes, and Interpersonal Behavior." Nebraska Symposium on Motivation, 1979: Beliefs, Attitudes, and Values, University of Nebraska Press, Lincoln, Ne, 1980. Tuth S. F. "Distance Education and Teaching Online: My Journey from Mystery to Mastery." *Occupational Therapy in Health Care*, 2013.

Two Additional Task Forces or Committees to Explore Student Achievement and Accountability Were Also Proposed: Task Force on Student Achievement (Pa S766); Cyber Charter Accountability Commission (Pa H2514)

University of colorado. Data Governance. https://www.cu.edu/security/data-governance the university of Colorado.

U. S. Department of Education. Statewide Longitudinal Data Systems. https://www2.ed.gov/programs/slds/factsheet.html.

Vallacher, R. R., & Kaufman, J. Dynamics of Action Identifi Cation: Volatility and Structure in the Mental Representation of Behavior. Inp. M. Gollwitzer & J. A. Bargh (eds.). *The Psychology of Action: Linking Cognition and Motivation to Behavior*. New York: Guilford, 1996.

Venkatesh, V., Bala, H. "Technology Acceptance Model 3 and A Research Agenda Oninterventions." *Decision Sciences*, 2008, 39 (2).

Venkatesh, V., & Davis, F. D. A. "Theoretical Extension of the Technology Acceptance Model: Four Longitudinal field Studies." *Management Science*, 2000, 46.

Venkatesh, V., Davis, F. D., & Morris, M. G. "Dead or Alive? the Development, Trajectory and Future of Technology Adoption Research." *Journal of the Association for Information Systems*, 2007 (8).

Venkatesh, V., F. D. Davis. "A Model of the Antecedents of Perceived Ease of

Use: Development and Test." *Decision Sci.*, 1996, 27 (3).

Venkatesh, V., Morris, G. B., & Davis, F. D. "User Acception of Information Technology: Toward A Unified View." *Mis Quarterly*, 2003, 27 (3).

Venkatesh, V. "Determinants of Perceived Ease of Use: Integrating Perceived Behavioral Control, Computer Anxiety and Enjoyment into the Technology Acceptance Model." *Information Systems Research*, 2000 (11).

Verplanken, B., Aarts, H., Van Knippenberg, A., and Moonen, A. "Habit versus Planned Behaviour: A Field Experiment." *British Journal of Social Psychology*, 1998, 372.

Viswanath Venkatesh Hillol Bala. "Technology Acceptance Model 3 and A Research Agenda on Interventions." *Decision Sciences*, 2008, 39 (2).

Viswanath Venkatesh, James Y. L. Thong and Xin Xu. "Consumer Acceptance and Use of Information Technology: Extending the Unified Theory of Acceptance and Use of Technology." *Mis Quarterly*, 2012, 36 (1).

Vroom, V. H. *Workand Motivation*, Wiley, New York, 1964.

Warshaw, P. R. "A New Model for Predicting Behavioral Intentions: An Alternative to Fishbein." *Journal of Marketing Research*, 1980, 17.

Watson, J., Murin, A., Vashaw, L., Gemin, B., & Rapp, C. (2012). Keeping Pace with K-12 Online & Blended Learning: An Annual Review of Policy and Practice. http://kpk12.com/cms/wp-content/uploads/KeepingPace2012.pdf/.

Webster, J., & Martocchio, J. J. "Microcomputer Playfulness: Development of A Measure with Workplace Implications." *Mis Quarterly*, *Group Rearch*, 2004, 35 (2).

Wick, J. A., Gajewski, B. J., Yeh, H. W. "A Bayesian Analysis of Synchronous Distance Learning versus Matched Traditional Control in Graduate Biostatistics Courses." *The American Statistician*, 2017.

Yost. D. Electronic Classroom of Tomorrow, Franklin County, Single Audit, For the Year Ending June 30, 2016. Columbus, Oh: Ohio Auditor of State. [2016-6-30]. https://ohioauditor.gov/auditsearch/Reports/2017/Electronic_Classroom_of_Tomorrow_16-Franklin.pdf.